HEYNE <

IM AUFTRAG DER TOTEN

AXEL PETERMANN

COLD CASES

EIN PROFILER ERMITTELT

WILHELM HEYNE VERLAG
MÜNCHEN

Die in diesem Buch geschilderten Fälle haben sich in Athen, in der Nähe von Zürich und in München ereignet und entsprechen den Tatsachen. Aus persönlichkeitsrechtlichen Gründen wurden zahlreiche Namen und Schauplätze geändert. Nicht verändert wurden die Leiden der Opfer, das Grauen der Taten und die eisige Kälte des Bösen.

MIX
Papier aus verantwortungsvollen Quellen
FSC® C083411

Penguin Random House Verlagsgruppe FSC® N001967

3. Auflage
Originalausgabe Oktober 2021

Redaktion: Angelika Lieke
Umschlaggestaltung: Hauptmann & Kompanie Werbeagentur, Zürich
unter Verwendung eines Fotos von Stefan Kuntner
Satz: Buch-Werkstatt GmbH, Bad Aibling
Druck und Bindung: CPI books GmbH, Leck
Printed in Germany
ISBN: 978-3-453-60580-0

www.heyne.de

Inhalt

Die Frage ist nicht, auf was du schaust,
sondern was du siehst.

Henry David Thoreau
1817–1862

Prolog – Der andere Blick auf die Wahrheit

Das leuchtend rot lackierte Treppengeländer wirkt vor den weiß gestrichenen Flurwänden wie ein Stoppschild. Doch es hat seine Wirkung offenbar verfehlt. In einer Ecke des Raumes sitzt ein Mann auf dem Boden. Sein Oberkörper ist nach rechts geneigt, der Kopf lehnt unnatürlich abgeknickt an der Wand, die Augen sind geschlossen. Er trägt ein graues T-Shirt, Jeans und schwarze Socken; keine Schuhe. Ich bin einen Moment irritiert, ehe ich neben dem Körper des Mannes eine Abplatzung im Mauerwerk bemerke, die von blutigen Spritzern umsäumt ist. Der Mann ist offensichtlich tot. Das blutdurchtränkte Hemd ist in Höhe seines Herzens sternförmig aufgerissen und lässt einen Einschuss in der Haut erkennen. Die rechte Hand ist zur Faust geballt. Sie ruht unterhalb der Verletzung auf dem Boden.

Um den Körper des Toten setzt sich das Signalrot des Treppengeländers auf den hellen Natursteinfliesen fort. Es müssen gut anderthalb Liter Blut sein, die eine riesige Blutlache gebildet haben. Eine schwarz brünierte Pistole der österreichischen Marke Glock, Kaliber 10 mm, liegt vor dem linken Knie der Leiche. Eine Kultwaffe, die auch in Serien wie *Miami Vice* und anderen Krimiformaten das Publikum faszinierte und längst ihren Einzug bei der Armee und dem FBI gehalten hat. An der Oberfläche der Selbstladepistole haften runde Antragungen, möglicherweise Blut. Das Szenario spricht für einen Suizid.

Jahre später sitzt mir der Bruder des Toten gegenüber. Er ist extra aus der Schweiz angereist, denn er vertraut der offiziellen Suizid-Version der Ermittler nicht. Für ihn war es Mord, doch noch fehlen ihm die Beweise. Ich soll ihm bei der Suche nach den Schuldigen helfen. Ein schwieriges Unterfangen, denn die Ermittlungen sind bereits abgeschlossen, der Leichnam wurde ohne Obduktion kremiert, Antragungen von Schmauchspuren an den Händen des Toten wurden nicht untersucht, sämtliche Beweismittel vernichtet – schließlich wurden sie in diesem vermeintlich eindeutigen Fall nicht mehr benötigt.

Neben einigen Fotos vom Tatort hat der Bruder des Toten auch Aufnahmen von der aufgebahrten Leiche mitgebracht. Der Körper ruht in einem mit Seide ausgekleideten Sarg. Das gestärkte weiße Totenhemd und die weiße Fliege betonen den dunklen Teint des Verstorbenen. Deutlich haben sich späte Male des Todes im Gesicht und am Hals ausgebildet. Die sind ungewöhnlich, erinnern mich an die Eindrücke von Fingernägeln und könnten auf einen Angriff gegen den Hals zu Lebzeiten hinweisen.

Und so sage ich dem Bruder meine Unterstützung zu und verspreche, mich bei ihm zu melden, sobald ich nähere Informationen zur Todesursache habe. Ich werde meine Eindrücke mit einem Rechtsmediziner besprechen.

Situationen wie diese habe ich seit meiner Pensionierung immer wieder erlebt, und jedes Mal bringen sie mich zurück zu jenem Moment vor sieben Jahren, als ich meine »Amtsstube« räumte.

Ich stehe vor den gerahmten Titelseiten der *Jugend,* einer Wochenzeitung für Kunst und Leben des auslaufenden 19. Jahrhunderts. Die Illustrationen begleiten mich schon seit vielen Jahren. Symbolisieren sie für mich doch nicht nur eine Kunstrichtung, sondern auch meine Ansprüche an Aufbruch, Freiheit der Gedanken, Gleichberechtigung und den Bruch mit tradierten Anschauungen und Zwängen – und die gab es nicht nur in der wilhelminischen Kaiserzeit. Wie oft habe ich diese lähmenden Hemmschuhe auch bei der kriminalistischen Arbeit gespürt, die Kreativität und Innovation häufig sehr erschwerten.

Während ich die Kunstblätter in Kartons verstaue, das Licht meiner Kommissarslampe ausknipse, einen letzten Blick durchs Zimmer schweifen lasse, bevor ich diesen Ort für immer verlasse, weiß ich, dass ich mich auch weiterhin um ungeklärte Todesfälle kümmern werde.

Obwohl ich häufig belastenden Momenten ausgesetzt bin – tragischen Beziehungstaten, Grausamkeiten, menschlichen Abgründen, tödlichen Unfällen oder Suiziden – liebe ich meinen Beruf als Fallanalytiker oder auf Neudeutsch *Profiler.* Ich kann mir keinen kreativeren Beruf vorstellen. Die Aufgabenstellung ist einfach, aber zugleich eine unglaubliche Herausforderung: Es geht darum, einzelne Umstände und kleinste Hinweise, die wie die Teile eines Puzzles zunächst keinen Zusammenhang ergeben, zu einem Gesamtbild zu verbinden. Doch es ist nicht nur dies, was mich an meiner Arbeit fasziniert, sondern darüber hinaus auch die Vielfalt der unterschiedlichen Aufgaben und die Gelegenheit, in mannigfaltige Lebensformen und Kulturen einzutauchen, die mir sonst verborgen geblieben wären. Das Spannende an meinem Beruf sind aber auch die Begegnungen mit so vielen unterschiedlichen Menschen, gleichgültig, ob arm oder reich, alt oder jung, unbekannt oder prominent, etabliert oder am Rande der Gesellschaft.

Natürlich kann ich auch die Faszination des Bösen nicht leugnen und die Spannung bei der Frage nach dem *Whodunit* – also nach dem Täter – und schließlich dem Rätsel des *Warum.*

Doch ich habe noch einen weiteren Antrieb bei meiner Arbeit: Ich möchte der Gesellschaft etwas zurückgeben für die Privilegien, die ich jahrzehntelang genossen habe; für die soziale Absicherung im aktiven Dienst und im Alter, die stetige Chance, mich – trotz all der genannten Erschwernisse – in meiner Arbeit zu verwirklichen, all die Kreativität bei der kriminalistischen Arbeit entwickeln zu dürfen, nur meinem Gewissen und den Gesetzen zu folgen bei der Aufklärung von Unrecht und Ungerechtigkeit, auf der Suche nach Recht und Gerechtigkeit.

Allerdings konnte ich beim Abschied von meinem Ermittlerbüro nicht ahnen, wie häufig mich auch danach noch Hilferufe von verzweifelten Menschen erreichen würden; sei es von Opfern und Hinterbliebenen oder auch von verurteilten Tätern. Mehrmals in der Woche erhalte ich Anrufe oder Briefe von Betroffenen. Und auch bei Lesungen wenden sich immer wieder Zuhörer mit den verschiedensten Sorgen an mich.

So unterschiedlich diese Anfragen auch sein mögen, eines eint diese Menschen: Sie finden ihre Interessen nicht gebührend berücksichtigt, mögen der offiziellen Beweisführung nicht folgen. Viele können sich nicht mit dem Gedanken abfinden, dass ein vermeintliches Verbrechen ungesühnt bleibt und der oder die Täter – oftmals unerkannt – in Freiheit leben. Andere wiederum sind selbst Verurteilte, die darauf hoffen, rehabilitiert zu werden.

Dabei zeigt sich: Nicht nur das Leben der direkt Betroffenen wird zerstört, sondern auch das Leben von völlig unschuldigen Partnern, Eltern, Kindern und anderen Angehörigen – sei es von Opfern als auch Tätern – und eben auch das Leben von zu Unrecht Beschuldigten.

Häufig handelt es sich bei den Hilfesuchenden um Menschen, die sich bei ihrem Bemühen um Anerkennung finanziell bereits völlig verausgabt haben und die nicht mehr in der Lage sind, die Kosten für weitere Anwälte, Experten oder Gutachter zu tragen. Von diesen Leidgeprüften nehme ich immer wieder *Pro bono*, also unentgeltlich, Mandate an, um sie bei der Suche nach der Wahrheit zu unterstützen. Meine einzige Bedingung: Ich möchte im Anschluss über die Fälle berichten dürfen, sollte ich auf Hinweise gestoßen sein, dass Ermittlungen einseitig geführt oder möglicherweise falsche Urteile gefällt wurden.

Man mag es kaum glauben, doch ob jemand in Deutschland Gerechtigkeit widerfährt, ist auch zu einer Frage des Geldes geworden. Die Redewendung vom »fairen Prozess« ist für manche Opfer und Täter leider nur noch eine Worthülse. Die Stundensätze eines renommierten Anwalts von mehreren Hundert Euro können sich viele von ihnen niemals leisten. Ebenso wenig einen forensischen Sachverständigen, der vorliegende Beweise aufwendig untersucht und kritisch bewertet. Und so bleibt ihnen nur die bange Frage, ob sich der vom Gericht bestellte Pflichtverteidiger wirklich in dem Maße für sie einsetzen wird, wie es ihnen gebührt, und ob ihre Würde als Opfer oder Hinterbliebene im Prozess und in der Öffentlichkeit wirklich gewahrt bleibt.

Im Lichte dieser gesellschaftlichen Entwicklung begann ich nach meiner Pensionierung nach und nach, mich in viele rätselhafte Fälle einzuarbeiten: Tötungsdelikte, vermeintliche Unfälle oder Suizide. Und je intensiver ich die Akten las, je häufiger ich Tatorte aufsuchte, Gutachter im In- und Ausland kontaktierte, desto mehr offenbarte sich mir eine Vielfalt behördlichen Versagens und ein wiederkehrendes Muster von Mängeln bei der Spurenbewertung. Fehlende oder unterdrückte Beweise, mangelnde fachliche Kompetenz oder die Profilierungssucht einzelner Ermittler, die nur um die Bestätigung der eigenen Überzeugungen kämpften und wenig Energie darauf verwandten, ihre Anschuldigungen kritisch zu hinterfragen.

Ein weiterer Schwachpunkt zeigte sich aber auch in falschen Stellungnahmen von wild spekulierenden Spezialisten und Gutachtern, denen es offensichtlich an unparteiischem, unabhängigem oder fachlich kompetentem Verhalten mangelte. Ein Manko, das fatale Folgen nach sich ziehen kann. Denn werden inkorrekte Gutachten nicht rechtzeitig widerlegt, so kann das zu Fehlurteilen führen.

In besonders öffentlichkeitswirksamen Fällen kam es mir zudem manchmal so vor, als seien Verdächtige von Justiz und Strafverfolgung mit einem Malus belegt; als hätten Ermittler, Staatsanwälte und Richter in ihrem Drang, der Öffentlichkeit den »Skalp« eines Prominentenmörders zu präsentieren, die Grundsätze eines fairen Verfahrens aus dem Blick verloren.

Ich weiß, es sind gravierende Anschuldigungen, die ich hier erhebe. Doch trotz jahrzehntelanger Berufserfahrung hat mich die unterschwellige Arroganz mancher Vertreter dieser Berufsstände schockiert. Sie halten sich selbst gerne für die Elite – zudem gestärkt durch die Gewissheit, von übergeordneten Institutionen faktisch nicht kontrolliert zu werden –, und mir sind Zweifel gekommen, ob sie ihrer Verantwortung wirklich immer gerecht werden. Von ihnen hängt schließlich ab, ob ein Angeklagter schuldig gesprochen wird oder nicht, ob der Tod eines Menschen als Suizid, Unglücksfall oder Verbrechen gewertet wird. Es liegt mir fern, diese Berufsgruppen unter Generalverdacht zu stellen – immerhin gehörte ich selbst lange dazu –, doch gibt es diese Auswüchse von Fehlverhalten leider viel zu oft.

Objektivität und Ehrlichkeit bei den Ermittlungen sind oberstes Gebot nicht nur beim Umgang mit Angehörigen, sondern auch gegenüber Tatverdächtigen. Als Ermittler muss ich mir stets bewusst sein, dass meine Recherchen unparteiisch zu erfolgen haben, dass ich mich nicht vom eigenen Erfolgsdruck oder dem in der Öffentlichkeit vorherrschenden Bild des vermeintlichen Tathergangs leiten lassen darf.

Somit besteht meine Aufgabe darin, sowohl belastende als auch entlastende Beweise zu sammeln. Diese Vorgehensweise soll dazu beitragen, dass ich eine faire Einschätzung vornehmen kann, ob ein Verdächtiger eine Tat begangen haben könnte – oder eben auch nicht. Eigentlich eine Selbstverständlichkeit, die allerdings, wie ich aus eigener Erfahrung weiß, nicht immer beherzigt wird.

Auch ich habe vor langer Zeit einmal fast 20 Jahre lang einen Mann fälschlicherweise für einen Mörder gehalten und ihm das Leben schwer gemacht, ehe die von mir in Auftrag gegebene Untersuchung einer winzigen DNA-Spur seine Unschuld bewies – späte Früchte der Forschung.

Der Forderung nach Objektivität zu folgen bedeutet auch, respektvoll mit seinem Gegenüber umzugehen. Und so hörte ich mir in Vernehmungen aufmerksam und interessiert die Gründe für das Verhalten und die Motive der mutmaßlichen Täter an. Ein alter Vernehmungsgrundsatz besagt: »Der Täter muss sich und sein Motiv verstanden wissen.«

Zugleich muss ich mich als Ermittler aber auch abgrenzen. Das Verständnis, das ich aufbringe, darf vom Verdächtigen nicht als Zustimmung zur Tat missverstanden werden. Allerdings wurde mir im Laufe der Jahre immer bewusster, dass Täter nicht per se böse Menschen sein müssen. Das Böse lebt in der Tat. Und deswegen sind Begriffe wie *Unmensch, Monster* und *Bestie* völlig fehl am Platze, wenn es um die Beschreibung von Täterpersönlichkeiten geht. Fast immer habe ich die Täter als normale Menschen erlebt; häufig unbeholfen, unauffällig, tapsig, schüchtern. Die Gründe für ihre Taten oftmals profan: die Dynamik der Situation, mangelnde Impulskontrolle, Eifersucht, verletzte Gefühle, Einsamkeit und Hass. Und aus diesem Grund halte ich die populäre These, dass praktisch jeder von uns zum Mörder werden könne, auch für überzogen.

Allerdings ist es meiner Erfahrung nach auch richtig, dass kein Mensch sicher wissen kann, wie er sich verhalten wurde, wenn er an die Grenzen seiner psychischen Belastbarkeit und Handlungskontrolle gerät. Aus diesem Grunde habe ich auch kein Problem damit, rechtskräftig verurteilten Menschen zu helfen, wenn bestimmte Bedingungen erfüllt sind: Sie müssen glaubhaft machen können, dass sie unschuldig sein könnten, und es muss Hinweise auf ein fehlerhaftes Gerichtsverfahren geben. Dann bin ich bereit, diese Menschen bei ihrem Bemühen um ein Wiederaufnahmeverfahren zu unterstützen.

Doch der Weg zum Erfahren später Gerechtigkeit ist dornenreich. Die Justiz hat einen Parcours mit hohen Hürden aufgebaut, den es zu durchlaufen gilt: mit neuen Beweisen und innovativen Untersuchungsmethoden, die helfen, falsche Ermittlungsergebnisse zu widerlegen.

Und so möchte ich Sie auf den nächsten Seiten einladen, mir bei meiner Arbeit über die Schulter zu schauen und mich auf der Suche nach der Wahrheit zu begleiten. Lassen Sie uns gemeinsam der Frage nachgehen, was eigentlich das Böse ist.

Mit den nachfolgenden Fällen habe ich aus einer Vielzahl ungeklärter Tötungsdelikte drei prominente Beispiele ausgewählt, die ich über einen langen Zeitraum begleitete. Die Fälle sind geprägt von gravierenden Unterlassungen, Vorurteilen, falschen Annahmen oder fehlerhaften Expertisen sowie nicht immer nachvollziehbaren Schlussfolgerungen und Beweisführungen.

Bevor Sie nun in diese Randbereiche des menschlichen Zusammenlebens aus drei Ländern mit ungewöhnlichen neuen Erkenntnissen eintauchen, möchte ich noch eine Erklärung in eigener Sache abgeben. Mit der Veröffentlichung meiner Rechercheergebnisse habe ich durchaus nicht die Absicht, Ex-Kollegen vorzuführen. Vielmehr möchte ich auf Widersprüche in den beschriebenen Fällen aufmerksam machen und auf das Leid der Opfer sowie der möglicherweise zu Unrecht verurteilten Täter und ihrer Angehörigen. Schließlich besitzt niemand die absolute Wahrheit. Auch ich nicht. Es geht vielmehr darum, die Suche nach der Wahrheit so lange nicht ruhen zu lassen, wie noch Zweifel bestehen.

Das heißt auch, wir müssen alle bereit sein, über unseren eigenen Schatten zu springen und eventuell gemachte Fehler einzugestehen. Eine Stärke, die ich leider in heutigen Zeiten bei vielen Menschen vermisse – nicht nur bei Ermittlern, den forensischen Wissenschaften und in der Justiz.

Aus rund 35 Jahren Arbeit als Mordermittler und Fallanalytiker weiß ich natürlich auch, dass viele Faktoren ein Ermittlungsergebnis negativ beeinflussen können: menschliche Schwächen, kollektive Scheuklappen, Vorgaben und Erwartungshaltungen von Vorgesetzten, hoher Arbeitsdruck, mangelnde Ressourcen, aber auch ein dysfunktionales System von Ermittlern, Gutachtern, Staatsanwälten und Richtern. All dies kann Einfluss nehmen auf die Arbeit eines einzelnen Ermittlers. Äußere Umstände, die er nicht zu verantworten hat, die ihn aber unter Umständen dazu bringen, einen Fall abzuschließen, obwohl noch nicht alle möglichen Untersuchungen veranlasst wurden.

Mir ist aber auch bewusst, dass manche Ermittler – gerade, wenn es um die Würdigung ihrer eigenen Arbeit geht – meine Recherchen und Ergebnisse argwöhnisch beäugt haben. So war ich beispielsweise bereits bei der Vorbereitung dieses Buches persönlichen Anfeindungen ausgesetzt. Sie werden mich jedoch nicht davon abbringen, auch zukünftig einen anderen, unabhängigen Blick auf das Böse und die Wahrheit werfen zu können.

Axel Petermann im Juni 2021

Tod in Athen – Ich bin ein Mädchen aus Piräus

Es ist ein mysteriöser Todesfall, als die 26-jährige Nora Feller im Sommer 2007 erhängt in der Athener Wohnung ihres Ex-Partners Potis Katsanis aufgefunden wird. Der Mann ist wenige Tage zuvor nach Kreta abgereist, wo er, wie jedes Jahr, mit seiner Band in einer Strandbar gastiert. Er hatte Nora angeblich allein in der Wohnung zurückgelassen, obwohl sie sich Monate zuvor von ihm getrennt und inzwischen auch eine eigene Wohnung bezogen hatte. Nachbarn informierten wegen starker Geruchsbelästigung einige Tage nach seiner Abreise die Polizei. Ein Schlosser öffnete die Wohnungstür, und Nora wurde tot im Wohnzimmer aufgefunden, ihr Körper im Zustand der fortgeschrittenen Verwesung. Die Ermittler gingen rasch von einem Selbstmord aus, beendeten umgehend die Ermittlungen, sicherten keine Spuren und schlossen die Akte.

Erst Tage später wurden Noras Eltern von der deutschen Polizei benachrichtigt, doch da war ihr Leichnam bereits obduziert und auf einem Athener Friedhof beigesetzt worden. Ihr Ex-Partner hatte in Windeseile die Beisetzung organisiert und den Großteil der Kosten übernommen. Die von Noras Eltern geforderte Exhumierung und der Transport ihrer sterblichen Überreste nach Deutschland wurden von den griechischen Behörden abgelehnt. Aus gesundheitspolizeilichen Gründen, wie es offiziell heißt. Für die nächsten Jahre darf das Grab auf Anweisung der Athener Staatsanwaltschaft nicht geöffnet werden. Nach Ansicht von Noras Eltern ein Vorwand, denn sie sind davon überzeugt, dass es kein Suizid, sondern ein Mordkomplott war und die Überführung des Leichnams ihrer Tochter die Feststellung wichtiger rechtsmedizinischer Befunde verhindern soll. Ein schwerer Vorwurf gegen die Behörden und Noras früheren Lebensgefährten, denn er soll sich nicht mit der von Nora geforderten Trennung abgefunden und sie auch während der Beziehung geschlagen haben.

Als mich der Anruf von Noras Mutter erreicht, sind seit dem gewaltsamen Tod ihrer Tochter mehr als zwölf Jahre vergangen. Die Frau wirkt sehr konzentriert und wählt ihre Worte mit Bedacht. Vermutlich scheut sie sich davor, zu viel von ihren Gefühlen preiszugeben, und sie weiß auch, wie vorsichtig sie sein muss, wenn sie jemanden eines Mordes bezichtigt. Ich erfahre, dass die Tatumstände weiterhin ungeklärt sind und Noras Eltern immer noch keinen Ort für ihre Trauer haben, denn, so die Mutter, die sterblichen Überreste ihrer Tochter seien inzwischen irgendwo in einer stillgelegten Mörtelgrube in Griechenland verscharrt worden.

Nach dem Telefonat überlege ich, ob ich den Eltern überhaupt helfen kann. Denn aus meiner Erfahrung als Leichensachbearbeiter weiß ich, dass Hinterbliebene bei einem Freitod oft Probleme mit der Feststellung *Suizid* haben und immer wieder behaupten, dass eine solche Tat der Persönlichkeit des/r Verstorbenen überhaupt nicht entsprochen habe. Auch wenn ich heute nicht mehr sagen kann, bei wie vielen Selbsttötungen ich die Motive untersucht habe, so sind mir doch immer noch die bangen Momente präsent, wenn ich bei einem solchen Todesfall die bittere Nachricht zu überbringen hatte und mir vorstellte, wie Angehörige auf diese Nachricht reagieren würden: mit stiller Trauer, Verzweiflung oder dem Versuch, die Schuld im Außen zu deponieren, also Vorwürfe gegen den Toten zu erheben, gegen behandelnde Ärzte oder Therapeuten oder sogar gegen mich. Nicht zu vergessen die Vorwürfe gegen die früheren Partner: »Wenn du dich nicht getrennt hättest, dann wäre es nie so weit gekommen. Du hättest doch wissen müssen, wie es um unsere Tochter bestellt war.« Oder würden ungezügelte Emotionen, wie Wut, Hass, Groll, die Situation bestimmen?

Manchmal stellten Angehörige aber auch die Behauptung auf, dass alles andere als ein Suizid vorläge, es vielmehr ein Unfall gewesen sein müsse oder gar ein Verbrechen, sodass ich mich wunderte, weshalb eine solche Todesart anscheinend einfacher zu akzeptieren war als der freie Wille des Verstorbenen, wenn ein solcher in derartigen Situationen überhaupt existiert. Diese unterschiedlichen Reaktionen der Angehörigen zeigten mir aber auch, dass es keine DIN-Normen für Trauer gibt und jeder Mensch seine Gefühle auf individuelle Weise äußert – ganz still oder sehr emotional. Häufig scheint der plötzliche Tod eines vertrauten Menschen auch ein Spiegel der eigenen Geschichte zu sein und eigene Unterlassungen zu reflektieren, die im Nachhinein nicht mehr korrigiert werden können.

Und noch eine Erfahrung habe ich gemacht: Der Suizid ist lediglich die Spitze des Eisbergs. Der Entschluss, freiwillig aus dem Leben zu scheiden, ist keine Kurzschlusshandlung, ihm geht im Gegenteil eine lange Vorgeschichte einer destruktiven Entwicklung der Persönlichkeit voraus. Das Zerrüttungsmoment hat sich, ungeachtet der Wahrnehmung durch das Umfeld, längst etabliert.

Ich habe während meiner Laufbahn immer wieder unnatürliche Todesfälle bearbeitet, bei denen nicht sofort zu erkennen war, ob es sich um einen Unfall, Suizid oder Mord handelte. Antworten auf diese unterschiedlichen Möglichkeiten der Todesursache zu finden fiel mir jedoch umso leichter, je mehr Informationen mir über die Persönlichkeit der Verstorbenen vorlagen und wenn zudem eine sorgfältige Spurensuche erfolgt war.

Und so hoffe ich, dass es im Fall von Nora Feller genügend Details aus ihrem Leben gibt, die mir den Weg weisen.

Gewalt- und Tötungsdelikte sind in der Regel eine Männerdomäne. In neun von zehn Fällen sind die Täter männlich. Mehrheitlich sind dann auch die Opfer Männer, in der Regel Fremde oder flüchtige Bekannte. Andererseits finden Tötungsdelikte an Frauen überwiegend im engen familiären oder partnerschaftlichen Umfeld statt. Es kling fast zynisch, doch es ist wahr: Allein der Umstand, als Frau in einer Beziehung zu leben oder gelebt zu haben, birgt für sie zugleich das größte Risiko, zu irgendeinem Zeitpunkt vom Partner oder Ex-Partner umgebracht zu werden. Für ein solches Tötungsdelikt, bei dem Opfer und Täter Intimpartner waren, gibt es einen Namen: *Intimizid*. Das schließt natürlich auch männliche Opfer ein. In den letzten Jahren hat sich hinsichtlich der Tötung von Frauen aufgrund ihres Geschlechts der Begriff *Femizid* durchgesetzt.

Immer wieder habe ich Fälle gesehen, in denen ansonsten völlig unauffällige, friedliche Männer durch eine von der Partnerin angekündigte Trennung dermaßen die Kontrolle verlieren, dass sie zum – in ihren Augen – letzten Mittel greifen: Gewalt. Es gibt für Frauen wohl kaum eine Zeit in ihrem Leben, in der das Risiko, Opfer eines Gewaltverbrechens zu werden, so hoch ist wie nach einer Trennung. Und diese Zeit beginnt mit der Verbalisierung der Trennungsabsicht. Ich mag nicht ausschließen, dass diese Möglichkeit auch im Fall von Nora Feller zutreffen könnte.

In anderen Fällen war eine gewalttätige Beziehung gerade der Trennungsgrund. Dass diese Männer ihre gewalttätigen Besitz- und Dominanzansprüche auch nach einer Trennung fortsetzen, häufig sogar noch steigern, verwundert nicht.

Aber warum töten Männer die Frau, mit der sie zusammengelebt haben und ein gemeinsames Leben planten? Ist ihre Tat also ein verzweifelter Ausdruck einer romantischen Liebe, wie manche Täter mir während der Vernehmungen weismachen wollten?

Die Kriminalpsychologie und eigene Fallbearbeitungen legen eine andere Erklärung nahe. Es geht ausschließlich um die Zurückweisung des Mannes seitens der Partnerin. Sei es explizit durch die vollzogene Trennung oder durch einen empfundenen Mangel an Respekt und Fürsorge. Zum emotionalen Cocktail eines solchen Motivs gehören Kränkung, Wut, Rache, Eifersucht, Macht sowie der Anspruch auf alleinige (sexuelle) Kontrolle der (Ex-)Partnerin. »Wenn ich dich nicht besitzen kann, so soll dich auch kein anderer haben.« Äußerungen wie diese sind es, die immer wieder das wahre Motiv des Täters entlarven: Kontrolle bis zum bitteren Ende und um jeden Preis.

Ich schildere Noras Mutter in einem weiteren Gespräch meine Bedenken, dass durchaus ein Tötungsdelikt vorliegen, sich andererseits aber auch ein Suizid bestätigen könnte, und mache der Frau klar, dass auch eingehende Recherchen möglicherweise nicht alle Zweifel an den Todesumständen ihrer Tochter würden ausräumen können. Auch verstünde ich es nicht als meine Aufgabe, ähnlich wie ein Richter nach einer intensiven Gerichtsverhandlung ein eindeutiges Urteil zu fällen. Vorläufig könne ich aufgrund meiner Erfahrung keine der beiden Möglichkeiten ausschließen. »Schließlich weiß ich weder etwas über Ihre Tochter noch über deren früheren Partner«, versuche ich Frau Feller zu erklären. »Allerdings kann ich mich auf die Spurensuche begeben, kann mit Menschen sprechen, die Ihre Tochter und Katsanis kannten, um vermeintlich manifestierte Feststellungen zu überprüfen und gegebenenfalls neue Indizien zu finden.«

Noras Mutter reagiert überraschend gelassen: »Wissen Sie, seit fast dreizehn Jahren warte ich auf Beweise. Bisher gab es nur Mutmaßungen und grobe Unterlassungen vonseiten der Ermittler. Sollte sich durch Ihre Recherchen herausstellen, dass meine Tochter sich tatsächlich selbst getötet hat, so wäre ich die Letzte, die das nicht akzeptieren würde. Ich möchte nur endlich Gewissheit haben.«

Diese Worte beruhigen mich, auch wenn ich weiß, dass manche meiner Klienten durch meine Recherchen letztendlich nur ihre eigene Version über den Ablauf eines Geschehens bestätigt haben möchten und nicht immer bereit sind, ein gegenteiliges Ergebnis zu akzeptieren.

Und so bitte ich Noras Mutter, mir mehr von ihrer Tochter zu erzählen. Die Frau muss nicht lange überlegen: »Nora war sehr temperamentvoll. Eine Perfektionistin, ehrgeizig, aber oft auch egoistisch. Sie wollte ihre Freiheit leben. In gewisser Weise war sie so wie ich. Nicht immer einfach, dafür aber ehrlich, offen und hilfsbereit.«

Als ich Noras Mutter frage, weshalb sie nicht an einen Suizid ihrer Tochter glaube, antwortet sie sehr bestimmt: »Nie hätte sie sich selbst getötet, dafür liebte sie das Leben viel zu sehr. Und sie sagte stets, dass niemand das Recht habe, sich das Leben zu nehmen.«

Natürlich reichen mir diese Informationen zum Fall und über Noras Leben noch lange nicht aus, um mir ein Bild von dem Geschehen machen zu können. Wir verabreden uns zu einem persönlichen Gespräch in einem Hotel in der Nähe des Tierparks im Berliner Osten.

Tage später in Berlin. Ich warte in der Hotellobby auf Noras Eltern. Eine Frau mittleren Alters nähert sich. Sie wird von einem älteren Mann begleitet; er trägt schwer an einer Reisetasche. Die beiden mustern mich kritisch. Mir wird klar, dass es lange dauern wird, bis sie mir vertrauen werden. In ihrem Verhalten wirken sie auf mich unsicher, auch wenn die Frau versucht, Selbstbewusstsein auszustrahlen, als sie mich mit den Worten begrüßt: »Ich bin Noras Mutter.« Schnell wird deutlich, dass sie diejenige ist, die mir in den nächsten Stunden alles über Noras Leben und Tod berichten wird, während von ihrem Mann nur gelegentlich eine Anmerkung dazu kommt.

Noras Mutter erzählt, bis auf eine sehr frühe Episode sei ihre Tochter in behüteten Verhältnissen aufgewachsen. »Nora war ein Kind der früheren DDR.« Von Noras leiblichem Vater habe sie sich kurz nach der Geburt des Kindes scheiden lassen, dann aber auf der Arbeit in ihrem Vorgesetzten einen liebevollen Partner und Stiefvater für Nora und ihren älteren Bruder gefunden. Zwei Jahre nach ihrer Scheidung habe sie diesen, den Direktor eines Volkseigenen Betriebes (VEB), geheiratet. »Wir hatten überhaupt keine Sorgen. Innerhalb der Familie wurde sehr viel Wert auf Zusammenhalt und gegenseitige Achtung gelegt.«

Die Familie lebt in einer großzügigen Wohnung einer Hochhaussiedlung, scheint privilegiert zu sein, denn sie besitzt einen Trabant. Dabei nutzt sie die soziale Absicherung des Staates mit Betreuung der Kinder in der Krippe, im Kindergarten. Man ist kulturell interessiert und genießt die Natur bei Ausflügen im Botanischen Garten, in Ferienlagern, gemeinsamen Urlauben an der See und im eigenen Schrebergarten, in dem Nora, ihr Bruder und ihre jüngeren Halbgeschwister jeweils ein eigenes Beet mit Gemüsepflanzen betreuen.

Schnell wird erkannt, dass Nora ein hochbegabtes Kind ist. Sie wird mit fünf Jahren vorzeitig eingeschult, ihre Leistungen erreichen ein konstantes Einserniveau. Ihre Hobbys sind Literatur, Musik, Singen, Theaterspielen, Ballett. Anscheinend mühelos lernt sie später nach der Wiedervereinigung Spanisch, Italienisch, Französisch und Englisch. Außerdem ist sie als Schuljournalistin unterwegs.

Bis zur *Wende* mit der friedlichen Revolution und dem Mauerfall im Jahr 1989 erlebt Nora mit ihrer Familie die »heile Welt des Sozialismus«, wie es ihre Mutter formuliert, doch der Zusammenschluss der beiden deutschen Staaten führt zu einschneidenden Änderungen im Familienleben. Der Volkseigene Betrieb ihrer Eltern hat mit wirtschaftlichen Problemen zu kämpfen, und nach Einführung der Marktwirtschaft im Jahr 1990 wird das Unternehmen durch die Treuhandanstalt privatisiert und schließlich stillgelegt. Auch Noras Eltern werden wie so viele andere in der früheren DDR arbeitslos. »Da ist eine Riesenpanik bei uns ausgebrochen, denn uns wurde klar, dass wir ohne Verdienst keine vier Kinder durchbringen können, zumal auch die Miete für unsere Wohnung von monatlich hundertsiebzig Mark auf über eintausend Mark anstieg.«

Noras Eltern entschließen sich 1993 zur Selbstständigkeit. Da ist Nora gerade einmal 13 Jahre alt. Die Familie steckt ihr gesamtes Geld in den Aufbau einer Gaststätte. »Wir dachten, gegessen und getrunken wird immer. Aber es war so viel Arbeit, dass kaum noch Zeit für Haushalt und Kinder blieb. Ein Rieseneinschnitt in unserer heilen Familienwelt. Heute wissen wir, dass dies der größte Fehler in unserem Leben war.«

Die Familie verlässt ihre gewohnte Umgebung und zieht an die nördliche Stadtgrenze von Berlin, gut 20 Kilometer von ihrem früheren Kiez entfernt, inmitten abgeschiedener Natur und ohne eine direkte öffentliche Verkehrsanbindung zum alten Kiez. Auf dem Gelände der ehemaligen Landwirtschaftlichen Produktionsgenossenschaft »Frohe Zukunft« mieten Noras Eltern frühere Unterkünfte der Genossenschaftsmitarbeiter. Sie planen eine Gaststätte und Übernachtungsmöglichkeiten für Monteure. Doch statt *Froher Zukunft* bestimmen weiterhin Existenzängste das Leben der Familie. Noras Eltern sind gezwungen, neben der Bewirtung der Gäste zusätzliche Jobs auszuüben.

Während Noras Geschwister ohne größere Probleme in das neue Gesellschaftssystem hineinwachsen, beginnt für Nora mit dem Verlust ihrer bisherigen sozialen Kontakte und durch den Wechsel auf eine andere Schule eine kritische Lebensphase, in der eine unentgeltliche musikalische oder künstlerische Förderung nicht mehr gegeben ist. »Sie verlor ihren Halt, ihre heile Welt«, sagt ihre Mutter. »Nora war irgendwie anders. Sie hat es ihren Mitmenschen und sich selbst nicht leicht gemacht. Sie sagte, was sie dachte, war in jeder Hinsicht experimentierfreudig und ging keinem Konflikt aus dem Weg.«

Als ihre schulischen Leistungen stark nachlassen und sich auf ein Dreierniveau einpendeln, fordert Noras Mutter sie auf, sich auf den Hosenboden zu setzen, schließlich sei sie eine Einser-Schülerin.

Doch Noras Reaktion scheint aus Verweigerung und Protest zu bestehen. »Sie war bockig und lebte in den Tag hinein. Und dann habe ich ihr irgendwann recht konsequent gesagt: ›Tut mir leid, dann musst du aus der zehnten Klasse raus. Dein Abitur kannst du später nachholen.‹«

Als eine geplante Ausbildung zur Fremdsprachenkorrespondentin in Heidelberg aufgrund ihres Alters – Nora ist gerade 16 Jahre alt – scheitert, entschließt sie sich zu einer Lehre als Hotelkauffrau im Schwarzwald. Hier wohnen Verwandte der Familie, die sich um das Mädchen kümmern wollen, was allerdings nicht passiert. 1999 ist die Ausbildung beendet, und Nora absolviert an einem Kolping-Kolleg ihr Abitur auf dem zweiten Bildungsweg. In die Abgeschiedenheit der früheren LPG »Frohe Zukunft« kehrt sie nie wieder zurück.

Ich frage Noras Stiefvater, wie er Nora als Kind erlebt habe. Bisher hat er nur aufmerksam den Worten seiner Frau gelauscht, still neben ihr gesessen und ab und an mit seinen Fingern auf den Tisch getrommelt. Der Mann scheint auf die Aufforderung gewartet zu haben und erzählt sichtlich gerührt, dass Nora ihn stets »Papilein« genannt habe. Auch noch, als sie längst in Süddeutschland ihre Ausbildung absolvierte. »Ich bin da eines Tages mit unserem Jüngsten hin. Wir waren beim Eisessen, und Nora holte ihre Freunde herbei und sagte: ›Das hier ist mein Papi.‹ Dabei war ich doch nur ihr Stiefvater, doch das hat sie nie gestört.«

Als fürchte er, ich könne ihm nicht glauben, kramt der Mann in seiner Reisetasche und holt einen Stapel Fotos hervor. »Schauen Sie doch mal!« Bei diesen Worten zeigt er mir ein Bild von Nora und sich. Die beiden stehen auf einem Holzsteg. Der See ist zugefroren, überall liegt Schnee, und Nora hat ihren Kopf an seine Brust gelehnt. Sie scheint sich wohlzufühlen und sieht glücklich aus.

Die nächsten Fotos stammen von Noras Geburtstagsfeier. Sie und ihre Geschwister sind wie Clowns geschminkt, blasen Luftballons auf oder hüpfen um die Wette. Nora wirkt beim Wettkampf angestrengt, ihr Gesicht spiegelt ihren Eifer wider. Noras Mutter sieht mich beim Betrachten des Bildes an: »Sie wollte immer die Beste sein.«

Die nächsten Bilder geben Einblick in das Familienleben noch zu DDR-Zeiten. Nora ist acht Jahre alt. Mit ihren Geschwistern sitzt sie auf dem Sofa im Wohnzimmer, dessen Tapeten und Gardinen mit ihrem floralen Muster dem Geschmack der damaligen Zeit entsprachen. Alle lachen.

Ein paar Jahre später steht Nora vor einem mit bunten Kugeln, elektrischen Kerzen und goldenem Lametta geschmückten Weihnachtsbaum. Sie wirkt auf mich verändert, denn sie schaut skeptisch zur Seite, als wolle sie gar nicht fotografiert werden. Sie trägt eine weiße Bluse, einen schwarz-weißen Rock und eine schwarze Strumpfhose. Auf dem nächsten Bild hat sich Noras Vater als Weihnachtsmann verkleidet und liest aus einem goldenen Buch vor. Dieses Mal scheint Nora den Moment zu genießen und lächelt anscheinend voller Vorfreude andächtig in die Kamera. »Sie hatte sich von uns ein Lexikon gewünscht und tatsächlich jeden einzelnen Eintrag gelesen.«

Wir kommen zurück auf den Umzug an die Landesgrenze von Berlin und Brandenburg. Noras Mutter sieht jetzt nachdenklich aus und erinnert sicherlich viele vergangene Momente, ehe sie das nächste Foto zeigt: Der *Fontane-Krug*. Eine breite Treppe führt zum Eingang im Hochparterre. Vor dem Lokal stehen Sonnenschirme und weiße Gartenstühle. Eine ländliche Idylle, die vermutlich manchem Gast gefiel. Aber nicht Nora. »Sie hat das Leben dort gehasst, dabei hatten wir so sehr gehofft, dass es ihr als Naturliebhaberin gefallen würde.«

Ein weiteres Foto scheint der Beleg für Noras Ablehnung zu sein. Sie steht allein hinter dem Tresen des Lokals neben einem Bierzapfhahn und einer Anrichte mit zahlreichen Gläsern und einigen Flaschen mit Alkoholika. Ihr Blick ist leer, und sie scheint gedanklich ganz weit weg zu sein. Es gibt keinen Kontakt zum Fotografen.

Noras Mutter sieht mich aufmerksam an: »Schon damals war sie wissbegierig, reiselustig, aber auch aufmüpfig und wollte ihre eigenen Wege gehen. Nachdem sie ihre Ausbildung im Schwarzwald begonnen hatte, ist sie hier nie wieder gewesen. Auch unser Kontakt wurde weniger. Ich habe mir immer gesagt, dass sie ihre Freiheit nutzen und behalten wollte. Vielleicht war es auch ihre Art der Provokation, um mir zu beweisen, dass sie in der Lage ist, alles selbst zu schaffen. Auf jeden Fall war ich mir immer sicher, dass sie sich an uns wenden würde, wenn sie ihre Lebensziele erreicht hat – allein und ohne Hilfe. Und ich denke, dass ich mich da nicht geirrt habe, denn während eines unserer letzten Telefonate, kurz vor ihrem Tod, machte sie den Vorschlag, dass wir in ein paar Monaten nach Griechenland kommen sollten, um dort unsere Silberne Hochzeit zu feiern. Sie kenne auf Kreta einen besonders schönen Strand.«

Auf dem letzten Bild ist Nora etwa 23 Jahre alt. Sie hat es ihrer Familie aus Griechenland geschickt. Eine junge, gut aussehende Frau. Sie ist sommerlich gekleidet, die Bluse luftig. Nora hockt auf einer leuchtenden Blumenwiese mit lilafarbenen Malven. Sie sieht glücklich aus, scheint den Moment zu genießen und das Leben zu lieben. Ich beobachte ihre Eltern und spüre deren tiefe Trauer beim Betrachten dieses Fotos.

Langsam bekommt Noras Persönlichkeit für mich Konturen. Auf der einen Seite wird sie als sehr selbstbewusst beschrieben, wissbegierig, perfektionistisch, temperamentvoll, keinem Streit aus dem Weg gehend, ja sogar egoistisch und stets auf der Suche nach Freiheit und dem Erleben neuer Reize, andererseits aber auch als leicht verletzbar, scheu und melancholisch. Diese Widersprüchlichkeit scheint ihr Leben bis zu ihrem frühen Tod bestimmt zu haben, wie ich bei meinen weiteren Recherchen erfahre.

Als ich von Noras Mutter wissen möchte, wie ich mir das Leben ihrer Tochter in Griechenland vorzustellen habe, erwidert sie etwas zurückhaltend, dass sie davon nicht so viel wisse. Die Kontakte seien selten gewesen. 1999 habe Nora ihren Urlaub auf Kreta verbracht und dort ihren späteren Freund Potis Katsanis kennengelernt, einen 20 Jahre älteren griechischen Musiker.

»Nora war eine talentierte Sängerin und hatte bereits mehrfach an der Veranstaltung ›Musik ist Trumpf‹ teilgenommen und diesen Wettbewerb wiederholt gewonnen.« Bei diesen Worten übergibt Noras Mutter mir eine DVD mit Aufnahmen des Songcontests und einem YouTube-Mitschnitt von Potis Katsanis' Band auf Kreta sowie eine CD mit Liedern, die Nora kurz vor ihrem Tod aufgenommen hat. »Hören Sie sich doch einfach mal ihre Stimme an.«

In den folgenden Jahren besuchte Nora Katsanis immer wieder in Griechenland und zog 2005 schließlich zu ihm nach Athen, wo er eine Eigentumswohnung besitzt. Sie erhoffte sich Unterstützung bei ihren musikalischen Plänen und betrachtete ihn als Sprungbrett für ihre Karriere. Zunächst gaben sie gemeinsame Konzerte, in Athen und auf Kreta, wo Katsanis und seine Band seit vielen Jahren in den Sommermonaten im Strandlokal eines früheren Hippiedorfs Musik machten. Das ging bis 2004. Doch dann entwickelte sich Nora weiter; zwar gab sie weiterhin Konzerte in Athen bei Kirchenveranstaltungen, in einem Frauenhaus und in einem deutschen Lokal, doch irgendwann entwickelte sie eine Leidenschaft für anspruchsvollen Jazz und Swing mit Klassikern von Cole Porter und George Gershwin.

»Nora hatte nicht nur ein feines Gehör für Musik, sondern auch für Sprachen«, sagt ihre Mutter. Schnell erlernte sie akzentfrei die griechische Sprache und immatrikulierte sich an der Athener Universität für deutsche Literatur. Wegen ihrer Sprachbegabung fiel es ihr auch leicht, Arbeit zu finden. Sie unterrichtete die Kinder deutscher Diplomaten und unterhielt enge Kontakte zu einer deutschen Buchhandlung, wo sie Literatur für den Unterricht kaufte.

»Was zunächst idyllisch begann, endete schließlich in einer Katastrophe und als Mord. Das weiß ich genau! Ihr Partner hat sie in seine Wohnung zu einer letzten Aussprache gelockt und dann umgebracht. Als Nora im April 2007 anrief, habe ich sie noch vor ihm gewarnt, doch meine Tochter meinte nur, dass sie ›ihr Bärchen‹ schon im Griff habe. ›Irgendwann wird er das einsehen, und zum Sex können wir uns ja auch weiter bei ihm treffen‹, war ihre Antwort. Es sei ihr egal, wie er darüber denke, sie verlasse ihn auf jeden Fall.«

Bei diesen Erklärungen schaue ich in das Gesicht von Noras Mutter. Sie wirkt sehr entschlossen und energisch. Ich frage mich, woher sie die Gewissheit nimmt, dass Katsanis ihre Tochter umgebracht haben muss. Schließlich hatte die rechtsmedizinische Untersuchung keinen Hinweis auf eine Fremdeinwirkung gegeben.

»Er hat sie geschlagen und war sehr eifersüchtig. Zudem hat er ihr mit den Worten gedroht, dass ein Grieche niemals von einer Frau verlassen werde, schon gar nicht von einer deutschen Frau. Bestimmt wollte er vor seiner Abreise nach Kreta noch ein letztes klärendes Gespräch!«

Aber es sind nicht allein diese Umstände, die Noras Mutter an Mord glauben lassen, denn wenige Monate vor ihrem Tod schaffte Nora endlich den Absprung aus der vermeintlich destruktiven Verbindung. Sie zog übergangsweise zu ihrer Bekannten Johanna, die bei einer deutschen Zeitung in Athen als Volontärin arbeitete. Zum Juli nahm sich Nora eine Wohnung in Kypseli, dem Athener Stadtteil, in dem sie bis dahin mit Potis Katsanis gelebt hatte. Wo sich diese Wohnung befand, verriet sie allerdings niemandem. Sie wollte wohl nicht, dass Katsanis erfuhr, wohin sie ziehen würde. Für zwei, drei Monate sollte ihre Kommilitonin Maria bei ihr wohnen, doch dann wollte Noras Bruder zu ihr nach Athen ziehen. »Und da soll sie sich fünf Tage vor dem Umzug tatsächlich umbringen?« Bei diesen Worten übergibt mir Noras Mutter die Kopie einer Annonce im Nachrichtenblatt des Deutschen Kontakt- und Informationszentrums in Athen:

Mitbewohnerin gesucht für große Zweiraumwohnung in Athen/Kypseli, ruhig gelegen, Nähe Platia Kypseli, Altbau, hohe Räume, kleiner Hof, Nora Feller, T. 697 279 …, 210 2527 …

Noch weiß ich keine Antwort auf diese Fragen.

»Schauen Sie doch einmal, was wir seit 2007 bereits alles unternommen haben, um Gerechtigkeit zu erfahren. Nichts davon ist uns zugesprochen worden. Es fand weder eine Exhumierung, eine erneute rechtsmedizinische Untersuchung noch die Überführung der sterblichen Überreste unserer Tochter statt. Stattdessen liegt sie irgendwo verscharrt in dieser stillgelegten Mörtelgrube. Unsere Anträge auf Ermittlungen, Unterstützung, Dienstaufsichtsbeschwerden sind von den zuständigen Behörden in Griechenland und Deutschland mit den fadenscheinigsten Begründungen abgeschmettert worden. Mal waren es angebliche Formfehler, dann wieder gegen ein Tötungsverbrechen sprechende Beweise.«

Noras Mutter wird langsam immer wütender und überreicht mir eine Aufstellung über ihre Aktivitäten und die Adressaten. Ich lese den Verteiler:

1. Oberster Staatsanwalt in Griechenland
2. Griechischer Premierminister
3. Generalstaatsanwaltschaft Karlsruhe
4. Staatsanwaltschaft Freiburg
5. Deutsche Botschaft Athen
6. Bundesministerium für Justiz
7. Bundespräsidialamt
8. Deutscher Außenminister
9. Auswärtiges Amt
10. Office of the United Nations, Commissioner for Human Rights
11. Europäischer Gerichtshof
12. Diverse Opferhilfen

Die Liste des Scheiterns ist lang und ließe sich problemlos fortsetzen. Ich bin beeindruckt von der Beharrlichkeit dieser Frau, die seit 13 Jahren unermüdlich versucht, die Hintergründe des Todes ihrer Tochter zu erfahren. Allerdings birgt ein solch verzweifeltes Vorgehen auch Gefahren. Es kann als Querulantentum gebrandmarkt werden und dazu führen, dass berechtigte Interessen als überzogen eingestuft und ignoriert werden.

Sosehr ich die Frau in ihrem Schmerz verstehen kann, ihre bisherigen Anschuldigungen sind dennoch kein Beweis für einen Mord durch Noras früheren Partner. Allerdings passen sie in das Bild eines *Intimizids*.

Ob es noch weitere Hinweise für ihren Verdacht gebe, möchte ich wissen. »Ja!«, antwortet Noras Mutter knapp, aber eindeutig. Doch dann ist sie nicht mehr zu stoppen und erklärt wortreich: »Noras Leiche wurde nur oberflächlich untersucht und in Windeseile beigesetzt. Warum durfte ihr Leichnam nicht nach Deutschland zu einer zweiten Obduktion überführt werden? Warum sind ihre sterblichen Überreste vor Jahren anonym irgendwo in einer Mörtelgrube am Rande von Athen verscharrt worden, obwohl wir in Deutschland bereits eine Nachobduktion organisiert hatten? Und weshalb unterstützen uns weder die Staatsanwaltschaft, die Deutsche Botschaft noch eine große Hilfsorganisation für Opfer? Wir sind völlig auf uns selbst gestellt. Und hätten wir nicht einen Athener Anwalt, der ohne Honorar für uns arbeitet, so würden uns wesentliche Informationen zu Noras Tod fehlen. Zudem sind Noras Tagebücher, ihr Handy, ihr PC und ihr Geld verschwunden. All das wird Potis Katsanis an sich genommen haben.«

Ich erfahre weiter, dass Noras früherer Partner zwar behaupte, am Abend des 25. Juni 2007 gegen 20 Uhr im Hafen von Piräus die Fähre nach Heraklion auf Kreta erreicht zu haben, er das Fährticket allerdings erst Jahre später der Polizei zur Verfügung gestellt habe. Auch habe er seine Aussagen immer wieder korrigiert und den jeweiligen Ermittlungsergebnissen angepasst.

Erneut frage ich mich, ob ich Noras Mutter bei der Überprüfung ihres bösen Verdachts überhaupt unterstützen und notwendige Beweise finden kann. Würde eine Überprüfung der Akte nicht bloß längst bekannte Missstände bestätigen, ohne zur Lösung des Falls beizutragen?

Und könnte eine Untersuchung der sterblichen Überreste von Nora Feller, sofern diese denn noch zu finden wären, nach der zweimaligen Exhumierung der Leiche und der Umbettung in das Gräberfeld eine genaue Bestimmung der Todesursache überhaupt ermöglichen? Und was ist mit den Zeugen und mit Potis Katsanis? Würden sie mit mir sprechen wollen, und wo kann ich sie erreichen? Fragen über Fragen.

Noras Mutter scheint meine Bedenken zu erraten, denn sie unterbricht mich in meinen Gedanken und sagt, dass sie nach all den Jahren zwar keine Aufklärung mehr erwarte, doch sie immer noch darauf hoffe, dass ihre Zweifel endlich ernst genommen würden. »Irgendwo fern der Heimat anonym verscharrt zu werden, das hat sie nicht verdient! Und wir haben nicht einmal einen Ort für unsere Trauer!«

Diese Anklage kann ich gut verstehen. Und mir ist auf einmal klar: Dieser leidgeprüften Mutter möchte ich helfen – oder es zumindest versuchen. Ich bitte sie deshalb um die Akten und vor allem um Geduld, denn konkrete Ergebnisse werde ich, wenn überhaupt, nur bei eigenen Recherchen in Athen und auf Kreta erzielen können. Möglicherweise kann ich ihr nach der Analyse mehr zu dem tödlichen Geschehen sagen. Und vielleicht gelingt es mir dadurch auch, Noras Mutter das bisher für sie Unverständliche verständlicher zu machen.

Allerdings möchte ich meine Zusage von einer Bedingung abhängig machen. Da ich den Fall pro bono übernehmen werde, verlange ich für meine kostenlose kriminalistische Beratung völlige

Unabhängigkeit bei den Recherchen und bei der Bewertung meines Ergebnisses; die Einordnung des Scheiterns von Eingaben und Beschwerden möge sie weiterhin den Anwälten überlassen. Zudem bitte ich um ihre Einwilligung, in einem meiner Bücher über den Fall schreiben zu dürfen, unabhängig davon, wie das Ergebnis aussehen wird. Und da ich nicht weiß, wie am Ende von offizieller Seite mit meinen Rechercheergebnissen umgegangen wird, möchte ich Ihnen als LeserIn dieses Buchs die Fakten von Nora Fellers tragischem Todesfall so detailliert und unkommentiert wie möglich zur eigenen Bewertung überlassen.

Eine menschliche Tragödie ist dieses Geschehen allemal. Es gibt wie bei jedem Verbrechen auch hier mehrere Opfer: Nora Feller, ihre Familie und vielleicht auch den Musiker Potis Katsanis, der um den Tod seiner Ex-Partnerin trauert und dem möglicherweise zu Unrecht der Vorwurf gemacht wird, er habe seine frühere Geliebte ermordet. Ob wir auch von einem Justizskandal sprechen müssen, werden die Recherchen der nächsten Wochen zeigen.

Ich bin auf die Reaktion von Noras Mutter gespannt, doch schnell stimmt sie meinem Vorschlag zu; sie muss tatsächlich von einem *Tötungsverbrechen*, wie sie es nennt, sehr überzeugt sein, auch wenn die bisherigen Ergebnisse offizieller Ermittler etwas anderes belegen.

Ich möchte von Noras Stiefvater wissen, wie er über die Anschuldigungen seiner Frau denkt. Der Mann wirkt plötzlich noch nachdenklicher. Wieder trommeln seine Finger auf der Tischplatte, obwohl er ansonsten um Gelassenheit bemüht ist und im breiten Berliner Dialekt versichert: »Es gab unterschiedliche Versionen von der Fundsituation. Erst hieß es, eine Zivilstreife sei am Haus vorbeigefahren und habe Nora hängend in der Wohnung ihres früheren Freundes gesehen. Dann wurde gesagt, Leute aus dem Haus hätten sich wegen Geruchsbelästigung beschwert. Als wir dann selbst in Athen waren, erfuhren wir in einer Fernsehsendung, dass

Beweise nicht untersucht wurden, zum Beispiel ein blutiges Messer, das in der Küche lag.«

Nach Auffassung des Mannes soll es noch weitere Indizien für seinen Verdacht geben. Vermutlich seien die Hausverwalterin und Katsanis verwandt, denn an einem Briefkasten stünden ihrer beider Namen. Und auch die Beisetzung von Nora auf dem Athener Friedhof werfe Fragen auf. Als Selbstmörderin würde ihr nach griechisch-orthodoxem Glauben kein Platz auf dem Friedhof zustehen, sodass dies nur mit Bestechung möglich gewesen sein dürfte. Und dann sagt er noch: »Sie musste offenbar unter die Erde, damit wir nach der geplanten Überführung von Noras Leichnam keine zweite Obduktion durchführen lassen konnten.«

Natürlich handelt es sich bei den Überlegungen von Noras Vater um subjektive Gedankenspielereien, die immer dann entstehen, wenn es ungenügende oder falsche Informationen gibt; möglicherweise ein Nährboden für Vertuschungsvorwürfe und Verschwörungstheorien. Vielleicht ist es aber auch nur die berechtigte Forderung an die griechischen Behörden, endlich allen Spuren unvoreingenommen nachzugehen.

Einen Tag nach diesem Gespräch bin ich auf dem Weg zu der früheren Landwirtschaftlichen Produktionsgenossenschaft (LPG). Ich habe Noras Mutter gefragt, ob sie mich auf der Reise in ihre Vergangenheit begleiten möchte, doch sie hat abgelehnt: »Ich kann diesen Ort mit seinen Erinnerungen nicht mehr ertragen«, ist ihre bestimmte Antwort.

Von dem Ostteil Berlins mit den sich in die Höhe erstreckenden Plattenbausiedlungen – hier hatte Nora vor dem Umzug mit ihrer Familie gewohnt – führt mich der Weg über kleine verschlafene Ortschaften durch Wiesen und Felder in das dörfliche Randgebiet der Metropole. Ich mag mir gar nicht vorstellen, wie viel abgeschiedener dieser Flecken Erde nach der Wende ausgesehen haben muss.

Ein Wegweiser lenkt meine Aufmerksamkeit auf die etwa 40 Kilometer entfernte Waldstadt Eberswalde, die Anfang der 1970er-Jahre in der DDR schaurige Berühmtheit erlangte, als dort der sadistische und pädophil veranlagte Kindermörder Erwin Hagedorn drei Jungen tötete. Die Tat wies identische Verhaltensmuster des Täters mit der Mordserie von Jürgen Bartsch auf, einem Serienmörder aus Westdeutschland, der wenige Jahre zuvor vier etwa gleichaltrige Jungen sexuell missbrauchte, tötete und verstümmelte. Neben den Parallelen der Verbrechen in zwei unterschiedlichen Staatssystemen, den nahezu identischen Biografien und Vorgehensweisen der Opferauswahl und der Tatausführung hatten die Morde von Eberswalde für mich noch eine andere Bedeutung: Zum ersten Mal in der deutschen Kriminalgeschichte ließ die Polizei durch den Berliner Gerichtspsychiater Hans Szewczyk ein *psychiatrisch-psychologisches-kriminologisches Täterprofil* erstellen; für mich eine hochinteressante Fallstudie, rund 30 Jahre, bevor ich selbst mein erste Fallanalyse über einen sadistischen Frauenmörder erstellte.

Nach einer dreiviertel Stunde Autofahrt habe ich mein Ziel erreicht. Am Rande einer kleinen Wohnsiedlung mit unscheinbaren Einfamilienhäusern liegt das Areal des vormals für die Tierzucht genutzten Betriebes. Ich habe mich extra früh dorthin auf den Weg gemacht, um den Ort ohne Störungen erleben zu können. Die aufgehende Sonne leuchtet durch schwere, weiße Haufenwolken und färbt die Blätter der Lindenallee, der ich folge, goldgelb. Eine große Werbetafel offeriert Hallen zu günstigen Konditionen zum Anmieten.

Ich lasse die Eindrücke dieser abgeschiedenen Örtlichkeit langsam auf mich wirken und fühle mich beim Blick auf die hochgelegten Versorgungsleitungen auf schmutziggrauen Betonsäulen an heruntergekommene Skelettbauten erinnert. Auch sonst hat der Zahn der Zeit an den Gebäuden und Stallungen genagt und deutliche Spuren des Verfalls hinterlassen. Eine verblichene Aufschrift an der Hauswand eines Beerdigungsunternehmens verspricht Bestattungen, Friedhofsdienste und Überführungen aus dem In- und Ausland. Ein makabres Angebot in dieser Situation, denn sicherlich hätten Noras Eltern diese Dienstleistung nach dem Tode ihrer Tochter gern in Anspruch genommen.

Auch sonst wirkt der Gewerbehof auf mich leblos und unnatürlich still. Ich sehe keine Menschen. Nur einige Fahrzeuge parken verstreut auf dem Gelände. In einiger Entfernung entdecke ich eine Pferdekoppel, auf der ein Brauner mit einer weißen Blässe einsam grast – ein Bild, das eine friedvolle Harmonie ausstrahlt.

Die Einzäunung endet an einem lang gestreckten, einstöckigen Gebäude. Dessen beige Farbe ist verwittert, das Dach reparaturbedürftig. Das muss das Haus sein, in dem Nora und ihre Familie nach der Wende lebten und sich eine neue Existenz aufbauen wollten. Leider ein tragischer Trugschluss, wie wir heute wissen. Das Haus steht leer, die Türen und Fenster an der Rückseite sind mit rostigen Eisengittern gesichert, die Scheiben mit Folie zugeklebt. Durch schmale Ritzen erkenne ich in den kleinen Zimmern einfache Bettgestelle und Schränke. Sicherlich hat hier seit einigen Jahren niemand mehr gewohnt.

Die Frontseite des Gebäudes wirkt freundlicher. Eine mit Gehwegplatten belegte rote Stahltreppe führt zu einer kleinen überdachten Terrasse mit dunkel gestrichenen Balken im Landhausstil. Ein verschlissenes Sofa lädt zum Platznehmen ein. Die massive Eingangstür daneben ist verschlossen. Der Blick durch ein Fenster zeigt einen weiß gekachelten Raum mit den Überbleibseln einer früheren Kantinenküche. Hier muss der Eingang zur Gaststätte gewesen sein, wie auch ein Klebebild mit dem stilisierten Hirschkopf eines bekannten Kräuterschnapsherstellers vermuten lässt.

Ich versuche mir vorzustellen, wie sich die bereits als Kind weltoffene und wissbegierige Nora Feller in dieser tristen Umgebung gefühlt haben muss, während sich ihre Eltern auf den Gaststättenbetrieb konzentrieren mussten, um wirtschaftlich zu überleben.

Vermutlich träumte sie davon, diesem Ort zu entkommen. Hatte ihre Mutter nicht von der großen Liebe ihrer Tochter zur Freiheit gesprochen?

Auf der Fahrt zurück nach Bremen höre ich Nora Fellers Lieder. Sie singt auf Griechisch, Englisch und Deutsch. Die CD beginnt mit ihrer Interpretation des 1961 mit einem Oscar ausgezeichneten Songs *Ein Schiff wird kommen* aus dem Film *Sonntags … nie!*.

Nora singt den Titel in Griechisch und in Deutsch. Sie beschreibt dabei sehr eindrücklich die Sehnsucht von Ilya, der Protagonistin des Films, die als Prostituierte ihr Geld verdient, dabei aber ihr Leben genießt und insgeheim auf eine bessere Zukunft mit einem Mann hofft, der ihre Lebenslust teilt. Ich überlege, ob wohl auch Nora diese Hoffnung hegte, als sie Potis Katsanis nach Athen und Kreta folgte.

Ich bin ein Mädchen aus Piräus
Und liebe den Hafen, die Schiffe und das Meer …

Noras Stimme hat viel Charme und einen ungewöhnlichen Klang, so dunkel und rau, als gehöre sie einer echten Griechin und reifen Frau. Dabei war Nora Feller erst 26 Jahre alt, als sie diese Songs aufnahm. Ich möchte mich auf die Stimme konzentrieren, doch das sie begleitende Klavier irritiert mich. Zwar ist es gut und routiniert gespielt, doch in der Balance zu schrill und zu dominant. Es drängt sich mit lauten, klirrenden Anschlägen in den Vordergrund und räumt Nora Feller keine Freiheiten ein.

Später spiele ich die CD einer weltweit gefragten Solistin eines Berliner Symphonieorchesters vor und frage nach ihrem Eindruck. »Das Klavier trägt sie nicht auf Händen«, bestätigt mir die Musikerin meinen Eindruck, und: »Es unterdrückt ihr zartes und zerbrechliches Naturell. Ihre Stimme ist schön, doch manchmal singt sie die Töne von unten an. Vielleicht, weil sie es nicht anders kann oder es nicht selbst hört. Eine andere Erklärung: Sie ist beim Singen einfach sehr entspannt, so als würde sie verträumt in eine ganz andere Welt eintauchen. Für die Entspanntheit spricht vielleicht ihr Timing. Sie singt relativ *laid back*, also eher am hinteren Ende der Begleitung als eifrig vorneweg.«

Ich werde mich erkundigen müssen, ob es Potis Katsanis war, der sie auf dem Klavier begleitet hat. Sein dominantes Spiel könnte auch das Verhältnis der beiden Menschen in anderen Situationen widerspiegeln. Als ich später Noras Mutter darauf anspreche, weiß sie darauf keine Antwort.

Noras Athener Gesangslehrerin, die ich bei späteren Recherchen kennenlerne, kann mir mehr dazu verraten: »Zwei Monate nach Noras Tod hat mir Potis eine CD vorbeigebracht mit Mitschnitten von Konzerten, die sie mit verschiedenen Musikern aufgenommen hat. Dabei ist auch eine Collage mit Fotos von Nora und anderen Musikern sowie einem Zitat von mir selbst: ›Die Nora, die ich kannte, war stark im Leben, stark in ihren Gefühlen und stark in ihrer Musik. Wo sie jetzt auch ist, ich vermisse sie.‹«

Als ich mich nach Katsanis' möglicher Klavierbegleitung erkundige, schließt sie dies eher aus. Er habe doch Bouzouki gespielt, die griechische Variante der Mandoline.

Nora wählt auch bei den anderen Aufnahmen eher melancholische, sehnsuchtsvolle Lieder, wie sie in einem Konzertsaal oder auch als Hintergrundmusik in einer Hotelbar gespielt werden könnten. Keiner ihrer Songs ist so richtig fetzig.

Ich möchte von meiner Expertin wissen, ob Nora das Potenzial für eine große Zukunft hatte. Die Antwort bleibt spekulativ: »Vielleicht hätte sie es tatsächlich geschafft, denn sie besitzt eine außergewöhnliche Stimme, und es kommt in diesem Geschäft nicht unbedingt auf Perfektion und Qualität an«. Doch wir werden es nie erfahren, denn wenige Monate nach der Aufnahme lebt die junge Frau nicht mehr.

In den nächsten Tagen beginne ich, mir beim Aktenstudium und dem Sondieren der im Internet vorhandenen Informationen einen Überblick über den Fall zu verschaffen.

In einem mit *Arbeitsübersetzung* überschriebenen Bericht vom 04.07.2007 zum Geschäftszeichen RK 513/ST, Benachrichtigungsschreiben der Polizei, lese ich, dass am 30.06.2007 um 18:30 Uhr die Polizeidienststelle Kypseli von einer Streifenwagenbesatzung benachrichtigt wurde, dass man im Erdgeschoss eines Mehrparteienhauses die Leiche einer Frau gefunden habe, bei der es sich um die 1980 in Deutschland geborene Nora Feller handele. Der Wohnungsbesitzer Potis Katsanis sei zu diesem Zeitpunkt beruflich auf Kreta unterwegs gewesen. Die Leiche habe sich in einem fortgeschrittenen Verwesungszustand befunden und einen Wollschal-Strick um den Hals getragen.

Da die Leiche keine Verletzungen aufwies und auch keine Einbruchsspuren festgestellt wurden, schlossen die Polizisten Fremdverschulden aus, ordneten jedoch eine Voruntersuchung und eine Obduktion an.

Ich bin überrascht, wie viele Details über Noras Tod im Netz zu finden sind und wie viele Medien sich des tragischen Falls in all den Jahren angenommen haben.

Zum ersten Mal erlebe ich in einem YouTube-Beitrag auch Noras Ex-Partner Potis Katsanis. Er spielt in der Strandkneipe, in der er Nora Jahre zuvor kennengelernt haben soll. Ein ergrauter Hippie als Mandolinenspieler, ein Gitarrist mit einem auffälligen Schlapphut und ein stämmiger dunkelhäutiger Sänger begleiten ihn bei *Hit the Road Jack,* ein Song, der Ray Charles in den frühen 1960er-Jahren zu einem Welterfolg verhalf. Der Titel scheint passend, denn im Song, der mit »Hau ab, Jack« übersetzt werden kann, geht es um einen Disput zwischen einem Sänger und seiner Frau, die ihn loswerden möchte und vor die Tür setzt. Nach heftigem Protest gibt er schließlich seinen Widerstand auf und verschwindet tatsächlich. Eine Parallele, die auch auf Nora Feller und Katsanis zutreffen könnte. Allerdings endete sie, statt in einer Trennung, in einer Katstrophe.

Das Video stammt aus dem Jahr 2007 und soll, so Noras Mutter, wenige Tage nach dem Tod ihrer Tochter aufgenommen worden sein. »Sieht so ein Mensch aus, dessen Partnerin gerade gestorben ist?«, fragt sie und sieht mich dabei herausfordernd an. »Kein Anzeichen von Trauer bei ihm.«

Katsanis spielt Gitarre und singt mit dem schwarzen Sänger im Duett, der eine ungewöhnliche, soulige Stimme hat. Noras Ex-Partner scheint tatsächlich gut gelaunt zu sein. Er wirkt auf mich dynamisch, scheint die Begleitung des Sängers zu genießen. Sein linker Fuß wippt im Takt, immer wieder schaut er ins Publikum. Katsanis trägt eine Sonnenbrille, obwohl es nicht besonders sonnig zu sein scheint. Vielleicht findet er das cool. Dazu ein weißes T-Shirt, weiße Shorts, schwarze Socken und weiße Turnschuhe. Vor ihm auf dem Tisch steht ein großes Glas Bier. Alles sieht nach Party aus, nach Strandleben und unbeschwerten Urlaubstagen, aber eine solche Stimmung zu verbreiten gehört sicher auch zur Aufgabe der Musiker.

Doch bei allen positiven Attributen wirkt Noras Ex-Partner auf mich ein wenig machohaft. Zumindest in diesem Moment ist von Trauer oder Anspannung nichts zu erahnen, aber möglicherweise ist das Singen auch einfach seine Art, mit dem Verlust umzugehen. Jeder Mensch trauert auf seine Weise, das muss nicht immer den Erwartungen anderer entsprechen.

Ich spiele auch dieses Video der Solistin vor und frage, was sie von den musikalischen Fertigkeiten Katsanis' und der Band hält. Ihre Antwort ist ernüchternd: »Er spielt so mittelmäßig, lässt den Mandolinenspieler und den anderen Gitarristen die anspruchsvollen Soli spielen, während er nur die einfachen Akkorde schrubbt. Seine beiden Mitspieler wirken schüchtern, während er selbstbewusst auftritt. Dabei verhält er sich wie ein Bandleader, gibt immer wieder Kommandos. Dieses Verhalten kenne ich auch von anderen Bandleadern: Vom Können her sind sie häufig eher die Schwachen, drängen sich aber immer wieder in den Vordergrund, um eventuell mehr an Gage zu bekommen, ohne dafür die musikalische Klasse zu haben. Ohne Zweifel ist der schwarze Sänger der Star. Er hat durch seinen Gesang, seine Ausstrahlung alles in der Hand und begeistert nicht nur das Publikum, sondern auch mich.«

Nach der Expertise der Musikerin erhält das musikalische Zusammenwirken von Nora Feller und Katsanis für mich einen anderen Stellenwert: Brauchte Nora bei ihrem Talent und ihrem Fleiß tatsächlich Katsanis' künstlerische Förderung und seine Kontakte als Sprungbrett für ihre Gesangskarriere, zumal sie sich musikalisch von Folklore und Unterhaltungsmusik verabschiedet und für anspruchsvolleren Jazz und Swing entschieden hatte? Ich mag das nicht glauben.

Derweil recherchiere ich nach den anderen Musikern. Nora Fellers Mutter hatte den vorsichtigen Verdacht geäußert, sie könnten ebenfalls in Katsanis' Wohnung gewesen sein, als ihre Tochter starb. Zwei von ihnen kann ich schnell mittels meiner Internetrecherche und einiger Telefonate identifizieren.

Der Gitarrist mit dem Schlapphut hat den Mitschnitt ins Netz gestellt und lebt in Deutschland. Er versichert mir am Telefon, dass er jedes Jahr gemeinsam mit seiner Frau im Frühjahr und im Spätsommer das frühere Hippiedorf auf Kreta besucht. Allerdings nie vor dem 20. August, denn sonst sei es dort noch zu heiß. 2007 sei es genauso gewesen. Potis und Kyros, der Mandolinespieler, hätten da bereits mehrere Wochen gastiert, da sie jedes Jahr so um den 1. Juli herum mit den Konzerten beginnen würden. Wie in den Jahren zuvor habe er mit ihnen gemeinsam Musik gemacht, denn neben griechischer Folklore spielten sie auch ihm bekannte Oldies. Mitgemacht habe auch noch der englische Sänger Robert, der ebenfalls immer wieder mit seiner Frau Dodo nach Kreta komme. Es sei eine lose Musiker-Freundschaft, und deshalb könne er über Potis und dessen Freund Kyros auch nur wenig sagen, außer, dass die beiden von der Musik lebten und 365 Tage im Jahr in Griechenland, Amsterdam und anderswo unterwegs seien. »Mit Musik verdienst du nicht viel, aber immer noch besser, als zu verhungern.«

Potis habe wohl auch mal eine längere Zeit in München gelebt, dort gespielt und beherrsche etwas Deutsch. Er selbst wisse nicht einmal, wo die beiden während ihrer Gastspielreise auf Kreta wohnen würden.

Allerdings habe er von Kyros erfahren, dass sich Potis' Freundin zu Beginn der Konzertreise erhängt habe und tot in dessen Wohnung aufgefunden worden sei. »Das muss kurz nach seiner Ankunft auf Kreta gewesen sein.« Potis sei deshalb zurück nach Athen gefahren, um die Beerdigung zu organisieren. Danach, so habe es ihm Kyros gesagt, sei er immer noch richtig fertig gewesen.

Ich frage nach weiteren Details, doch mehr kann mir der Musiker nicht sagen. Er kenne Nora nicht, habe jedoch einmal einen Song von ihr auf einer CD gehört. »Sie hatte eine richtig schöne Stimme.«

Ich recherchiere weiter und finde heraus, dass der Sänger aus dem Südwesten Englands kommt und dort professionell als Entertainer und unter dem Namen *The Soulman* auftritt, wobei Kompositionen von Nat King Cole und Lionel Richie sein Repertoire bestimmen.

Als ich ihn anrufe, kann er sich sofort an Auftritte mit Potis und dessen Freund erinnern. 2007 habe er seine Frau Dodo geheiratet und sie seien auf Kreta in ihrem *Honeymoon* gewesen; für ihn sein erster Besuch auf der Insel. Da Dodo das Lokal und die Band kannte, habe sie den Kontakt zu Potis und Kyros hergestellt. Man habe sich gut verstanden, sodass es 2007 und in späteren Jahren immer wieder zu gemeinsamen Auftritten gekommen sei.

Der Sänger sagt, weder er noch seine Frau hätten Nora Feller gekannt. Nur durch einen Zufall will er von ihr und ihrem Tod erfahren haben. Er habe während des Urlaubs Potis gefragt, ob er den Song *Stormy Monday* kenne, und habe einige Akkorde gespielt. Potis' Verhalten habe sich schlagartig verändert. Er sei plötzlich sehr traurig geworden und den Tränen nah gewesen:

»Er sprach von einem »Bloody Monday«. Ich denke, das Wort »Monday« war bei ihm mit traurigen Erinnerungen verknüpft.«

Da dieses Thema für Potis offensichtlich zu schmerzhaft war, will Robert ihn nie wieder auf den Tod seiner Freundin angesprochen haben. In den Jahren danach habe es zwar immer wieder gemeinsame Konzerte und auch Kontakte per E-Mail gegeben, doch irgendwann habe Potis nicht mehr geantwortet. Weshalb, wisse er nicht.

Ich überlege, was Roberts Aussage letztendlich bedeutet. Nora könnte tatsächlich am Montag, dem 25.06.2007, gestorben sein. Denn an diesem Tag hat sie letzte konkrete Lebenszeichen hinterlassen und Potis in seiner Wohnung aufgesucht. Auch dessen Überfahrt nach Kreta war für diesen Tag vorgesehen gewesen. Dass allein die Erwähnung des Wortes *Monday* in einem ganz anderen Zusammenhang diese starke Gefühlsregung bei Potis hervorrief, werte ich als Zeichen dafür, wie sehr ihn Noras Tod beschäftigte.

Aber weshalb konnte sich Potis Katsanis so sicher sein, dass Nora an diesem Tag starb? Es hätte doch auch einer der darauffolgenden Tage sein können. Als Nora gefunden wurde, war ihr Körper in einem solch schlechten Zustand, dass sich der Todeszeitpunkt nicht mehr exakt bestimmen ließ. Allerdings hatte es nach Aussage der Hausverwalterin bereits am 27.06. – also zwei Tage nach besagtem *Bloody Monday* – einen sehr intensiven Geruch im Treppenhaus gegeben, sodass davon auszugehen ist, dass Nora schon einige Zeit zuvor gestorben war.

Während ich noch darüber nachdenke, schickt Robert mir wenige Minuten später in einer Mail eine weitere überraschende Aussage. Der Sänger schreibt, er habe noch etwas Wichtiges anzumerken:

»Ich weiß, dass der Potis, mit dem ich in den frühen Jahren sprach, als wir in den Süden Kretas gingen, ein sehr trauriger Mann war. Viele Jahre lang schien kein Licht in seinen Augen. Aber ich denke, dass er jetzt glücklich ist, weil er einen Sohn hat. Er ist ein guter Mann, ein ruhiger Mann (außer, wenn er auf der Bühne steht), er hat keine Frauengeschichten wie es bei vielen anderen Musikern der Fall ist.«

Nach diesen Hinweisen zu Katsanis' Reaktionen auf Noras Tod konzentriere ich mich wieder auf die Akten der griechischen Ermittler. Leider liegen mir nicht alle Berichte als deutsche Abschriften vor, sodass ich immer wieder die mündlichen Übersetzungen von Nikos Papadakis, dem Athener Anwalt von Nora Fellers Eltern, abhören muss; das ist recht mühsam.

Je länger ich in den Akteninhalt eintauche, umso eindringlicher wird mir bewusst, dass ich hier von Deutschland aus keine Erfolg versprechenden Recherchen durchführen kann. Ich muss die Menschen und die Orte kennenlernen, die Nora Fellers Athener Zeit begleiteten. Vielleicht würde es mir sogar gelingen, noch einige ihrer damaligen Kontakte zu treffen und zu befragen. Zudem sind und bleiben viele Informationen nebulös, sodass ich mir Aufklärung vom griechischen Anwalt verspreche.

In Athen

Ende Juli 2020. Nach über drei Stunden Flug landet meine Maschine gegen 16 Uhr auf dem Athener Flughafen. Als ich das Terminal verlasse, spüre ich die Hitze von weit über 30 Grad. Schnell ist ein Taxi gefunden, das mich in einer knappen Stunde für den von der Regierung vorgeschriebenen Preis von 35 Euro zu meinem Hotel nach Monastiraki inmitten der historischen Altstadt von Athen unweit der Akropolis bringt. Schon aus der Ferne hat mir das auf einem rund 150 Meter hohen flachen Felsmassiv gelegene Wahrzeichen im Herzen von Athen den Weg gewiesen. Majestätisch und stolz überragen die einst der Stadtgöttin Athene geweihten Tempelreste die Stadt.

Ich bin beeindruckt von den schmalen Gassen meines Viertels, den bunten Graffitis an den Hauswänden, dem geschäftigen Leben auf den Straßen und in den Gassen, wo sich Tavernen, Antiquitätenläden und Geschäfte aneinanderreihen, griechische Spezialitäten, Antikes, Kunst, Kitsch und Trödel angeboten werden. Straßenmusiker und Gaukler geben hier im Menschengedränge Kostproben ihres Könnens, während fliegende Händler ihre Waren anbieten. In ihrer Nähe osteuropäisch anmutende, bunt gekleidete junge Frauen mit langen, dunklen, zum Zopf zusammengebundenen Haaren beim Verteilen von Blumen an Touristen, begleitet von drahtigen, durchtrainierten jungen Männern, stets auf der Suche nach lohnenden Opfern für ihre Trickdiebstähle.

Für den Abend möchte ich diese schillernde Atmosphäre genießen, auch wenn ich weiß, dass nur wenige Kilometer entfernt vor vielen Jahren Nora Feller unter ungeklärten Umständen starb, und ich mich hier auf Spurensuche begeben werde.

Für den übernächsten Tag habe ich mich mit Nikos Papadakis für Recherchen verabredet. Doch zuvor möchte ich ein Gefühl für das Flair bekommen und in den Rhythmus dieser Stadt eintauchen. Zudem möchte ich einige Kontakte aufsuchen, die mir von Nora Fellers Mutter genannt worden waren.

Am nächsten Tag beginne ich mit dem Besuch der kleinen deutschen Buchhandlung, in der Nora für ihren Sprachunterricht Bücher gekauft haben soll. Obwohl es noch sehr früh ist, ist das Thermometer schon wieder weit über 30 Grad geklettert. Nach einer knappen halben Stunde Fußmarsch erreiche ich verschwitzt die Buchhandlung in einer kleinen Nebenstraße nahe dem Zentrum und in Nachbarschaft eines Imbisses, der zum Pizzaessen und Kaffeetrinken einlädt.

Ich bin tatsächlich ein bisschen aufgeregt, denn es wird meine erste Recherche hier in Athen sein. Bevor ich den Laden betrete, schaue ich durch das Schaufenster, dessen Aufschrift in großen Lettern deutsche Bücher und Zeitschriften anpreist, außerdem Taschen mit den Namen deutscher Städte, Dekorationen für Kindergeburtstage, aber auch Stundenpläne für die Schule.

Drei Frauen laufen geschäftig im Laden umher, eine von ihnen hängt bunte Faltlampions auf. Ich gehe auf die älteste von ihnen zu und frage sie nach Nora. Ich muss ihr nicht einmal ein Foto zeigen, denn die Verkäuferin erinnert sich sofort an ihre frühere Kundin. Allerdings will sie Nora nur wenige Male selbst bedient haben, wenn sie Kinderbücher für den Unterricht deutscher Diplomatenkinder kaufte. Zuletzt sei das kurz vor ihrem Tode gewesen. An das genaue Datum kann sie sich jedoch nicht erinnern. Die Kundin sei sehr freundlich gewesen und stets allein gekommen. Außer im Buchladen habe es keine weiteren Kontakte zwischen ihnen gegeben, auch nicht im Deutschen Kontakt- und Informationszentrum. Ich bedanke mich für die Auskunft, gewinne aber den Eindruck, dass die Frau von meinen Fragen unangenehm berührt war. Ein Gefühl, das ich auch später bei meinen Recherchen immer wieder bekam, wenn manche Gesprächspartner mir erklärten, dass sie mit dem Fall und den Umständen von Noras Tod eigentlich nichts mehr zu tun haben wollen.

Ein kanariengelbes Taxi bringt mich zu einem ökumenischen Altenwohnheim der Evangelischen Kirche Deutscher Sprache (DKZI) in Griechenland. Dort bin ich mit einer Angestellten des Hauses verabredet; sie hatte sich nach einer Reportage über Noras Tod an deren Mutter gewandt und erklärt, dass sie die Verstorbene kannte. Ich war neugierig, was mir die Frau über Nora und möglicherweise auch über ihren Tod würde berichten können.

Im angeschlossenen Café erwartet mich Rita Mittelsbacher, eine freundliche Mittvierzigerin. Sie hatte Nora in der deutschen Einrichtung kennengelernt und sich danach einige Male mit ihr getroffen. »Ich wusste, dass sie mit einem älteren Griechen zusammenlebte, der wie sie auch Musiker war. Allerdings habe ich diesen Mann nie gesehen.«

Nora habe ihr erzählt, dass die Beziehung mit ihm schwierig sei. Deshalb sei sie auch wenige Wochen vor ihrem Tod ausgezogen und habe sich eine neue Wohnung gesucht.

»Nora sagte auch, sie habe Angst.« Ich frage nach, wovor sie Angst hatte, doch Noras Freundin erinnert sich nicht mehr. »Allerdings hat Nora mir erzählt, dass es zu Gewalttätigkeiten in ihrer Beziehung gekommen war. Katsanis muss auch alles niedergemacht haben, was sie hier beruflich erreicht hatte. Konkreter ist sie jedoch nicht geworden.« Auch über ihre Bekanntschaften habe ihr Partner laut Nora abfällig gesprochen und diese stets als *Weicheier* bezeichnet.

Rita Mittelsbacher vermutete jedoch, dass die Beziehung nach Noras Auszug noch nicht endgültig beendet war, da Nora sie noch im Juni 2007 gebeten habe, ihr ein Sixpack Wasser von Lidl zu besorgen und dieses zur Wohnung nach Kypseli zu bringen, weil ihr der Transport ohne Auto zu schwer sei. Sie habe dann bei Katsanis geschellt, die Flaschen ins Haus getragen und an der Wohnungstür übergeben. »Dass Nora sich das Wasser bringen ließ und mir beim Tragen nicht half, hat mich geärgert. Katsanis war definitiv nicht da. Das bedeutete für mich, dass er ein Engagement hatte und sie dort noch wohnen konnte.« Ich frage nach, ob es vielleicht der 25. Juni 2007 gewesen sein könnte. Rita Mittelsbacher weiß es nicht, meint jedoch, dass es wohl eher Anfang oder Mitte Juni gewesen sein müsse.

Die Freundin berichtet auch von Noras Stimmungsschwankungen. »Sie war am Überlegen, ob Griechenland das richtige Land für sie ist. Sie wollte sich hier entwickeln und frei sein, hatte aber gleichzeitig Angst zu scheitern. Wissen Sie, hier Erfolg zu haben ist sehr schwierig. Griechenland ist ein sehr hartes Land. Wer keine Freunde oder Beziehungen hat, der scheitert. Sie träumte vom Aufstieg, allein oder mit anderen Musikern, und wollte sich absetzen von Potis' eher seichter Musik und seinem Tavernen-Milieu als Veranstaltungsplattform für Konzerte.«

Ich möchte mehr über Nora wissen, und die Frau erklärt, dass Noras Eltern und ihr Herkunftsort Berlin nie ein Thema in ihren Gesprächen gewesen seien. Nora habe keinen Alkohol getrunken und sehr auf ihre Stimme und ihren Körper geachtet. »Sie war eine schöne, intelligente und zarte Person. Sie lebte bewusst, hatte aber eine komplizierte Persönlichkeit.«

Ich bitte sie, mir zu erklären, was genau sie unter einer »komplizierten Persönlichkeit« versteht. Nora sei ein Mensch gewesen, der Schranken setzte, um sich zu schützen, allerdings nur schlecht tolerieren konnte, wenn sich andere genauso verhielten. »Ich habe sie als unwahrscheinlich fordernd empfunden. Mir kam es so vor, als würde sie denken, ihr stünde alles zu.«

Meine Gesprächspartnerin wird unruhig; sie muss zurück ins Altenheim, aber dann findet sie doch noch Zeit, mir einige abschließende Fragen zu beantworten. So erzählt sie, dass Häuser in Griechenland üblicherweise keine Briefkästen hätten. Die Post werde einfach ins Treppenhaus gelegt, und die Bewohner suchten sich die eigene heraus.

Ich komme auf die von Noras Eltern als schlecht empfundene Unterstützung durch die Deutsche Botschaft in Athen zu sprechen. Rita Mittelsbacher äußert sich zunächst zurückhaltend, um dann jedoch anzuklagen: »Die machen sich hier ein Superleben, wollen aber mit ihren deutschen Landsleuten nichts zu tun haben.« Allerdings glaube sie nicht, dass die Botschaft im Fall von Nora mit der Athener Polizei unter einer Decke stecke. »Die Polizei vertuscht einfach ihre Fehler und macht ansonsten nichts! Niemand wird vermutlich damit gerechnet haben, dass der Fall einer toten Deutschen so viel Aufsehen erregt.«

Auch das vermeintliche *Verscharren* von Noras Leiche in ein sogenanntes Knochenloch sei nicht ungewöhnlich. Ich müsse wissen, dass in Griechenland ein Mangel an Friedhofsplätzen herrsche. Die Kosten für ein Erdbegräbnis und für das Grabmal seien hoch, und nicht alle Griechen könnten sich das leisten. Die Alternative der Feuerbestattung gäbe es hier aus religiösen Gründen nicht.

Die Kirche verdiene recht viel Geld an den Beisetzungen, an den sich anschließenden orthodoxen Ritualen sowie der Graböffnung nach wenigen Jahren. In Athen werde das Grab für drei Jahre gemietet und danach wieder freigegeben. Deshalb sei die schnelle Verwesung der Leichname wichtig. Anschließend erfolge sehr häufig die Reinigung der noch vorhandenen Knochen durch Angehörige. Danach würden die gewaschenen Gebeine, verpackt in Kartons oder Kisten, zur Aufbewahrung in einem Beinhaus des Friedhofs gelagert. »All das ist teuer, und wer es sich nicht leisten kann oder das nicht möchte, der lässt die sterblichen Überreste in einem sogenannten Knochenloch, wo sie mit Kalk überstreut werden, anonym auf dem Friedhof beisetzen.«

Auch die Obduktion von Noras Leiche sei nicht ungewöhnlich, sondern die Regel, da jeder Verstorbene in Griechenland untersucht werde, außer es gebe einen Hausarzt, der die Todesursache bestimmt.

Die Ausführungen von Rita Mittelsbacher haben mir einen ersten Einblick in Nora Fellers Leben hier in Griechenland gegeben. Sie hat bestätigt, dass Nora sich von Katsanis trennte, sehr bewusst lebte, nach musikalischem Erfolg strebte, jedoch eine eher komplizierte Persönlichkeit hatte und von Versagensängsten geplagt wurde, verstärkt durch den Umstand, dass Griechenland ein »hartes Land« sei, in dem man ohne Beziehungen zu scheitern drohe.

Auch die differenzierten Angaben zu den griechischen Bestattungsriten helfen mir, den Umgang mit Noras Leiche in einem anderen Licht zu sehen: von Verscharren der Leiche in einer Mörtelgrube kann also nicht die Rede sein. Diese Angst kann ich Noras Eltern nun nehmen. Ich verabschiede mich von der Kirchenfrau und bitte sie, weitere Erkundigungen über Nora und Katsanis einzuholen.

Zwei Tage nach unserem Treffen meldet sich Rita Mittelsbacher noch einmal. Sie hat im Internet herausgefunden, dass Katsanis auch 2018, gemeinsam mit seinem Begleiter Kyros und einem weiteren Musiker, in dem Lokal auf Kreta spielte, wo sie bereits 2007 mit Robert aufgetreten waren und *Hit the Road Jack* gesungen hatten. Ein anderes Video aus dem Jahr 2018 zeigt die beiden beim Singen in einem Athener Lokal. Eine größere Gruppe lässt sich von ihnen beim Essen unterhalten, manche singen mit. Rita Mittelsbacher mutmaßt, dass Katsanis ganz offensichtlich nicht über sein »künstlerisches Niveau der früheren Jahre« hinausgekommen sei. Katsanis trinkt während des Singens Ouzo, scheint den Auftritt zu genießen, er wirkt angetrunken.

Diesen Verlauf seiner musikalischen Karriere hatte ich bei Katsanis erwartet, doch dann überrascht mich Noras Bekannte mit einer weiteren Mitteilung: »Kurz vor ihrem Tod hat mich Nora gefragt, ob sie für ein paar Tage bei uns übernachten könne. Ich hatte ihre Bitte völlig verdrängt, mein Mann hat mich daran erinnert, als ich ihm von unserem Gespräch berichtete. Ich habe Noras Wunsch abgelehnt. Warum, weiß ich nicht mehr. Vielleicht, weil ich wegen der Wasserflaschen verstimmt war oder Noras Nähe für mich in meiner damaligen Situation zu anstrengend gewesen wäre, denn ich hatte gerade die Stelle im Altenheim angenommen. Vielleicht aber auch, weil ich den Grund ihrer Bitte nicht verstand und sie mir auch keine Begründung gegeben hat.«

Die Aussage der Kirchenfrau macht mich nachdenklich. Weshalb wollte Nora bei ihr übernachten, wo sie doch ihr Zimmer in der Wohngemeinschaft mit der Praktikantin der deutschen Zeitung hatte und auch bei Katsanis hätte übernachten können? Schließlich war sie mit ihm weiter intim. Konnte Nora ihr Zimmer in der

WG nicht nutzen? Oder hatte sie mit Katsanis wegen dessen anstehender Reise nach Kreta Streit gehabt? Hatte sie vor ihm oder vor etwas anderem Angst? Warum hatte sie Rita Mittelsbacher nicht den Grund ihrer Bitte genannt?

Auf diese Fragen kann mir möglicherweise Noras frühere Mitbewohnerin Claudia eine Antwort geben.

Ich rufe in der Redaktion der deutschsprachigen Zeitung in Athen an, um mich nach dem Aufenthalt der früheren Praktikantin zu erkundigen. Nach einigem Hin und Her erreiche ich den Chefredakteur, der mich wegen des anstehenden Redaktionsschlusses allerdings auf den späten Nachmittag vertröstet und einen Rückruf verspricht. Als er sich nicht meldet, rufe ich am nächsten Tag erneut bei der Zeitung an. Leider wirkt der Chefredakteur wieder sehr angespannt und scheint mit anderen Themen beschäftigt zu sein. Und so überrascht es mich nicht, dass er mir lediglich den Hinweis gibt, die frühere Praktikantin sei zwischenzeitlich nach Deutschland zurückgekehrt. Kontaktdaten habe er keine.

Auch zu Nora fallen die Auskünfte des Chefredakteurs bescheiden aus. Er kenne sie zwar von gelegentlichen Besuchen in der Redaktion, doch zu ihrer Persönlichkeit lägen ihm keine Informationen vor. Auch Nachfragen im Redaktionsteam hätten nichts ergeben; es sei einfach alles schon zu lange her. Das ist wahr. Doch als ich mich erkundige, ob denn die ungeklärten Todesumstände einer jungen Deutschen in Athen kein Thema für die einzige deutschsprachige Zeitung in Griechenland seien, bekomme ich die Antwort, dass sie über Suizide nicht berichten würden. Diese journalistische Reaktion kann ich nachvollziehen, dient sie doch dem Schutz der Verstorbenen und deren Angehörigen. Doch stumpft der Redaktionsalltag wirklich so ab, dass der unnatürliche Tod einer jungen Frau aus der eigenen Community nicht einmal persönliche Betroffenheit und Erinnerungen an einen Menschen, den man kannte, zulässt?

Mit diesen Gedanken im Hinterkopf beginne ich mit meinen Recherchen nach Noras früherer Kommilitonin Maria, schreibe ihr eine E-Mail und bitte sie um ein Treffen in Athen. Doch leider ist das nicht möglich, da sie sich während der Sommermonate in Thessaloniki und somit mehrere Autostunden von Athen entfernt aufhält. Und so führen wir an den nächsten Abenden mehrere Telefongespräche, bei denen mir ihre Informationen helfen, mich Noras Persönlichkeit immer mehr zu nähern.

Ich erfahre von Maria, dass sich die beiden Frauen bei gemeinsamen Literatur-Vorlesungen an der Athener Universität kennenlernten. Sie hätten sich angefreundet und beschlossen, ab Anfang Juli 2007 in eine Wohnung in Kypseli zusammenzuziehen. Private Treffen habe es nicht gegeben, obwohl sie sich fast täglich bei Vorlesungen trafen. Allerdings hätten sie beide in verschiedenen Stadtteilen gelebt und seien nach den Vorlesungen in entgegengesetzte Richtungen gefahren.

Wo genau die gemeinsame Wohnung hätte sein sollen, weiß Maria nicht. Sie habe Nora deswegen am Sonntag, dem 24.06.2007 mehrere SMS geschrieben, in denen es um das Thema Umzug gegangen sei.

Am 26. Juni sei Nora nicht zu einer Prüfung erschienen. Es sei die zweite von drei Pflichtklausuren gewesen, die nicht wiederholt werden konnten. Ein Nichterscheinen hätte also automatisch zur Exmatrikulation geführt. Maria weiß weiter zu berichten, dass Nora perfekt Griechisch sprach und sehr interessiert und erfolgreich ihr Studium absolvierte. »Sie saß in der ersten Reihe, um ja alles mitzubekommen.«

Noras Fehlen sei auch von ihrem Dozenten bemerkt worden, der sich bei Maria nach dem Verbleib ihrer Freundin erkundigt habe. In den folgenden Tagen rief Maria immer wieder bei Nora an, schrieb E-Mails und SMS, erhielt jedoch keine Antwort. »Irgendetwas musste passiert sein. Später wurde aus meiner Befürchtung Gewissheit. Unser Professor erzählte, dass Nora wohl tot sei.

Es hieß, eine deutsche Sängerin habe sich selbst getötet, angeblich würde jedoch mehr dahinterstecken.«

Ich möchte von Maria erfahren, wie sie über den Tod ihrer Freundin denkt und wie sie sie wahrgenommen hat. Nach einem kurzen Moment des Zögerns antwortet sie: »Es schien ihr in der letzten Phase ihres Lebens nicht gut zu gehen, da sie sich trennen wollte, er aber sehr eifersüchtig sein sollte.« Ich frage nach, und Maria bleibt bei ihrer Antwort: »Die Trennung ging von ihr aus. Sie hatte sich viel für die Zukunft vorgenommen, war selbstbewusst und wollte ohne ihn in ein neues Leben starten. Deshalb war sie auch ausgezogen. Ich kann mir nicht vorstellen, dass sie sich selbst getötet hat. Das habe ich damals nicht geglaubt und glaube es auch heute noch nicht.«

Noras Persönlichkeit skizzierte die Freundin so: »Rastlos, dynamisch, hat ihre Meinung ausgesprochen, war voller Energie, lebte und aß gesund und achtete auf ihre Figur.« Sie habe sie außerdem einmal bei einem Konzert in einem Biergarten erlebt: »Sie hatte eine schöne, außergewöhnliche Stimme. Ihre griechische Aussprache war perfekt.«

Als wir unser Telefonat schon fast beendet haben, möchte Maria noch über einen ungewöhnlichen Vorfall berichten. Zwei, drei Jahre nach Noras Tod habe sie ihr Grab auf dem Friedhof in Zografou aufgesucht. Als sie sich am Eingang bei der Verwaltung nach dem Grab erkundigt habe, sei sie überrascht gewesen, dass sie nur Noras Namen haben nennen müssen, und den Mitarbeitern, ohne nachzuschauen, sofort die Lage des Grabes präsent gewesen sei; und das bei diesem großen Friedhof. Sie habe am Grab ein Armband in Gedenken an Nora hinterlassen. Maria bedauert, dass ihre Notizen, die sie sich nach Noras Tod gemacht habe, bei dem Absturz ihres Computers verloren gegangen seien. Allerdings habe sie die Unterlagen zuvor einem griechischen Anwalt zugeschickt.

Als ich später Noras Mutter bei einem Treffen nach den Aufzeichnungen frage, zuckt sie lediglich mit den Schultern. Sie habe keine. Der Anwalt sei völlig untätig geblieben, habe einen hohen Vorschuss verlangt, den sie nicht habe zahlen können. Danach sei nichts mehr passiert. Wieder einmal.

Am Tatort

Der Schlüssel zur Klärung eines jeden unnatürlichen Todesfalls ist nicht allein in Zeugenaussagen zu finden. Denn die können aus den unterschiedlichsten Gründen falsch oder teilweise falsch sein. Nicht immer muss hinter jeder Falschaussage eine schlechte Absicht stecken. Denn manchmal irren Zeugen, weil sie kognitive Schwächen bei der Wahrnehmung, der Speicherung ihrer Beobachtungen im Gehirn oder bei der Reproduktion des Wahrgenommenen zeigen oder aber, weil sie voreingenommen sind.

Deshalb gilt für mich als Fallanalytiker, dass ich, anders als ein Mordermittler, den *Personalbeweis*, wie Zeugenaussagen auch genannt werden, in meiner Bewertung wegen seiner Fehleranfälligkeit oder möglichen Subjektivität erst einmal beiseitelasse. Stattdessen konzentriere ich mich lieber auf die Interpretation objektiver Spuren an einem Tatort. Und das aus gutem Grund. Ein Täter kann bei einer Vernehmung viele Erklärungen für sein Handeln zum Besten geben, doch seine wahren Absichten zeigt er durch sein Handeln am Tatort. Denn dort hat er agiert, hat Einblicke in seine Psyche und Fantasien gewährt und sein individuelles Persönlichkeitsprofil hinterlassen.

Bei meiner Analyse zerlege ich das Tatgeschehen in einzelne Abschnitte. Fallanalytiker nennen diese Vorgehensweise *Sequenzanalyse*. Den Kern meines analytischen Ansatzes bildet die Erkenntnis, dass ein Täter in jeder Phase seines Agierens eine Vielzahl von Entscheidungen trifft, die etwas über seine Bedürfnisse aussagen und gleichzeitig verraten, was ihm wichtig war.

Deshalb ist es meine wichtigste Aufgabe bei einer Analyse, diese

Spuren zu erkennen und zu bewerten. Ich muss das Geschehen so genau wie möglich rekonstruieren, jedoch berücksichtigen, dass nicht das einzelne Detail entscheidend ist, sondern die Gesamtheit der Spuren. Alles muss zueinanderpassen und einen logischen Sinn ergeben.

Dabei stelle ich eine Vielzahl von Fragen, wie etwa diese:

Wie hat der Täter Kontakt zum Opfer aufgenommen? War er dabei möglicherweise kommunikativ, oder war sein Verhalten gleich durch exzessive Gewalt geprägt? Wie gelang es ihm, die Kontrolle über das Opfer aufrechtzuerhalten, um seinen Tatplan zu realisieren? Waren die Abläufe der Tat geplant, oder war lediglich die Dynamik der Situation entscheidend und das Verbrechen somit ungeplant? Welche Verletzungen wurden dem Opfer zugefügt, und zu welchem Zeitpunkt des Geschehens entstanden diese: vital, also zu Lebzeiten, oder postmortal, nach dem Tode? Gab es eine Kombination von verschiedenen Tötungsarten: Schlagen, Stechen oder finales Erhängen?

Weitere Überlegungen sind, ob der Täter die Waffen mit zum Tatort brachte oder ob er eine sogenannte Waffe der Gelegenheit wie beispielsweise ein vorgefundenes Werkzeug, eine zuvor geleerte Flasche, ein Messer aus der Küche oder einen Strick benutzte.

Schon anhand dieser wenigen Beispiele wird deutlich, dass ein Täter während eines Verbrechens eine Vielzahl von Entscheidungen trifft. Sehr häufig sind es Routineentscheidungen, die zwangsläufig von vielen Tätern getroffen werden, um das Verbrechen erfolgreich zum Abschluss zu bringen und um ihre Identität geheim zu halten. Solche Merkmale haben deswegen nur bedingte Aussagekraft.

Die für mich spannendsten Momente einer Analyse sind deshalb auch jene, bei denen ich erkenne, dass der Täter – oftmals unbewusst und ungewollt – durch ungewöhnliche Handlungen Einblicke in ureigenste, sehr persönliche Gefühlszustände gewährt hat. Ich spreche dann von der Personifizierung des Täters, von einem

Verhalten, das für die Tötung eines Menschen gar nicht so entscheidend war, jedoch vom Täter vor, während oder nach dem Verbrechen in gewisser Weise aus einem inneren Zwang heraus gezeigt wurde. Manchmal spielen bei der Tatausführung zerstörerische Momente wie Hass, Wut, Zorn und ein absoluter Vernichtungswille eine Rolle, die darin münden können, dass der Täter Gesicht und Körper seines Opfers durch Schläge oder durch stumpfe Gewalt mittels eines Werkzeugs zerstört und diesem dadurch alles an Persönlichkeit nimmt, was es als Individuum ausgezeichnet hat.

Aber auch das genaue Gegenteil kann beim Verhalten eines Täters zu beobachten sein; dann nämlich, wenn er nach der Tötung Reue zeigt und versucht, das finale und tragische Ergebnis seiner tödlichen Gewalt zurückzunehmen. An solchen Tatorten entdecke ich häufig Zeichen verzweifelter und hilfloser Versuche, dem Getöteten wieder Leben einzuhauchen.

Wenn dem Täter bewusst wird, dass all seine Bemühungen gescheitert sind, führt das häufig zu Tatort-Szenarien, die einer Aufbahrung gleichen: vor der Brust gefaltete Hände, versorgte Wunden, beseitigte Blutspuren, neben der Leiche drapierte Blumen oder sakrale Gegenstände. Eindrucksvolle Bilder von schmerzlichen Versuchen, die Würde des Opfers wiederherzustellen. Deshalb wird im Fachjargon diese Form der Personifizierung auch als *emotionale Wiedergutmachung* bezeichnet.

Finde ich an einem solchen Tatort also diese Zeichen der Emotionalität, dann weiß ich sofort, dass Täter und Opfer eine besondere Beziehung verband und sie sich nahestanden. Oftmals handelt es sich dann um Handlungen des Täters nach einem *Intimizid*, und häufig schließt dieser sich einer sogenannten letzten Aussprache in einem Trennungskonflikt an, die dann für einen der beiden Akteure, meist die Frau, tödlich endet.

Es gilt herauszufinden, ob auch der Tod von Nora Feller im Zusammenhang mit diesem Motiv gestanden haben kann, und ob sich durch die Spuren am Tatort Hinweise auf die Dynamik der Abläufe, die Gefühlslage der Beteiligten und Anzeichen einer Personifizierung ergeben.

Auch wenn ein Geschehen bereits viele Jahre zurückliegt, so bin ich doch davon überzeugt, dass es mir durch das langsame Herantasten an die Örtlichkeit und die gleichzeitige Bewertung der Tatortfotos gelingen kann, mich der Situation anzunähern, als ein Mensch starb, und die dafür ursächlichen Gründe zu erkennen.

Und so mache ich mich auf den Weg zum Ort dieses tragischen Todesfalls und besuche das Mehrfamilienhaus im Athener Stadtteil Kypseli. Dort, wo Nora für etwa zwei Jahre mit dem griechischen Sänger Potis in dessen Eigentumswohnung lebte, ehe sie im Juni 2007 unter den noch zu klärenden Umständen starb.

Ich schwitze beim Gehen, denn auch an diesem Tag ist es wieder unerträglich heiß. Ich erinnere mich, dass vor 13 Jahren in Griechenland zum Zeitpunkt von Noras Tod eine Hitzeperiode herrschte, bei der Athen an mehreren Tagen bei einer Gluthitze von bis zu 46 Grad einen meteorologischen Ausnahmezustand erlebte, der landesweit mehr als 1500 Menschen das Leben kostete.

Die Straßen sind schmal und von unzähligen Bitterorangenbäumen, den Pomeranzen, gesäumt. Die leuchtend gelb lackierten Taxis und unzählige Motorräder bestimmen auch hier das hektische Straßenbild. Ich passiere großzügige Parks, Einfamilienhäuser, von den Einflüssen des Art déco und des Bauhausstils geprägte Wohnblöcke, kleinere Lokale, Cafés, Geschäfte und Bäckereien, deren bunt dekorierte Kuchen im Schaufenster zum Verweilen und Schlemmen locken.

Doch zeigt das fast 100 Jahre alte und in den 1960er-Jahren für die griechische Mittelschicht attraktive Viertel deutliche Spuren des allmählichen Verfalls. Der Putz an den Häusern bröckelt, die Fassaden sind schmutzig grau, die Marmorplatten der Gehwege an vielen Stellen gebrochen, der Asphaltbelag der Straße immer wieder ausgebessert. Auch scheinen immer mehr Einwanderer aus Afrika und dem Nahen Osten diesen Stadtteil zu bevölkern und ursprünglich griechische Bewohner zu verdrängen; eine Entwicklung, die in den 1980er-Jahren begann und den Wert der Immobilien sinken ließ, wie es mir die gut informierte Vertreterin des Deutschen Kontaktzentrums erzählt hatte.

Hier in diesem Viertel hat also Nora Feller gelebt; hat ihren »rastlosen Weg ins Leben«, wie es eine Freundin von ihr formulierte, gesucht.

Mittlerweile stehe ich vor dem viergeschossigen weiß gestrichenen Mehrfamilienhaus. Auch hier ist die Farbe des Gebäudes verwittert, nagt der Rost an den eisernen Brüstungen der Balkone. Zahlreiche Jalousien sind vor den zur Straße zeigenden Fenstern heruntergelassen. Nur wenige Wohnungen scheinen über Klimaanlagen zu verfügen, wie ich an den Außeninstallationen erkennen kann. In den Eingangsbereich mit den großen Glaselementen ist eine weiße Kunststofftür im Landhausstil mit drei kleinen Lichtausschnitten eingebaut. Sie ist verschlossen. An der Klingelleiste kann ich die Namen von über 40 Bewohnern lesen. Ich finde die Namen von Potis Katsanis und der Hausverwalterin Eleni Flores. Sie ist nach Aktenlage die letzte Zeugin, die Nora am 25. Juni gesehen hat. Zu einem Zeitpunkt, als Katsanis bereits auf der Fähre von Piräus nach Kreta gewesen sein will, denn das Schiff verlässt den Hafen bei Athen jeden Abend um 21 Uhr.

Auf mein Klingeln an der Wohnungstür von Potis Katsanis passiert nichts. Sicherlich ist er auf Konzertreise auf Kreta wie in jedem Jahr um diese Zeit. Als ich bei der Verwalterin läute, meldet sich über die Gegensprechanlage eine Frau. Sie klingt nicht wie eine alte Frau. Sie spricht zwar Griechisch, doch ein osteuropäischer Akzent ist deutlich herauszuhören. Das kann nicht die frühere Hausverwalterin sein.

Obwohl die Frau nicht versteht, was ich von ihr möchte, öffnet sie mir die Tür, sodass ich die Gelegenheit für eine Besichtigung des

Treppenhauses nutzen kann. Vielleicht habe ich sogar Glück und treffe auf Zeugen, die Nora Feller kannten.

Ich betrete den lang gestreckten Hausflur, setze mich auf eine der Stufen und krame aus meinen Unterlagen die Übersetzung der Aussage der Hausverwalterin vom 30. Juni 2007 hervor. Damals hatte sie ausgesagt, dass Nora an der Wohnungstür von Potis gestanden habe. Es sei so gegen 22:30 Uhr gewesen. Sie habe die junge Frau nicht persönlich gekannt, jedoch gewusst, dass die beiden ein Paar waren. Potis habe auf eine Insel gewollt, und da habe sie sich gewundert, dass die junge Frau ihn nicht begleitet habe.

Bereits zwei Tage später, also am 27. Juni, hätten sich im Laufe des Tages Nachbarn über Gestank im Hausflur beschwert. Allerdings sei sie davon ausgegangen, dass der Geruch von noch nicht herausgebrachtem Hausmüll herrühre. Als wenige Tage später der Gestank immer extremer geworden sei, habe sie die Polizei informiert.

Die Hausverwalterin ist vor Kurzem 81 Jahre alt geworden. Ich beschließe, die Zeugin von damals in den nächsten Tagen gemeinsam mit Nikos Papadakis, dem griechischen Anwalt, aufzusuchen, um sie zu befragen – wenn sie denn noch gesundheitlich in der Lage ist, meine Fragen zu beantworten. Ich möchte von ihr wissen, warum sie sich in ihrer Aussage so genau an den 25. Juni erinnern konnte. Ist es vielleicht möglich, dass sie Nora ein oder zwei Tage früher im Treppenhaus gesehen und die Tage verwechselt hat?

Aus zahlreichen Vernehmungen weiß ich, wie leicht sich Menschen bei ihren Angaben irren können. Einmal wäre deswegen beinahe die Aufklärung eines Mordes gescheitert, nur weil mehrere Zeugen behaupteten, den Silvesterabend mit einer Frau gefeiert zu haben, deren verstümmelte Leiche wir kurz nach Neujahr gefunden hatten. So hatten sie – sicherlich ungewollt – dem Täter ein Alibi gegeben. Erst nach langwierigen Ermittlungen konnte ich herausfinden, dass sich das Verbrechen bereits Tage vor Silvester ereignet hatte und das vermeintliche Alibi des Täters im neuen Jahr gar nicht entscheidend war.

Ich erhebe mich vom Stufenabsatz und betrachte erneut das Treppenhaus. Der Boden und die Wände des Flurs sind aufwendig mit hellgrünen Marmorfliesen gestaltet. Doch es ist dunkel, und ich brauche ein bisschen Zeit, um mich zu orientieren.

Nach einigen Schritten erreiche ich den früheren Tresen der Concierge. Hier stapeln sich zahlreiche Briefe. Auch für Katsanis sind einige dabei. Die erwähnte Briefkastenanlage mit den Namen der Hausverwalterin und Noras früherem Freund an einem gemeinsamen Briefkasten gibt es nicht mehr. Trotz des eingeschalteten Lichts ist es dunkel im Gang.

Potis Katsanis' Wohnung ist die letzte auf der rechten Seite. Ich läute erneut, lausche an der Tür, doch außer dem leisen Schnarren der Klingel herrscht innen völlige Stille. Auch auf mein Klopfen hin bleibt alles ruhig, nur aus den Nachbarwohnungen dringt Kindergeschrei auf den Flur. Ich sehe mir das Klingelschild näher an, reibe am Namensschild und bin überrascht: Verborgen unter dem Staub und Schmutz vieler Jahre lese ich auf einem schwarzen Plättchen in weißer Schrift:

Potis Katsanis
Gitarrist – Sänger – Komponist

Ein Namensschild in Deutsch. Ich vermute, dass Nora es ihrem griechischen Freund einst schenkte. Für mich ein rührender, wenn auch längst vergessener Liebesbeweis.

Und noch eine Entdeckung mache ich: Am Ende des Ganges hängt eine Überwachungskamera. Sie ist kaum zu erkennen auf dem dunklen Flur, obwohl sie alle paar Sekunden ein schwaches infrarotes Licht ausstrahlt. Wie einfach wäre dieser Fall zu klären, wenn sie schon damals installiert gewesen wäre, doch ein Blick in die Bildermappe des Tatorts zeigt, dass die Kamera noch nicht angebracht war, als Nora Feller starb.

Das wäre auch zu einfach gewesen.

Ich überlege erneut, wie die Verwalterin Nora bei diesen schlechten Lichtverhältnissen in der Eingangstür zu Katsanis' Wohnung erkennen konnte. Brannte vielleicht Licht in der Wohnung und Nora stand im herausscheinenden Lichtkeil? Und was hatte die Verwalterin um diese Uhrzeit überhaupt im Treppenhaus zu tun? War es tatsächlich so spät? Kann die Begegnung nicht vielleicht bereits am Nachmittag stattgefunden haben?

Ich klingele und klopfe auch an den anderen Wohnungstüren. Obwohl aus einer der umliegenden Wohnungen lautes Stimmengewirr zu hören ist, öffnet dort niemand. Bei Katsanis' unmittelbarem Nachbarn habe ich mehr Erfolg. Es öffnet ein junger Mann. Er stammt wahrscheinlich aus Indien oder Sri Lanka und erklärt mir auf Englisch, dass er erst seit etwa anderthalb Jahren im Haus wohne. Er kenne seinen Nachbarn kaum. Der sei wohl Musiker, habe eine Frau und einen Sohn. Allerdings habe er die Familie schon seit mehreren Wochen nicht mehr gesehen. Sie seien wahrscheinlich verreist. Zur Überwachungskamera kann er nichts sagen, auch nicht zu der abgebauten Briefkastenanlage.

Ich bedauere sehr, die Wohnung von Katsanis nicht betreten zu können, um mir ein klareres Bild zu machen. Trotzdem will ich die Nähe zum Ort nutzen, an dem Nora Feller starb, so wie ich es auch in anderen Fällen immer getan habe.

Selbst wenn Verbrechen oder ein ungeklärtes Geschehen schon viele Jahre zurückliegen, so gilt für mich die eiserne Regel: Der Tatort ist der Ausgangspunkt, das Zentrum meiner Überlegungen. Hier hatten Täter und Opfer miteinander Kontakt. Hier hat der Täter viele Entscheidungen getroffen, die Spuren hinterlassen haben. Hier wurde das Opfer verletzt und getötet. Und hier hat sich der Täter mit der Leiche beschäftigt und seine Bedürfnisse gezeigt; vorausgesetzt, dass es sich tatsächlich um ein Tötungsdelikt handelt.

Und so schlendere ich zum verlassenen Pult des Concierge, schiebe die angesammelte Post zur Seite und breite die Berichte der Polizisten, die Aussagen der Zeugen, die Fotos vom Tatort aus und fahre meinen Laptop hoch.

Auch wenn die Qualität der Aufnahmen zu wünschen übrig lässt, kann ich mich doch nach und nach immer besser in die Situation zum Zeitpunkt des Auffindens von Nora einfühlen. Aus der Aussage des Schlossers weiß ich, dass die Wohnungstür unbeschädigt und lediglich ins Schloss gezogen war. Von innen steckte kein Schlüssel.

Die Fotos vom Wohnungsflur zeigen, dass rechts hinter der Tür von einer Garderobe Schals herunterhängen. Deutlich sind die Fransen an den Enden der Tücher zu erkennen. Auf der linken Seite des Korridors steht ein halbhoher Tresen, der gleichzeitig den Flur vom Wohnzimmer trennt und nur einen schmalen Gang in diesen Raum lässt. Auf der Arbeitsplatte liegen aufgeklappt eine dunkle Sonnenbrille und ein Schlüsselbund. Ich erkenne mehrere Schlüssel, die wie ein Fächer ausgebreitet sind. Ob sie wohl Nora gehörten?

Mein Blick geht nach links in den Raum, dort befindet sich eine Durchreiche zur Küche mit Tresen und zwei Hockern als Essplatz.

In der Küche scheint Licht zu brennen, doch im Polizeibericht fehlt leider ein entsprechender Hinweis. Auch fehlen Angaben darüber, ob Jalousien heruntergelassen oder die Fenster verhängt waren.

Die Beschreibung der Lichtverhältnisse hätte möglicherweise dazu beitragen können, den Zeitpunkt von Noras Tod einzugrenzen, denn an ihrem vermuteten Todestag ging die Sonne in Athen um 20:52 Uhr OESZ (Osteuropäische Sommerzeit) unter. Hatte sie aus diesem Grund bereits Licht eingeschaltet? Das könnte Katsanis entlasten, wenn er denn nicht doch später zur Fähre gefahren wäre. Andererseits herrschte in jenen Tagen in Athen eine Hitzewelle, sodass auch in Katsanis' Wohnung – wie in südlichen Ländern sonst in den warmen Monaten üblich – tagsüber die Räume abgedunkelt werden und Licht eingeschaltet wird.

Als ich mir die Tatortbilder daraufhin ansehe, bestätigt sich meine Vermutung. Vor den Fenstern von Wohn- und Schlafzimmer scheinen Außenjalousien heruntergelassen zu sein – so wie ich es soeben an den zahlreichen heruntergelassen Jalousien der anderen Wohnungen feststellen konnte.

Dann folge ich den Bildern des Fotografen zur Küche, wo ich unter einem Fenster mit einem heruntergezogenen Rollo die Unterschränke einer schlichten Küchenzeile sehe. Die Schublade des rechten Unterschranks ist weit geöffnet. Links davon steht ein einfacher E-Herd, über dessen Backofentürgriff ordentlich ein Geschirrtuch gehängt ist.

In ihrem Bericht haben die Polizisten erwähnt, dass die Küchenutensilien auf der Arbeitsplatte »sorgfältig abgelegt« waren. Und diesen Eindruck habe auch ich: Links auf der Arbeitsplatte steht ein Abtropfgestell für Geschirr, auf dem ich ein Salatsieb, einen Teller, möglicherweise einen weiteren oder ein Holzbrett sowie auf einem Tuch sechs umgedrehte Weingläser und einen Becher entdecke. In einem Becher befindet sich Besteck, anscheinend zum Trocknen dort hineingestellt. Ein Wischtuch hängt ordentlich gefaltet über dem Wasserhahn. Rechts davon sind unter anderem eine Flasche mit Spülmittel, eine Wasserflasche und ein Haushaltsschwamm auf der Ablage zu erkennen.

Die Szene erweckt bei mir den Eindruck, als habe jemand die Küche sorgsam aufgeräumt, etwas zum Abschluss gebracht.

Mein Eindruck der Harmonie wird jedoch von einem Brotmesser gestört, das am Rand der Arbeitsfläche liegt. Die Messerspitze zeigt zum Waschbecken. Die Situation wirkt auf mich bedrohlich. Von diesem Messer dürfte Noras Vater gesprochen haben.

Ich vergrößere die Bilddatei auf meinem Laptop und erkenne eine saubere Klinge, die kein Blut oder andere Antragungen aufzuweisen scheint. Diese Feststellung hatten auch die eingesetzten

Athener Polizisten in ihrem Bericht getroffen. Ich blättere in meinen Unterlagen, doch einen kriminaltechnischen Untersuchungsbericht finde ich nicht. Offensichtlich ist es lediglich bei der visuellen Untersuchung des Messers geblieben.

Die weit geöffnete Schublade verstärkt meinen Eindruck unterschiedlicher Emotionen. Die Lade muss mit einer solchen Energie herausgezogen worden sein, dass sie fast auf den Boden gestürzt wäre. Doch warum? Was ist hier geschehen? Spricht nicht alles für Impulsivität und ungezügelte Emotionen?

Ich erinnere mich an die erste Aussage von Potis Katsanis vom 1. Juli 2007 nach seiner Rückkehr von Kreta. Da berichtete er, dass ihn Nora Feller trotz seiner Aufforderung, nicht zu kommen, gegen 16:00 Uhr/16:30 Uhr aufsuchte und Einlass verlangte. Sie habe aus dem Wohnzimmerschrank eine Flasche Wein geholt, sei weiter in die Küche gestürzt und habe dort versucht, mit einem Korkenzieher die Flasche zu öffnen. Sie sei sehr verärgert gewesen und habe wissen wollen, weshalb er sich von ihr getrennt habe. Ihm sei es wichtig gewesen, ihr den Wein wegzunehmen, und er habe diese Flasche dann weggestellt. Seine Konsequenz hätte sie allerdings nicht vom Trinken abgehalten, sie habe sich sofort danach eine Flasche Bier aus dem Kühlschrank genommen, sich ein Glas geholt und daraus getrunken.

Sie hätten weiterdiskutiert, wobei sie ihm immer wieder vorgeworfen habe, dass sie schließlich seinetwegen nach Griechenland gekommen sei. Trotz dieser heftigen Anschuldigungen will Potis Katsanis weiterhin seine Abreise vorbereitet haben: »Gleichzeitig packte ich meine Sachen, da mein Schiff nach Kreta bald abfuhr. Sie hat mir dabei geholfen und auch mein Gepäck mit zum Auto getragen. Verärgert, wie sie war, sagte sie, dass sie sich umbringen werde, sollte ich sie tatsächlich verlassen. Diese Androhung habe ich nicht ernst genommen.«

Kurz vor seiner Abfahrt soll Nora ihn um eine Umarmung und einen Kuss gebeten haben, doch dieses Ansinnen will er ebenso abgelehnt haben wie ihre Bitte, ein Foto einzustecken, das sie als Paar zeigte. So sei er dann gegen 19 Uhr gefahren, während Nora in der Wohnung blieb.

Ich wundere mich, dass der Mann in seiner Aussage nicht die Situation in der Küche mit der herausgezogenen Schublade des Unterschranks und dem Küchenmesser thematisiert. Das geschieht erst nahezu anderthalb Jahre später in seiner dritten Vernehmung am 22.12.2008. Die Polizei hatte ihn vorgeladen, da sich zwischenzeitlich Noras Eltern beim griechischen Ministerpräsidenten über die ihrer Meinung nach unzulänglichen Ermittlungen beschwert hatten.

Jetzt berichtete Noras früherer Partner auf einmal, dass sie versucht habe, die Wohnung aufzuschließen, ihr dieses jedoch wegen eines innen steckenden Schlüssels nicht möglich gewesen sei. Diese Version könnte tatsächlich zutreffen, wenn es denn Noras Schlüssel auf der Arbeitsplatte sind, die sie nach dem Betreten der Wohnung dort ablegte. Sie habe so lange gegen die Tür getrommelt und geklingelt, bis er schließlich geöffnet habe. Katsanis wiederholt seine bereits gemachte Aussage zum Teil und ergänzt, dass Nora auf seine Frage: »Willst du dich betrinken? Du trinkst doch sonst nie!«, ohne eine Antwort zu geben zum Kühlschrank gegangen sei, eine Flasche Bier herausgenommen und in sich hineingeschüttet habe. »Da sie so schnell trank, musste sie husten. Plötzlich hat sie vom Küchentisch ein Messer aufgenommen und die Klinge mit ihren Händen umklammert. Sie richtete das Messer nicht gegen mich, sondern gegen sich selbst.«

Potis Katsanis will ihr nun das Messer aus der Hand gewunden und die Küche verlassen haben. Während sie ihm folgte, habe sie ihn aufgefordert, bei ihr zu bleiben: »Wenn du mich verlässt, bringe ich mich um. Ich habe nichts zu verlieren.« Katsanis will daran nicht geglaubt haben, obwohl es bereits vorher zu zwei Suizidversuchen in seinem Beisein gekommen sein soll: dem Öffnen der Pulsadern und dem Versuch, aus einem fahrenden Auto zu springen.

Ich merke, dass ich mich in diesem Moment zu sehr von Katsanis' schriftlichen Aussagen bei der Polizei einnehmen lasse und mich wieder auf die Bewertung der objektiven Spuren am Tatort konzentrieren muss.

Beim Betrachten des Fotos aus der Küche fällt mir noch etwas auf: Eine vor den Unterschränken liegende Brücke scheint verschoben zu sein und liegt schräg im Raum. Natürlich weiß ich nicht, wie dieser kleine Teppich zuvor dort gelegen hat, doch dieser Umstand könnte eine Bestätigung der Angaben von Potis Katsanis sein, dass es in der Küche zu einer wie auch immer gearteten Auseinandersetzung gekommen war.

Bevor ich mich mit den Spuren am unmittelbaren Tatort beschäftige, möchte ich mir auch einen Eindruck von den anderen Räumen der Wohnung machen. Ich bin froh, dass die Spurensucher am Tatort doch so viele Fotos gemacht haben, auch wenn es sich um Übersichtsaufnahmen handelt und die Details fehlen.

Der Fotograf hat vom Bad eine Momentaufnahme festgehalten, doch leider nur den Eingangsbereich dokumentiert. Das Bild ist verschwommen, sodass ich nur wenige Einzelheiten erkennen kann, doch macht die Situation in dem kleinen, weiß gekachelten Raum auf mich einen unpersönlichen Eindruck, auch wenn auf dem Waschbecken und der Ablage unter dem geschlossenen Spiegelschrank mehrere kleinere Gegenstände abgelegt sind. Der Toilettendeckel ist hochgeklappt. Auf der Waschmaschine links an der Wand liegt ein zusammengeschobenes weißes Tuch oder Kleidungsstück, darunter schaut der herausgezogene Gerätestecker hervor.

Allerdings wird diese Tristesse durch eine mich überraschende Dynamik auf dem Fußboden gestört: drei Badezimmermatten sind vermutlich durch eine Drehbewegung verschoben, wobei eine Matte am Fuß der Toilette lehnt. Ein auf dem Boden stehender geflochtener Korb mit Zeitungen ist zur Seite gekippt. Ganz offensichtlich hat sich hier eine Person sehr abrupt nach links gedreht und dann den Raum verlassen. Ich stelle fest, dass dies der zweite Ort ist, an dem sich ungewöhnliche Ereignisse zugetragen haben.

Den Fotos der Spurensucher folgend, verlasse ich das Badezimmer und erreiche über einen kleinen Flur das Schlafzimmer. Auch hier brennt das Licht einer Deckenlampe, und auch dieses Mal gibt es dafür keinen erklärenden Hinweis im Polizeibericht. Ich sehe einen dunklen Wandteppich, vor dem ein mit einem blauen Bettlaken bezogenes französisches Bett steht. Vorne am Bettrand liegt ein anscheinend benutztes weißes Badetuch sowie mittig auf der Matratze ein der Länge nach zusammengeschobener Bettbezug. Er verdeckt nahezu vollständig einen Gegenstand, der eine TV-Fernbedienung oder das Mobilteil eines Telefons sein könnte; ich kann es leider nicht genau erkennen. Am Kopfteil liegt ein bezogenes Kissen. Gegenüber dem Bett steht ein Regal mit zwei TV-Geräten.

Die Situation wirkt auf mich so, als habe hier jemand im Bett gelegen, telefoniert oder TV geschaut, sich eventuell zuvor auch gewaschen und abgetrocknet. Ansonsten ist der Raum zwar vollgestellt, wirkt jedoch aufgeräumt; abgesehen von einer Illustrierten, die auf dem Boden liegt.

Ich ziehe eine kleine Zwischenbilanz und frage mich, ob Potis Katsanis ein Mensch ist, den es nicht stört, ein ungemachtes Bett, eine verschobene Badezimmergarnitur und eine herausgezogene Küchenschublade zu hinterlassen, wenn er für drei Monate zum Musikmachen nach Kreta fährt. Oder könnten diese Umstände eher dafürsprechen, dass Nora Feller allein in der Wohnung zurückblieb? Doch da gibt es zudem noch die Aussage von Katsanis, dass er sich am Nachmittag des 25. Juni zum Ausruhen hingelegt und Nora ihn durch ihr Klopfen an der Tür zum Aufstehen veranlasst habe. Hatte er in der Eile und nach dem anschließenden Streit alles so zurückgelassen?

Die Polizeifotos führen mich jetzt zum Tatort im Wohnzimmer. Der Begriff *Tatort* mag Sie als LeserIn in diesem Zusammenhang vielleicht irritieren, doch verstehen Kriminalisten unter dieser Bezeichnung nicht nur den Ort, an dem sich ein Verbrechen ereignete, sondern Orte allgemein, an denen Handlungen vollzogen wurden, die einer speziellen kriminalistischen Untersuchung bedürfen.

Ich ordne die Fotos auf dem Pult der Concierge und blicke vom Flur in den Salon, der aus vormals zwei Zimmern entstand, wie ein freigelegter Sturz in der Mitte des Raumes zeigt. Ich erkenne die hängende Leiche von Nora Feller, unter deren totem Körper sich am Boden eine vermutlich bereits angetrocknete Lache einer dunkelbraunen Flüssigkeit gebildet hat.

Bevor ich mich jedoch mit dieser Situation beschäftige, versuche ich mich anhand der Fotos im Raum zu orientieren. Im vorderen Bereich steht auf einem Maisstrohteppich ein runder Tisch mit einer blauen Decke. Darauf stapeln sich Bücher und Kartons. Eine bunte Ansichtskarte ragt ein Stück über die Tischkante hinaus. Leider kann ich das Motiv nicht erkennen. Links daneben ist ein weißes Gehäuse zu sehen. Vermutlich von einem Handy, doch leider hat der Fotograf auch dieses Mal nur einen Ausschnitt aufgenommen. Von Nora Fellers Mutter weiß ich, dass sie das Handy ihrer Tochter nie erhalten hat.

Neben dem Tisch stehen zwei weiß gestrichene Stühle, wobei einer der beiden deutlich in Richtung der Leiche und somit auch zum Raumteiler gestellt ist. Ich frage mich, ob der Stuhl wohl als Aufstiegshilfe genutzt wurde, um den Schal einfacher über den stabilen Träger legen zu können, schließe diese Möglichkeit jedoch gleich wieder aus, da der Abstand doch zu groß zu sein scheint, wenn er denn nicht zurückgeschoben wurde.

Und noch etwas fällt mir auf: Direkt an einem der beiden vorderen Stuhlbeine liegt inmitten des dunklen Flecks eine braune Sling-Sandale für den linken Fuß. Die dunkelbraune Flüssigkeit der Lache hat nahe der Leiche den oberen Teil eines blauen Teppichs mit bunten Patchwork-Elementen erreicht und an einigen Stellen durchtränkt. Allerdings meine ich im Flor des Teppichs zusätzlich vereinzelte dunkle Tropfen zu erkennen, bei denen es sich um Blut handeln könnte.

Erneut vergrößere ich den Bildausschnitt und sehe jetzt auch vor dem verschobenen weißen Stuhl einen blutähnlichen dunklen Tropfen. Die zweite Sandale liegt von diesen Stellen einen knappen Meter entfernt und direkt unterhalb der Ansichtskarte auf dem Tisch. Auch hier entdecke ich bei näherem Hinschauen mehrere blutverdächtige Tropfen auf dem Teppich und auf der Innenseite der Sandale.

Je länger ich mich mit dem Fall beschäftige, desto mehr Fragen ergeben sich. Was ist an dieser Stelle geschehen? Woher stammt das mutmaßliche Blut? Wie kam es zu der Ansammlung der Tropfspuren? Weshalb trägt Nora Feller keine Schuhe? Und warum liegen ihre Sandalen in der Nähe ihrer Leiche? Mochte sie damit nicht auf den Stuhl steigen? Wurden ihr die Schuhe ausgezogen? Doch welchen Sinn sollte eine solche Handlung haben? Ich werde mir die Aufnahmen von Nora Fellers Leiche später genau ansehen müssen.

Ich betrachte weitere Aufnahmen aus dem Zimmer. Dieses Mal hat der Fotograf aus der anderen Richtung in den Raum fotografiert. Auf zwei Fotos erkenne ich an der rechten Wandseite des vorderen Zimmers eine Anrichte, die ebenfalls mit allerlei Gegenständen vollgestellt ist. Zwischen ihr und dem Sturz steht ein offenes Regal mit einer Vielzahl von Musikkassetten.

Die Situation im Raum wirkt auf mich unordentlich. Allerdings scheint in diesem Bereich nichts bei einem Gerangel oder gar einer heftigen körperlichen Auseinandersetzung umgeworfen worden zu sein. Wäre das bei einem in Eile ausgeführten Verbrechen nicht zu erwarten?

Auf der anderen Seite des Raumes ist zwischen dem Tisch und der Durchreiche zur Küche ein schmaler Gang freigehalten. Er führt zum Flur. Erst jetzt erkenne ich das eingeschaltete Licht der Deckenlampe im Flur.

Das zweite Zimmer ist mit verschiedenen Elektrogeräten, wie einer Stereoanlage, Mischpult, PC-Tower und Monitor sowie einem Fernseher eingerichtet. Der Fernseher läuft und zeigt das aktuelle Programm. Als Nora Feller starb, wird sie es nicht gesehen haben, denn der Leichnam ist dem Bildschirm abgewandt.

Vor dem TV-Gerät liegt auf einem bunten Teppich ein auf den Kopf gestellter kiefernfarbener Holzhocker. Er ist schätzungsweise einen Meter weit vom Gesäß der Toten entfernt. Ich vergrößere den Ausschnitt, da ich auf der oben liegenden Unterseite des Hockers mehrere rötlich-braune und nahezu kreisrunde Flecken erkenne. Diese erinnern mich wie die Spuren auf dem Teppich an senkrecht heruntergefallene Blutstropfen.

Ich suche auf dem Teppich nach weiteren Tropfen, kann jedoch keine entdecken. Allerdings ist eine größere Fläche von der den Leichnam umgebenden dunklen Flüssigkeit durchtränkt.

Mein Blick wandert im Uhrzeigersinn weiter durch den Raum. An seiner Stirnseite führt eine geschlossene zweiflügelige Tür zum Balkon. Die Sicht nach draußen ist durch Vorhänge stark eingeschränkt. Weitere Regale mit CDs und Schallplatten sowie ein Sofa komplettieren die Einrichtung.

In der Mitte des Raumes steht ein großer Überseekoffer, der mit einer Glasplatte als Tisch umfunktioniert wurde. Darauf befinden sich ein Schachbrett mit aufgestellten Figuren, eine angebrochene Flasche Wasser, eine Fernbedienung, verschiedene Kerzen, ein Schreibblock sowie eine CD. Auch hier scheint nicht einmal eine Spielfigur durch ein eventuelles Gerangel umgefallen zu sein.

Leider kann ich keine weiteren Details erkennen, denn wieder einmal fehlen die Nahaufnahmen. Ein paar Fotos mehr, und ich könnte mir viele Spekulationen und Vermutungen ersparen.

Mein Blick geht zurück zu dem Raumteiler, an dem die Tote an zwei zusammengeknoteten Schals hängt. Der über den Balken laufende Schal ist weiß und hat an den Enden schwarze und lilafarbene Streifen, beide Enden hängen gleich weit herunter. Von Noras Mutter weiß ich, dass sie ihrer Tochter diesen Schal vor Jahren zu Weihnachten gestrickt hatte. Der zweite und deutlich schmalere Schal ist regenbogenfarben.

Die Leiche hängt direkt unter dem Sturz. Die Schals sind straff gespannt und in den vorausgegangenen Tagen durch das Gewicht des Leichnams sicherlich immer länger geworden. Der regenbogenfarbene Schal führt zum Hals der Toten.

Ihr Körper befindet sich nahezu in einem Seitsitz, der Oberkörper ist leicht zur Seite gekippt, die Knie gebeugt und die Unterschenkel nach hinten gestreckt. Nora Fellers Gesäß schwebt leicht über dem Boden.

Ich kann mir gut vorstellen, dass sie ursprünglich kniete, jedoch aufgrund des immer länger werdenden Schals langsam in die seitliche Sitzposition glitt. Ihr Oberkörper ist aufgerichtet, der Kopf nach rechts zur Seite geneigt. Nora Fellers vormals schönes Gesicht mit den dunkelbraunen, halblangen lockigen Haaren hat stark unter den Veränderungen des Todes und der Hitze gelitten. Die Haare sind mit einem einfachen Gummiband zu einem Pferdeschwanz zusammengebunden. Aus ihrem Mund und der Nase scheint Flüssigkeit geflossen zu sein, die eine breite rötlich-braune Spur auf der Kleidung hinterlassen und rund um den hängenden Körper eine inzwischen angetrocknete schmutzig braune Lache gebildet hat.

Ein solches Spurenbild kann leicht zu Fehlinterpretationen führen, denn nicht nur unerfahrene Ermittler könnten solche Flüssigkeitsansammlungen fälschlicherweise für Blut halten und von einem Gewaltverbrechen ausgehen. Doch das ist in der Regel nicht der Fall, denn fast immer handelt es sich um von der Leiche stammende Fäulnisflüssigkeit. Dennoch ist bei einer Leichenschau und der Untersuchung des Tatorts immer zu fragen, ob es sich um Blut oder Fäulnisflüssigkeit handelt beziehungsweise ob möglicherweise die Zersetzungsprozesse des Körpers Spuren von äußerer Gewalt verdecken – also von Schlägen, Tritten oder sogar von Schnitten.

Deshalb sollten bei entsprechenden Zweifeln außer einer eingehenden körperlichen Untersuchung der Leiche immer bildgebende Verfahren, also konventionelles Röntgen und Computertomografie, zum Nachweis oder dem Ausschluss von Knochenbrüchen oder im Körper vorhandenen Fremdkörpern eingesetzt werden. Entsprechende Berichte über solche Untersuchungen hatte ich in der mir übergebenen Akte jedoch nicht finden können und werde die Athener Rechtsmedizinerin deshalb danach fragen müssen.

Ich vergrößere die Fotos, und mir wird bewusst, dass ich etwas an den Aufnahmen vom Gesicht vermisse. Die rotbraunen Antragungen in Noras Gesicht wirken angetrocknet; normalerweise gehen diese späten Leichenerscheinungen mit dem Austritt von grobblasiger Fäulnisflüssigkeit aus Mund und Nase einher. Von eigenen Untersuchungen Verstorbener kenne ich diese mit blubbernden Geräuschen begleiteten Symptome, doch das sieht hier anders aus.

Handelt es sich eventuell doch um Blut? Aber wo ist der Ursprung dieser Quelle? Ich muss an die Tropfspuren auf dem Teppich, in Nora Fellers Sandale und auf dem umgestürzten Schemel denken, bei denen es sich tatsächlich um Blut handeln könnte. Sollten meine Vermutungen zutreffen, so wäre dies ein erster konkreter Hinweis auf ein Tötungsdelikt.

Die junge Frau ist mit einem blauen Top und weißen Shorts bekleidet. Am Hemd und der Hose hat heruntergelaufene Flüssigkeit breite, dunkle Abrinnspuren hinterlassen. Sie entsprechen der Hängesituation und scheinen lagegerecht. Leider kann ich deren Herkunft anhand der mir vorliegenden Fotos nicht bestimmen; ich werde auch bei dieser Frage die Athener Rechtsmedizinerin konsultieren müssen.

Je länger ich die Fotos betrachte, desto mehr wird mir bewusst, dass mich etwas an den Spuren auf der Kleidung stört. Plötzlich fällt es mir wie Schuppen von den Augen: Auf Nora Fellers Shorts befinden sich an ihrer rechten Hosenseite mindestens zwei größere dunkle Flecke. Woher stammen sie? Von der heruntergelaufenen Fäulnisflüssigkeit sicherlich nicht, denn die hatte sich einen anderen Weg am toten Körper gewählt. War es dieselbe Quelle, von der auch die blutverdächtigen Tropfen auf dem Teppich und Noras Sandalen stammen? Es müsste an ihrem Körper eine Wunde geben, aus der das Blut abtropfte. Obwohl ich die Fotos mit der hängenden Toten sehr genau absuche, kann ich keine Verletzung entdecken. Möglicherweise ist diese aber auch vom Strangwerkzeug am Hals verdeckt.

Und noch etwas anderes fällt mir auf: Eine dunkle Verfärbung am äußeren Rand des linken Auges erinnert mich an ein Hämatom. Doch ob diese Auffälligkeit tatsächlich eine Einwirkung von stumpfer Gewalt oder doch nur eine Erscheinung des Verwesungsprozesses ist, vermag ich ebenfalls anhand des Fotos nicht zu beurteilen. Auch diesen Punkt werde ich mit der griechischen Gerichtsmedizinerin zu klären haben. Meine Liste mit Fragen an sie wird immer länger.

Die Arme der Toten stehen atypisch seitlich vom Körper ab, was durch die auftreibenden körpereigenen Gase bedingt ist, denn normalerweise müssten sie den Gesetzen der Schwerkraft folgend senkrecht nach unten hängen und am Oberkörper anliegen. Ähnliche Ansammlungen von Fäulnisgasen erkenne ich an den Händen und den Beinen.

Ich wundere mich über die weit fortgeschrittenen Veränderungen an der Leiche, da diese nach meinen Erfahrungen frühestens nach einer Woche Liegezeit oder später festzustellen sind. Doch dann erinnere ich mich an die Gluthitze mit Temperaturen von über 45 Grad am Tag, als die junge Sängerin starb. Diese Extremtemperaturen dürften alles, was sonst zur Todeszeitbestimmung bekannt ist, außer Kraft gesetzt haben. Und so heißt es auch in jedem rechtsmedizinischen Werk, dass der Eintritt und die

Schnelligkeit der Fäulnis vorwiegend von den Umgebungstemperaturen abhängig sind.

Mir fallen die Außengeräte der Klimaanlagen auf den Balkonen der Nachbarwohnungen ein, doch auf den Fotos kann ich keine Hinweise darauf finden, dass es in der Wohnung von Potis Katsanis Aircondition gibt. Allerdings könnte ein in der Nähe des Leichnams aufgestellter Ventilator für Kühle gesorgt haben, doch der zeigt in die andere Richtung und auf die beiden Hocker am Essplatz vor der Durchreiche.

Je länger ich mir die Bilder ansehe, desto intensiver spüre ich den extremen Geruch der Verwesung aus der Athener Wohnung in meiner Nase. So, als wäre ich selbst dabei gewesen und hätte den Todesfall untersucht. Auch wenn es Jahre her ist, dass ich an vergleichbaren Tatorten gestanden habe, um die Todesursache Tage oder Wochen zuvor Verstorbener herauszufinden, dieser penetrante Geruch des späten Todes hat sich meinem Gehirn unlöschbar eingeprägt. Die Athener Polizeibeamten werden sicherlich sehr erleichtert gewesen sein, als sie ihre Untersuchungen abschließen und vom Tatort flüchten konnten.

Als Nächstes konzentriere ich mich auf den Verlauf des Strangwerkzeuges an Nora Fellers Hals. Der regenbogenfarbene Schal wurde zunächst zu einer Schlaufe gelegt, durch die die beiden gleich langen Enden gezogen und dann um den Hals gewunden wurden. Kriminalisten sprechen in einem solchen Fall von einer doppelt durchlaufenden Schlinge. Der Schal liegt sehr eng am Hals und hat in der Haut eine tiefe Furche hinterlassen. Der Schlingenverlauf steigt schräg nach oben bis unter das linke Ohr an. Die beiden gleich langen Enden führen weiter zum weißen Strickschal und bilden dort ein symmetrisches Knotenkonstrukt mit den herunterhängenden Enden. Auch die beiden Knoten sind auf gleicher Höhe platziert. Ihre Parallelität strahlt für mich System und Ordnung aus, obwohl sie auf den ersten Blick nicht wie professionelle

Seemanns- oder Bergsteigerknoten aussehen, sondern eher wie zufällig gebundene Schlingen. Ich überlege, ob ein Täter – abgesehen von einer rituell anmutenden Motivation – bei einer von Wut und Aggressionen geprägten Tötung eine solche Ruhe aufbringt, zumal wenn er unter Zeitdruck stehen dürfte? Sprechen diese Knoten nicht eher für einen Suizid, für eigenes Agieren?

Diesem Rätsel muss ich weiter nachgehen und nehme deshalb Kontakt zu mehreren Experten aus der Seefahrt auf, denen ich die Fotos der verbundenen Schals zusende. Wie zu erwarten, sind die Antworten nicht eindeutig, wobei die Tendenz zu einem Allerweltsknoten geht, der ohne Vorkenntnisse gebunden wurde. Auffällig bei dieser Konstruktion sei jedoch die Tatsache, dass sich die Verbindung der beiden Schals nicht löste, als Nora Fellers Körpergewicht daran hing. Dies könnte dafürsprechen, dass es sich um einen Klemmknoten, den sogenannten Stopperstek, handelt, bei dem in der Seefahrt oder beim Klettern eine dünnere Leine mit einem dickeren Seil verbunden wird, die sich bei Belastung zuziehen und nicht lösen. »Aber um diese Annahme tatsächlich beurteilen zu können, bräuchte ich bessere Bilder oder müsste den Knoten im Original sehen«, so der Kommentar eines Segellehrers. Leider kann ich ihm damit nicht dienen.

Doch zurück zu der für Sie als LeserIn vielleicht ungewöhnlichen Fundsituation, bei der die erhängte Tote in einer inkompletten Sitzposition mit nach hinten geschlagenen Unterschenkeln aufgefunden wurde. In der Sprache der Rechtsmediziner und Kriminalisten handelt es sich bei einer solchen Fundsituation um einen Fall des »atypischen« Erhängens. Dieser liegt immer dann vor, wenn der Körper des Verstorbenen dabei ganz oder teilweise auf dem Boden aufgestützt ist und der Knoten seitlich am Ohr oder vorne am Hals liegt.

Die Bezeichnung »atypisch« kann allerdings missverständlich

sein, denn sie liefert keinen Hinweis darauf, ob es sich um ein Tötungsdelikt oder einen Suizid handelt, sondern beschreibt vielmehr Abweichungen von Formen des »typischen« Erhängens. In solchen Fällen hat der Körper des/r Verstorbenen keinen Bodenkontakt, sondern hängt freischwebend über dem Boden, und der Knoten befindet sich, wie bei einer Hinrichtung, in der Mitte des Nackens.

Atypische Stellungen des Erhängens kommen in der kriminalistischen Praxis der Leichensachbearbeitung sehr häufig vor. Die Positionen der Toten sind dabei mannigfaltig: sitzend, hockend, in Bauch- oder Rückenlage, aber auch kniend. Ich versuche mich an Fälle aus meiner Praxis zu erinnern, bei denen die Verstorbenen frei hingen. Mir fallen nur wenige ein.

Einmal handelte es sich um Mord im Stadtstreichermilieu. Dabei hatten mehrere Männer miteinander gezecht, waren in Streit geraten und hatten einen ihrer Saufkumpane malträtiert und erwürgt. Um die Tötung zu kaschieren und einen Suizid vorzutäuschen, hängten sie ihn auf dem Trockenboden ihrer Unterkunft auf, die Füße ein gutes Stück über dem Boden. Allerdings verrieten die Würgespuren am Hals die Täter.

Bei einem weiteren Fall handelte es sich um einen autoerotischen Unfall eines jungen Mannes, den seine Mutter nach ihrer Heimkehr zu Hause im Flur gefunden hatte. Ihm war die Stütze für seine Füße umgekippt, und er hatte nach wenigen Sekunden das Bewusstsein verloren und war gestorben. Sie hatte an einen Mord gedacht und mochte dem Ergebnis meiner Untersuchungen erst gar nicht glauben.

Bei Nora Feller hatte ich den ansteigenden Schlingenverlauf bei der Körperhaltung der Toten erwartet. Vielmehr interessiert es mich nun, ob ihre Haare in die Schlaufe eingebunden sind oder nicht.

Tatorterfahrungen zeigen, dass Menschen, die freiwillig aus dem Leben scheiden, in der Regel darauf achten, dass ihre Haare nicht vom Strangwerkzeug eingebunden werden, während Täter bei einem gewaltsamen Erhängen diese Sorgfalt nicht an den Tag legen. Sie handeln in stressiger Eile und somit ist es ihnen auch gleichgültig, ob die Haare ihrer Opfer vom Strick oder Seil eingebunden sind oder nicht. Nora Fellers Haare mit dem Pferdeschwanz sind nicht eingebunden, doch vielleicht waren sie dafür auch einfach zu kurz.

Auf dem Sturz des Durchgangs sind einige Tontöpfe und Vasen als Dekoration abgestellt. Ich schätze seine Höhe auf mindestens zwei Meter und erkenne im rechten Teil des Raumteilers eine Schatulle und ein dunkles Gefäß, von dem ein Strohhut, ähnlich dem eines Gondolieres, nach links heruntergerutscht ist. Genau zwischen diesen beiden Gegenständen ist der aus groben Maschen gestrickte weiße Schal in voller Breite über den Balken gelegt, ohne dass hier Bereiche des Textils übereinanderliegen. Das ist ungewöhnlich und spricht ebenfalls für ein eher bedachtsames Vorgehen statt für hektische Aktivität.

Ich frage mich auch, woher der Schal geholt wurde, denn bei dieser Hitze dürfte ihn Nora sicherlich nicht getragen haben. Ich erinnere mich an die Schals im Flur, die nur wenige Meter weit entfernt an der Wand hangen. Und dann gibt es noch die Fotos aus dem Schlafzimmer, wo hinter der offen stehenden Zimmertür eine geöffnete Schranktür zu erkennen ist, an der an einem Haken mehrere Kleidungsstücke lang nach unten hängen; auch von hier könnten die Schals stammen. Aber weshalb ist es gerade ein Schal, den ihr ihre Mutter zu Weihnachten gestrickt hat? Die Fragen reißen nicht ab.

Ich lasse meine Eindrücke Revue passieren, überlege, ob ich im Tatgeschehen konkrete Anzeichen einer Personifizierung erkennen kann, die sein können, jedoch nicht sein müssen, allerdings die Einordnung eines Motivs erleichtern. Meine Suche nach solchen Hinweisen bleibt vergeblich, ich finde weder Anzeichen einer emotionalen Wiedergutmachung noch von Wut und Hass geprägte

Aktionen, die sich mit einer Vielzahl von Verletzungen am Körper des Opfers manifestieren können. Einmal mehr bedauere ich die fehlenden Detailaufnahmen von Noras Leiche.

Zurück in meinem Hotel lese ich in Katsanis' Aussage, dass Nora nach seiner Abreise am 25.06.2007 ab 19:11 Uhr zwei Telefonate mit Freundinnen vom Festnetzanschluss seiner Wohnung führte. Er hatte die Verbindungsdaten auf seiner Telefonrechnung festgestellt. Eine der beiden, eine Alexandra, lebe auf Kreta, und er habe sie wegen des Anrufs von Nora aufgesucht. Über Noras Tod sei sie sehr überrascht gewesen, habe sich aber nicht mehr an den Inhalt des Telefonats mit ihr erinnern können.

Als ich Alexandra anrufe und ihr sage, dass ich nach Kreta kommen und sie gerne in Heraklion wegen Nora befragen möchte, lehnt sie das Treffen ab. Sie ist mir gegenüber misstrauisch, weiß mich nicht so recht einzuordnen – wie sollte sie auch? – und mag auch ihren Nachnamen und ihre Anschrift nicht nennen. Dann ist sie aber doch wenigstens zu einem kurzen Gespräch am Telefon bereit.

Nora und sie hätten sich auf Kreta im Urlaub kennengelernt, immer wieder miteinander Kontakt gehabt, seien zwar miteinander befreundet gewesen, jedoch keine besten Freundinnen. Noras Partner habe sie nur aus ihren Erzählungen gekannt. Persönlich sei sie ihm erst begegnet, als er sich bei ihr nach dem Gespräch mit Nora erkundigt habe. Zwar bestätigt Alexandra das Telefonat mit Nora, doch es sei nur sehr kurz gewesen, habe maximal eine Minute gedauert. Ob über Potis Abreise nach Kreta oder einen Streit mit ihm gesprochen wurde, erinnert die Zeugin nicht.

Als ich sie frage, wie plausibel sie einen möglichen Suizid von Nora findet, erwidert sie: »Im Nachhinein habe ich mir darüber auch Gedanken gemacht. Ich denke mal, wenn sich etwas Besonderes ereignet hat, dann könnte es vielleicht sein.« Noras Beziehung zu Potis sei aus ihrer Sicht eher problematisch verlaufen:

»Mal auf, mal ab. Mal zusammen, mal getrennt. Mal Höhen, mal Tiefen.« Nora sei sehr intelligent gewesen und habe zudem eine tolle Stimme gehabt. »Ansonsten war sie eher ein komplizierter Typ«, der auch zu ihrer eigenen Mutter keine Beziehung hatte. »Sie war jemand, der suchte. Eine, die nicht wusste, wer sie gern sein mochte, wo sie hingehörte.« Allerdings will Alexandra ihre Freundin nie in Extremsituationen erlebt haben und weiß auch nichts über deren Alkoholkonsum: »Betrunken habe ich sie nie gesehen.«

Als ich sie erneut nach dem Inhalt des Telefongesprächs frage und sie bitte, sich zu erinnern, fordert sie mich höflich, aber bestimmt auf, das Gespräch zu beenden und sie zukünftig nicht mehr anzurufen. »Ich möchte mit diesem Thema abschließen und nicht mehr erinnert werden«, so ihre Worte.

Das zweite Gespräch an diesem Abend führte Nora um 19:12 Uhr mit einer Athener Musikerin. Ich hatte diese genaue Zeitangabe in einem der späteren Vernehmungsprotokolle von Katsanis gefunden. Da hatte er dem Vernehmungsbeamten das Telefonprotokoll mit den Verbindungsdaten übergeben. Die Musikerin ist 30 Jahre alt, wohnt in der Nähe von Noras Wohnung in Kypseli und heißt Helena.

Ihre Aussage hatte der Anwalt Papadakis übersetzt und auf eine CD gesprochen. Als ich die abhöre, erfahre ich, dass Nora einige Monate vor ihrem Tod eine Anzeige in der Zeitung aufgegeben und Musiker für eine neue Band gesucht haben soll. Da der Zeugin die Idee gefiel, habe sie immer wieder gemeinsam mit Nora bis zu deren Tod geprobt: »Mal bei mir, mal in ihrer Wohnung bei ihrem Lebensgefährten.« Die Kommunikation sei tadellos gewesen, da Nora perfekt Griechisch sprach und nur bei wenigen schwierigen Wörtern Probleme mit der Aussprache hatte. »In der Zeit, in der wir uns kannten, habe ich mitbekommen, dass sie eine sehr sensible Person war, eine gute Seele hatte, aber einen Charakter, der sehr stark auf die Gefühle ausgerichtet war. Sie hat Potis vergöttert, so wie er sie, wie ich mitbekommen habe.«

Die Frage des Vernehmungsbeamten, ob sie bei Nora psychische Probleme bemerkt habe, verneint die Zeugin, um dann zu erklären: »Nein, sie war eine Person mit Programm und Zielsetzungen. Sie reagierte stark in ihren Gefühlswelten und auf ihren Partner Potis, weil sie dachte, dass er sie fallen lässt, weil sie dachte, dass er sie nicht liebt.« Allerdings soll Nora zuletzt auf eigenen Wunsch ausgezogen sein. Trotzdem habe sie auf Katsanis' Ankündigung, er werde im Juli 2007 wieder nach Kreta fahren, traurig reagiert: »Jedes Mal, wenn er nach Kreta reist, geschieht etwas, und er trennt sich.«

Ich möchte wissen, auf wessen Veranlassung es überhaupt zu der Aussage der Musikerin kam, doch leider gibt es darauf in der Übersetzung keinen Hinweis. In meiner Fallakte finde ich eine Kopie der Vernehmung mit ihrer Anschrift und Telefonnummer. Der griechische Ermittlungsbeamte hat das Protokoll handschriftlich am 11. Mai 2008 aufgenommen, fast ein Jahr nach Noras Tod.

Ich versuche Helena in Athen in ihrer Wohnung aufzusuchen, habe jedoch kein Glück und bekomme sie auch nicht ans Telefon. Als ich sie im Internet recherchiere, begegne ich einer offensichtlich sehr ernsthaften Musikerin, die am Athener Konservatorium Komposition, Gitarre und Mandoline studiert und bereits mehrere Lieder-alben aufgenommen hat. Im Feuilleton der *Griechenland Zeitung* aus dem Jahr 2019 lese ich in einem Artikel über sie, dass sie bei ihren Auftritten dem Publikum »ein erlesenes Zusammenspiel aus Musik, Gesang und der Rezitation von Lyrik« bietet. Als ich ihrer Musik lausche, verstehe ich, dass die beiden feingeistigen Frauen sehr gut miteinander harmoniert haben dürften, weil sie ihre Liebe zu Literatur und Musik verband. Ein Vergleich mit den auf mich trunken wirkenden Kneipenauftritten von Katsanis, bei denen die Musik eher eine willkommene Speisebeilage ist, erübrigt sich.

Ich bin auf den Fortgang der Vernehmung gespannt. Was würde die Musikerin wohl zum Inhalt des weiteren Gesprächs sagen? Ich brauche nicht lange zu warten, denn auf der Sprach-CD trägt Papadakis mit seiner sonoren Stimme weiter vor: »Sie sagte, dass sie Krach mit Potis gehabt habe und er anschließend gegen ihren Wunsch nach Kreta abgereist sei. Nora hatte ein Messer in die Hand genommen und ihm gesagt: ›Geh weg und komm mir nicht zu nahe.‹ Sie hat sehr stark geweint, wie ich mich erinnere.«

Leider hinterfragt der Vernehmungsbeamte diese Situation in Katsanis' Wohnung nicht weiter, erkundigt sich jedoch, ob die Zeugin sich vorstellen könne, dass Frau Feller Suizid begangen hat, worauf sie antwortet:

»So etwas wäre unerwartet. Nora hat mir nichts gesagt. Das Einzige, woran ich mich erinnere, ist, dass sie ihren Bruder nach Griechenland holen wollte.«

Hier stellt sich die Frage, weshalb nur Helena und nicht auch Noras Freundin Alexandra auf Kreta gehört wurde. Beide hatten übereinstimmend keinen Hinweis für eine Selbsttötung erkennen können. War Nora Feller tatsächlich von Katsanis getötet worden, wie ihre Mutter seit Jahren mutmaßte? Allerdings würden die Angaben der Musikerin auch bedeuten, dass Potis Katsanis die Wohnung zum Zeitpunkt der Telefonate bereits verlassen hatte und sich auf dem Weg zum Fährhafen in Piräus befand.

Zurück an meinem heimischen Schreibtisch schreibe ich Helena eine E-Mail, eine Mitteilung auf Facebook und hinterlasse eine Nachricht auf der Mailbox ihres Handys; sie möge bitte mit mir in Kontakt treten. Vergeblich – sie meldet sich nicht, und irgendwann springt bei weiteren Anrufen meinerseits sofort die Mailbox an.

Ich erinnere mich an Noras Athener Gesangsausbilderin, die berichtet hatte, sie habe in der Hülle von Noras Musik-CD eine Fotocollage ihrer Auftritte mit unterschiedlichen Interpreten gefunden. Diese hatte ich mir zwischenzeitlich besorgen können. Als ich mir die Abbildungen ansehe, erkenne ich auf einem der Fotos Helena, die Nora anscheinend in den Räumen einer Bibliothek beim Singen auf der Gitarre begleitet. Und noch eine Entdeckung mache ich auf einem der Schnappschüsse: Abgebildet ist ein Ort, den ich bereits kenne und an dem Katsanis zusammen mit seinem Freund Kyros, dem englischen Sänger Robert und dem Gitarristen mit dem Schlapphut aufgetreten war: die Strandtaverne auf Kreta.

Ich erlebe beinahe ein Déjà-vu. Als wäre die Zeit stehen geblieben, hat sich am Interieur der Kneipe nichts verändert. Sogar das obligatorische Bier steht vor Katsanis auf dem Tisch. Dabei muss das Bild vor dem *Hit the Road Jack*-Video aus dem Jahr 2007 und zu Noras Lebzeiten entstanden sein, denn es zeigt sie bei einem Auftritt mit Katsanis und Kyros. Das Foto dürfte Anfang der 2000er-Jahre aufgenommen worden sein. Katsanis und sein Partner wirken darauf deutlich jünger als im Video des Jahres 2007. Nora selbst trägt ein kurzes schwarzes Kleid mit Spaghettiträgern und Sandalen. Ihrer Körperhaltung nach zu urteilen, scheint sie ihren Song eindringlich vorzutragen. Die Aufschrift auf einer schwarzen Tafel über den Musikern verspricht an jedem Tag ΖΟΝΤΑΝΗ ΜΟΥΣΙΚΗ, also Livemusik. Dazu hat jemand mit weißer Kreide den Zusatz »New CD« geschrieben, und tatsächlich scheint eine Musik-CD neben Katsanis' Bier abgelegt zu sein. Es fühlt sich für mich eigenartig an zu wissen, dass die Gemeinschaft dieser drei Menschen bald zerstört sein wird und mit dem Tod von Nora Feller endet.

Ich melde mich noch einmal bei Noras Gesangslehrerin; sie heißt Lea Löwen. Vielleicht kann sie mir einen Kontakt zu Helena herstellen. Doch sie erklärt, sie kenne die Frau nicht persönlich. Die einzigen Begegnungen habe es bei einem Konzert von Nora und ihr und auf der Beerdigung gegeben. Lea Löwen ist sehr auskunftsfreudig, begrüßt unsere Reise in die Vergangenheit sogar, da sie sich Antworten zu den Umständen von Noras Tod verspricht.

Sie erzählt, dass sie aus meiner Heimatstadt stamme und seit rund 20 Jahren in Athen lebe. Etwa zwei Jahre lang habe sie Nora bis zu deren plötzlichem Tod Gesangsunterricht gegeben. Es sei eine sehr enge freundschaftliche Beziehung gewesen, an die sie sich noch gut erinnere. Die Unterrichtsstunden habe Nora stets sehr gewissenhaft wahrgenommen und nie unentschuldigt gefehlt.

Von Noras Tod will Lea Löwen durch Katsanis erfahren haben, als sie am Konservatorium auf ihre Schülerin wegen einer verabredeten Gesangsstunde gewartet habe. »Als sie nicht kam, habe ich Noras Handynummer gewählt.« Auf keinen Fall sei es die Mobil- oder Festnetznummer von Katsanis gewesen, wie sie mir auf Nachfrage versichert, denn die habe sie gar nicht gehabt. Zu ihrer großen Überraschung habe Katsanis das Gespräch angenommen und ihr berichtet, dass Nora tot sei. Er habe sie drei Tage zuvor tot in seiner Wohnung gefunden. Ihr Körper sei durch die Hitze im Zimmer völlig entstellt gewesen. Lea Löwen erzählt weiter, sie habe Katsanis gebeten, solche Scherze zu unterlassen. »Doch er blieb bei seiner Aussage und meinte, dass Noras Bestattung bereits für den nächsten Tag vorgesehen sei; der Verfall ihres Körpers würde dies erfordern.«

Lea Löwen erzählt, dass sich zahlreiche Menschen zu Noras Beisetzung auf dem Friedhof in Zografou eingefunden hätten, denn sie habe einen großen Bekanntenkreis gehabt. Bekannte von der Uni, Musiker, Freunde und auch Katsanis und seine Familie seien dabei gewesen. »Sie war ein respektierter und beliebter Mensch mit viel Weisheit. Sie hätten mal ihr offenes Lachen erleben sollen!« Entgegen griechisch-orthodoxen Gepflogenheiten sei der Sarg geschlossen gewesen, was wohl dem schlechten körperlichen Zustand von Noras Leichnam geschuldet war. Es habe große Trauer und lautes Klagen geherrscht. Vor allem Katsanis' Mutter sei verzweifelt gewesen, und ihr Sohn habe sich sehr um die alte Frau kümmern müssen.

Bei dieser Schilderung von Lea Löwen muss ich an Nora Fellers Eltern und Geschwister denken. Ich mag mir gar nicht ausmalen, wie schwer es für sie sein wird zu lesen, wie ihre Tochter und Schwester in einem fernen Land von anderen Menschen betrauert und beigesetzt wurde, während sie selbst nicht einmal über die Beerdigung informiert worden waren.

Lea Löwen berichtet weiter, dass eine griechische Freundin von Nora bei der Beerdigung Zweifel an deren Selbstmord geäußert, das aber nicht näher begründet habe. Als ich frage, ob es sich bei der Frau um eine Helena, die Musikerin, gehandelt haben könne, bejaht Lea Löwen das. Sie selbst habe Katsanis die Schuld an Noras Tod gegeben und sei deshalb wütend auf ihn gewesen. Dabei habe sie ihn persönlich gar nicht gekannt und nur zwei- oder dreimal kurz gesehen, als er Nora mit dem Motorrad zum Unterricht brachte. Die beiden seien im Übrigen auf Initiative von Nora ein Paar geworden. Ihre Gesangsschülerin habe ihr erzählt, sie sei in Katsanis verliebt gewesen und habe ihn »haben« wollen.

Die Beziehung sei sehr von den Temperamenten beider geprägt gewesen mit zahlreichen »Ons« und »Offs«, die mal von ihr, mal von ihm ausgegangen seien, wie Nora ihr anvertraut habe. »Und das bedeutete sehr, sehr viel Streit und Schreierei in unterschiedlichen Schattierungen.«

Nora sei generell sehr empfindsam gewesen, wenn es um Streit ging. »Wenn der Unterricht bei mir zu Hause stattfand und ich zuvor mit meinem Sohn geschimpft hatte, spürte sie es sofort.« Dies könne an Noras Kindheitserfahrungen gelegen haben, zumal insbesondere die Beziehung zur Mutter laut ihrer Schülerin sehr gestört gewesen sei. Das Verhältnis zu ihrer Familie müsse für Nora ein zentrales Problem gewesen sein, da sie in fast jeder Probenstunde ihre Kindheit thematisiert habe. Ob es in der Beziehung mit Katsanis Gewalt gegeben hat, weiß Lea Löwen nach eigenem Bekunden nicht. Zudem werde der Begriff »Gewalt« doch auch sehr unterschiedlich interpretiert.

Ich bitte die Gesangslehrerin, mir Noras Wesen zu beschreiben, damit ich mir ihre Persönlichkeit besser vorstellen kann. »Nora war sehr hübsch, anmutig und mit einer grazilen, zerbrechlichen Figur, ähnlich der von Edith Piaf. Einerseits war sie unendlich stark, andererseits jedoch auch sehr verletzlich. Ihre Stimmungen konnten schnell ins Depressive wechseln, aber das ist bei Künstlern häufiger der Fall.« Besonders ist Noras Ausbilderin ein sehr resignativ klingender Ausspruch in Erinnerung geblieben. Nora habe geklagt, dass sie »sowieso immer zu spät dran« sei und von der Angst begleitet werde, etwas zu versäumen.

Ansonsten habe Nora ihr Leben allein organisiert, sich beispielsweise aus der Zeitung Lea Löwens Inserat für den Gesangsunterricht herausgesucht. »Trotzdem war sie eine Kindfrau, die eine starke Beziehung suchte und an Katsanis' Seite erwachsener wurde. Nora wollte in Griechenland leben und war schwer verliebt in diesen Mann. Sie hat ihn sich ausgesucht. Er war ihre Familie, auch wenn er wohl – wie viele griechische Männer – sehr dominante Züge aufwies und Besitzansprüche an sie richtete. Deutsches Denken funktioniert hier in diesem Land in einer solchen Beziehung nicht.« Sie könne sich in Noras Situation hineinversetzen, da sie selbst lange mit einem sehr dominanten Griechen verheiratet gewesen sei und bis zur Scheidung viele Situationen mit hochkochenden Emotionen erlebt habe.

Die Erinnerungen scheinen mit dem Erzählen bei Lea Löwen immer konkreter zu werden. Sie berichtet, dass Nora und Katsanis sich wohl in Deutschland kennengelernt oder dort zumindest zusammengelebt hätten, als Katsanis ein Engagement als Musiker gehabt habe. Danach habe sie beschlossen, mit ihm in Griechenland zu leben.

»Sie war der sparsamste Mensch, den ich je kennengelernt habe – und das bedeutet hier in Griechenland schon einiges!« Sie habe von »nichts« gelebt und eher am Essen gespart, als auf ihre musikalischen Ziele zu verzichten. Nach der Trennung von Katsanis kurz vor ihrem Tod müsse für Nora finanziell eine besonders schwierige Zeit begonnen haben. »Sie hatte kein Geld. Das Leben als Künstler ist hier sehr hart. Nora suchte eine Wohnung und versuchte alles zu organisieren.« Katsanis müsse sie »sehr unterstützt« haben, denn sie habe weder über ein eigenes Einkommen verfügt noch staatliche Unterstützung erhalten. Als ich wissen möchte, ob Lea Löwen etwas über Noras Einstellung zum Trinken von Alkohol wisse, kommt ihre Antwort schnell und überzeugend: »Das hat sie abgelehnt.« Wohl wegen lang zurückliegender Erfahrungen mit dem Alkoholkonsum anderer Menschen, so die ergänzende Antwort.

Ich muss an eine frühere Bemerkung von Lea Löwen denken und frage nach, ob sie Zweifel an der Suizidtheorie hegt. Ihre Antwort fällt unbestimmt aus. Zwar sei Nora eine starke Persönlichkeit gewesen, hätte jedoch unter Stimmungsschwankungen und immer wieder auftretenden depressiven Phasen gelitten.

Die Beziehung zu Katsanis sei zudem sicherlich von zahlreichen »Beziehungs-Gewittern« geprägt gewesen: »Kommt dann so viel Hass auf, dass man jemanden tötet?«, fragt sie mich. Sie könne sich bei Noras Partner durchaus *»hot emotions«* vorstellen. »Aber gehört nicht kühles Kalkül dazu, wenn man jemanden erhängt?«

Andererseits könne sie sich auch einen Suizid vorstellen, um den »ungezogenen Partner« zu bestrafen. Sich in Katsanis' Wohnung selbst zu töten würde mit Sicherheit eine bleibende Erinnerung geschaffen haben. »Er hatte sich wohl für Nora als die Frau in seinem Leben entschieden, sodass er noch heute jeden Tag an sie denken wird – wie auch immer sie damals zu Tode kam.«

Leider kann sich Lea Löwen nicht an den Tag des letzten Unterrichts, an Noras Stimmung, ihre anstehende Prüfung oder mögliche Aussagen zu dem Umstand, dass Katsanis nach Kreta abzureisen gedachte, erinnern; es sei einfach zu lange her. Zwar könne es durchaus Montag, der 25. Juni 2007 gewesen sein, müsse es jedoch nicht. Zudem habe es keinen festen Unterrichtsplan gegeben, denn der nächste Termin sei von Mal zu Mal vereinbart worden.

Ich muss diese Worte erst einmal auf mich wirken lassen und überlegen, was sie bedeuten. Hätte das Treffen tatsächlich an jenem Montag mit der Abreise von Potis Katsanis nach Kreta stattgefunden, so dürfte Nora nach ihrem Gesangsunterricht zu seiner Wohnung gegangen sein. Eine Woche später, vermutlich am 02. Juli, erschien sie nicht zur vereinbarten Stunde, sodass Lea Löwen sie anrief, um sich nach dem Grund ihres Fernbleibens zu erkundigen. Da war Nora bereits obduziert worden und ihre Bestattung für einen der nächsten Tage vorgesehen gewesen. Und statt Nora nahm Katsanis das Gespräch entgegen, überbrachte ihr bei dieser Gelegenheit die Nachricht von Noras Tod und lud Lea Löwen wohl für den nächsten Tag zur Beisetzung ein.

Das bedeutet, dass Katsanis zu diesem Zeitpunkt Noras Handy besaß. Doch warum hatte er das nicht gleich in seiner Vernehmung erwähnt? Mit der Anrufliste auf Noras Mobiltelefon hätte Katsanis leicht nachweisen können, dass er tatsächlich versucht hatte, seine Freundin aus dem Hafen von Piräus und später von Kreta aus zu erreichen.

Zwei Tage nach meinem ersten Besuch stehe ich wieder vor dem tristen Haus in Kypseli, dort, wo das junge Leben von Nora Feller sein tragisches Ende fand. Dieses Mal bin ich nicht allein, Nikos Papadakis, der Anwalt der Familie, begleitet mich. Er soll mich beim Gespräch mit der Hausverwalterin Eleni Flores unterstützen und auch übersetzen. Schon nach dem ersten Klingeln meldet sich dieselbe Frauenstimme wie beim letzten Mal. Der Anwalt erklärt kurz unser Anliegen, und gleich darauf surrt der Türsummer. Nach wenigen Schritten stehen wir vor der Wohnungstür der früheren Hausverwalterin in der ersten Etage. Ich bin überrascht, wie einfach das alles geht. In einem früheren Gespräch hatten mir Noras Eltern erzählt, dass niemand in das Haus hineingelassen werde und man dort persönliche Angriffe der Bewohner befürchten müsse.

In der Tür steht eine ungefähr 50 Jahre alte Frau. Sie hat ein offenes, freundliches Gesicht, stellt sich als Pflegerin von Eleni Flores vor und bittet uns einzutreten. Ihre Arbeitgeberin sei bettlägerig, nicht mehr bei bester Gesundheit, doch sie würde nachfragen, ob sie uns empfangen möchte. Ihr osteuropäischer Akzent ist deutlich herauszuhören. Von Papadakis erfahre ich, dass sie vermutlich aus der Ukraine stammt. Von dort kämen viele Pflegekräfte, um in Griechenland zu arbeiten.

Ich sehe mich im Flur um und muss ein zweites Mal staunen. Doch dieses Mal ist es das Interieur des Flures, das ich so überhaupt nicht erwartet habe. Von einer Sekunde auf die andere fühle ich mich in eine Athener Villa versetzt, in der vor über hundert Jahren die Zeit stehen geblieben ist. Der Fußboden ist mit schweren Orientteppichen ausgelegt, darauf Schränke und ein Vertiko mit gedrechselten Säulen und Muschelkronen, ein rot bezogenes Sofa aus der Gründerzeit. Von der Decke schwebt ein mehrarmiger Lüster mit geschliffenen Kristallen herab, und die Wände sind dicht an dicht mit Bildern aus längst vergangenen Zeiten dekoriert. Alles wirkt auf mich sehr gepflegt und nobel.

Ehe ich weitere Einzelheiten aufnehmen kann, erscheint die Pflegerin und bittet uns ins Schlafzimmer. Ich betrete das abgedunkelte, aber dennoch freundlich wirkende Krankenzimmer. Auch hier hängen zahlreiche Gemälde an den Wänden: Porträts, Landschaften und Stillleben. Auf einer Anrichte stehen in silbernen Rahmen verblichene Fotos, die wahrscheinlich Eleni Flores und ihre Angehörigen zeigen. Ich frage mich, ob auf einem der Bilder auch Potis Katsanis abgebildet ist, denn er soll ja mit der früheren Hausverwalterin verwandt sein, doch erkennen kann ich ihn nicht. Ich sehe mich weiter im Raum um. In einem Regal sind medizinische Hilfsmittel, Medikamente, Cremes, Salben und Tücher verstaut. Ein Ventilator spendet angenehme Kühle. Zentral im Zimmer steht ein großes Bett mit bunten Bezügen, in dem die frühere Hausverwalterin liegt. Eine kleine, alte, blasse Frau mit dunklen, ordentlich gekämmten Haaren. Sie schaut uns freundlich an, stützt sich auf ihre Unterarme, richtet dabei den Oberkörper auf und fordert uns auf, Platz zu nehmen. Ich bin überrascht, wie kräftig die Stimme der 81-Jährigen klingt.

Der Anwalt erklärt nun auch ihr, weshalb wir sie sprechen möchten. Sie wirkt sehr interessiert, und fast kommt es mir vor, als würde sie es sogar ein wenig genießen, für einen Moment wieder im Mittelpunkt des Lebens zu stehen, während sich ihr eigenes langsam dem Ende zuneigt.

Die Erklärungen der alten Dame sind ausführlich, sie scheint sofort im Thema zu sein, so sehr gestikuliert sie mit ihren Händen. Nach zwei, drei Minuten unterbricht Papadakis ihren Redefluss und übersetzt, dass unsere Gastgeberin sich tatsächlich sofort an den Tag der letzten Begegnung mit Nora am 25. Juni 2007 erinnert habe. »Es war am frühen Abend. Die Frau stand in der Tür zu Katsanis' Wohnung. Ich dachte, sie würde auf ihn warten.«

Ich frage nach der genauen Uhrzeit, der Anwalt dolmetscht, doch an die exakte Zeit kann sich die frühere Hausverwalterin nicht mehr erinnern. Das finde ich verwunderlich: Einerseits weiß unsere Zeugin nach 13 Jahren noch den genauen Tag ihrer Beobachtung, kann aber andererseits die Uhrzeit nicht näher einordnen. Und so bitte ich Papadakis nachzufragen, aber zu meiner Verwunderung geht der Anwalt nicht auf meine Bitte ein und stellt keine weiteren Fragen. Ohne Pause fährt er in seinen Übersetzungen fort. Dabei wären Details zu den Umständen des Treffens und zur Uhrzeit doch so wichtig.

Und wie ist die Aussage der früheren Hausverwalterin vor der Polizei zu erklären, dass die Begegnung mit Nora gegen 22:30 Uhr stattfand? Was wäre, wenn sie ihre Beobachtung tatsächlich – wie sie jetzt behauptete – früher am Abend gemacht hatte? Das wäre denkbar, denn in seiner dritten Vernehmung vom 22. Dezember 2008 bei der Kripo Kypseli hatte Katsanis ausgesagt, dass Nora ihm vor der Abreise beim Tragen seiner Sachen zum Auto geholfen habe. Sollte es das gewesen sein, was die Haushälterin beobachtet hatte, würde sein Alibi eine ganz andere Bedeutung bekommen. Dann wäre

Noras letztes konkretes Lebenszeichen nicht um 22:30 Uhr, sondern zur Zeit der Telefonate gewesen, die sie ab 19:11 Uhr mit ihren Freundinnen geführt hatte. Für Katsanis immer noch Zeit genug, Nora zu töten, die Tat als Suizid zu inszenieren und mit dem Auto nach Piräus zu fahren, um dort rechtzeitig um 21 Uhr die Fähre zu erreichen – so, wie es Noras Eltern und der Anwalt vermuten.

Bei diesen Überlegungen erfahre ich von Papadakis, dass die frühere Hausverwalterin Potis Katsanis bereits als Baby kannte. Er habe mit seiner Mutter und seinem Bruder die unter ihrer Wohnung liegende und gleich geschnittene Eigentumswohnung bewohnt. Seit seine Mutter vor einigen Jahren zurück in ihr Heimatdorf gezogen sei, lebte er erst allein in der Wohnung, jetzt mit seiner Frau und einem Kind.

»Zwei Tage nach meinem Zusammentreffen mit Potis' Freundin bin ich von Hausbewohnern auf intensiven Gestank aufmerksam gemacht worden, der aus seiner Wohnung kam. Ich nahm an, dass er den Hausmüll nicht nach draußen gebracht hatte, und informierte seinen Bruder; doch der reagierte nicht. Tage später wurde der Gestank so intensiv, dass ich nicht mehr an verdorbene Lebensmittel glauben mochte. Die Polizei kam, ein Schlosser öffnete die Wohnungstür, und Potis Katsanis' Freundin hing tot im Wohnzimmer in einer Schlinge an einem Schlips.« Ich wundere mich über den Ausdruck »Schlips«, frage nach, doch der Anwalt bleibt bei seiner Übersetzung. Ich mache mir den Vorwurf, dass ich keinen professionellen Dolmetscher für das Gespräch hinzugezogen habe. Denn ich mag nicht ausschließen, dass Papadakis die Übertragung mancher Begriffe ins Deutsche nicht so leichtfällt, obwohl er in Deutschland Jura studiert hatte.

Die Verwalterin erzählt, dass neben ihr noch vier weitere Hausbewohner der Polizei Hinweise gegeben hätten, doch letztlich nur sie selbst schriftlich vernommen worden sei. Wer die anderen Bewohner waren und ob sie noch im Haus wohnen, erfahre ich leider nicht.

Zu meiner Überraschung berichtet Papadakis auf einmal, dass am 25. Juni 2007 – Nora Fellers mutmaßlichem Todestag – das Schlafzimmer der Zeugin gestrichen worden sei, sodass sie im Wohnzimmer habe übernachten müssen. Und das sei direkt über dem Zimmer gelegen, in dem Nora später tot aufgefunden wurde. »Gegen Mitternacht schreckte mich ein lauter Rumms aus dem Schlaf auf. Der kam aus Katsanis' Wohnung. Ich wunderte mich und überlegte, was dort wohl umgefallen sein könnte, schlief dann jedoch wieder ein, weil danach Stille herrschte. Heute nehme ich an, dass Potis' Freundin um diese Zeit in den Tod gesprungen ist.«

Ohne dass es die alte Frau begreift, hat sie uns einen völlig neuen Sachverhalt geschildert: die letzte Begegnung mit Nora Feller zum Abend, ein lautes Geräusch gegen Mitternacht aus Katsanis' Wohnung. Doch was könnte diesen »Rumms« verursacht haben? Der umgestürzte niedrige Hocker sicherlich nicht. Und weshalb sollte Nora überhaupt nach einem Sprung gestorben sein? Schließlich waren die zusammengebundenen Schals so lang, dass sie etwa einen Meter über dem Boden endeten. Darüber hinaus wurde Nora in einem Seitsitz aufgefunden. Diese Tatsachen sprechen nicht für einen Sprung.

Meine Gedanken werden jäh gestört. Das Telefon klingelt. Die Krankenpflegerin nimmt ab, legt ihren Zeigefinger an den Mund und bedeutet uns auf diese Weise zu schweigen. Nach wenigen Sätzen beendet sie das Gespräch und erklärt, dass es die Kinder der früheren Hausverwalterin waren. Sie dürften nichts von unserem Besuch erfahren.

Unsere Gastgeberin meldet sich zu Wort. Obwohl ich nicht verstehen kann, was sie sagt, bemerke ich, wie sich ihre Tonlage verändert. Sie spricht jetzt richtig energisch, während der Anwalt übersetzt: »Sie hätte den Potis heiraten sollen. Warum hat sich die Mutter nicht gekümmert und ihre Tochter allein gelassen?«

Ich lasse ihre Fragen im Raum stehen, denn mir schwirren zu

viele eigene im Kopf herum: Weshalb kann sie sich nach diesen vielen Jahren so gut an das Verhältnis von Nora zu ihrer Mutter erinnern? Wer hat ihr davon berichtet? Von wo aus im Treppenhaus hatte sie Nora Feller gesehen? Weshalb hatte es den gemeinsamen Briefkasten gegeben? Und ist sie überhaupt mit Potis Katsanis verwandt, so wie es der Anwalt und Noras Familie vermuten?

Allerdings bekomme ich auch dieses Mal auf meine Fragen keine Antworten. Ehe ich meine Gedanken thematisieren kann, bricht Papadakis unvermittelt das Gespräch ab und meint, dass eine weitere Befragung die alte Dame zu sehr aufregen würde. Mit diesen Worten steht er auf und verabschiedet sich. Ich bin von dieser Aussage verblüfft, denn Eleni Flores wirkt auf mich nach wie vor sehr konzentriert und bei klarem Bewusstsein. Sie lächelt mich an, winkt mir zu, und mir wird schlagartig klar, dass es für mich vermutlich keine Gelegenheit mehr geben wird, ein weiteres Mal mit dieser freundlichen Frau zu sprechen.

Gerne hätte ich die frühere Hausverwalterin noch zu ihren Wahrnehmungen befragt, doch plötzlich begreife ich, warum Papadakis so in Eile ist: Es ist 19:50 Uhr, und um 21 Uhr verlässt unsere Fähre Piräus für die Überfahrt nach Heraklion auf Kreta. Von Kypseli bis zum Hafen sind es je nach Fahrtstrecke zwischen 16 und 18 Kilometer, für die wir abhängig vom abendlichen Athener Verkehr zwischen 30 und 40 Minuten benötigen dürften. Das sei gut zu schaffen, verspricht Papadakis und kündigt an, dass er nun wie ein Grieche fahren werde. »Genau wie Potis Katsanis, wenn er denn tatsächlich seine Wohnung erst gegen 20 Uhr verlassen haben sollte und sich noch ein Fährticket hat kaufen müssen.«

Tatsächlich scheinen die Verkehrsvorschriften für Papadakis in den nächsten Minuten außer Kraft gesetzt worden zu sein. Ich sitze recht angespannt auf dem Beifahrersitz, doch zum Glück fährt der Mann sehr routiniert. Nach rund 25 Minuten erreichen wir unser Ziel – den Hafen von Piräus.

Papadakis lässt sich noch immer nicht aus der Ruhe bringen. Stattdessen hat er Zeit für Erklärungen. So erfahre ich, dass Piräus bereits 500 v. Chr. zum Hafen von Athen bestimmt wurde und sich der Haupthafen Kantharos im Laufe der Jahrhunderte mit rund 18 Millionen Passagieren jährlich zum größten Passagierhafen und zum viertgrößten im Container-Verkehr in Europa entwickelt hat.

Ich frage den Anwalt nach dem viel besungenen Mädchen von Piräus und möchte wissen, an welchem Kai die Prostituierte *Ilya* Abend für Abend wohl auf die fremden Schiffe gewartet haben mag. Schmunzelnd erwidert Papadakis: »Hier würde sie vergeblich warten. Da müssten wir zur Marina Zea fahren, wo die Superyachten ankern.«

Piräus beeindruckt mich. Einen so großen Fährhafen habe ich noch nie gesehen. Wir tauchen in das gelbe Licht der Straßenlaternen ein, das den schwarzen Asphalt golden glänzen lässt, und nähern uns langsam den Fähren nach Kreta, Mykonos, Lesbos und anderen Zielen des Mittelmeers. Es ist faszinierend, wie nach und nach in den weit geöffneten Schlünden dieser fast 200 Meter langen und Hochhäusern gleichenden Schiffe ungezählte Fahrzeuge aller Art und noch mehr Passagiere verschwinden.

Ich weiß nicht, warum, doch bei diesen Bildern muss ich an die biblische Erzählung über den Propheten Jonas denken, der in Seenot geriet, von einem Wal verschlungen wurde, im Bauch des riesigen Fischs zu Gott betete und nach drei langen Tagen und Nächten wieder an Land gespien wurde. Ich hoffe, dass die Überfahrt nach Heraklion nicht so lange dauern wird und nicht auch wir in Seenot geraten werden.

(Wie berechtigt diese Sorge war, erfahre ich drei Wochen später, als ich längst zurück in Deutschland bin. Da war es auf dem Fährschiff *Blue Horizon* kurz nach dessen Ankunft in Heraklion zu einer folgenschweren Explosion gekommen, die einen Menschen das Leben gekostet und drei andere schwer verletzt hatte.)

Doch zunächst gilt es, die Tickets für die Überfahrt nach Kreta zu kaufen. Wir reihen uns in die Schlange der Wartenden vor dem Kiosk der ANEK LINES Reederei ein, kommen jedoch nur langsam voran. Während ich immer ungeduldiger werde, bleibt Papadakis gelassen. Und tatsächlich sind wir nach wenigen Minuten an der Reihe, legen dem Schalterbeamten unsere Ausweise und die Wagenpapiere vor, werden offensichtlich in einer elektronischen Passagierliste eingetragen und erhalten unsere personalisierten Fahrkarten mit Registriernummer und Strichcode. Weiterhin aufgeführt sind Abfahrtszeit, Name des Schiffes, Start- und Zielhafen, Preis und Name des Reisenden.

Einen Hinweis zum Verkaufsdatum finde ich auf dem Ticket allerdings nicht. Eine solche Angabe hätte helfen können, den Zeitpunkt von Potis Katsanis' Ticketkauf zu bestimmen, wenn Papadakis diese denn von der Athener Staatsanwaltschaft zur Verfügung gestellt bekommen würde.

Bis zur Abfahrt der Fähre sind es nur noch wenige Minuten, doch niemand scheint in allzu große Hektik auszubrechen. Papadakis erklärt erneut, dass es immer wieder zu Verschiebungen bei der Abfahrtzeit kommen könne. Wir reihen uns in die Schlange der wartenden Fahrzeuge ein, rollen langsam Meter um Meter auf den Kontrollpunkt zu. Einer der dort eingesetzten Kontrolleure lässt sich die Tickets geben, reißt eine Hälfte der Fahrkarte ab, steckt den Abriss in seine Hosentasche und gibt uns den anderen Teil zurück. Ich kann mir nicht vorstellen, dass er die abgerissenen Abschnitte nachträglich im EDV-System erfassen wird. Vermutlich wird die Reederei abwarten, ob die Fähre ihr Ziel auf Heraklion erreicht und dann die eingesammelten Ticketabschnitte vernichten, sofern dies nicht schon vorher geschehen ist. Bei eventuellen späteren Überprüfungen der Reisenden dürften dann die Angaben aufgrund der verkauften Tickets aus dem EDV-Bestand herangezogen werden. Das heißt, die Tatsache, dass ich ein Ticket gekauft habe, beweist noch lange nicht, dass ich tatsächlich mit dem Schiff gefahren bin.

Wir haben Glück: Da wir als eines der letzten Fahrzeuge in den

Schlund der Fähre fahren, wird uns ein Platz im Einfahrtsbereich zugewiesen. Es ist tatsächlich jene *Blue Horizon*, die mir mit ihrem blau gestrichenen Rumpf, den weißen Aufbauten und den gelben Schornsteinen bereits beim Kauf der Tickets aufgefallen war und die wenige Wochen später havarierte. Wir verlassen unseren Wagen. Es riecht nach Diesel, die Schiffsmotoren stampfen im Takt, und über schmale Stahltreppen suchen wir unseren Schlafplatz im zweiten Deck. Nach langen und ermüdenden neun Stunden Überfahrt in unbequemen Pullmansesseln, erreichen wir pünktlich um 6 Uhr den Hafen von Heraklion.

Auf Kreta

Als Belohnung für die nächtlichen Unannehmlichkeiten erwarten uns später in einer Hafenkneipe ein kupfernes Kännchen mit heißem griechischen Kaffee und ein beeindruckender Sonnenaufgang in leuchtendem Orange. Eine gut ausgebaute Straße führt uns die nächsten anderthalb Stunden über Serpentinen in die kretische Hochebene, vorbei an Olivenhainen, Weinbergen, aromatischen Kräutern und vertrockneter Vegetation zu dem früheren kleinen Fischerdorf auf die Südseite der Insel.

In den 1960er-Jahren erlangte dieser Ort mit seinen in weiches Tuffgestein geschlagenen jungsteinzeitlichen Felsenhöhlen und Geheimgräbern aus der Zeit des Urchristentums Weltruhm als Hippieparadies. Auch soll hier einst der oberste Gott der griechischen Mythologie, Zeus, mit der von ihm entführten Europa an Land gegangen sein. Zwar haben die inzwischen unter Denkmalschutz stehenden Höhlen bis heute nichts an ihrer Einmaligkeit und Ausstrahlungskraft verloren, doch nach und nach hat sich dieser vormals mystische Ort zu einem typischen Ferienort mit zahlreichen Pauschalurlaubern und Tagestouristen entwickelt. Geblieben sind allerdings eine von Felsen umrahmte wunderschöne

Bucht mit einem breiten und seicht ins Wasser führenden Sandstrand sowie die zu Kneipen und Restaurants umgebauten vormals heimeligen Fischerhäuser. Hier also hatte im Sommer 2001 Nora Feller bei einem Urlaub Potis Katsanis kennengelernt.

Gegen Mittag erreichen Papadakis und ich das kleine Dorf im Süden der Insel. Das Lokal, in dem Potis Katsanis täglich mit einem Freund auftritt, befindet sich direkt am Strand: offene Terrasse, Stahlkonstruktion mit Glasdach. Die Ventilatoren versprechen bei Temperaturen um 35 Grad angenehme Luftbewegung und Kühle auf der Haut. Die zwölf hellblauen Klapptische mit den weiß-blauen Plastiktischdecken und den einfachen Klappstühlen sind nahezu unbesetzt. An einer Seite steht ein roter Cola-Kühlschrank, daneben sind Bierkisten gestapelt.

Die wenigen Anwesenden scheinen Einheimische zu sein. Trotz der gerade grassierenden Corona-Pandemie trägt kaum jemand eine Maske. Das war in Athen noch ganz anders.

Die Wände im Ockerton sind mit naiven bunten Fischmotiven, wie Delfinen, Langusten und Seesternen bemalt. Unter zwei tanzenden hellblauen Nixen dokumentieren zwei große farbige Fotocollagen die seit zehn Jahren bestehende Freundschaft zwischen Oldenburger Trial-Motorbikern und der Band von Katsanis. Auf einem der Bilder singt der offensichtlich gut gelaunte Ex-Freund von Nora gemeinsam mit seinem Partner. Gemalte Noten an den Wänden zeugen davon, dass man in diesem Strandlokal musikalische Unterhaltung erwarten darf.

In einer Ecke der Terrasse hängt immer noch die schwarze Tafel mit dem Namen der Band, wie ich sie von dem Foto mit Nora und den Videoaufnahmen im Netz kenne, und verspricht täglich Livemusik.

Um 15:30 Uhr ist Katsanis immer noch nicht im Lokal eingetroffen, obwohl das Konzert doch um 16 Uhr beginnen sollte. Ich werde, wie bereits vor der Überfahrt nach Kreta, unruhig, denn noch immer habe ich mich nicht an den lockeren griechischen Umgang mit Zeitangaben gewöhnt. Doch der freundliche Kellner beruhigt mich und erklärt, das Konzert beginne heute eine halbe Stunde später, und die Musiker kämen gleich. Ich befürchte, dass es knapp für ein Gespräch werden könnte, denn um 21 Uhr fährt unsere Fähre zurück von Heraklion nach Piräus, und die Fahrt quer über die Insel dauert eine gute Stunde, wie ich von der Hinfahrt weiß.

Wenige Minuten später erscheint endlich Katsanis. Ich erkenne ihn sofort, auch wenn er im Vergleich zum Foto aus der CD und seinen Musikvideos deutlich gealtert ist. Seine grauen Haare sind kurz geschnitten, die Koteletten wie eh und je lang, das Kinn von zahlreichen Stoppeln und einem Ziegenbart geziert. Noras früherer Partner trägt gelbe Badeshorts, weiße Socken und Turnschuhe der bekannten Marke mit den drei Streifen. Über das linke Handgelenk hat er ein gelbes Schweißband gestreift. Dazu ein weißes T-Shirt mit dem Aufdruck *Beer Is Life* und mehreren anscheinend frisch gezapften Bierkrügen.

Potis' Teint ist sonnengebräunt, seine Statur kräftig, die Waden muskulös. Jedoch ist ein deutlicher Bauchansatz nicht zu übersehen. Ich befürchte, dass er streng nach dem Motto seines T-Shirts lebt.

Der Mann ist nicht allein. Ein etwa zehnjähriger Junge begleitet ihn – sein Sohn, wie er mir später verrät. Die beiden scheinen sich gut zu verstehen, scherzen miteinander, während Katsanis ihm den Kopf streichelt. Dann holt er dem Jungen aus dem Strandcafé ein Glas Orangensaft und sich selbst ein großes Glas Bier. Es wird schnell deutlich, dass Katsanis sich an diesem Ort sehr heimisch fühlt; so als wäre er selbst der Inhaber. Während sich der Junge in das benachbarte Restaurant setzt, um fortan mit seinem Smartphone zu spielen, beginnt Potis Katsanis in einer Ecke der Terrasse mit dem Aufbau der Technik. Seine Bewegungsabläufe sind routiniert. Schon nach kurzer Zeit hat er sein Equipment unterhalb des Schildes mit dem Bandnamen aufgebaut und mehrere Lautsprecherboxen auf der Terrasse verteilt.

Das ist für mich der Zeitpunkt, um ihn anzusprechen und um ein Gespräch zu bitten. Ich frage mich, wie Potis auf meine Bitte reagieren wird. Sicherlich ahnt er nicht, dass ich wegen seiner früheren Partnerin auf die Insel gekommen bin. Vielleicht wird er erwarten, dass ich ihn wegen eines Auftritts anfragen möchte. Als ich mich ihm nähere und auf Englisch frage, ob er Zeit für ein Gespräch habe, schaut er mich interessiert an und erwidert, dass er gleich zu mir an den Tisch kommen werde.

Das gibt mir die Gelegenheit, den Mann noch ein wenig länger zu beobachten. Er trägt einen goldenen Ohrhänger mit einem Kreuz, am linken Unterarm sehe ich eine Tätowierung. Auch hier steht ein Kreuz im Zentrum des gestochenen Tuschebilds.

Nach einigen Minuten kommt Katsanis zu mir an den Tisch und blickt mich ebenso freundlich wie interessiert an. Er hat ein offenes Gesicht und wirkt viel sympathischer, als ich erwartet habe.

Obwohl ich mich auf diesen Moment vorbereitet habe, zögere ich noch ein paar Sekunden, ehe ich Noras Namen erwähne. Aus vielen Vernehmungen weiß ich, es sind immer die ersten Sekunden, die darüber entscheiden, wie eine Befragung verlaufen wird. Wie wird Katsanis reagieren? Wird er überhaupt mit mir sprechen wollen, wenn er erfährt, dass es um Nora geht? Oder beendet er das Gespräch sofort? Ich hoffe, dass seine Neugier siegen wird. Vielleicht erhofft er sich auch neue Informationen von mir.

Obwohl er merkt, wie sehr ich ihn und seine Reaktion beobachte, bin ich überrascht, wie heftig Katsanis auf den Namen seiner früheren Partnerin reagiert. Von einer zur anderen Sekunde wird er aschfahl, setzt sich schnell auf einen Stuhl, um Halt zu finden. Tränen schießen ihm in die Augen, die er mit dem Handrücken wegwischt. Seine Stimme ist leise, als er sagt: »Nora war meine große Liebe.« Zwar sei er seit mehreren Jahren verheiratet und habe einen Sohn, doch diese Beziehung sei nicht vergleichbar zu der mit Nora. »Ich leide immer noch unter ihrem Tod.«

Ich bin von der Offenheit des Mannes beeindruckt. Das hatte

ich so nicht erwartet. Mir kommt es vor, als würden jetzt in Katsanis' Kopf immer mehr Bilder aus der Vergangenheit hochkommen. Was gäbe ich dafür, wenn ich diese Bilder jetzt sehen könnte; das Rätsel von Nora Fellers Tod wäre von einer zur anderen Sekunde gelöst.

Sie hätten sich hier im Strandcafé auf Kreta kennengelernt, wo er seit rund 20 Jahren Musik mache. Nora sei hier im Urlaub gewesen, habe gefragt, ob sie mitsingen dürfe. »Natürlich!«, habe er geantwortet, denn ihre Stimme sei toll gewesen. Außerdem würden sein Partner und er häufig mit Urlaubern musizieren.

Über die Musik seien Nora und er schließlich ein Paar geworden. Sie habe ihn immer wieder in Griechenland besucht und sei schließlich zu ihm in seine Athener Wohnung gezogen. Katsanis beginnt, von Noras Talent und ihrer wunderschönen Stimme zu schwärmen. Da sie in der ersten Zeit in Griechenland ohne Ein kommen gewesen sei, habe er ihr eine Gesangsausbildung finanziert und dafür gesorgt, dass sie Auftritte bekam. Später, während ihres Studiums, habe sie zudem Kinder aus Diplomatenfamilien unterrichtet.

Noras Problem sei ihre Familie gewesen. Soweit er wisse, habe es über Jahre kaum Telefonate oder gar Besuche gegeben. »Nora litt deswegen an Depressionen. Zwar nahm sie keine Psychopharmaka, war aber schon mal bei einem Psychologen hier in Griechenland. Ich habe bei ihr zwei Persönlichkeiten festgestellt: Manchmal war sie sehr glücklich, dann aber im nächsten Moment sehr traurig und böse auf alles.«

Kurz vor Noras Tod sei die gemeinsame Beziehung schließlich zerbrochen. »Ich hatte mich von Nora getrennt, und sie kam bei einer Freundin unter. Sie wollte ihre Selbstständigkeit. Sie sagte, dass sie eine eigene Wohnung gemietet habe. Wo sich diese befand, hat sie nicht verraten, allerdings war sie wohl in meinem Viertel.«

Katsanis wird unruhig, rutscht auf seinem Stuhl hin und her, denn in wenigen Minuten beginnt sein Auftritt. Er sucht mit den Augen seinen Mitspieler, doch der richtet derweil die Lautsprecher aus. Auch ihn kenne ich von der Collage und den diversen YouTube-Videos. Er ist der Hippie mit der Mandoline. Wie Katsanis ist auch er alt geworden, obwohl es so scheint, als wolle er mit seinem betont jugendlichen Outfit die einst hier auf Kreta gewachsene Kultur der Blumenkinder bewahren. Seine schütteren weißen Haare sind zum modischen GI-Look geschnitten. Ein Headset, eine zusammengefaltete brasilianische Flagge als Stirnband, eine schmale weiße Brille, ein silberner Ohrring mit Kettchen und Kreuz und der kurz geschnittene, dunkel gefärbte Kinnbart zieren sein Gesicht. Dazu trägt er ein olivgrünes T-Shirt, dessen Aufschrift den *Spirit von Kreta* anpreist, orangefarbene Shorts und gleichfarbige Badelatschen. Ich muss ein wenig schmunzeln. Hat der Mandolinenspieler doch die Ausstrahlung eines in die Jahre gekommenen Piraten, der die Realität des Alterns nicht akzeptieren mag.

Katsanis unterbricht meine Gedanken: »Nora wusste, dass ich nach Kreta abreisen würde, um dort Musik zu machen. Sie wollte mich vor meiner Abreise noch einmal sehen und mich verabschieden. Sie blieb in meiner Wohnung zurück, als ich fuhr. Es hatte keinen Streit gegeben. Sie wollte sich auf eine Prüfung an der Universität vorbereiten. Nach meiner Ankunft hier auf Kreta rief ich sie mehrfach auf ihrem Handy an, doch sie nahm die Gespräche nicht an.«

Bei diesen Worten wird Katsanis immer ungeduldiger, scheint aufstehen zu wollen, doch ich bitte ihn, mir noch ein paar Minuten zu schenken, und frage, wie denn Noras Stimmung bei seiner Abreise gewesen sei. »Sie war traurig, dass sie nicht mit nach Kreta kommen konnte, aber es war geplant, dass sie zehn Tage später nachkommen würde.«

Diese Aussage ist neu und überrascht mich. Warum hatte Katsanis das nicht schon in seinen früheren Vernehmungen gesagt? Ich überlege, wie glaubwürdig diese Aussage von ihm ist, denn

Nora wollte doch eine neue Wohnung beziehen und hatte von der Absicht, Katsanis nachreisen zu wollen, offensichtlich ihren Freundinnen Alexandra und Helena bei den Telefonaten am 25. Juni nichts angedeutet. Und weshalb erwähnt er jetzt nicht den Streit, den es vor seiner Abreise gegeben haben soll und von dem er in seiner ersten Aussage gesprochen hatte? Hat er diesen Aspekt vielleicht in den letzten dreizehn Jahren nach Noras Tod verdrängt, um sich so von einer möglichen moralischen Mitschuld zu befreien?

»Obwohl ich Nora nicht erreichen konnte, habe ich mir keine Sorgen gemacht. Zwar hatte sie schon zweimal versucht, sich das Leben zu nehmen, aber darauf gab es bei unserer letzten Begegnung keinen Hinweis.«

Ich frage Katsanis, wann die Suizidversuche gewesen seien und ob er den Grund dafür wisse. Bei diesen Worten schaue ich ihn direkt an, und er hält meinem Blick stand, als er erwidert: »Einmal bin ich nach Hause gekommen und habe sie im Badezimmer mit aufgeschnittenen Pulsadern gefunden. Die Schnitte waren nur oberflächlich. Danach wurde sie im Krankenhaus behandelt.« Als ich mich nach dem Namen der Klinik erkundige, kann er sich nicht mehr daran erinnern. Das verwundert mich, denn das Krankenhaus wird doch ganz in der Nähe seiner Wohnung gewesen sein. Der zweite Vorfall habe sich auf Kreta nach einem Streit ereignet. Nora habe versucht, sich während der Fahrt aus dem Auto zu stürzen, was er aber verhindert habe: »Ich konnte sie gerade noch festhalten und zurückreißen.«

Wenige Tage nach seiner Ankunft auf Kreta habe ihn die Polizei über Noras Tod informiert. Er sei sofort nach Athen zurückgeflogen, weil er daran nicht habe glauben mögen. »Als ich von der Polizei erfuhr, dass Noras Leichnam durch die Hitze sehr entstellt war, habe ich auf eine sofortige Beisetzung gedrängt und dafür auch einige Tausend Euro bezahlt.« Noras Eltern habe er nicht informiert, da das die Botschaft habe übernehmen wollen. »Ich habe dann Noras persönliche Sachen zusammengepackt und diese später dem Anwalt von Noras Familie übergeben, weil die Botschaft die Annahme verweigert hatte.«

Der Mann ist wirklich traurig und wird immer nervöser, da ihn der Mandolinenspieler ungeduldig mit Handzeichen zum Kommen auffordert. Trotzdem stelle ich noch eine Frage, denn ich möchte wissen, wo sich Noras Handy, ihr Laptop und das Tagebuch befinden. Katsanis weiß dies angeblich nicht. Er zuckt mit den Achseln und meint, dass er dem Anwalt sämtliche Sachen von Nora übergeben habe.

Als ich Papadakis später darauf anspreche, dementiert er diese Behauptung; es habe sich fast ausschließlich um getragene Kleidungsstücke und einen uralten Laptop gehandelt, dessen Festplatte gelöscht gewesen sei. Sowohl Noras Tagebuch als auch ihr Handy seien nicht dabei gewesen.

Allerdings räumt Katsanis später noch ein, dass er Geld und persönliche Gegenstände von ihr bei einer Freundin abgeholt habe, die als Praktikantin bei einer deutschsprachigen Zeitung arbeitete. »Einen Teil gab ich Noras Freundin für die Miete, den Rest gab ich für ihre Beerdigung aus.« Von Papadakis weiß ich, dass die Kosten bei rund € 3000 lagen.

Katsanis entschuldigt sich und beendet nach einer knappen dreiviertel Stunde das Gespräch. Er wirkt wirklich bemüht. Doch jetzt müsse er Musik machen, denn die Gäste würden warten. Er freue sich, mich kennengelernt zu haben, aber nicht wegen des Themas. Als ich ihn um seine Telefonnummer bitte, möchte er diese nicht nennen, meint jedoch, dass ich ihn bei Fragen durchaus anrufen dürfe, sollte ich seine Nummer herausfinden. Er ist bereits im Gehen, als er mich fragt, ob ich im Auftrag von Noras Eltern komme: »Ich weiß, sie verdächtigen mich, Nora umgebracht zu haben, doch das habe ich natürlich nicht! Sie können mit meinen Antworten machen, was Sie wollen«, ruft er mir noch schnell zu.

Dann geht er zu seinem Partner und spricht einen Moment mit

ihm. Der nickt bedeutungsvoll und schaut in meine Richtung. Kurze Zeit später beginnen sie mit ihrer musikalischen Darbietung. Sie spielen sentimentale griechische Folklore. Sie passt zur melancholischen Stimmung von Katsanis; er wirkt sehr mitgenommen auf mich, immer wieder wischt er sich zwischendurch eine Träne weg. Seine Mimik bleibt auch während der nächsten Stücke unbeweglich, sein Blick ist starr in die Ferne gerichtet, von der Beschwingtheit früherer Auftritte keine Spur. Später setzt er seine schwarze Sonnenbrille auf, die er zuvor im Haar stecken hatte. Mittlerweile füllt sich das Strandlokal immer mehr. Auffallend viele Frauen sind darunter, die nach kurzer Zeit zu tanzen beginnen und die offensichtlich bekannten Melodien mitsingen. Als ich mich bald darauf erhebe, nickt Katsanis mir zu. Vermutlich ist er froh, dass ich gehe und ihm wieder die Möglichkeit gebe, zu vergessen.

Inzwischen ist es höchste Zeit. Papadakis und ich müssen uns wieder einmal beeilen, um die Fähre nach Piräus im Hafen von Heraklion noch zu erreichen.

Auf dem Weg dorthin möchte ich von meinem Begleiter wissen, welche Formalitäten für die Bestattung eines Verstorbenen in Athen einzuhalten sind. Der Mann erklärt mir mit seiner ruhigen Stimme, dass zunächst die Erlaubnis für Noras Beerdigung von der Staatsanwaltschaft eingeholt werden musste. Schließlich habe es sich um einen unnatürlichen Todesfall gehandelt. In solchen Fällen erfolge regelmäßig eine Leichenöffnung.

Diese Vorgehensweise ist nicht ungewöhnlich, auch in Deutschland wird in Fällen des ungeklärten Todes die Leiche eines Verstorbenen zunächst für mögliche rechtsmedizinische Untersuchungen beschlagnahmt und erst nach Klärung der Todesursache zur Bestattung freigegeben, manchmal auch erst nach einer gerichtlichen Leichenöffnung.

Papadakis fährt fort, dass eine Beerdigung in Griechenland erst erfolge, wenn ein Totensorgeberechtigter einen Bestatter beauftrage. Im Fall von Nora erteilte Katsanis den Auftrag, für den es auch eine Rechnung in der Akte gibt.

Liegt jedoch kein Auftrag eines Sorgeberechtigten vor, so gibt es ein anonymes Sozial- oder Armenbegräbnis im Auftrag des Staates. Dessen Kosten lägen bei rund 400 Euro, und der Verstorbene werde dann in einem schlichten Holzsarg und – aus Platzgründen – aufrecht auf einem einfachen Friedhof in Industriegebieten oder an der Peripherie von Athen bestattet.

Verwunderlich sei allerdings, dass Nora bei einer vermeintlichen Selbsttötung in der Mitte des Friedhofs von Zografou beigesetzt wurde. Dies sei auf einem orthodoxen Friedhof verboten. Normalerweise werde für solche Sterbefälle ein Bereich außerhalb des geweihten Bodens genutzt. Dass dies bei Nora nicht geschehen sei, obwohl in der standesamtlichen Sterbeurkunde als Todesursache »Erhängen mit Schlinge« angegeben war, könne daran gelegen haben, dass entweder dem Bestatter ihre Todesumstände nicht bekannt gewesen seien oder »Katsanis es einfach regelte«.

Ich frage Papadakis, wie er es sich erklären kann, dass Nora bereits in den Vormittagsstunden des Dienstags, dem 3. Juli 2007, also nur zwei Tage nach Katsanis' Rückkehr von Kreta, auf dem Friedhof von Zografou beigesetzt werden konnte. Wie ich aus den Unterlagen weiß, wurde die Todesbescheinigung der Rechtsmedizin am 02.07.2007 ausgestellt, die offizielle standesamtliche Sterbeurkunde am 03. Juli 2007 um 09:33 Uhr. Wenige Minuten später erfolgte bereits die Beisetzung in Zografou, obwohl doch in Athen die Grabstätten so rar sein sollen.

Papadakis empfindet diese Zeitspanne ebenfalls als sehr kurz: »In Athen sind alle Friedhöfe, mit Ausnahme eines Friedhofs letzter Klasse im Industriegebiet von Schisto, belegt. Darum gilt, nur Bürger werden von der Friedhofsverwaltung akzeptiert. Nora war aber keine Bürgerin von Zografou. Sie hätte vielleicht in Athen die Bürgerschaft beantragen können, hat es aber nicht getan.«

Mich interessiert die Frage, weshalb die sterblichen Überreste der Verstorbenen angeblich nicht nach Deutschland überführt werden konnten. Papadakis verweist auf ein Antwortschreiben der Athener Rechtsmedizin an die Polizei, wonach aufgrund der fortgeschrittenen Verwesung des Leichnams weder eine Einbalsamierung noch aus gesundheitspolizeilichen Gründen ein Transport ins Ausland möglich gewesen seien.

Drei Jahre nach Noras Beisetzung erfolgte die Exhumierung ihres Leichnams. Diese Zeitspanne gelte für alle Verstorbenen und sei in Griechenland aus Platzgründen so üblich. Auf Bitten von Noras Eltern sei er als Anwalt der Familie dabei gewesen, ebenfalls ein Mitarbeiter der Deutschen Botschaft, ein Beamter des Bundeskriminalamtes sowie ein Mitarbeiter der Friedhofsverwaltung. Bei diesen Worten zeigt mir Papadakis einige Fotos von der Exhumierung, die er auf seinem Handy abgespeichert hat.

Noras Grab trägt die Nummer 12223. Es ist mit weißem Marmor eingefasst und mit dunklem Kies bedeckt. In ein weißes Marmorkreuz ist ihr Name eingraviert, darunter ihr Alter von 27 Jahren, obwohl sie erst 26 war. Der Todestag ist mit dem Datum *25-6-2007* angegeben. Ich wundere mich erneut, weshalb Katsanis diesen Tag als Sterbedatum ansieht. Ein Foto von Nora steckt in einem goldenen Rahmen. Sie lacht und sieht glücklich aus.

Ein Stoffteddy in einem blauen Plüschanzug ist an das Kreuz gelehnt. Eine rührende Geste. Wie ich später von Noras Mutter erfahre, hat sie den Teddy dort nicht abgelegt und weiß auch nicht, wer sonst das getan haben könnte. Auf einem Foto aus dem Jahr 2009, rund anderthalb Jahre nach dem tragischen Geschehen, das die Mutter an Noras Grab zeigt, fehlt der Kuschelbär. Ich frage mich, wer diese doch anscheinend innige Beziehung zu Nora hatte und das Kuscheltier Jahre nach ihrem Tod dort ablegte. Auch Katsanis, die Kommilitonin Maria und Gesangsausbilderin Lea Löwen wollen den Teddy nicht am Grab abgelegt haben. Dabei könnte dieses Detail viel verraten. Denn das Stofftier kommt als Geste *emotionaler Wiedergut-*

machung in Betracht. Der Täter selbst könnte ihn auf Noras Grab gelegt haben, um sich für sein Verhalten zu entschuldigen. Solche Reuegesten kenne ich sonst von Tatorten, bei denen zwischen dem Täter und dem Opfer eine tiefe Verbundenheit bestand; zumindest aus Sicht des Täters. In den Fotos von Noras Todesort in der Wohnung von Katsanis hatte ich danach aber vergeblich gesucht.

Offensichtlich hat sich seit längerer Zeit niemand mehr um die Pflege der Grabstätte gekümmert, denn durch den Kies drängt grünes Unkraut. Papadakis zeigt mir ein zweites Bild. Ein Totengräber hat knietief das Grab ausgehoben und stützt sich beim Verschnaufen auf seiner Schaufel ab. Papadakis erklärt, dass wenige Minuten später der Sarg zum Vorschein kam und der Deckel geöffnet wurde.

»Doch statt der sterblichen Überreste sahen wir einen pechschwarzen Plastiksack. Der Totengräber hat einen Schnitt in den Sack gemacht und gleich gesagt, dass Noras Leichnam noch zu gut erhalten sei, um exhumiert werden zu können.« Der Mitarbeiter der Friedhofsverwaltung habe gemeint, dass man das Grab frühestens in einem Jahr erneut öffnen könne, und er habe gleich 420 Euro für die nächsten zwölf Monate kassiert. Papadakis muss bei diesen Worten lachen, denn er meint: »Es gibt bei uns ein Sprichwort: Anwälte und Ärzte arbeiten nur auf Vorkasse. Das gilt aber auch für den Friedhof.«

Nach Ablauf dieser Zeit seien Noras Gebeine in einen anderen Teil des Zografouer Friedhofs umgebettet worden, wo diese mit Kalk abgedeckt wurden und nach orthodoxem Verständnis nun bis zu ihrer Auferstehung ruhen. Noras Eltern hätten das Geld für die Überführung der sterblichen Überreste ihrer Tochter nach Deutschland nicht aufbringen können. Die Mutter habe gesagt: »Ich habe meine Tochter in meinem Herzen.«

Knapp zwölf Stunden später läuft die Fähre mit Nikos Papadakis und mir wieder im Hafen von Piräus ein. Mein letzter Recherchetag in Athen bricht an, denn mittags werde ich zurück nach

Deutschland fliegen. Doch vorher habe ich noch einen Termin mit der Rechtsmedizinerin, die am 2. Juli 2007 den Leichnam von Nora Feller obduzierte.

In der Rechtsmedizin

Das unscheinbare und grau gestrichene Haus in der Anapafseos 10 liegt nur wenige Schritte vom Ersten Athener Friedhof entfernt. Außer einem blank geputzten Messingschild mit der Aufschrift *Gerichtsmedizinische Dienststelle Athen* rechts neben der Eingangstür, weist auf den ersten Blick nichts darauf hin, dass hier im Auftrag der Polizei und Staatsanwaltschaft Verstorbene untersucht werden, um den Grund ihres Todes zu erforschen. Nur das geschlossene Tor einer Doppelgarage lässt den Schluss zu, dass hier immer wie der Leichenwagen ihre Fracht im Inneren des Gebäudes abliefern.

In einem nahe gelegenen Café bereite ich mich auf das Gespräch mit der Rechtsmedizinerin vor und betrachte die Aufnahmen aus dem Sektionssaal. Wie die Fotos aus Katsanis' Wohnung sind auch diese Bilder von schlechter Qualität und lassen nur wenige Details erkennen. Dennoch bin ich angenehm überrascht, dass es diese Fotos überhaupt gibt, denn nicht immer erfolgt auch in Deutschland bei vermeintlich eindeutigen Befunden eine Dokumentation des Sterbefalls und eine Spurensuche durch den kriminalpolizeilichen Erkennungsdienst.

Auf dem ersten Foto liegt Nora Feller in einem weiß gekachelten Raum auf einem fahrbaren Autopsietisch aus Edelstahl. Sie ist noch mit dem blauen Top und den vormals weißen Shorts bekleidet. Durch den Transport ist ihre Kleidung fast vollständig mit Leichenflüssigkeit besudelt, sodass kriminaltechnische Spurenuntersuchungen daran nur unter erschwerten Bedingungen stattfinden könnten. Die beiden zusammengeknoteten Strangwerkzeuge liegen immer noch eng am Hals an. Die Enden des schmalen regenbogenfarbenen Schals liegen achtlos auf dem Boden. Ein Obduzent, vermutlich der Sektionsgehilfe, trägt rote Handschuhe, ein kurzärmeliges Hemd und eine lange weiße Schürze. Er entkleidet die Tote.

Auf den folgenden Bildern zeigt Nora Fellers Körper die deutlichen Spuren der Fäulnis, so wie es die Rechtsmedizinerin auch in ihrem kurzen Protokoll erwähnt hatte. Der Oberkörper liegt nunmehr auf einem Gummiblock. Mehrere Aufnahmen ihres Halses zeigen, dass das Textil eng anliegt und etwa zwei Fingerbreit unterhalb des linken Ohres ansteigt. Leider findet sich kein Foto ohne Tuch, das den Verlauf der Strangulationsfurche am Hals zeigt. Ich bin auf die Interpretation der Untersuchungsergebnisse der Obduzentin gespannt.

Gemeinsam mit Nikos Papadakis betrete ich das unscheinbare Gebäude der Rechtsmedizin. Er hat sich wieder bereit erklärt zu dolmetschen. Ein Plakat erinnert uns an die Maskenpflicht, die auch hier in Griechenland seit der Corona-Pandemie herrscht. Obwohl wir angemeldet sind, müssen wir im Flur warten. Kurze Zeit später führt uns eine Mitarbeiterin des Instituts in den Dienstraum der Obduzentin, die seinerzeit zuständig war. Uns erwartet eine sehr nüchterne und fast kühle Atmosphäre: grau gestrichene Wände, heller Linoleumbelag, eine Liege, eine Garderobe, drei Stühle, ein Waschbecken mit zwei leuchtend grünen Wasserhähnen und – als einziger Wandschmuck – eine Ikone.

Hinter dem einfachen Schreibtisch sitzt eine etwa 50 Jahre alte Frau, ihr Gesicht nahezu verborgen von einer weißen medizinischen Schutzmaske, einer großen Brille und dunklen, zum Pagenkopf geschnittenen Haaren. Die Kleidung der Medizinerin ist der Umgebung angepasst: grauer, quer gestreifter Pullover sowie eine anthrazitfarbene Hose. Der rote Rahmen der Brille bringt zumindest eine farbliche Abwechslung in dieses sehr sachlich gehaltene Ensemble.

Als wir den Raum betreten, mustert sie uns aufmerksam. Für einen Moment muss ich daran denken, dass diese unscheinbare Frau vor 13 Jahren mit einer gründlichen Untersuchung von Noras Leiche vermutlich viel dazu hätte beitragen können, dass ich mir heute ein objektiveres Bild von dem Geschehen machen könnte. Eine vergebene Chance, trotzdem hoffe ich auf weiterführende Informationen, wobei ich weiß, dass Unterlassungen und – damit einhergehend – fehlende Informationen durch spätere Überprüfungen kaum auszugleichen sind.

Mit diesen Gedanken übergebe ich der Frau das mit *Nekropsie* überschriebene zweiseitige Dokument aus meinen Unterlagen: Bericht Nr. 2797 vom 17. März 2008. Sie überfliegt die wenigen festgehaltenen Informationen, um sich dann nach meinen Fragen zu erkundigen.

Schnell wird deutlich, dass sie in ihren Antworten lediglich die schriftlichen Angaben von damals wiederholt, wobei sie allerdings den Eindruck zu vermitteln sucht, als sei ihr die Untersuchung aus dem Jahr 2007 noch sehr präsent. Stakkatoartig zählt sie auf: weiblicher Leichnam, 26 Jahre alt, unversehrter körperlicher Zustand bei gutem Ernährungszustand. Die Tote im Zustand der Verwesung, Ablösung der Haut, heraushängende Zunge und Madenbefall. Die Gerichtsmedizinerin berichtet weiter, dass sie am Hals der Toten deutlich eine Strangfurche erkannt habe

Ich zeige ihr die Fotos von Nora aus ihrer Rechtsmedizin. Leider hat der Fotograf ihren unbekleideten Körper nur aus der Ferne aufgenommen, sodass außer den deutlich fortgeschrittenen Fäulnisveränderungen keine Details an Noras Leiche zu erkennen sind. Auch die vermeintlichen Detailaufnahmen von ihrem Hals sind wenig aussagekräftig, da die vom Fotografen ausgewählten Halspartien und starker Madenbefall die Frage nach dem Verlauf der Strangfurche nicht beantworten können. Allerdings scheinen sich an der vorderen Halspartie keine Unterblutungen, Abdrücke von Fingernägeln oder Kratzer zu befinden. Diese Merkmale hätten einen Hinweis auf einen Angriff durch Würgen geben können beziehungsweise auf Versuche Nora Fellers, sich selbst zu retten.

Auf meine Frage, ob die Strangfurche horizontal oder schräg nach oben verlief, versichert mir die Obduzentin, dass die Furche anstieg und die Schlaufe des Schals unterhalb des linken Ohres endete. Diese Aussage ist wichtig, denn so wie Nora in hängender Position gefunden wurde, darf die Furche nur nach oben verlaufen. Eine weitere und dann horizontal verlaufende Marke würde beweisen, dass es eine zweifache Einwirkung auf ihren Hals gab und später ein Suizid durch Erhängen inszeniert wurde.

Als ich mir die Fotos noch einmal ansehe, erscheint der Verlauf eher horizontal, allerdings hängt ein solches Spurenbild ganz wesentlich von der Position des Opfers und der eines möglichen Täters zu dem Zeitpunkt ab, als die Gewalteinwirkung erfolgte.

Wir betrachten die Fotos von Noras Gesicht, ihrem Rücken und den Armen. Insbesondere interessiert mich die dunkle Stelle an ihrem linken Auge, die wie ein Hämatom aussieht. Ich trage der Rechtsmedizinerin meine Überlegungen vor, ob diese Verfärbung auf eine vorangegangene Verletzung durch stumpfe Gewalt, wie zum Beispiel bei einem Faustschlag, durch eine Anstoßverletzung gegen die Wand oder einen Gegenstand beim Erhängen oder eine späte Leichenerscheinung zurückzuführen ist. Doch die Ärztin bedeutet mir schnell, dass keine Verletzung vorliegt, sondern eine späte Leichenerscheinung. Das möchte ich genauer belegt haben und frage nach, ob sie denn diese Stelle, aber auch die Schultern, Arme und Handgelenke auf Spuren stumpfer Gewalt oder auf sogenannte Festhalteverletzungen untersucht habe.

Wichtig ist an dieser Stelle zu wissen, dass Schläge ins Gesicht, aber auch das kräftige Zupacken an Armen oder Schultern Blutergüsse hinterlassen können, die äußerlich nicht immer als solche erkennbar sein müssen. Obduzenten wissen um diesen Umstand und schneiden auf der Suche nach möglichen Verletzungen in die tiefer liegenden Gewebeschichten der entsprechenden Hautpartien. Nach der Untersuchung werden dann diese Schnitte säuberlich von einem Sektionsgehilfen genäht.

Die Frau schüttelt den Kopf und erklärt, dass sie doch lediglich in einem Routinefall eine Obduktion vorgenommen habe. Die Polizei habe sie weder an den Fundort der Toten gerufen noch auf die Möglichkeit eines Verbrechens hingewiesen; der Suizid habe für sie festgestanden. »Dann zerfleischen wir die Leiche doch nicht!«, lautet ihre vorwurfsvolle Antwort.

Allerdings habe sie den Körper durch Abtasten auf Brüche untersucht, jedoch keine gefunden. Diese Behauptung nehme ich ihr nicht ab. »Nein, ein Röntgengerät hat mir nicht zur Verfügung gestanden. Und auf keinen Fall wiesen Kehlkopf und Zungenbein Frakturen oder andere Verletzungen auf.«

Doch weshalb sollte sie diese Untersuchungen überhaupt vorgenommen haben, wenn es denn lediglich eine Routineuntersuchung war? Der Sinn einer solchen Vorgehensweise erschließt sich mir nicht. Weshalb wird ein Verstorbener obduziert, wenn dadurch die genauen Todesumstände nicht geklärt werden sollen? Die Polizei kann sich doch bei ihren Überlegungen und Schlussfolgerungen irren und deshalb um die Feststellung der Todesursache bitten.

Ich frage Nikos Papadakis nach den Gründen. Der Anwalt bestätigt, was Rita Mittelsbacher mir bereits erklärt hatte: dass in Griechenland bei jedem Sterbefall eine Obduktion vorgeschrieben ist. Es sei denn, die Todesbescheinigung sei von einem Arzt ausgestellt worden, der den Verstorbenen zu dessen Lebzeiten behandelt hat, oder der Tod trat in einem Krankenhaus ein.

Diese in Griechenland geltende Regelung ist grundsätzlich zu begrüßen, denn auch in Deutschland gibt es zumindest Forderungen nach einer qualifizierten Leichenschau, bei der die Körperoberfläche eines jeden Verstorbenen durch besonders ausgebildete Ärzte nach Verletzungen untersucht werden muss, um gravierende Fehler bei der Feststellung der Todesart zu vermeiden. Doch bei uns finden solche Forderungen nach umfassenden Obduktionen aus finanziellen Gründen nur wenig Gehör, obwohl ein renommierter deutscher Rechtsmediziners einst anklagte: »Wenn auf jedem Grab ein Licht brennen würde, in dem das Opfer eines unentdeckten Mordes liegt, dann wären Deutschlands Friedhöfe nachts taghell erleuchtet.«

Ich merke, dass unserer Gesprächspartnerin meine Nachforschungen nicht gefallen. Sie rutscht unruhig auf ihrem Stuhl herum, als ich weitere Fragen nach dem Zeitpunkt des Todeseintritts und der Liegezeit der Leiche bis zu ihrem Auffinden stelle. Auch hier beruft sie sich auf den von der Polizei festgestellten Suizid, was keine weiteren rechtsmedizinischen Feststellungen erfordert habe.

Auch diese Schlussfolgerung kann ich nicht verstehen, denn aus der standesamtlichen Sterbeurkunde weiß ich, dass Noras Tod drei bis vier Tage vor der Obduktion am 2. Juli eingetreten sein soll. Das würde doch bedeuten, dass sie erst am 28. oder 29. Juni 2007 starb, also erst ein oder zwei Tage vor ihrem Auffinden und zu einer Zeit, zu der Potis Katsanis nachweislich längst seine Konzertreise auf Kreta begonnen hatte. Wie kam die Medizinerin zu dieser Feststellung? Und welche Erklärungen hat sie für den doch relativ weit fortgeschrittenen Verfall des Leichnams? Und was unternahm die Polizei, um Noras Leben zwischen den Telefonaten mit ihren Freundinnen und dem vermeintlichen Sterbezeitpunkt zu rekonstruieren? Die Antwort ist einfach: Nichts.

Unvermittelt berichtet die Medizinerin von dem Suizid einer jungen Frau, die – ähnlich wie unsere Tote – erhängt, in sitzender Position und den Kopf an eine Wand gelehnt, aufgefunden wurde. Vermutlich möchte sie damit ausdrücken, dass Nora Feller sich in einer für Suizide durchaus üblichen Position befand.

Ehe ich dazu komme, meine Zweifel am Zeitpunkt des Todeseintritts zu äußern, nach dem Verbleib der beiden Schals, dem Ablauf einer Sektion in der Athener Rechtsmedizin und der Anzahl der Leichenöffnungen zu fragen, macht sich eine Frau auf dem Flur bemerkbar, erklärt etwas auf Griechisch, und der Anwalt bedeutet mir, dass das Gespräch beendet ist. Die körperliche Untersuchung eines Gewaltopfers würde anstehen. Ich bin über das abrupte Ende des Gesprächs verärgert, schließlich waren wir doch zu diesem Termin angemeldet.

Wir verabschieden uns, und ich lasse das Gehörte Revue passieren. Auch wenn ich leider nur wenige Antworten bekam, so bin ich mir bei meiner Einschätzung sicher, dass Noras Tod wie selbstverständlich als Selbsttötung und somit als Routinefall behandelt wurde; eine intensive und unvoreingenommene Untersuchung ihres Leichnams hat nie stattgefunden. Zwar wurden ihre drei Körperhöhlen, also Kopf, Brustkorb und Bauchraum geöffnet, die Organe herausgenommen, gewogen und Gewebeproben davon einer toxikologischen Untersuchung unterzogen, doch mehr geschah nicht. Daher weiß ich auch, dass bei Nora keine Beeinträchtigungen durch Alkohol oder Betäubungsmittel festgestellt wurden.

Abgesehen von diesen sehr spät formulierten Ergebnissen, kann ich einen Aufklärungswillen nicht erkennen. Dazu: keine Sicherung von möglichen Faserspuren an den Händen für Vergleichsuntersuchungen mit dem Strangwerkzeug, keine Asservierung der Fingernägel für DNA-Vergleichsuntersuchungen, kein Aufbewahren der beiden Schals vom Hals der Toten für eventuelle molekularbiologische Untersuchungen und zum Nachbinden des Knotens. Leider ein von Anfang an verkorkster Fall.

Wieder in Deutschland

Nach meiner Griechenlandreise führe ich meine Recherchen fort, leider nur am Telefon und aus der Ferne; die Corona-Pandemie verhindert weitere Reisen. Der Inhaber eines in der Nähe des Strandcafés gelegenen Hotels wird mir von einem Bremer Autor und Organisator des legendären Hippiefestivals als Auskunftsperson empfohlen; er sei im Süden von Kreta aufgewachsen und kenne die dortigen Verhältnisse genau. Doch der Hotelier muss passen. Zwar sind ihm die beiden Musiker bekannt. Seit Jahren würden sie in den Sommermonaten als Saisonmusiker auftreten wie so viele andere auch. Doch Persönliches weiß er über sie nicht, und Noras Namen hat er noch nie gehört. Er verweist mich an den Inhaber des Strandcafés.

Dessen Befragung habe ich bereits veranlasst. Die Redakteurin einer Athener Zeitung, die mir als Kontaktperson empfohlen worden war, will das übernehmen – doch sie kommt nicht dazu. Corona, so sagt sie auf Nachfrage, habe ihr Leben und ihren Redaktionsalltag völlig durcheinandergebracht, sodass sie keine Zeit zum Telefonieren finde. Als auch Rita Mittelsbacher für ein Telefonat mit dem kretischen Wirt keine Zeit findet, versuche ich selbst mein Glück. Doch auch meine Bemühungen scheitern zunächst an dem von der griechischen Regierung verhängten Lockdown. Als ich den Mann schließlich erreiche, reagiert er sehr freundlich, da er annimmt, ich würde in seinem Strandlokal Musik spielen wollen. Als ich dies verneine und auf Potis und Nora zu sprechen komme, verschlechtert sich sofort sein Englisch; er könne mich nicht mehr verstehen. Als ich ihm vorschlage, eine Mail zu schreiben, legt er plötzlich auf. Meine nächsten Anrufe ignoriert er.

Die Reaktion des Mannes ist eindeutig; er will nicht mit mir sprechen. Und so verzichte ich auf weitere Kontaktversuche.

Auch mit Potis Katsanis trete ich noch einmal in Kontakt. Ich habe seine Telefonnummer natürlich herausgefunden, und ein befreundeter griechischer Gastwirt ruft ihn für mich an. Katsanis' erste Worte: »Warum quält ihr mich schon wieder?« Trotzdem beantwortet er zunächst meine Fragen und sagt, dass er mit der Hausverwalterin Eleni Flores nicht verwandt sei. Sie sei eine Bekannte seiner Mutter gewesen und habe zeitweilig seine Post entgegengenommen, wenn er auf Konzertreisen war. Deshalb auch die beiden Namen an ihrem Briefkasten. Als ich ihn nach einer Kopie seines Tickets nach Kreta frage, antwortet er freundlich, aber bestimmt, dass dies in der Akte sei und er fortan keine Fragen mehr beantworten werde. Er habe alles zu Protokoll gegeben und wolle endlich Noras Tod vergessen. Mit diesen Worten legt er auf. Weitere Gespräche mit ihm zu suchen erscheint mir nicht sinnvoll, auch wenn noch immer eine Vielzahl von Fragen offen ist.

Mir fallen die widersprüchlichen Aussagen von Noras früherer Mitbewohnerin Claudia ein. Sie hatte zum Zeitpunkt von Noras Tod in Athen bei der deutschsprachigen Zeitung als Praktikantin gearbeitet und war dort von Potis Katsanis aufgesucht worden, der ihr von Noras Tod berichtete.

Die Mitbewohnerin hatte Noras Mutter zunächst erklärt, dass Katsanis Noras Beisetzung bereits organisiert habe und auch ihre Schatulle mit ersparten Gagen und Unterrichtshonoraren an sich genommen habe. Claudias Aufforderung, vor der Beerdigung unbedingt Noras Eltern zu informieren, habe er mit dem Hinweis abgelehnt, dass es keine Beziehungen zu den Eltern gebe. Claudia hatte weiter gesagt, sie schätze Nora als »sehr charakterstark« ein, als »eine, die wusste, was sie will und die für die Zukunft« gespart habe. Deshalb glaube sie nicht an eine Selbsttötung. Allerdings habe Potis auch von einem glimpflich verlaufenen Suizidversuch erzählt, als er vor zwei Jahren Nora in der Badewanne mit leicht aufgeschnittenen Pulsadern gefunden habe. Claudia berichtete der Mutter weiter, dass Nora kinderlos geblieben sei und auch keine Drogen konsumiert habe. Allerdings möge Noras Mutter die letzten Telefonate ihrer Tochter nachverfolgen: »Es hat einen riesigen Streit zwischen Potis und Nora gegeben.«

Als Noras Mutter eine Woche später erneut bei Claudia in Griechenland zurückrief, soll deren Verhalten stark verändert gewesen sein. »Völlig eingeschüchtert und ängstlich« habe sie gewirkt. Sie wolle mit der Sache nichts mehr zu tun haben. Außerdem habe Katsanis ihr gesagt, dass Nora sich wohl umgebracht habe, da er sich von ihr habe trennen wollen und sie ohne ihn angeblich nicht leben konnte.

Gut zwei Wochen später war Claudia von der Athener Polizei zu ihren Angaben gehört worden. In dieser Aussage berichtete sie nun, dass sie selbst erst seit vier Monaten in Athen lebe, wo sie ein Praktikum bei einer deutschsprachigen Zeitung absolviere. Zufällig habe sie Nora kennengelernt und dann für drei Wochen mit ihr zusammengewohnt. In der kurzen Zeit des Zusammenwohnens habe sich Nora als »Workaholic« entpuppt. »Sie hatte Ziele in ihrem Leben, aber sie war auch sehr stark *zyklothym*. Ihre Stimmung wechselte andauernd. Generell war sie mal optimistisch und mal besonders pessimistisch.«

Möglicherweise zeigte sich diese Ambivalenz bei zwei Suizidversuchen, von denen Nora der Zeugin berichtet haben soll; sofern diese Angaben tatsächlich zutreffen.

Ich wundere mich, dass Nora der Mitbewohnerin davon erzählt haben soll. Doch diese spricht in ihrer Aussage bei der Polizei auch davon, dass Nora viel getrunken habe. »Mal trank sie Bier, mal Wein.« Das könnte eine Erklärung für ihre Redseligkeit gewesen sein. Und noch eines wird für mich aus der Aussage von Claudia deutlich: Sie kannte Nora kaum und wusste nichts über deren Wohnungspläne und der Suche nach einer Mitbewohnerin. Stattdessen hatte sie angenommen, dass Nora die nächsten Wochen in der Wohnung von Potis wohnen könne, da er nach Kreta fahren würde und sie in der Zeit auf seinem Klavier üben dürfe.

Ich versuche Claudias Kontaktdaten herauszubekommen, denn ich möchte mit ihr über die Widersprüche in ihren Aussagen sprechen. Ich habe tatsächlich Erfolg bei meinen Recherchen. Mittlerweile wohnt Noras frühere Mitbewohnerin im Süden von Deutschland und arbeitet dort als Referentin für Unternehmenskommunikation. Doch mein Glück währt nicht lange. Zwar kann ich die Frau am Telefon erreichen, als ich jedoch Noras Namen erwähne, reagiert sie sehr aufgebracht, sie klingt verärgert und gleichzeitig auch verängstigt. »Ich möchte nicht wieder nachts bei Licht schlafen.« Was sie damit meint, verrät sie mir nicht.

Am liebsten hätte sie wohl sofort aufgelegt, doch dann kann ich sie wenigstens für ein paar Minuten am Telefon halten. Allerdings bleibt der Informationsgehalt unseres Gesprächs sehr gering, ihre Antworten sind nur stichwortartig: »Ich kannte Nora doch nur etwa anderthalb Monate. Ich weiß nichts über sie. Und ich war jung. Es gab keine persönliche Beziehung. Und schließlich ist dies alles schon dreizehn Jahre her. Das habe ich doch Noras Mutter x-mal gesagt. Ich möchte nicht weiter belästigt werden.«

Diese Antworten sitzen. Ich entschuldige mich für die Störung und will auflegen, da zeigt sich meine Gesprächspartnerin unvermittelt versöhnlich und sagt: »Es geht nicht gegen Sie. Ich möchte nur endlich meine Ruhe haben.« Ich wage einen weiteren Versuch und frage nach, ob sie wisse, weshalb Nora für einige Tage nicht bei ihr habe wohnen wollen, doch auch dieses Mal erhalte ich keine Antwort. Wir beenden das Gespräch.

Ich mag trotzdem nicht aufgeben und schreibe Claudia in einem sozialen Netzwerk eine Nachricht. Doch auch auf diesen letzten Versuch reagiert sie nicht.

Mittlerweile habe ich viele Informationen über den Fall und die Persönlichkeit von Nora Feller sammeln können, sodass ich mir eine erste Bewertung der Umstände zutraue, unter denen die junge Frau starb. Natürlich unterscheiden sich die Aussagen ihrer Freundinnen von denen ihres Partners zum Ablauf der Trennung. Sowohl Nora Feller als auch Potis Katsanis soll beziehungsweise will die Beziehung mit dem Partner beendet haben. Im Fall von Nora Feller sprechen die äußeren Umstände tatsächlich dafür, dass sie diejenige war, die sich zumindest räumlich von Potis Katsanis trennte, auch wenn es weiterhin zu intimen Kontakten und Besuchen kam. Der Umzug im Mai 2007 in eine Wohngemeinschaft und das anschließende Anmieten einer Zweizimmerwohnung im Athener Stadtteil Kypseli – gemeinsam mit ihrer Kommilitonin Maria – sind ein deutlicher Beleg dafür. Möglicherweise sah Katsanis die fortbestehende sexuelle Beziehung allerdings als Indikator dafür, dass die Partnerschaft weiterbestand. Es ist eine hinlängliche Erfahrung, dass Männer gerne diejenigen sein wollen, die bestimmen, wann eine Partnerschaft endet – oder eben nicht.

Feststehen dürfte jedoch, dass die Beziehung der beiden äußerst fragil und von einem ständigen Auf und Ab geprägt war. Gründe dafür könnten die sehr unterschiedlichen Charaktere, voneinander abweichende Lebensziele und die divergierenden Rollenbilder gewesen sein: Katsanis als Patriarch, als möglicher Vaterersatz – eine Rolle, die Nora von ihm erwartet –, ausgestattet mit südländischem Temperament, ist ein Macher mit dem Hang zum Macho, der Nora bedroht haben und ihr gegenüber sogar gewalttätig geworden sein soll.

Nora Feller hingegen strebte als eine intelligente, vielseitig begabte junge Frau nach Unabhängigkeit. Eine Frau mit einem Gefühl für Sprache und eine Musikerin mit einer ausdrucksvollen Stimme, die – fern von griechischer Folklore und der Kneipenmusik von Potis Katsanis – ihre Vorliebe für Jazz und Swing entwickelte und eine klassische Gesangsausbildung absolvierte. Eine zielstrebige Persönlichkeit, die schon früh als Jugendliche angehalten wurde, ihren Weg zu finden, und die dennoch das Verlangen entwickelt hatte, auszubrechen und es allen zu zeigen.

Mir geht die Aussage von Noras Mutter nicht aus dem Sinn: »Nora war irgendwie anders. Sie hat es ihren Mitmenschen und sich selbst nicht leicht gemacht. Sie sagte, was sie dachte, und ging keinem Konflikt aus dem Weg.« »Ansonsten war sie eher ein komplizierter Typ«, so hatte es ihre Freundin Alexandra in unserem Telefonat ausgedrückt: »Sie war jemand, der suchte. Eine, die nicht wusste, wer sie gern sein mochte, wo sie hingehörte.«

Advocatus Diaboli – Was spricht für einen Suizid?

Ich überlege, wie es die Philharmonikerin formuliert hat, der ich Noras Lieder zum Anhören gegeben hatte. Ich suche in meinen Unterlagen und finde ihre Antwort, die sie als Gegenfrage formuliert hat: »Ist die Auswahl ihrer Lieder vielleicht der Ausdruck eines eher suchenden, melancholischen Gemütszustands? Zumindest klingt sie nicht wie eine Person, die vor Selbstbewusstsein strotzt, sondern eher wie eine, die sich selbst infrage stellt.«

Dieses knappe musikalische Profiling zu Noras Persönlichkeit deckt sich mit der Beschreibung ihrer Wesenszüge durch ihre Athener Freundin, mit der sie noch am Abend des 25. Juni 2007 – als letztes Lebenszeichen – telefonierte: »Sie überreagierte in ihren Gefühlswelten und auf ihren Partner Potis, weil sie dachte, dass er sie fallen lässt, weil sie dachte, dass er sie nicht liebt.« In diesem Zusammenhang dürfte auch die Aussage der Zeugin eine besondere Bedeutung haben, Nora habe stark geweint, als sie beklagte: »Jedes Mal, wenn er nach Kreta reist, geschieht etwas, und er trennt sich«. Das würde auf mögliche Verlustängste hinweisen. Nora weiß, was die Abreise nach Kreta bedeutet: zu viel Alkohol, die Attraktivität und Aura des Musikers, Untreue, nagende Eifersucht. Von einer On-off-Beziehung im weitesten Sinne hatte auch Noras kretische Freundin Alexandra berichtet: »Mal zusammen, mal getrennt!«

Als ich schon gar nicht mehr daran glauben mag, antwortet mir Helena Monate nach meinem ersten Kontaktversuch per Mail auf meine Fragen. Es sind nicht viele neue Informationen darunter, doch helfen mir ihre Erklärungen, ihre Beziehung zu Nora besser zu verstehen. Zunächst entschuldigt sich die Musikerin für ihr langes Schweigen und begründet dieses mit einer falschen Einschätzung meiner Kontaktversuche, die sie für gefährliche Spam-Anrufe gehalten habe. Sodann führt sie aus, dass Nora und sie sich nicht sehr nahegestanden und keine gemeinsamen Freunde gehabt hätten.

Das hatte in ihrer polizeilichen Vernehmung allerdings noch anders geklungen; da war von tadelloser Kommunikation die Rede gewesen. Vermutlich habe sie auf ein von Nora aufgegebenes Inserat reagiert, in dem diese eine Musikerin für ein Projekt gesucht habe. Nora sei eine talentierte Sängerin gewesen, sodass sie sich auf diese musikalischen Pläne eingelassen habe.

Helena schreibt weiter: Da sie als Letzte vor Noras Tod mit ihr telefoniert habe, sei sie zur Vernehmung vorgeladen worden, in der sie alle Details ausgesagt habe. Katsanis kenne sie durch Nora, sei ihm aber nur zwei- oder dreimal begegnet. Nach Noras Tod habe er sie angerufen, um sie zur Beisetzung einzuladen, und später noch einmal, um ihr eine Musik-CD mit Aufnahmen von Nora zu schenken.

»Nora öffnete sich mir gegenüber sehr schnell, thematisierte Probleme über ihr Leben in Griechenland, über Männer im Allgemeinen und insbesondere über ihren Partner, der ihr nicht so nahe sei, wie sie es brauche.« Diese Nähe habe sie irritiert, schließlich hätten sie sich kaum gekannt.

In Übereinstimmung mit den Angaben in ihrer Vernehmung, berichtete mir Helena weiter, dass Nora sie sehr verärgert angerufen und sich bei ihr beklagt habe, dass Katsanis nach Kreta gefahren sei. Sie hätten sich vor seiner Abreise gestritten. Nora sei wohl betrunken gewesen, zumindest habe sie das behauptet. Auch diese Einschätzung ist neu.

»Noch heute mache ich mir große Vorwürfe, dass ich Nora nicht aufgesucht habe, doch ich hatte an diesem Tag selbst große Probleme, da es einen Brand in meinem Haus gab und ich mich zudem auf eine wichtige Prüfung für mein Diplom am nächsten Tag vorbereiten musste. Wie auch immer, wir hatten lange miteinander gesprochen, und ich hatte gehofft, dass ich sie beruhigt haben würde. Leider habe ich mich geirrt.«

Mit dieser Formulierung legt sich Helena fest und unterstellt Nora einen Suizid. Dabei hatte sie in ihrer polizeilichen Vernehmung noch erklärt, eine Selbsttötung hätte sie überrascht.

Zum Schluss ihres Schreibens berichtet Helena, dass Nora an einer psychischen Störung erkrankt gewesen sein könne. Sie sei oft unruhig oder grundlos verärgert gewesen. Nora habe das auch selbst erkannt und gesagt, sie brauche professionelle Hilfe, könne sich die aber nicht leisten.

Ich frage mich, wie Helena zu dieser Aussage kommt. Bei ihrer polizeilichen Vernehmung hatte sie psychische Probleme bei Nora noch ausgeschlossen und gesagt, diese sei »eine Person mit Programm und Zielsetzungen« gewesen. Zudem habe Nora ihren Bruder vermisst und ihn nach Griechenland holen wollen.

Helenas Ergänzungen komplettieren meinen Kenntnisstand über den Ablauf des 25. Juni 2007. Aber entsprechen ihre Schilderungen wirklich den Tatsachen? Ich möchte Helena keine falschen Absichten unterstellen, doch ihre widersprüchlichen Aussagen sind schon auffällig. Ich bedauere sehr, wegen der Pandemie-Einschränkungen nicht nach Griechenland reisen und die Befragungen dort selbst durchführen zu können.

Doch auch so steht für mich fest, dass die These von Noras Alkoholkonsum an ihrem mutmaßlichen Todestag fraglich ist. Denn die Obduktion hatte einen Blutalkoholpegel von annähernd null Promille ergeben. Entweder war Nora also nicht betrunken, oder sie hat nach dem Telefonat so lange gewartet, bis sich der Blutalkohol komplett abgebaut hatte, um dann in nüchternem Zustand den Entschluss zu fassen, sich selbst zu töten.

Und noch ein Umstand fällt mir nach Helenas Nachricht auf: Alle Freundinnen oder Bekannte von Nora schildern sehr detailliert und nahezu gleichlautend Lebensereignisse von ihr, wobei ihre Kindheit und das Verhältnis zu ihrer Mutter im Mittelpunkt ihrer Erzählungen gestanden haben dürften. Nora scheint ein sehr mitteilsamer Mensch gewesen zu sein, unabhängig davon, wie nah ihr die Gesprächspartner standen. Zudem soll sie ein Tagebuch geführt haben (das Katsanis dem Anwalt ihrer Familie übergeben haben will, das aber seitdem verschollen ist). Doch bei der wichtigsten Entscheidung ihres Lebens schreibt Nora keinen Abschiedsbrief, sondern tritt einfach ohne eine Erklärung ab? Natürlich sind solche Nachrichten an Partner, Freunde, Hinterbliebene nicht immer zu erwarten. Doch bei einer Frau, die sonst so bereitwillig viele intime Details aus ihrem Leben geteilt hat, erscheint mir eine derartige Entscheidung schon ungewöhnlich.

Und sind diese von mir aufgezeigten Eindrücke tatsächlich Gründe für einen Suizid, wie es die Ermittler behaupten? Ich schlüpfe in die Rolle des Advocatus Diaboli, nehme bewusst die Annahme der Ermittler auf, Nora habe sich selbst getötet, um so ihre Relevanz zu prüfen. Besonders bedeutsam ist für mich in diesem Zusammenhang Noras verzweifelt klingende Erklärung, dass immer dann, wenn Katsanis auf Kreta sei, etwas passiere und er sich von ihr trenne.

Inwieweit könnte diese Verzweiflung in Nora Feller den Entschluss hervorgerufen haben, sich selbst zu töten? Dies möchte ich näher hinterfragen und werte kritische Analysen über die Suizidalität bei Frauen aus. Dabei stoße ich auf Forschungsergebnisse über suizidales Verhalten von jungen Frauen im Alter von 20 bis 30 Jahren, wohlwissend, dass diese auf den individuellen Fall von Nora Feller nicht übertragbar sein müssen. Jedoch kann gesagt werden, dass es bei Suiziden dieser Referenzgruppe grundsätzlich um schwere demütigende Kränkungen oder Verlustängste geht, beispielsweise um die Angst, eine sehr bedeutsame Liebesbeziehung zu verlieren, bei der die Frau sich selbst als machtlos empfindet.

Und welche Bedeutung hätte es, sollte sich Nora tatsächlich in der Wohnung ihres Partners getötet haben? Ich lese, dass es um »Botschaften an den ambivalent geliebten und gleichzeitig auch gehassten Partner« geht, ihm auf diese Weise und über den Tod hinaus noch eine Mitteilung zukommen zu lassen. In dem Fall könnte schon ein bedeutungsvoller Ort, wie etwa die Wohnung des Ex-Partners, gewählt werden, »um sich post mortem in seinen Erinnerungen zu manifestieren«. Ähnlich hatte sich auch Lea Löwen über einen möglichen Suizid von Nora geäußert.

Diese empirischen Forschungserkenntnisse könnten tatsächlich eine Erklärung für das Geschehen in Katsanis' Wohnung sein und decken sich mit meinen eigenen Erfahrungen bei der Bearbeitung von Suiziden junger Frauen: eine aus emotionalen Gründen begangene Selbsttötung, gewissermaßen ein Suizid im Affekt, bei dem der momentane Schmerz und die in der konkreten Situation auftretende Überforderung nicht ertragen wird.

Das bedeutet, dass die Suizidalität in einem solchen Fall nicht aus einer Bilanzierung und der Abwägung des bisherigen Lebens sowie der noch verbleibenden Möglichkeiten herrührt, sondern auf einer akut auftretenden Existenzangst basiert, die als so unerträglich empfunden wird, dass sich der Mensch durch einen Suizid entziehen möchte. Auf Nora Feller bezogen würde diese Erkenntnis bedeuten, dass niemand aus ihrem Umfeld eine schleichende Entwicklung zum Suizid hätte erkennen müssen.

Allerdings basieren die Indizien über den weiteren Verlauf des Abends allein auf Zeugenaussagen, wobei jedoch feststehen dürfte, dass Nora Feller am 25. Juni 2007 ab 19:11 Uhr circa eine Viertelstunde mit Freundinnen telefonierte und diese Gespräche gegen 19:30 Uhr endeten. Zu dieser Zeit war Katsanis nach eigener Aussage bereits auf dem Weg nach Piräus und nach Angaben seines Freundes Kyros im Oktober 2009 sogar schon auf der Fähre eingetroffen.

Nach den Telefonaten mit den Freundinnen gibt es kein weiteres Lebenszeichen von Nora. Katsanis hatte behauptet, er habe vergeblich versucht, Nora auf ihrem Handy zu erreichen, doch entsprechende Telekommunikationsdaten liegen nicht vor, und Noras Handy ist verschwunden, kann somit nicht helfen, diese Behauptungen zu verifizieren. Ich erinnere mich an eines der Fotos aus

Katsanis' Wohnzimmer. War dort nicht auf einem Tisch das weiße Gehäuse eines Handys zu erkennen gewesen, zumindest teilweise? Weshalb behauptet Katsanis, er habe es Nikos Papadakis übergeben? Auch hatte Lea Löwen Noras Nummer gewählt, als diese nicht zum Gesangsunterricht erschienen war. Statt ihrer hatte Katsanis das Gespräch angenommen und sie mit dem Tod ihrer Schülerin konfrontiert.

Hatte es seine Anrufversuche bei Nora vielleicht nie gegeben? Das wäre eine Erklärung für das fehlende Mobiltelefon.

Die Hausverwalterin Eleni Flores wiederum hatte ihre erste Aussage selbst revidiert, wonach sie Nora Feller am Abend des 25. Juni 2007 gegen 22:30 Uhr noch gesehen habe. In unserem Gespräch sagte sie hingegen, dass sie Katsanis' Freundin am frühen Abend gesehen und den Eindruck gewonnen habe, diese warte auf ihren Freund.

Als mögliches spätes Lebenszeichen könnte der von der Hausverwalterin erwähnte »Rumms« interpretiert werden, der sie gegen Mitternacht aus dem Schlaf schreckte. Aber kam das Geräusch wirklich aus Katsanis Wohnung? Die Hausverwalterin wird sich zunächst nichts dabei gedacht haben. Selbst als sie Hinweise auf die Geruchsbelästigung aus der Wohnung erhielt, ging sie nur davon aus, dass Katsanis vor seiner Abreise vergessen hatte, den Hausmüll zu entsorgen. Deshalb informierte sie dessen Bruder. Erst nachdem Nora erhängt aufgefunden worden war, erinnerte sich die Hausverwalterin an den »Rumms« und brachte ihn mit dem Selbstmord in Verbindung.

In meinen früheren Ermittlungen habe ich häufiger das folgende Phänomen beobachtet: Zeugen verknüpfen Fakten und Annahmen zu einer eigenen Wahrheit, die aus ihrer Sicht Sinn ergibt und ein unklares Geschehen erklärt.

Im Fall von Nora Feller könnte der Gedankengang der Hausverwalterin so verlaufen sein:

Katsanis' Freundin wurde erhängt aufgefunden. Selbstmörder springen oft von einem Stuhl, also wird Nora Feller auch gesprungen sein. In der Nacht bin ich durch einen Rumms aus dem Schlaf geschreckt worden, also wird sie um diese Zeit in den Tod gesprungen sein und das laute Geräusch verursacht haben.

Für ein solches Modell hat die Psychologie einen Namen: *Soziale Validierung*. Im Falle der Hausverwalterin würde das bedeuten, dass sie von anderen Anerkennung erfährt, wenn sie Informationen liefert, die deren Ansicht stützen – nämlich, dass es sich um einen Selbstmord handeln muss.

Was spricht für einen Unfall oder ein Tötungsdelikt?

Noras Todesumstände könnten tatsächlich so gewesen sein, wie die Athener Ermittler vermuteten. Doch vielleicht war auch alles ganz anders, und sie starb nicht durch einen Suizid oder ein Verbrechen, sondern kam durch eine andere Form der Verlegung der Atemwege ums Leben.

Ich denke an Fälle meiner eigenen Sachbearbeitung, bei denen Menschen durch einen autoerotischen Unfall gestorben waren, die Fundsituation jedoch zunächst einen Suizid oder gar ein Verbrechen vermuten ließ. Dabei hatten die Verstorbenen lediglich sexuelle Befriedigung gesucht und dafür mit um den Hals geschlungenen Seilen, Tüchern oder über den Kopf gezogenen Plastikbeuteln durch das kontrollierte Dosieren der Luftzufuhr die natürliche Atmung eingeschränkt und einen Lustgewinn erhofft. Doch manchmal war es ungewollt wegen zu langer Sauerstoffunterbrechung oder durch das Versagen von Schutzvorkehrungen zu ungeplanten Zwischenfällen gekommen, bei denen bereits nach wenigen Sekunden Bewusstlosigkeit und einige Minuten später der Tod eintrat.

Diese Form der aggressiven Selbstbefriedigung ist ein gesellschaftliches Tabuthema und wird deshalb in der Öffentlichkeit kaum diskutiert. Dennoch gehen Experten bei einer hohen Dunkelziffer von 100 tödlich verlaufenden Fällen pro Jahr allein in Deutschland aus. Dabei liegt der Anteil von Männern bei dieser Form der Selbstbefriedigung deutlich höher als der von Frauen, betrifft jedoch alle Altersgruppen. In nahezu 25 Jahren habe ich als sogenannter Leichensachbearbeiter maximal drei bis fünf dieser tödlich verlaufenden Szenarien bearbeitet.

Natürlich wollte ich in diesem Zusammenhang auch verstehen, welchen Reiz diese gefährliche Form der Atemkontrolle auf die Verstorbenen ausgeübt hatte, doch eine Antwort darauf zu finden war schwierig. Es ist davon auszugehen, dass bei der *Hypoxyphilie,* wie der wissenschaftliche Name für die Lust auf den Sauerstoffmangel lautet, durch die Verringerung des Sauerstoffgehalts im Gehirn eine narkotische, gleichzeitig aber auch euphorisierende Wirkung einsetzt, die durch einen damit einhergehenden Dopaminschub *(neuronaler Botenstoff)* Glücksgefühle fördert und zu einem intensiven Orgasmus führt. Diese Kombination soll einen Rausch erzeugen, ähnlich einem Drogentrip.

Aus der rechtsmedizinischen Literatur kenne ich Aussagen von Überlebenden nach Suizidversuchen durch Erhängen, dass sie ein »Gefühl der Glückseligkeit«, eine »angenehme Wärme« und »gewisse erotische Gefühle« erlebten. Gleichzeitig durchlebten sie im Zeitraffer wichtige Momente ihres Lebens. Solch schöne Erwartungsmomente können durchaus die Bereitschaft wecken, ein tödliches Risiko einzugehen.

Häufig helfen besondere Umstände bei der Fundsituation, den autoerotischen Unfall zu erkennen: aufgestellte Spiegel, pornografisches Material, Fotoapparate oder Filmkameras zur Dokumentation der eigenen sexuellen Aktivität. Doch solche Accessoires sind auf den Fotos von Nora Feller nicht zu erkennen.

Allerdings kann der Art und Weise der Strangulation eine besondere Bedeutung zukommen, da sie häufig Teil des Rituals ist. Ich denke in diesem Zusammenhang an besondere Knoten und eine symmetrische Schlingenführung. Im Fall von Nora Feller möchte ich einen solchen Unglücksfall erst einmal nicht ausschließen. Immerhin galt die junge Frau laut ihrer Mutter in vielen Bereichen als experimentierfreudig. Ich bitte deshalb einen Experten für Bondage und autoerotische Praktiken, sich die Fotos vom Tatort anzusehen, und verweise auf die auffällige symmetrische Knotenführung. Wenige Tage später erhalte ich die Nachricht, dass es aus seiner Sicht keine Anzeichen für eine sexuelle Motivation gibt.

Ich überlege, welche Indizien für ein Tötungsdelikt sprechen könnten: Zunächst ist es erst einmal das generelle Risiko einer Frau in Trennungssituationen, vom verlassenen Partner getötet zu werden. Katsanis selbst hatte in seinen polizeilichen Vernehmungen von Streit mit Nora wegen seiner anstehenden Abreise nach Kreta gesprochen, und auch die Musikerin Helena hatte erklärt, dass es zwischen Nora und Katsanis zu einer heftigen Auseinandersetzung vor dessen Abreise gekommen war.

Ein weiterer Hinweis auf ein gewalttätiges Szenario könnten die von mir in Noras Sandale, am Schemel und auf dem Teppichboden festgestellten dunklen Tropfen sein, wenn es sich denn dabei um Blut handeln sollte.

Die im Bad verschobenen Bodenbeläge könnten ebenfalls Hinweise für eine dort stattgefundene körperliche Auseinandersetzung sein.

Weitere Indizien für eine Gewalttat: Noras fehlende persönliche Gegenstände wie Mobiltelefon, Tagebuch und Laptop.

Fest steht auch, dass die Strecke von Katsanis' Wohnung bis zur Fähre in Piräus in etwa 30 Minuten zurückzulegen ist. Eine Abfahrt von Katsanis aus seiner Wohnung gegen 20:15 Uhr könnte also ausgereicht haben, um noch vor 21 Uhr pünktlich zur Abfahrt das Schiff im Hafen zu erreichen. Als erwiesen dürfte auch die Annahme gelten, dass sich Noras Tötung innerhalb weniger Minuten hätte realisieren lassen, sodass die dreiviertel Stunde zwischen dem Ende von Noras Telefonaten und Katsanis' Abfahrt ausreichend Zeit für das nachstehende Szenario geboten haben könnte:

1. Konflikt/Auseinandersetzung Täter/Opfer
2. Kontrollverlust des Opfers
3. Entschluss, Opfer zu erhängen
4. Kontrollaufrechterhaltung/Fixierung/Bewusstlosigkeit des Opfers
5. Suche nach geeignetem Strangwerkzeug
6. Legen einer Schlaufe, Verknoten der beiden Seilenden
7. Legen des Strangwerkzeugs über Raumteiler
8. Erhängen des Opfers
9. Flucht des Täters
10. Wohnungstür wird ins Schloss gezogen, Licht bleibt in der Wohnung brennen

Ich merke, ganz so einfach ist es mit der Argumentation doch nicht, denn im Telefonat mit Helena soll Nora eine Situation geschildert haben, in der sie ein Messer in der Hand hielt und Katsanis zurief: »Geh weg und komm mir nicht zu nahe.« Zwar hatte Helena das in ihrer Mail an mich nicht mehr erwähnt, doch sowohl in ihren Zeilen wie auch in ihrer früheren Aussage erweckt sie den Eindruck, dass Katsanis zum Zeitpunkt des Telefonats nicht mehr in der Wohnung war. Er hätte dann also nach dem Telefonat zurückkehren müssen, um sofort wieder mit Nora in Streit zu geraten. Solche »*hot emotions*«, wie Lea Löwen es genannt hatte, kann ich mir bei Katsanis durchaus vorstellen. Doch wie wahrscheinlich ist es, dass das Ganze in eine emotionslose und strukturierte Tötung mündet?

Mich interessiert immer mehr, wie es zu Noras Aussage gegenüber Helena kam und ob die Zeugin in ihrer Vernehmung tatsächlich Noras Worte wiedergegeben hat oder ob sie möglicherweise von Katsanis instruiert wurde, wie Noras Eltern und auch ihr Anwalt vermuten. Folgt man jedoch Helenas Aussagen, so war Katsanis lediglich ein flüchtiger Bekannter, den sie über Nora kennengelernt hatte und mit dem sie nach Noras Tod keinen Kontakt mehr unterhielt.

Mir geht das Gespräch mit der Athener Rechtsmedizinerin nicht aus dem Sinn. Auch wenn sie einen Suizid bestätigt hatte, so wirkte sie in ihrer Argumentation dennoch nicht überzeugend auf mich. Noras Tod dürfte als einer von vielen Fällen untersucht worden sein; in ihrem Fall als eine gesetzlich vorgeschriebene Routineuntersuchung ohne spezielle kriminalistische und rechtsmedizinische Fragestellungen. Laut Protokoll war es in der Athener Rechtsmedizin zur Jahresmitte 2007 die 2797. Leichenöffnung. Zieht man die Wochenenden ab, so dürften es rund 20 Leichenöffnungen am Tag gewesen sein. Wie soll sich die Obduzentin unter solchen Voraussetzungen noch an Details eines 13 Jahre zurückliegenden Todesfalls erinnern können, der ihr ohne eine besondere Dringlichkeitsstufe zur Untersuchung übergeben wurde? Die Diagnose *Suizid* stand nach ihren Worten aufgrund des Polizeiprotokolls bereits vor der Untersuchung fest. Deshalb wurde auch nicht auf Spuren äußerer Gewaltanwendung geachtet, denn im Falle einer Selbsttötung, so die Gerichtsärztin, würde man ja die Leiche in der Untersuchung nicht »zerfleischen!«, um Hämatome oder ähnliche Verletzungen zu erkennen. Das aber wären rechtsmedizinische Befunde gewesen, die ich jetzt gut gebrauchen könnte, um mein spontan entwickeltes Szenario zu überprüfen.

Unterm Strich möchte ich behaupten, dass es sich bei Nora Fellers Obduktion lediglich um eine gesetzlich vorgeschriebene Routinemaßnahme handelte, die jedoch nicht den Anspruch erheben kann, die genauen Umstände von Noras Tod festgestellt zu haben. Und so beschließe ich, mit einem mir gut bekannten Rechtsmediziner die vorliegenden Befunde und Fotos von der Fundsituation zu besprechen und ihm meine Gedanken zu den späten Leichenerscheinungen und vermeintlichen Blutspuren am Tatort zu schildern.

Wenige Tage später sitze ich dem früheren langjährigen Leiter eines rechtsmedizinischen Instituts in seinem Büro gegenüber. Ich kenne den Professor seit meinen Anfängen als Mordermittler in den 1980er-Jahren und habe bei zahlreichen Tötungsdelikten immer wieder seine Expertise eingeholt. Er gilt insbesondere als anerkannter Gutachter für Todesfälle durch Strangulation, wobei darunter verschiedene Formen der Kompression der Halsgefäße zu verstehen sind, sei es durch Erhängen, Erdrosseln oder Erwürgen.

Auch nach meiner Pensionierung frage ich den Experten immer wieder um Rat. Der sportliche, drahtige und jung gebliebene ältere Herr erinnert mich bei unseren Treffen mit seinen wachen Augen, der randlosen Brille und seinem verschmitzten Lächeln stets an einen optimistischen Menschen, den der Schrecken vieler böser Taten nicht gezeichnet hat.

Interessiert schaut er sich die Fotos aus der Wohnung von Potis Katsanis an und erklärt, dass in den von ihm untersuchten Todesfällen das gewaltsame äußere Ersticken eine der häufigsten Tötungsarten und das Erhängen eine der häufigsten Suizidarten ist – sowohl bei Männern als auch bei Frauen. Diese Erfahrungen kann ich bestätigen. Der Mediziner erläutert weiter, dass beim Erhängen das Strangwerkzeug durch das eigene Körpergewicht zugezogen wird, allerdings bei dem Verdacht eines Suizides immer die Möglichkeit eines Verbrechens in Betracht gezogen werden müsse, bei dem ein Selbstmord durch Erhängen vorgetäuscht werde. Ich erkläre ihm, dass es genau um eine solche Thematik bei Nora Fellers nicht natürlichem Tod geht und bitte den Mediziner um ein Gutachten zu dieser Fragestellung. Kostenlos. Er willigt ein.

Gemeinsam schauen wir uns die Fotos an und beginnen, die Herkunft der rotbraunen Spuren an Noras Kleidung und ihrer Umgebung zu analysieren. Dabei ist besonders wichtig, ob es sich um

Blut oder Fäulnisflüssigkeit handelt, denn Blut würde für eine Verletzung zu Lebzeiten sprechen, Fäulnisflüssigkeit für ein natürliches postmortales Geschehen. Je länger wir uns die Vergrößerungen der Fotos auf dem Rechner ansehen, desto mehr vermeintliche Blutstropfen erkennen wir. Mein Gegenüber wird bei diesen Feststellungen immer nachdenklicher und sagt, dass er sich das Spurenbild in Ruhe anschauen müsse.

Bevor ich gehe, bitte ich um seine Einschätzung zum Verlauf der Strangulationsfurche am Hals von Nora und erkundige mich, ob er meiner Einschätzung folgen könne, dass dieser eher horizontal als ansteigend verlaufen würde? Er nickt abwägend; ein möglicher Hinweis auf ein zweigeteiltes Tatgeschehen, bei dem Nora zunächst gedrosselt und dann erhängt wurde? Der Unterschied im Spurenbild besteht darin, wie Sie als LeserIn ja bereits wissen, dass bei einem Drosseln durch eine andere Person die Strangfurche am Hals eher horizontal verläuft, bei einem Erhängen jedoch zum Ohr oder Nacken ansteigt. Ich möchte den Sachverständigen bei seinen Überlegungen nicht weiter stören und verabschiede mich.

Etwa sechs Wochen später erreicht mich sein Anruf. Wegen der aktuellen Corona-Kontaktbeschränkungen müssen wir auf ein Treffen in seinem Institut verzichten. Er scheint ein wenig aufgeregt und angespannt, als er mir mitteilt, dass auf Grund der Befunde an der Leiche und in der Umgebung der Toten ein *hochgradiger Verdacht* auf ein Tötungsdelikt besteht.

Ich bin von der fast hundertprozentigen Gewissheit seiner Aussage überrascht, denn normalerweise sprechen Gutachter von Wahrscheinlichkeiten und halten sich ein Schlupfloch in ihrer Argumentation offen, in das sie kriechen können, wenn es gegenteilige Erkenntnisse gibt. Doch im Fall von Nora Feller klingt es anders: »Sie ist durch einen kombinierten Angriff auf den Hals, durch Strangulation und durch scharfe Gewalt gestorben. Bei vorsichtiger Abschätzung dürften etwa ein bis zwei Liter Blut aus einer Halsverletzung ausgetreten sein.«

Ich frage nach, was dies bedeutet, denn ich hätte mir – trotz der fehlenden aktiven Todeserscheinungen im Gesicht – auch vorstellen können, dass es sich um aus Mund und Nase aufgelaufene Fäulnisflüssigkeit handelt. Schließlich zeigen auch die Fotos aus der Rechtsmedizin, dass Nora Fellers Kleidung durchtränkt von Flüssigkeit war. »Das mag sein. Bis zur Obduktion hat sie dort ja auch noch einige Zeit gelegen und wurde transportiert«, so seine Antwort. »Doch ihr wurde in den Hals gestochen. Dann wurde sie gedrosselt und anschließend erhängt. Sie starb durch Verbluten und durch Sistierung (Unterbrechung) der Atmung.«

Diese Aussage stellt alle bisherigen Überlegungen zu einem möglichen Suizid auf den Kopf und würde tatsächlich bedeuten, dass es nach den Telefonaten mit Noras Freundinnen Maria und Helena zu einem weiteren und letztendlich tödlichen Streit gekommen sein muss.

Ich bitte den Mediziner zu erläutern, wie es bei dem relativ rasch einsetzenden Tod durch Erhängen gleichzeitig noch zum Verbluten kommen könne. Schließlich würde das Opfer nach kurzer Zeit des Hängens im Strangwerkzeug durch den Verschluss der Gefäße bewusstlos, handlungsunfähig sein und rasch sterben, der Kreislauf sistieren. Der Professor bestätigt meinen Einwand, doch dann erläutert er, dass zwar die Sauerstoffversorgung des Herzens durch die Verlegung der Atemwege endet, das Herz aber durchaus noch 20 bis 30 Minuten pumpen könne. So würde mit jedem Herzschlag Blut zum verletzten Gefäß pulsieren und austreten, was den erheblichen Blutverlust von schätzungsweise ein bis zwei Litern im Umfeld der toten Frau erklären würde. Dass die Blutungen vital, also zu Lebzeiten entstanden, ergäbe sich durch das Spurenbild an der Leiche und in deren Umgebung.

Ich rufe mir auf meinem Rechner die Fotos aus der Wohnung auf und erkenne, wovon der Sachverständige spricht. Bei den am blauen Shirt senkrecht nach unten verlaufenden rotbraunen Abrinnspuren kann es sich tatsächlich um Blut und nicht um Fäulnisflüssigkeit handeln. Zusätzlich zeigen die Abrinnspuren auch waagerecht verlaufende Ausläufer, die für Bewegungen oder Positionsveränderungen zu Lebzeiten sprechen könnten. Handelte es sich hingegen um Fäulnisflüssigkeit, so wäre diese vermutlich erst Tage nach Nora Fellers Tod aus Mund und Nase – und somit in statischer Situation – ausgetreten. In Verbindung mit den Tropfen auf den Shorts, in der Sandale, am Hocker und auf dem Teppich könnte dieses Spurenbild tatsächlich begründen, dass Nora Feller noch lebte, als sie am Hals blutete, sich begrenzt im Zimmer bewegen konnte, jedoch zwischendurch Momente der Ruhe bestanden, in denen das Blut beispielsweise in ihre Sandale tropfte. Allerdings müsste es dann zu ihrer schnellen Handlungsunfähigkeit oder Bewusstlosigkeit gekommen sein, ohne dass in dieser Situation Unordnung und Chaos entstanden. Nur so macht das Spurenbild einen Sinn. Möglicherweise begann die Auseinandersetzung tatsächlich im Badezimmer, woraus sich dann eine tödliche Dynamik entwickelte.

Doch wo befindet sich die Wunde am Hals? Erneut vergrößere ich die Fotos von Noras Leiche in der Schlinge am Tatort und in der Rechtsmedizin. Vergeblich. Ich finde weder einen Schnitt noch einen Stich. Auch das Untersuchungsergebnis der Athener Rechtsmedizin scheint den Befund eines unverletzten Halses zu belegen. Ich befürchte, dass die Obduzentin bei einer erneuten Befragung bei ihrer Behauptung bleiben wird, dass sie an Nora Fellers Hals keine Stichverletzung erkennen konnte. Allerdings könnten zwei dunkle auffällige Antragungen auf Nora Fellers Schulter und ihrem rechten Unterarm ein Hinweis darauf sein, dass sich an ihrer rechten Halsseite tatsächlich eine Verletzung befand und deshalb ein Blutspurenbild entstand. Leider wurde dies aber nicht näher untersucht.

Ich frage den Rechtsmediziner nach der Halswunde, aber auch er vermag ein Trauma nicht zu lokalisieren; dies müsse von dem um den Hals geschlungenen Schal abgedeckt sein, so seine Erklärung.

Einmal mehr beklage ich die fehlende Spurensuche am Tatort, am Messer und am Schal, das wenig engagierte Vorgehen der Rechtsmedizinerin bei der Obduktion, die fehlerhafte Dokumentation der Befunde und die schlechte Qualität der mir vorliegenden Bilder.

Doch was ist mit dem Messer und der weit aufgezogenen Schublade in der Küche? Weshalb wurde es nach dem vom Rechtsmediziner vermuteten Stich nicht zurückgelegt, und warum wurde die Lade nicht geschlossen? Das dürfte tatsächlich für die »*hot emotions*« sprechen, für Streit und Stress, für eine Überforderung des Täters nach der Tat und für anschließende Zeitnot, als es darum ging, rasch den Tatort zu verlassen, um noch rechtzeitig die Fähre in Piräus zu erreichen.

Eine andere Überlegung: Muss Nora überhaupt mit diesem Messer verletzt worden sein? Die Tatwaffe könnte auch eine ganz andere sein, die auf den Fotos gar nicht erscheint und vielleicht sogar mitgenommen wurde.

Ich muss an einen Fall zurückdenken, bei dem eine Spur alle anderen am Tatort überstrahlte und ein völlig anderes Tatgeschehen zu beweisen schien als das, was sich tatsächlich zugetragen hatte. Ein Bahnfahrer lag erschossen in seinem Zugabteil. Der Täter hatte offensichtlich die Bekleidung und die Reisetasche des Mannes durchwühlt, den Tascheninhalt auf dem Boden verstreut und eine hohe Summe Geldes geraubt. Das Abteilfenster war geschlossen, die Tatwaffe fehlte. All das sprach für einen Mord, und so konzentrierten wir unsere Ermittlungen auf die Suche nach einem Raubmörder, den wir jedoch nicht fanden.

Erst die genaue Bewertung winziger Blutspritzer an der Hand des Mannes half den Fall zu lösen, denn sie bewiesen, dass er sich selbst erschossen hatte. Vor der Schussabgabe hatte er den Tatort inszeniert, um ein Verbrechen vorzutäuschen. Da er trotz der tödlichen Wunde nicht sofort gestorben war, konnte er zuvor noch seinen Revolver aus dem Fenster werfen und dieses schließen.

Ich erfuhr später, dass der Mann schwer erkrankt war und kurz vor seinem Tode noch eine hohe Lebensversicherung für seine Familie abgeschlossen hatte, die nur bei einem Gewaltverbrechen ausgezahlt werden würde, nicht jedoch bei einem Suizid.

Seit diesem Fall gehe ich immer mit einer besonderen Vorsicht an die Bewertung von Tatortspuren heran. Das heißt: Nicht das Detail ist entscheidend, sondern die Gesamtheit der Spuren. Auf die Aussage im rechtsmedizinischen Gutachten bezogen, bedeutet diese Erkenntnis, dass auf den Fotos nicht zu erkennende Blutantragungen einer möglichen Halsverletzung nicht widersprechen, sondern dass eine andere Tatwaffe durchaus denkbar ist, auch wenn sie auf den Fotos nicht erscheint.

Ich mache mich anhand der Fotos aus der Küche und dem Wohnzimmer auf die Suche nach einer Weinflasche, einer Bierflasche, einem Glas und einem Korkenzieher. Doch ich kann keinen dieser Gegenstände auf einem der Bilder erkennen. Dabei hatte Katsanis doch erklärt, dass Nora sofort versucht habe, sich eine Flasche Wein zu öffnen und dann sehr hastig aus einem Glas Bier getrunken habe. Auch Helena hatte erwähnt, dass Nora beim Telefonat behauptet habe, betrunken zu sein. Ich vergrößere das Foto mit der Küchenschublade, doch einen Korkenzieher entdecke ich dort nicht. Auf dem ordentlich einsortierten Tafelbesteck liegen zwei Fleischmesser und ein hölzerner Kochlöffel mit blauem Griff.

Während ich diese Sätze schreibe, bin ich in Gedanken auf Kreta und reflektiere den Moment, als ich Katsanis im Strandcafé erkläre, dass ich ihn wegen Noras Tod sprechen möchte. Wie er dabei von einer zur anderen Sekunde völlig die Fassung verlor und ihm die Tränen in die Augen schossen. War diese heftige Reaktion ein Schuldanerkenntnis oder der Ausdruck seiner großen Liebe zu Nora, wie er behauptete?

Tatsächlich sind es diese nonverbalen Gesten, die Körpersprache, auf die ich in einem solchen Gespräch achte und die mir verraten, in welcher Gemütsverfassung sich mein Gegenüber befindet.

Doch außer der Aussage, dass sich Katsanis in seiner damaligen Rolle sehr unwohl fühlte, lassen seine Reaktionen keine andere Schlussfolgerung zu; sie sind kein Schuldanerkenntnis. Auch wenn es immer wieder behauptet wird, es gibt keine wissenschaftlich fundierte Untersuchung, die belegt, dass körperliche Reaktionen die Schuld eines Verdächtigen beweisen. Aus diesem Grund sind nach einem Urteil des Bundesverfassungsgerichtes auch Ergebnisse einer Untersuchung mit dem Lügendetektor als Schuldbeweis nicht zulässig.

Und noch eine Begebenheit fällt mir ein, die mir der englische Musiker Robert geschildert hatte. Auf seine Frage, ob Katsanis den Song *Stormy Monday* kenne, habe sich dessen Stimmung abrupt geändert. Er sei sehr traurig geworden, den Tränen nah gewesen und habe dann von einem »*Bloody Monday*« gesprochen. Welche Assoziationen muss Katsanis in diesem Moment gehabt haben, um so heftig zu reagieren? Und wie konnte er wissen, dass Nora Feller vermutlich am Montag, dem 25. Juni 2007, starb und nicht – wie in der rechtsmedizinischen Todesbescheinigung fälschlicherweise attestiert – zwei oder drei Tage später?

Ich bin am Ende meiner Überlegungen angekommen und bin auch dieses Mal wieder überrascht, wie viele neue Ansätze ich selbst 13 Jahre nach dem Tod von Nora Feller noch gewinnen konnte, auch wenn der Tatort in Athen und somit mehr als 2500 Kilometer von meinem Arbeitszimmer im beschaulichen Landschaftsschutzgebiet bei Bremen entfernt liegt.

Natürlich wollten nach dieser langen Zeit manche Zeugen von damals nicht mehr mit den tragischen Umständen des Todes konfrontiert werden und verweigerten Auskünfte, empfanden meine Recherchen als unangenehm, wie meine Gespräche mit der Gerichtsärztin in der Athener Rechtsmedizin, dem Tavernenbesitzer oder der früheren Mitbewohnerin von Nora zeigten. Dennoch dürfte es mir gelungen sein, das Beharren der Justiz auf einem Suizid in manchen Punkten erschüttert zu haben, auch wenn die Fehler der Vergangenheit mit der wenig überzeugenden Spurenarbeit am Tatort und der Obduktion im Nachhinein nicht mehr wiedergutgemacht werden können.

Eine besondere Bedeutung kommt dabei dem rechtsmedizinischen Gutachten zu, in dem der von mir eingeschaltete Sachverständige zu dem Ergebnis kam, dass Nora Feller »durch einen kombinierten Angriff auf den Hals durch Strangulation und durch scharfe Gewalt« starb.

Als ich Noras Mutter über das Ergebnis meiner Nachforschungen und insbesondere die Aussage des Rechtsmediziners informiere, reagiert sie einerseits erleichtert, andererseits sehr traurig. Sie bedankt sich mit den Worten, dass sie froh sei, dass endlich jemand ihren Zweifeln und Befürchtungen ernsthaft nachgegangen sei, ein Trauma, das sie seit Noras Tod wie viele Angehörige von Gewaltopfern begleite und sie immer wieder habe wütend werden lassen. Endlich könne sie neue Kraft schöpfen, um ihren Kampf für Gerechtigkeit wieder aufzunehmen. Als sie mich bittet, sie auf diesem Weg zu unterstützen, sage ich zu, ihr meine Ergebnisse detailliert zur Verfügung zu stellen, obwohl ich weiß, dass die Mühlen der Justiz sehr langsam mahlen und es ein steiniger Weg sein wird, bis endlich die Ermittlungen wieder aufgenommen werden.

Papadakis hat inzwischen das rechtsmedizinische Gutachten und die anderen Ermittlungsergebnisse übersetzt und bei der Athener Staatsanwaltschaft eingereicht. Auch die deutsche Justiz ist um die Wiederaufnahme der Ermittlungen ersucht worden.

Das Schicksal von Potis Katsanis geht mir nicht aus dem Sinn, denn sollte er tatsächlich in den Tod von Nora Feller involviert sein, so wird er – und nicht nur dann – jeden Tag in den eigenen vier Wänden mit den Spuren der Vergangenheit und zusätzlich mit seiner möglichen Schuld konfrontiert werden; wie immer die auch aussehen könnte. Ein Schicksal, dem er nicht entrinnen wird, egal, was ihn davon abhält, sich der Wahrheit zu stellen, und das weiß er auch. Kaum jemand lebt nach einem solchen Geschehen so weiter, als sei nichts passiert.

Ich höre ein letztes Mal *Ich bin ein Mädchen aus Piräus* und lausche Nora Fellers schöner, ausdrucksstarker Stimme:

Ein Schiff wird kommen, und das bringt mir den einen
Den ich so lieb' wie keinen, und der mich glücklich macht
Ein Schiff wird kommen und meinen Traum erfüllen …

Obwohl ich dieses Gefühl gar nicht zulassen möchte, werde ich bei dem Gedanken an Noras frühen Tod sentimental und realisiere, wie plötzlich und unerwartet ihr Leben voller Hoffnung auf Erfolg, Anerkennung und Liebe gewaltsam zu Ende ging; ihre Gebeine verscharrt in einem anonymen *Knochenloch* auf dem Athener Friedhof von Zografou.

Doch ich bin mir sicher, Noras einfühlsame Stimme, konserviert auf einer Musik-CD und im Netz, wird noch lange lebendig bleiben.

Nachtrag

Sollte sich bei Nora Feller ein Tötungsdelikt tatsächlich bestätigen, so wäre eine solche Tat beileibe kein Einzelfall. Weltweit wurden 2017 nach einer UN-Studie rund 50 000 Frauen von ihrem Partner oder von Familienangehörigen getötet; allein in Deutschland versucht jeden Tag ein Mann seine Frau oder Ex-Partnerin zu töten, alle 72 Stunden hat einer von ihnen damit Erfolg.

Das Rätsel der Kristallhöhle – Velo-Ausflug in den Tod

Nachdenklich ruht mein Blick auf dem fast 40 Jahre alten unscharfen Farbfoto aus dem Internet. Auf einer sonnendurchfluteten Alm in der Schweiz stehen zwei Mädchen eng beieinander. Es ist der 29. Juli 1982. Die Mädchen heißen Elke Rhiner und Jutta Gallner. Sie sind Freundinnen. Juttas Kopf ist kess zur Seite geneigt, sie hat ihren linken Arm um Elkes Schulter gelegt. Bei aller Vertrautheit unterscheidet sich das Äußere der beiden sehr. Während Elke mit ihrem blonden, lockigen Pagenkopf und der knabenhaften Figur beinahe noch wie ein Kind aussieht, wirkt die zwei Jahre ältere, fast 17-jährige Jutta mit den zum Pferdeschwanz gebundenen dunklen Haaren bereits erwachsen und fraulich. Die Mädchen sind sommerlich gekleidet, tragen Jeans und T-Shirts. An ihren Handgelenken erkenne ich Armbanduhren. Das Foto strahlt Vorfreude und eine harmonische Stimmung aus, denn es ist der erste mehrtägige Ausflug, bei dem die Freundinnen in den Sommerferien allein mit ihren *Velos* (Fahrrädern) unterwegs sein dürfen. Sie freuen sich auf eine Tour durch das Appenzeller Land und das Rheintal.

Meine kurze Freude über dieses Bild kindlicher Unbeschwertheit ist jedoch sofort wieder getrübt, denn ich weiß, dass dies das letzte Foto von den beiden Mädchen ist. Wenig später sind sie tot. Obwohl das Bild immer wieder in allen Medien und sogar in der Fahndungssendung *Aktenzeichen XY … ungelöst* veröffentlicht wurde, weiß niemand, unter welchen Umständen es entstand und wer der Fotograf war. Zwei Tage später verliert sich an einer Waldkreuzung in der kleinen Ortschaft Kobelwies, zirka 30 Kilometer von St. Gallen entfernt, gegen Mittag die Spur der beiden Mädchen. Nur ihre Räder bleiben zurück an der Stelle, an der Elke und Jutta zuletzt gesehen worden waren. Fast neun Wochen lang bleiben die

Mädchen verschollen, obwohl Polizei, Feuerwehr und viele freiwillige Helfer unermüdlich nach ihnen suchen.

Als die Suchmaßnahmen nach den beiden schon längst eingestellt sind, macht ein Spaziergänger in der Nähe der Kristallhöhle Kobelwald eine entsetzliche Entdeckung, die jede Hoffnung, die vermissten Mädchen könnten doch noch leben, schlagartig zerstört.

Abgedeckt mit einer zentnerschweren Felsplatte, findet er, wenige Kilometer von der Kreuzung entfernt, an einem steilen Abhang die Leiche von Jutta Gallner.

Erste gerichtsmedizinische Untersuchungen am Fundort ergeben, dass das vermisste Mädchen erschlagen wurde. Kurze Zeit danach kann auch das Schicksal ihrer Begleiterin Elke geklärt werden. Sie ist ebenfalls Opfer einer Gewalttat geworden. Auch ihr Schädel weist massive Frakturen auf. Beim Verstecken ihrer Leiche hat sich der Täter ebenfalls über Stunden Mühe gegeben, als er sie in einer niedrigen Grotte unterhalb eines steil abfallenden Felsbandes verbarg und ihren Körper mit Steinen abdeckte.

Nach diesen Funden besteht traurige Gewissheit, dass die Mädchen keinen Unfall erlitten, wie eine These nach ihrem plötzlichen Verschwinden lautete. Es war vielmehr Mord. Fortan bekamen diese Taten einen Namen: die *Oberrieter Kristallhöhlenmorde.*

Fast vier Jahrzehnte später sind die Mädchenmorde immer noch nicht aufgeklärt, obwohl es viele Verdächtige gab. Doch die Beweise reichten nie aus. Heute kann niemand mehr für diese beiden Tötungen zur Rechenschaft gezogen werden; in der Schweiz verjähren solche Gewalttaten nach 30 Jahren.

Für die Staatsanwaltschaft und die Polizei ist der Fall abgeschlossen. Die Ermittlungen wurden eingestellt und ad acta gelegt, alle Beweismittel vernichtet. Trotz der Verjährung beschäftigt das Rätsel um die Morde an Elke und Jutta ihre Angehörigen natürlich noch heute – und auch die Menschen im Rheintal, denn für viele

Bewohner steht fest: »Der Mörder ist einer von uns.« Und er könnte, sollte er noch leben, vielleicht wieder morden.

Fast 40 Jahre später

An einem trüben Spätsommertag sitze ich auf der Terrasse eines rustikalen schweizerischen Landgasthofs und schaue aus der Vogelperspektive auf das von den Gletschern der Eiszeit geformte Rheintal mit seinen flachen und lang gestreckten Hügeln.

Einst hatte sich ein mächtiger Eispanzer durch die Niederung geschoben und an seinen Rändern wie mit einer groben Raspel Gestein von den Bergketten abgeschliffen. Diese Felsbrocken und mitgeführter Sand blieben nach der Eisschmelze zurück und bildeten unterschiedlich große Hügel, auf die ich jetzt blicke: die sogenannten Moränen.

Jede einzelne ist stark bewaldet. Der Anblick erinnert mich an die Schirme riesiger, grün eingefärbter Parasolpilze. Unter einem dieser dichten Blätterdächer verbirgt sich die Kristallhöhle und das Rätsel der nach ihr benannten Morde.

Es ist mein dritter Besuch hier in der Region. Bereits 2016 – als ich der Einladung einer überregionalen Schweizer Tageszeitung zu einer Dokumentation gefolgt war – hatten die ungewöhnlichen Morde an Elke Rhiner und Jutta Gallner mein Interesse geweckt – und auch widerstreitende Fantasien. Einerseits musste ich an eine vermeintlich heile schweizerische Bergwelt denken, mit einem verwunschenen Wald und einer mystischen Kristallhöhle, Feen, Bergkristallen und Amethysten, andererseits an einen *bösen Zauberer* in Gestalt eines bis ins letzte Detail planenden Mörders, der für die Opfer seiner Taten ausgeklügelte Verstecke gefunden hatte.

Allerdings war mir nach dem ersten Studium von Zeitungsausschnitten und anderen Unterlagen schnell bewusst geworden, dass ich einem von den Medien öffentlichkeitswirksam geschaffenen Trugbild aufgesessen war. Einen Doppelmord in der Kristallhöhle scheint es so nicht gegeben zu haben; zumindest fehlen dafür die Beweise. Fest steht nur, dass die Leichen der Mädchen in unmittelbarer Nähe zur Höhle gefunden wurden.

Auch Jahre nach der ersten Beschäftigung mit dem Fall war meine Faszination für die ungeklärte Tat und das ihr innewohnende Böse geblieben. Als mich dann Hinterbliebene der Opfer und die *IG Kristallhöhle*, eine Initiative zum Schutz der Rechte der toten Mädchen, um Unterstützung bei der späten Aufklärung der Verbrechen baten, kam ich dem gerne nach.

Mir sitzt Thomas Benz gegenüber. Der kräftige Mittvierziger mit seinem markanten Bürstenhaarschnitt und dem unverkennbar schweizerischen Dialekt hat mich um einen erneuten Besuch in der Schweiz gebeten. Er ist seit vielen Jahren der Motor, der gegen das Vergessen dieser beiden Verbrechen arbeitet. Die Morde haben sein Leben geprägt.

Benz erzählt, dass er sieben Jahre alt war, als Elke Rhiner und Jutta Gallner verschwanden. »Unter den Kindern und ihren Eltern herrschte in der Region Angst und Schrecken, die über Jahre anhielten. Auch mich hat der Fall nicht mehr losgelassen. Denn als Kind verbrachte ich die Ferien immer bei meinen Großeltern, die in der Gegend lebten, und so machte ich mich immer wieder auf Spurensuche.«

Benz verbrachte seine freien Nachmittage in der St. Galler Kantonsbibliothek, wo er jeden Artikel zum Fall las, kopierte und archivierte. Später begann er selbst zu ermitteln, suchte Zeitzeugen auf und Tatverdächtige. »So erlangte ich Einblick in manches Polizeiprotokoll.« Vermutlich hat Benz wie kein Zweiter Kenntnisse über den Fall. Ich weiß gleich, dass ich bei meinen Recherchen immer wieder darauf zurückgreifen werde.

Ich nehme dem Mann ab, dass er es nicht ertragen kann, dass die Angehörigen der Toten weiter in Ungewissheit leben und niemand wegen der Morde zur Rechenschaft gezogen wurde. Dabei habe es doch zunächst viele Erfolg versprechende Spuren zur Ermittlung der Täterschaft gegeben, wie er es formuliert.

Während Benz mir volle Unterstützung bei meinen Recherchen zusichert, sucht er in seiner Aktentasche und holt schließlich das Foto mit den Mädchen auf der Bergwiese hervor, das ich bereits aus dem Internet kenne. »Hier, sehen Sie mal. Dieses Bild wurde mit Juttas Pocketkamera aufgenommen. Das Mädchen hatte den Fotoapparat auf dem Gepäckträger ihres Velos zurückgelassen. Die Polizei ließ die Bilder entwickeln und stellte sie den Familien zur Verfügung. Juttas Tante hat mir einen Abzug davon gegeben.« Benz hält mir eine weitere Kopie der Fotografie hin. »Schenke ich Ihnen.«

Ich kenne die Aufnahme bereits, dennoch ist es ein beklemmendes Gefühl, nun das letzte auf Fotopapier dokumentierte Lebenszeichen der Mädchen selbst in Händen zu halten; zu wissen, dass ihr Leben wenig später abrupt und gewaltsam endete. Zugleich empfinde ich zum ersten Mal eine Art Nähe zu den Persönlichkeiten von Jutta Gallner und Elke Rhiner, obwohl ich außer ihrem Alter und ihren Ausflugsplänen nur wenig über sie weiß. Bei meinen früheren Besuchen im Rheintal habe ich mich nur mit der Fundsituation ihrer Leichen beschäftigt.

Ich erkläre Benz, dass ich bei meinen Recherchen mit dem Sammeln von möglichst vielen Informationen über Jutta und Elke beginnen möchte, und schildere ihm kurz meinen kriminalistischen Ansatz nach dem Vier-Phasen-Modell des FBI zur Bewertung des Täterverhaltens. Interessiert lauscht Thomas Benz meinen Worten, als ich ihm erkläre, dass ein Täter in jeder Phase der Tat Entscheidungen trifft: bei der Planung, der Tötung und der Beseitigung der Leiche. Und natürlich spielt auch in der vierten Phase, nämlich in der Zeit nach der Tat, sein Verhalten eine Rolle. Deshalb sei es notwendig, nicht nur die Plätze aufzusuchen, an denen die ermordeten Mädchen versteckt wurden, sondern auch jenen Ort, an dem die beiden zuletzt gesehen wurden. Außerdem möchte ich, soweit möglich, die Protokolle der Fundsituationen und die gerichtsmedizinischen Untersuchungen auswerten, die mir bei meinem vorletzten Aufenthalt zugespielt worden waren.

Denn, so erkläre ich Benz weiter, wenn wir die Spuren von den Fundorten und das Verletzungsmuster an den Leichnamen interpretieren und in eine zeitliche Ordnung bringen können, dürften sich daraus der Ablauf der Tat und die Motivation des Täters ergeben. Und dies sollte uns wiederum in die Lage versetzen, seine Persönlichkeit oder sein Profil besser einschätzen zu können.

Benz nickt zustimmend und beteuert nochmals, dass er mich dabei unterstützen werde. Auch die Angehörigen hätten die Hoffnung auf späte Aufklärung und Gerechtigkeit nie aufgegeben. »Der Mörder soll stets daran erinnert werden, welche Schuld er auf sich geladen hat.«

Benz steckt sich eine weitere Zigarette an und saugt genussvoll den Rauch ein, ehe er ihn wieder aus seinem Mund strömen lässt. Langsam beginne ich mir Sorgen um diesen engagierten Mann zu machen, denn der Aschenbecher mit den ausgedrückten Kippen ist schon fast voll.

Dann berichtet Benz über die vielen Verdächtigen, die es im Laufe der Jahre gegeben habe: diverse Höhlenwarte, ein Wirt, ein Sexualtäter, ein Pferdebesitzer, ein Hobby-Höhlenforscher, ein Anwohner von jener Kreuzung Kobelwies, an der die Mädchen vor ihrem Tod zuletzt gesehen wurden, zwei Lehrer und weitere Personen. Und als sei dies nicht genug, erwähnt er auch noch das Gerücht, dass der Mörder im Dorf Kobelwald bekannt sei, die Einwohner aber schwiegen, um ihn zu schützen. Manche glaubten gar an eine verschworene Gemeinschaft mit mafiösen Strukturen. Als ich nachhake, verweist mich Benz an den Redakteur einer Lokalzeitung, der mir mehr dazu sagen könne.

Tatsächlich bestätigt mir der Reporter bei einem späteren Treffen, dass ein angesehener und in den Fall eingebundener Jurist eine entsprechende Vermutung geäußert habe: Die Dorfbewohner wüssten mehr über das Verbrechen, als sie sagten. In diesem Zusammenhang sei sogar das Wort *Omertà* gefallen.

Das ist tatsächlich ein krasser Vergleich, beschreibt der Begriff *Omertà* doch ein Gelübde der Mafia und anderer krimineller Organisationen, das jedes Mitglied bei Todesandrohung zur Verschwiegenheit verpflichtet.

Und noch weitere Interna verrät mir der Journalist, als er von schlechter Stimmung in der Mordkommission, von Geheimniskrämerei und Konkurrenzkämpfen unter Ermittlern berichtet, was zum Scheitern der Ermittlungen geführt habe.

Das erinnert mich an meine eigenen Erfahrungen aus unzähligen Mordkommissionen. Bei ungeklärten Fällen arbeiten dort alle unter extremem Stress. Da gibt es nicht nur die eigenen hohen Ansprüche, sondern auch große interne und externe Erwartungen. Und wenn dann einmal, trotz Arbeitstagen von 16 bis 18 Stunden und entsprechend wenig Schlaf, alle Überprüfungen ergebnislos verlaufen, weicht die Anfangseuphorie, bei der Aufklärung eines Verbrechens mitzuwirken, schnell einer deprimierten Stimmung.

Als mir der Redakteur dann noch erzählt, dass ein mit dem Fall befasster Polizist aus dem Dienst entlassen und sogar zu einer Gefängnisstrafe verurteilt wurde, weil er den verdächtigten Pferdebesitzer gewarnt haben soll, erscheint die vermeintliche Geheimniskrämerei einiger Ermittler in einem ganz anderen Licht.

Und noch eine weitere Information finde ich interessant: Der einst verdächtigte Anwohner von der Kreuzung habe zusammen mit dem Schwager des Pferdebesitzers und zwei Ermittlern in einer Kobelwalder Kneipe regelmäßig an einer *Jassrunde* (ähnlich wie Skat) teilgenommen. Auch hier, so ein immer wieder geäußerter Verdacht, sollen Interna über den Ermittlungsstand ausgeplaudert worden und so den Verdächtigen zu Ohren gekommen sein. »Offenbar diente das Lokal als Marktplatz für interne Neuigkeiten aus der Mordkommission«, vermutet der Journalist weiter.

Doch zurück zu meinem Gespräch mit Thomas Benz auf der Terrasse des Berghofes. Ich bin von seinem phänomenalen Gedächtnis beeindruckt. Mit Leichtigkeit erinnert er sich selbst an kleinste Details, die Jahrzehnte zurückliegen. Allerdings bin ich von dieser Fülle an Informationen zunehmend überfordert. Deshalb schlage ich vor, dass wir zunächst die Kristallhöhle in Kobelwies besuchen. Schließlich vermuteten doch viele, dass die Mädchen in der Höhle ermordet worden seien oder ihre Körper dort zumindest vorübergehend versteckt wurden.

Doch zuvor bitte ich um Aufklärung, welche Bewandtnis es mit den Namen der Örtlichkeiten Kobelwald und Kobelwies hat. Benz schmunzelt, als er mir erklärt, dass beide Orte zusammen mit anderen zur Ortschaft Oberriet gehören, wobei das Dorf Kobelwald mit Kirche, Schule und Kindergarten das »Oberzentrum« dieses Fleckens bilde. Kobelwies hingegen sei ein »Weiler«, eine kleine Wohnsiedlung mit nur wenigen Anwohnern – und der Kristallhöhle.

Wenige Minuten später machen wir uns mit dem *PW*, wie in der Schweiz Autos allgemein genannt werden, auf den Weg. Es ist Sonntag, und anders als an Arbeitstagen müssen wir uns für eine Besichtigung der Höhle nicht anmelden.

Unterwegs passieren wir die Kreuzung in Kobelwies. Hier wollen eine Sägewerksbesitzerin und ihre Familie die Mädchen am Tag ihres Verschwindens kurz vor 12 Uhr mitten auf der Straße gesehen haben. Noch am Abend desselben Tages sollen dort die zurückgelassenen Räder von Jutta Gallner und Elke Rhiner gestanden haben.

Benz verlangsamt die Geschwindigkeit, zeigt auf ein knapp 200 Meter von der Straßengabelung entferntes Haus und erzählt, dass dort der Anwohner lebe, der ebenfalls gegen 12 Uhr an der Kreuzung einen dort haltenden grauen Wagen bemerkt haben will; zumindest habe er das in seiner Vernehmung vor fast 40 Jahren so gesagt und ihm in zahlreichen folgenden Gesprächen stets wiederholt.

Der Zeuge ist für mich kein Unbekannter; ich kenne ihn und sein Haus von meinem ersten Besuch in der Schweiz vor vier Jahren. Da hatte ich den mittlerweile 78-jährigen Rentner gemeinsam mit dem Zeitungsredakteur Dieter Zorn für eine Reportage zum 34. Todestag der beiden Mädchen aufgesucht, um ihn nach seiner damaligen Beobachtung zu befragen. Der Mann heißt Walter Ziegler, und ich denke mit einem unguten Gefühl an die Begegnung mit ihm zurück, die zunächst recht harmonisch begann, bei einem zweiten Treffen aber beinahe in einer Katastrophe endete.

Walter Ziegler hatte mir damals sinngemäß erzählt, dass er in der Küche Bohnen zum Einmachen *gerüstet* und dabei immer wieder einmal aus dem Fenster gesehen und auf die Kreuzung geschaut habe. Kurz vor 11 Uhr habe dort ein silbergrauer Mittelklassewagen angehalten und sei nach etwa fünf Minuten weitergefahren. Allerdings habe er wegen Nebels weder den Fahrer noch die Mädchen oder ihre Räder sehen können.

Ich hatte mich über den Nebel zur Mittagszeit gewundert, Walter Ziegler aber durchaus abgenommen, dass seine Sicht auf die Kreuzung eingeschränkt gewesen war.

Ich hole meinen Stenoblock mit den früheren Angaben Zieglers hervor und lese, dass er davon ausging, die Mädchen seien ins silbergraue Auto gestiegen und zur rund zehn Fahrminuten entfernten Kristallhöhle hinaufgefahren.

»Das haben die sicherlich freiwillig gemacht. Schließlich blieben doch ihre Räder zurück«, versicherte er mir damals. »Denn es waren weder aufgeregtes Stimmengewirr noch Hilferufe oder knallende Autotüren zu hören.«

Ich hatte mich während des Gesprächs gefragt, weshalb der Anwohner das haltende Auto mit der Beobachtung der Sägewerksbesitzerin in Verbindung brachte, die die Mädchen ja erst rund eine Stunde später an der Kreuzung gesehen haben wollte. Auf meine Nachfrage, ob er den Wagen vielleicht später beobachtet haben könne, hatte er mir zu meiner Überraschung geantwortet: »Ich glaube nicht, dass die Frau aus der Sägerei die Mädchen gesehen hat. Sie muss sich irren.«

Als ich von ihm wissen wollte, weshalb er das glaube, war der Mann plötzlich ganz ruhig geworden und hatte mit geheimnisvoller Stimme geraunt: »Das war ein Mordkomplott.« Das wisse er aus zuverlässiger Quelle. Ein früherer Beamter der Staatsanwaltschaft und vormals Polizist habe ihm anvertraut, dass es sich bei den Mädchenmördern um zwei Lehrer handele.

Erstaunt über das Gehörte, hatte ich nachgefragt, worauf Ziegler etwas umständlich ausführte: »Die Lehrer kannten die Mädchen bereits vor ihrer Velotour bestens. Die Kreuzung, wo die Fahrräder zurückblieben, war ein vereinbarter Treffpunkt gewesen. Dort sollten die Freundinnen mit dem silbergrauen Auto abgeholt werden.« Er sei sich sicher, dass er dieses Treffen beobachtet habe, auch wenn er keine Menschen habe sehen können.

»Später ist es am Wohnort des einen Lehrers zu sexuellen, sadistischen Handlungen mit K.-o.-Tropfen gekommen, woran die Mädchen starben. Die Mörder wussten nicht, wohin mit den Leichen. Und jetzt kam eine zweite Personengruppe hier aus der Gegend ins Spiel, die für viel Geld das Verstecken der Leichen organisierte. Es waren bergerfahrene Personen mit Kletterausrüstung. Ohne Seile hätte man das nie geschafft.«

Als sei dies nicht schon genug, erklärte Ziegler weiter, dass auch ein Pferdebesitzer und ein Hobby-Geologe in das Verbrechen involviert seien. In welcher Form genau, wisse man aber noch nicht.

Ich mochte Zieglers augenscheinlich verworrene Schilderung so nicht hinnehmen und fragte ihn direkt, ob er selbst Kontakt zu den Mädchen gehabt habe. Möglicherweise hätten sich diese bei ihm nach dem Weg erkundigt; das mache doch Sinn. Ich beobachtete Zieglers Reaktion auf meine Worte genau, doch der Mann zeigte keinerlei Anzeichen von Nervosität, sondern antwortete mit fester Stimme, meine Vermutung sei unzutreffend.

Zur Bekräftigung führte er seinen inzwischen verstorbenen Vater an. Dieser sei damals so gegen 12 Uhr zu ihm zum Essen gekommen und würde seine, Zieglers, Darstellung bestätigt haben, wenn er denn noch lebte. Es war vielleicht auch etwas vermessen von mir zu glauben, dass sich Ziegler durch eine einzige Frage dazu verleiten lassen würde zuzugeben, dass die Mädchen bei ihm gewesen sein könnten.

Obwohl Zieglers Äußerungen auf mich einen verworrenen Eindruck machten, hatten der Redakteur und ich ihn gebeten, uns am nächsten Tag jenen Weg zur Kristallhöhle zu zeigen, den Elke und Jutta seiner Meinung nach hätten wählen müssen, um dorthin – aus welchem Grund auch immer – zu Fuß und ohne ihre Räder zu gelangen.

Pünktlich um 10 Uhr war Ziegler am vereinbarten Treffpunkt an der Kreuzung erschienen und hatte uns dort zunächst die Stelle gezeigt, an der er einen Tag nach seiner Beobachtung, am frühen Sonntagmorgen um 4 Uhr, die Fahrräder der Mädchen entdeckt haben wollte.

»Das war seltsam. Abgestellte Räder und niemand in der Nähe«, lautete sein Kommentar. Er habe noch ein wenig herumgeschaut, um dann zu einer mehrstündigen Wanderung zum Säntis, dem mit 2500 Metern höchsten Berg im Alpsteingebirge, aufzubrechen. Erst spät am Abend sei er von der anstrengenden Tour zurückgekehrt. Da seien die Räder von Jutta und Elke bereits gefunden worden, wie er später erfahren habe.

Doch statt mit uns den Aufstieg in der Nähe der Kreuzung zu beginnen, führte uns Ziegler zum wenige Kilometer entfernten ehemaligen Haus des Pferdebesitzers. Es gäbe dort einen gut begehbaren schmalen Jägerstieg zur Höhle, den er als Kind bei seiner Suche nach Abenteuern immer wieder benutzt habe.

Zwar hatte ich mich gewundert, dass die Mädchen einen solch langen Weg ohne ihre Räder hätten zurücklegen sollen, doch schließlich war Ziegler ja der Einheimische, der vorgab, sich gut in der Gegend auszukennen.

Tatsächlich war der Anstieg auch für mich als unerfahrenen Bergwanderer zunächst gut zu bewältigen gewesen. Doch der Pfad war immer steiler und anstrengender geworden. Zudem erschwerte eine dicke, rutschige Laubschicht unser Fortkommen, sodass der Redakteur und ich bei jedem Schritt erst festen Halt suchen mussten, während Ziegler anscheinend leichtfüßig den Berg erklomm.

Selbst von einem Pfad konnte irgendwann keine Rede mehr sein. Sollte es Zieglers Jägerstieg tatsächlich jemals gegeben haben, so war dieser längst von umgestürzten Bäumen, heruntergefallenen Ästen und dichtem Buschwerk verborgen. Und noch eines war mir beim beschwerlichen Anstieg klar geworden: Diesen oder einen ähnlichen Weg waren Jutta und Elke sicherlich nie gegangen.

Als ich mich schließlich nur noch auf allen vieren krabbelnd fortbewegen konnte, beschloss ich umzukehren. Auch der Zeitungsmann hatte signalisiert, zurückkehren zu wollen.

Allerdings sollte sich die Rückkehr ins Tal als noch gefährlicher entpuppen als der Anstieg. Schlagartig war mir die heikle Situation bewusst geworden, in die uns unser Wanderführer gebracht hatte: Mit einem solch steilen Abhang hatte ich nicht gerechnet. Erst nach vielen bangen Momenten und einem als endlos empfundenen Abstieg, in dem wir uns von Baum zu Baum orientierten und Meter für Meter auf dem Gesäß nach unten rutschten, erreichten wir endlich erleichtert und schweißgebadet sicheres Terrain.

Als ich Ziegler auf seine missglückte Bergführung angesprochen und gefragt hatte, was er denn damit habe bezwecken wollen, war er bei der Behauptung geblieben, dass dort oben früher der übliche Weg zur Höhle verlaufen sei. Statt sich zu entschuldigen, hatte er sich herzhaft über meine Rutschpartie auf dem Hosenboden amüsiert.

Als wir nun an Zieglers Wohnhaus vorbeifahren, frage ich Thomas Benz, ob er sich einen Reim auf dessen Verhalten und die abstruse Wegwahl machen könne. Doch auch Benz ist ratlos, zumal Ziegler damals einen völlig falschen Weg mit uns eingeschlagen habe. Der Mann sei in gewisser Weise ein Sonderling. Er wirke stets freundlich, aufgeschlossen, sehr intelligent und geschäftlich erfolgreich. Andererseits stamme er aus dem Rheintal, einer Gegend, deren Bewohner Fremden gegenüber traditionell eher verschlossen und misstrauisch seien. »Vielleicht störte es Ziegler auch, dass Sie an alten Wunden rührten. Schließlich gehörte er selbst lange Zeit zu den Verdächtigen.«

Wenige Tage später sollte ich Zieglers Abneigung zu spüren bekommen. Bei einem zufälligen Treffen an der Kobelwieser Kreuzung begrüßte er mich freundlich. Als ich mich aber nach der Verabschiedung noch einmal unvermittelt umschaute, war sämtliche Offenheit einem kalten, abschätzigen, feindseligen Gesichtsausdruck gewichen.

Ich erzähle Benz von Zieglers Zeitangabe zum silbergrauen *PW* auf der Kreuzung. Und wieder reagiert er mit Unverständnis. Ziegler habe ihm in zahlreichen Gesprächen, wie auch in Polizeiprotokollen, stets von einer Zeit gegen 12 Uhr berichtet.

Wir setzen unsere Fahrt zur Kristallhöhle fort: Eine asphaltierte Straße führt uns von der Kreuzung bergan durch dichten Mischwald, vorbei an Holzpoltern mit sorgsam gestapelten Baumstämmen und kleinen Schutzhäuschen, ehe wir nach rund zweieinhalb Kilometern den sogenannten Tanzplatz erreichen, wo wir parken. Zu Fuß geht es jetzt weiter über holpriges und feuchtes Kopfsteinpflaster bis zur Kristallhöhle.

Herbstliches Wetter mit leichtem Regen und einzelnen Nebelschwaden begleitet uns. »So ähnlich war das Wetter auch an dem

Tag, als die Mädchen verschwanden, nur etwas wärmer«, erfahre ich von Benz. Gut, dass ich seinem Rat gefolgt bin und meine festen Wanderschuhe angezogen habe, denn der steinige Untergrund ist sehr rutschig.

Ob ich mir vorstellen könne, dass die Mädchen diesen Weg zu Fuß gewählt hätten, will er von mir wissen. »Ihre Velos standen doch unten an der Kreuzung.« Ich mag das nicht glauben, schließlich waren die beiden doch auf einer Fahrradtour. Ich frage zurück, weshalb sie den langen Weg zur Höhle hätten zu Fuß absolvieren sollen.

Bereits nach der Wanderung mit Ziegler hatte ich diese Möglichkeit ausgeschlossen. Benz sieht es ähnlich, allerdings würde dies bedeuten, dass die Freundinnen mit jemandem zur Höhle gefahren sein müssten. »Doch mit wem und unter welchen Umständen?«, will er von mir wissen.

»Oder ihr Mörder hat dort lediglich ihre Leichen versteckt«, ergänze ich.

Antworten auf diese Fragen zu finden, darum geht es mir bei meinen Recherchen. Deshalb bin ich in die Schweiz gekommen.

Ein Schild mit der Aufschrift *Kristallhöhle* heißt uns am Eingang willkommen. Benz erklärt, dass sich seit den Morden im Jahr 1982 vieles verändert habe. Der ursprüngliche naturbelassene Gang zur Höhle sei modernisiert worden, ebenso der Eingangsbereich mit Holzterrasse, rustikalen Holzbänken und Tischen sowie einer überdachten Empore. Ein Drehkreuz und ein geschlossenes halbhohes Gittertor mit dem Hinweis *Zutritt nur mit Höhlenführer gestattet* versperren uns nach einigen Schritten den Zugang zu den funkelnden Kristallen.

Auf der anderen Seite bietet eine stabile Brustwehr Schutz vor einem ungewollten Sturz in die Tiefe. Auch das sei nicht immer so gewesen, erfahre ich von Benz. Als die Leichen der Mädchen hier versteckt wurden, habe lediglich eine niedrige Absperrung aus stählernen T-Profilen und gespannten Drahtseilen für den notwendigen Schutz gesorgt. »Wenige Meter neben dem Eingang begann damals auch der schmale Jägerstieg, unterhalb dessen Ende die Leiche von Jutta Gallner gefunden wurde«, lässt Benz mich wissen.

Ich blicke in das Tal, doch die Sicht ist durch den immer dichter werdenden Nebel stark eingeschränkt. Dennoch bietet sich mir ein imposantes Schauspiel, denn der Kristallhöhlenbach führt reichlich Wasser und stürzt am schroffen Felsen als beeindruckender Wasserfall in die Tiefe.

Trotz aller Naturschönheit schaudert mich beim Blick in die Schlucht, und ein mir aus ähnlichen Situationen bereits bekanntes Kribbeln macht sich unter meinen Fußsohlen bemerkbar.

Unwillkürlich fühle ich mich an die Worte des Philosophen Friedrich Nietzsche erinnert: »Wenn du lange in einen Abgrund blickst, blickt der Abgrund auch in dich hinein.« Das Gefühl der Höhenangst, das sich auch durch ein immer stärker werdendes Kribbeln zeigt, hat sich bei mir im Laufe der Jahre durch das Bearbeiten zahlreicher Todesfälle entwickelt, bei denen sich verzweifelte Menschen aus großer Höhe freiwillig in den Tod gestürzt hatten. Zur Rekonstruktion dieser tödlichen Geschehen musste ich mich natürlich zu jenen Stellen begeben, von denen die Menschen gestürzt waren, um dort nach Spuren zu suchen.

Ich bin froh, als Thomas Benz mich aus meinen Gedanken an frühere Todesfälle reißt und in die Realität zurückführt. »Dort unten war das Versteck von Elke Rhiners Leichnam.« Dabei deutet er auf eine knapp zehn Meter entfernte Stelle im Felsmassiv rechts neben dem Wasserfall. Doch sosehr ich mich bemühe, ich kann die Öffnung zur kleinen Grotte nicht erkennen. »Von hier oben ist der Zugang nicht zu sehen. Nur wenn man vom Tal bergan steigt, erkennt man hinter Bäumen das verborgene Felsenloch.« Ich frage mich, wie der Täter mit seinen Opfern dorthin gelangt sein soll.

Während Benz mir versichert, dass wir diesen Weg an einem anderen Tag gehen werden, hält er mir Seite 3 einer Boulevardzeitung aus dem Jahr 1987 entgegen, auf der neben den Schwarz-

Weiß-Fotos der ermordeten Mädchen auch der Eingang zur Höhle abgebildet ist.

Beim Anblick des mit eisernen Spitzen versehenen Gitterzauns mit dem geschlossenen Tor muss ich spontan an ein mittelalterliches Verlies denken. Ein Schild weist Besucher darauf hin, dass das Abschlagen von Kristallen verboten ist; anscheinend haben frühere Besucher oder unerwünschte Gäste sich bereits ausgiebig bedient.

Von Benz erfahre ich, dass früh am Morgen des 1. August 1982 – ein Sonntag und Schweizer Nationalfeiertag –, also einen Tag nach dem Verschwinden der Mädchen, ein junger Hobby-Geologe einen Einbruch in die Kristallhöhle angezeigt habe. Die Gittertür sei lediglich angelehnt gewesen, und ein Standardvorhängeschloss aus Messing habe gefehlt.

»Das kann doch kein Zufall sein!«, meint Benz. »Die Mädchen verschwinden, fast gleichzeitig steht das Tor zur Höhle auf, und kurze Zeit danach werden hier ihre Leichen gefunden.« Benz hat recht, diese gleichzeitigen Geschehen sind ungewöhnlich, müssen allerdings nichts bedeuten. Dennoch zeigt der Fall immer neue Facetten.

Kurze Zeit später steht ein Höhlenwart für unsere Führung bereit. Der etwa 50 Jahre alte Mann mit weißem Helm und roter Windjacke führt uns zu einem Gestell mit zahlreichen gelben und blauen Helmen. Ich entschließe mich für einen blauen Kopfschutz und lausche den Worten unseres Begleiters – leider im reinsten Schwyzerdütsch, sodass Benz für mich übersetzen muss.

Der Sage nach wurde die Kristallhöhle 1682 von einem Jäger am Fuße des Kobelwalder Chienberges entdeckt und erstmals 1702 urkundlich erwähnt. Seit den 1930er-Jahren ist sie als Schauhöhle dem Publikum auf 128 Metern für Besichtigungen zugänglich, wobei der größte Teil des Stollens hinter einem eisernen Tor verborgen liegt und das Betreten lediglich Höhlenforschern für Erkundigungen erlaubt ist.

Parallel zum Höhlenbach erreichen wir über eine Sintertreppe eine erste Halle mit großen Kristallen. Dabei spendet die schummrige elektrische Beleuchtung geheimnisvoll anmutendes Licht; es hat die Fackeln abgelöst, die hier einst brannten. Während Benz stehen bleibt und sich umschaut, erzählt er, dass er schon vor den Morden häufig mit seinem Großvater die Höhle besuchte. »Da war es noch dunkler als heute. Man musste Gummistiefel anziehen, und der Höhlenbach musste so durchwatet werden.«

Ich kann mich von dem Anblick der glänzenden, mit Kristallen überzogenen Wände gar nicht lösen, doch der Höhlenführer drängt uns zum Weitergehen. Wir überqueren auf einem breiten Metallsteg einen kleinen See. Unsere Schritte hallen dumpf auf dem Eisen, während ich die vielfältigen Lichtspiegelungen im Wasser bestaune. Vorbei an beleuchteten Kristallformationen erreichen wir die sogenannte Calcitkluft, die in ihrem Reichtum an wunderbar erhaltenen weißen und grauen Kristallen einmalig für eine Höhle in Europa sei, wie der Guide uns versichert.

Das Mineralvorkommen der Höhle muss so groß gewesen sein, dass es zur Zeit des Ersten Weltkrieges fuderweise abgebaut und fein gemahlen als Scheuermittel verwendet wurde. Der Höhlenwart erklärt weiter, dass sich das Aussehen dieser Kaverne seit 1987 durch einige Umbauten stark verändert habe. In den Jahren zuvor sei es hier viel dunkler, enger, provisorischer gewesen.

Ehe wir den abgesperrten Teil der Höhle erreichen, passieren wir einen sieben Meter hohen rauschenden Wasserfall, der von einer Quelle gespeist wird und durch sein kalkhaltiges Wasser zahlreiche Tropfsteine geformt hat. Dabei haben zwei Ablagerungen besondere Formen angenommen, die uns als *Eule* beziehungsweise *Höhlengeist* vorgestellt werden. Mit ein bisschen Fantasie kann auch ich diese Figuren erkennen.

Fantasie benötige ich aber auch bei der Annahme, dass die Mädchen in der Höhle getötet oder vorübergehend dort versteckt wurden, vermutlich in dem für die Öffentlichkeit nicht zugänglichen Teil.

Sollte diese Vermutung tatsächlich zutreffen, so käme als Täter nur ein Insider infrage, der einen Schlüssel für das schmiedeeiserne Höhlentor hatte. Aber ist die Lösung des Rätsels tatsächlich so einfach? Und was bedeuten in diesem Zusammenhang die angelehnte Gittertür zur Kristallhöhle und das entwendete Vorhängeschloss?

Weshalb musste der Täter das Schloss überhaupt mitnehmen? Normalerweise bleiben beschädigte Schlösser bei Sachbeschädigungen oder Einbrüchen zurück, so zumindest meine Erfahrungen an Tatorten. Und welches Motiv sollte der Täter für seinen Einbruch in den Höhlenkomplex gehabt haben? Ging es ihm um den Diebstahl von besonderen Exponaten, denn der reine Materialwert dürfte doch eher gering sein?

Oder war alles nur vorgetäuscht und sollte als Ablenkungsmanöver gelten, wenn denn bei der Suche nach den Mädchen Spuren von ihnen in der Höhle gefunden worden wären? Der Verdacht wäre dann sicherlich automatisch auf eine Person mit Zugangsberechtigung und Schlüsselgewalt gefallen.

Ließe sich tatsächlich ein mit den Morden im Zusammenhang stehender fingierter Einbruch nachweisen, so läge eine *Personifizierung des Täters* vor. Hinter diesem Begriff verbergen sich individuelle und oftmals ungewöhnliche Handlungen des Täters, die mit dem eigentlichen Verbrechen nichts zu tun haben, für ihn jedoch von besonderer Bedeutung sind.

Manchmal dienen solche Handlungen der Umsetzung von Fantasien, manchmal jedoch auch nur rein pragmatischen Überlegungen: Der Täter will für sein Verbrechen nicht belangt werden. Wie der Bühnenbildner beim Theater inszeniert und verändert er den Tatort, um eine vermeintlich andere Realität zu schaffen. Denn würde er dies nicht tun, so würde er anhand der vorgefundenen Spuren durch logische Schlüsse als Täter identifiziert werden können. Ein weiteres Rätsel in diesem Fall.

Antworten auf meine Überlegungen könnten mir vielleicht der Hobby-Geologe, der den Einbruch bemerkte, oder andere Verantwortliche für die Höhle geben. Als ich unseren Höhlenwart frage, zuckt er nur mit den Achseln, anscheinend ist er über die damaligen Zustände nicht informiert.

Inzwischen haben wir den Rundgang beendet und den Ausgang erreicht. Auch wenn die Kristallhöhle möglicherweise nicht als direkter Tatort infrage kommt, so habe ich doch einen ersten Eindruck von der Höhle selbst und der sie umgebenden Natur bekommen. Trotz Werbung des Fremdenverkehrsvereins scheinen selbst während der regulären Besuchszeiten nur wenige Menschen diesen Ort aufzusuchen; ein Umstand, der das Entdeckungsrisiko eines Täters durchaus minimiert und auf den auch der Mörder vertrauen konnte, wenn er denn die örtlichen Gegebenheiten kannte.

Wieder im Freien, empfängt uns anhaltender Regen. Trotzdem bitte ich Thomas Benz, mich auf dem Jägerstieg bis zum Versteck von Jutta Gallners Leiche zu begleiten. Doch er winkt ab: »Zu gefährlich heute. Der Weg ist schmal und rutschig. Ohne Seilsicherung kommen wir dort heute nicht hin!« Mit dieser Einschätzung wird Benz recht haben. Doch es ist bemerkenswert, dass der Mörder dieses Risiko nicht gescheut hat. Manchmal bringt der Stress der drohenden Entdeckung Menschen dazu, selbst größte Ängste zu überwinden und Höchstleistungen zu erbringen – oder der Täter hatte aus Routine keine Probleme in dem schwierigen Gelände.

Der Verzicht auf die Exkursion gibt mir Zeit, mit Thomas Benz über die Persönlichkeiten der beiden Opfer zu sprechen, denn eine der zentralen Fragen bei diesem Verbrechen ist, wie sich die Mädchen verhalten haben dürften, als es vermutlich an der Kreuzung zum Kontakt mit ihrem späteren Mörder kam. Zwar gibt es für meine Annahme, dass dort das Treffen stattfand, keinen Beweis, doch momentan spricht manches dafür: die Beobachtung der Familie aus dem Sägewerk, die verlassenen Räder der Mädchen.

Deshalb möchte ich so viele Informationen wie möglich über

Elke Rhiner und Jutta Gallner sammeln, um einschätzen zu können, welchem der beiden Mädchen es eher entsprochen haben dürfte, auf den möglichen Vorschlag eines Fremden einzugehen, die Kristallhöhle oder einen anderen attraktiven Ort aufzusuchen.

Auf jeden Fall hätten die Mädchen ausreichend Zeit für einen solchen Ausflug gehabt. Denn von der Kreuzung in Kobelwies waren sie bis zu ihrem abendlichen Ziel – entlang des Bodensees – nur rund 35 Kilometer entfernt. Eine Strecke, die sie auf ihren Velos in gut zweieinhalb Stunden zurückgelegt hätten.

Ich überlege, ob die Mädchen Zufallsopfer waren, also zur falschen Zeit am falschen Ort, oder ob sie sich tatsächlich – wie von Ziegler unterstellt – an der Kreuzung verabredet hatten?

Welche der beiden also war die Bestimmende? Und welche hatte eher ein scheues, ängstliches Wesen? Eine erste Information über das Verhalten der Mädchen habe ich bereits: Ein Unbekannter hatte sie kurz vor dem Tode fotografiert; es ist das Foto auf der Almwiese. Das könnte für ein eher sorgloses Akzeptieren von Nähe sprechen.

Um auf all diese Fragen Antworten zu finden, müssten Familienangehörige, Freunde, Bekannte, Mitschüler, Arbeitskollegen befragt werden. Je mehr, desto besser, damit nicht die subjektive Meinung eines Einzelnen das Opferbild prägt und möglicherweise verfälscht.

Weiterhin können normalerweise persönliche Aufzeichnungen in Tagebüchern, Terminkalendern oder Briefen zu einem ganzheitlichen Bild der betreffenden Person beitragen. Und seit einigen Jahren zudem E-Mails oder Mitteilungen und Posts in den sozialen Netzwerken, die es jedoch, als Elke Rhiner und Jutta Gallner starben, noch nicht gab.

Gerade in der Intimität zeigt der Mensch sein wahres Wesen. Und somit ist es meine Aufgabe, möglichst auch die tiefsten Geheimnisse der Opfer zu entdecken. Am Ende solcher Recherchen wusste ich bei früheren von mir bearbeiteten Tötungsdelikten häufig mehr über das Opfer als dessen Eltern, Intimpartner oder andere nahestehende Personen.

Doch hier ist alles anders: Die Verbrechen liegen fast 40 Jahre zurück, Erinnerungen sind verblasst, persönliche Aufzeichnungen und die Akten sind vernichtet oder nicht einzusehen, manche Auskunftspersonen mögen über den Fall nicht mehr sprechen oder sind bereits gestorben. Das sind schlechte Voraussetzungen, und ich bin gespannt, wer mir überhaupt noch für Befragungen zur Verfügung stehen wird.

Leider hat Thomas Benz nie persönlich mit den Eltern der toten Mädchen gesprochen oder überhaupt einen Kontaktversuch unternommen.

»Ihr Verhalten war ungewöhnlich«, sagt er. »Mir kam es so vor, als würden sie kein Interesse an der Aufklärung haben und gar nicht wissen wollen, wer der Täter ist.«

Ich mag seine Worte nicht so stehen lassen und weise Benz darauf hin, dass Hinterbliebene auf ganz unterschiedliche Art und Weise ihre Trauer zeigen. Er versteht, was ich meine.

Statt der Eltern hatte Benz andere den Mädchen nahestehende Menschen befragt und so erfahren, dass die beiden seit ihrer frühesten Kindheit eine Sandkastenfreundschaft verband. Dabei habe Jutta Gallner als Ältere den Ton angegeben. Während sie in einer Druckerei im zweiten Lehrjahr eine kaufmännische Ausbildung absolvierte, besuchte Elke noch die Sekundarschule. Gerne wäre sie Medizinische Fachangestellte in einer Arztpraxis geworden. Beide seien gute Schülerinnen gewesen, und auch ihre Beziehung zu den Eltern habe gestimmt, sodass diese die Velotour ihrer Töchter erlaubten.

Allerdings zeigten die Mädchen nach Aussagen von Menschen, die sie etwas näher kannten, sehr unterschiedliche Charaktere: Elke in ihrem Wesen zurückhaltend, vorsichtig, nahezu scheu, diszipliniert und Fremden gegenüber distanziert. Jutta hingegen wohl eher spontan, burschikos und unternehmungslustig. Manche beschrieben sie auch als pubertär aufsässig. Sie sei unkonzentriert bei der Arbeit gewesen und habe Streitigkeiten in der Familie provoziert.

Benz zögert, als er sagt: »Sie galt als Ausreißerin und soll häufiger eine Gaststätte aufgesucht haben, in der ältere Männer Kontakt zu jungen Frauen suchten.« Doch ob diese Angaben tatsächlich so stimmen, weiß Benz nicht. Es könne sich auch nur um Gerede handeln, sagt er.

Ich danke ihm für diese ersten Informationen und mache mich auf, um mit Menschen zu sprechen, die die beiden Opfer persönlich kannten.

Mein erster Weg führt mich in das gut 80 Kilometer entfernte Winterthur. Dort bin ich mit dem Cousin von Jutta Gallner in einem Rasthof an der Autobahn verabredet. Aus Vorgesprächen weiß ich, dass der Mittfünfziger immer noch sehr an der Aufklärung des Verbrechens interessiert ist. Ich bin gespannt zu erfahren, was ihn auch nach fast 40 Jahren nicht aufgeben lässt.

Es ist heiß an diesem Tag, mitten in der Corona-Pandemie des Jahres 2020. Maskenpflicht und Abstandsvorschriften erschweren uns das Gespräch, als wir an einem Tisch Platz nehmen. Ich bestelle uns Wasser, und der Mann mit der hohen Stirn und der markanten Brille kommt sofort zum Thema. Er möchte endlich wissen, wer seine Cousine ermordet hat, auch wenn der Täter dafür nicht mehr bestraft werden kann.

»Es ist doch suspekt, dass Polizei und Staatsanwaltschaft so wenig Interesse an der Aufklärung gezeigt haben.« Aber nicht nur das irritiere ihn, sondern auch das Verhalten der Eltern von Jutta und Elke und seiner eigenen Familie. »Zunächst waren die beiden ja nur verschwunden, doch dann platzte die Bombe: beide tot. Ermordet. Und in der Familie spricht niemand darüber. Nicht einmal meine Mutter, die Tante von Jutta, hat meine Fragen beantwortet. Stattdessen gedämpfte Stimmen und Beschwichtigungen.

Niemand außer mir schien sich einen Kopf darüber zu machen, was damals passiert ist.«

Der Cousin wirkt nachdenklich, nimmt einen Schluck aus seinem Glas, ehe er weiterspricht: »Wir sind eine große Familie, trafen uns alle drei, vier Jahre.« Jutta sei immer dabei gewesen, doch zu ihr sei kaum ein persönlicher Kontakt möglich gewesen. »Sie war so anders. Bis fünfzehn war sie völlig verschlossen, passiv, verdrückte sich ständig, wirkte eingeschüchtert, ein scheues Mäuschen.«

Als er sie allerdings wenige Monate vor ihrem Tod noch einmal gesehen habe, »da hatte sie sich völlig verändert: dunkle Schminke, schwarze Klamotten, dazu ein altes Militärhemd. Sie wirkte auf mich völlig kaputt.«

Er habe schon befürchtet, sie könne zwischenzeitlich alkohol- oder rauschgiftabhängig geworden sein, denn »ihr Aussehen glich dem einer Rebellin und passte überhaupt nicht mehr in mein bisheriges Jutta-Bild«.

Doch nicht nur ihr Verhalten sei auffällig gewesen, erinnert der Mann. »Ihre ganze Familie war völlig anders. Jeder Besuch bei ihnen war eine Herausforderung. Alles Laisser-faire, keine Erziehung, keine Regeln, keine Vorgaben, keine Grenzen. Es herrschte das Chaos: ein dunkles, unaufgeräumtes Haus, zerschlissene Vorhänge, umgeworfene Stühle, verschüttete Cola. Alles war erlaubt, und die Eltern nahmen es schweigend hin. Während die Mutter wenigstens noch aus vollem Herzen lachen konnte und lustig war, dabei allerdings ständig von einem Fettnäpfchen ins nächste trat, saß der Vater nur da und rauchte. Ein stiller, langweiliger, emotionsloser Mensch, der nichts mit seinen Kindern unternahm. Ein spröder Beamter, der er als gut situierter Gemeindeschreiber ja auch war.«

Ich bin über diese anklagenden Worte überrascht, frage nach, doch der Cousin bleibt bei seiner Darstellung. Als ich wissen möchte, wie er inzwischen mit den ungeklärten Morden umgeht und welche Wichtigkeit die Aufklärung für ihn habe, erlebe ich ihn in den nächsten Minuten sehr nachdenklich:

»Von dem Moment an, als es Gewissheit über den Tod der Mädchen gab, wurde in der Familie alles anders. Es gab kein vertrautes Miteinander mehr. Niemand schien sich mehr für den anderen zu interessieren; es gab keine Gemeinsamkeiten mehr, was allerdings geleugnet wurde – man war ja schließlich eine Familie.«

Eine für ihn beängstigende Oberflächlichkeit habe Einzug gehalten. Fragen nach den Morden oder nach dem Befinden der Angehörigen seien tabu gewesen. Juttas Mutter habe ihr Lachen verloren und alles versteinert in sich hineingefressen. Der Vater habe noch unnahbarer gewirkt als davor.

»Ich empfand es als Diebstahl einer unbeschwerten Jugend. Da wird jemand aus unserer Familie ermordet, und alle schweigen. Was war mit den Erwachsenen los? Hatten sie etwas zu verbergen? Oder war es nur Desinteresse? Oder vielleicht Hilflosigkeit und unbewältigte Trauer? Genauso schien es bei Elkes Familie zu sein. Auch dort drängte offenbar niemand auf eine Aufklärung des Verbrechens.«

Dabei sei Elkes Vater doch in der Kirche eingebunden gewesen. »Sollte das nicht Anlass genug sein, um die Frage nach der Schuld zu stellen?«, fragt mich der Cousin.

Er fährt in seinen Erklärungen fort und erzählt mir, dass vor einigen Jahren ein Roman über den Fall erschienen sei. »Man kann von der belletristischen Lösung halten, was man möchte, aber ich dachte, dass nach über dreißig Jahren zumindest ein Minimalinteresse an der Aufklärung bestehen sollte und fragte Juttas Bruder Paul, ob er das Buch kenne. Doch er reagierte nur unwirsch, winkte ab und wollte darüber nichts hören. Seine Frau kam hinzu und meinte: ›Das Thema ist tot!‹«

Doch damit kann sich der Cousin bis heute nicht abfinden. Er setzt weiter auf sein Bauchgefühl, dass der Täter doch noch gefunden und sein Name publik wird.

»Manchmal ist es mir so vorgekommen, als stünde hinter allem ein Familiengeheimnis, als wüssten die Eltern mehr.« Er habe deswegen auch mit einer Cousine aus einer anderen Linie der Familie gesprochen. Sie sei genauso verwundert gewesen über das Verhalten von Juttas und auch ihrer eigenen Eltern. Als wir uns verabschieden, bittet er mich, ihn zu informieren, wenn es Neuigkeiten gebe. Ich sage ihm das zu, wohlwissend, dass es schwierig werden wird.

Als ich später mit der Cousine telefoniere, berichtet sie mir Ähnliches. Juttas Eltern seien »speziell« gewesen: der Vater Kettenraucher, die Mutter häufig ungeschickt in ihrem Verhalten anderen gegenüber. »Jutta hatte starke Minderwertigkeitsgefühle und verhielt sich wie ein stilles Mäuschen.« Obwohl sie gleich alt waren, habe sich zwischen ihnen nie eine Vertrautheit entwickelt.

Zu der Zeit, als Jutta verschwand, habe sie selbst wegen ihrer Ausbildung von der Familie getrennt in Zürich gelebt. »Stellen Sie sich das einmal vor! Da werden meine Cousine Jutta und ihre Freundin ermordet, und ich erfahre es aus der Zeitung. Niemand sprach mit mir darüber. Als meine Eltern mich später in Zürich besuchten, haben sie kein Wort darüber verloren. Ich verstehe dieses Schweigen bis heute nicht.«

Die Offenheit, mit der meine Gesprächspartner über ihre Gefühle und das Verhalten ihrer Verwandten sprechen, verwundert mich. Damit hatte ich nicht gerechnet. Aber es zeigt wieder einmal klar, welche zerstörerischen Spuren ein solches Verbrechen nicht nur bei Eltern und Geschwistern der Toten hinterlässt. Es gibt offensichtlich viele Opfer in diesem ungeklärten Fall, die nie als solche wahrgenommen wurden.

Ich überlege, wie ich an weitere Informationen über die Mädchen kommen kann, und entschließe mich, spontan und ohne Voranmeldung das kleine Örtchen in der Nähe des Bodensees aufzusuchen, wo Juttas Bruder und Elke Rhiners Eltern noch heute wohnen.

Nach einer guten Stunde Autofahrt erreiche ich die kleine Wohnsiedlung in bevorzugter Wohnlage mit Einfamilienhäusern, gepflegten großen Gärten und Blick auf den Bodensee.

Während ich bei Rhiners klingele, werde ich von den Nachbarn aufmerksam beobachtet. Ein Mann hantiert auffällig lange an zwei Mülltonnen, ehe er sie wegrollt. Er wohnt direkt gegenüber von Elkes Eltern. Als mir nicht geöffnet wird, spricht mich ein weiterer Anwohner an:

»Die Rhiners sind im Urlaub«, ruft mir der gut 70 Jahre alte Mann zu. Dann mustert er mich von oben bis unten, und ich spüre sein Misstrauen. Möglicherweise hält er mich für einen Dieb, der Objekte für Einbrüche ausspäht. Wenig später erzählt er mir, dass in dieser Gegend seit einigen Jahren immer wieder osteuropäische Tätergruppen auf Raubtour seien und in die Häuser einstiegen.

Seine Frau kommt hinzu. Sie kennt mich aus meiner Fernsehserie *Aufgeklärt – Spektakuläre Kriminalfälle*, und sofort entspannt sich die Situation. Sie ist neugierig und möchte wissen, was ich denn bei ihnen in der Schweiz wolle; vielleicht den Fall im Fernsehen vorstellen?

Ich informiere sie kurz über mein Vorhaben. So erfahre ich, dass die beiden seit über 40 Jahren in der Straße wohnen und auch die ermordeten Mädchen gut kannten. Ihre Tochter habe mit ihnen zusammen auf der Straße gespielt. Auch habe Jutta ab und an bei ihnen im Garten campiert. Sie und ihre Brüder seien schon eher forsch aufgetreten, hätten viel Unfug im Sinn gehabt, während Elke ein liebes Mädchen gewesen sei: scheu, höflich und in ihrem Wesen anders als die ältere, dominante Jutta.

Ich bin überrascht, dass sie sich spontan an das Datum erinnern, an dem Jutta und Elke verschwanden: der 31. Juli 1982. Sie selbst seien zu dieser Zeit im Urlaub gewesen. Sonst hätte sich ihre eigene Tochter der Velotour womöglich angeschlossen.

So weiß die Nachbarin auch nicht, welche Reiseziele die Nachbarskinder gehabt haben könnten. Am Tag nach deren erwarteter Rückkehr sei Juttas Mutter morgens zu ihr herübergekommen. »Sie war sehr verzweifelt und hat erzählt, dass die Mädchen nicht heimgekommen seien. Die Spur ihrer Tochter habe sich nach der Abfahrt aus der Jugendherberge verloren.«

Juttas Mutter habe dem Angebot, bei der Suche nach ihrer Tochter zu helfen, sofort zugestimmt. Aber der Vater sei dagegen gewesen. Die Polizei wünsche keine privaten Erkundigungen, habe er gesagt. Doch vier Tage später sei die örtliche Feuerwehr in die Suche nach den Mädchen einbezogen worden.

»Es war so irreal. Niemand wäre auf die Idee gekommen, dass Jutta und Elke etwas passieren würde. Wir lebten in der Schweiz in einer heilen Welt. Verbrechen fanden nur woanders und ganz weit entfernt statt, die Täter waren immer Fremde. Jede Mutter hätte damals ihr Kind allein im Wald spielen lassen und nie vermutet, dass es zu solchen Verbrechen kommen könnte.«

Bei diesen Worten von der »heilen Welt« muss ich an den Kriminalroman »Das Versprechen« des Schweizer Autors Friedrich Dürrenmatt denken, der aus seinem Drehbuch zum Film »Es geschah am hellichten Tag« hervorgegangen war. Vorlage des Films war wiederum der ungeklärte Mord an dem fünfjährigen Hansli Eichenberger, der im Sommer 1949 vermutlich entführt, missbraucht und getötet worden war. Auch dessen Mutter hatte auf die »heile Welt« vertraut und ihn zum Einkaufen ins Dorf geschickt. Die Leiche des Jungen wurde nie gefunden, der Täter nie ermittelt. Als einzige Spur blieben die in einer Betonröhre versteckte karierte Einkaufstasche mit einem Taschentuch und Hanslis Unterhose mit Blutspritzern zurück.

In »Es geschah am helllichten Tag« ist es das kleine Mädchen Gritli Moser, das von einem Serienmörder getötet wird. Und die Umstände erinnern doch sehr an das, was rund 20 Jahre später Jutta Gallner und Elke Rhiner ebenfalls am helllichten Tag widerfuhr. Hier wie da inmitten trügerischer Unbeschwertheit und einer heilen Welt mit Heidi und Almöhi-Romantik, die jäh von einem Verbrechen zerstört wird.

Aber nicht nur wegen dieser äußerlichen Gemeinsamkeiten muss ich an den Film denken. Da ist auch das Schuldgefühl von Gritlis Eltern, die sich vorwerfen, die Gefahren, die ihrer Tochter beim Spielen im Wald drohten, verkannt zu haben. (Eine Gelegenheit, die der Kinderschänder für das Ausleben seiner devianten Fantasien ausnutzt.) Ich denke, dass es den Eltern von Elke und Jutta ähnlich ergangen sein muss: Selbstvorwürfe ohne Unterlass.

Doch der Film berührt mich noch aus einem weiteren Grund. Es ist die Figur des engagierten Kommissärs Matthäi, der Gritlis Eltern bei seiner »Seligkeit« verspricht, den Mörder ihrer Tochter zu finden. Doch das gelingt ihm nicht. Und er zerbricht an seinem eigenen Schwur und endet als verblödeter Trinker.

Dürrenmatt beschreibt hier einen Konflikt, wie ich ihn selbst so ähnlich oft erlebt habe: Da stand ich als hilfloser Ermittler und Mensch vor fassungslosen Eltern und musste ihnen vom unerwarteten Tod ihres Kindes berichten, wohl wissend, wie ihre heile Welt, ihr überschaubarer Mikrokosmos gerade in unendlicher Leere versank. Und zugleich musste ich diesen verzweifelten, überforderten und ratlosen Menschen die Hoffnung vermitteln, dass ich den Tod ihres Kindes aufklären würde. Ein Spagat der Gefühle, bei dem ich manchmal nur noch den Wunsch verspürte, so schnell und so gesichtswahrend wie möglich zu fliehen.

Ich wende meine Aufmerksamkeit wieder den Nachbarn der Familie Rhiner zu, die mir von den emotionalen Folgen erzählen, die der Mord an den beiden Mädchen auf deren Familien hatte: »Juttas Eltern sind an dem Schmerz gestorben, Elkes Eltern können einfach nicht mehr. Sie sind fix und fertig, denn sie haben das Schlimmste erlebt, was einem als Eltern widerfahren kann: das eigene Kind durch ein Verbrechen zu verlieren. Und der Mörder läuft immer noch frei herum und wird nicht bestraft. Immer wieder keimte in den Eltern Hoffnung auf Aufklärung, aber dann folgten doch nur neue Enttäuschungen. Sie haben irgendwann den Glauben an die einheimische Polizei verloren und daran, dass sich noch etwas tun wird.«

Zwei Wochen nach meiner Rückkehr an meinen Schreibtisch rufe ich bei Elkes Eltern an. Ich erreiche ihren Vater. Fast scheint es so, als habe er auf das Gespräch gewartet und sei von den Nachbarn darauf vorbereitet worden. Ich stelle mich vor und schildere kurz mein Anliegen, doch die Unterhaltung endet abrupt: »Es ist erledigt.« Dann legt der Mann auf.

Trotz der abwehrenden Haltung von Elkes Vater mag ich nicht einfach so aufgeben. In Gedanken kehre ich vom Schreibtisch zurück in das kleine Örtchen am Bodensee. Kurz entschlossen hatte ich dort an der Haustür von Juttas Bruder Robert geklingelt.

Zu meiner Überraschung war er der Nachbar, der sich so auffallend intensiv mit dem Hereinholen der Mülltonnen beschäftigt hatte. Der untersetzte Mann mit den kurz geschnittenen dunklen krausen Haaren empfing mich in bunten Bermudashorts und einem kurzärmeligen hellblauen Hemd; durchaus angemessen für die fast tropische Hitze jener Tage. Er war sehr freundlich und führte mich in die Küche, wo seine Frau am PC saß.

Rasch legte der Bruder seine Verwunderung darüber ab, dass ich mit ihm über seine Schwester sprechen wollte, und erzählte, leider im reinsten Schwyzerdütsch, dass er der jüngste der drei Geschwister sei. Ein Glück, dass seine Frau dabei war und für mich immer wieder übersetzte. Als Jutta starb, sei er 14 Jahre alt gewesen; demzufolge seien die Erinnerungen an seine Schwester und die Zeit verblasst.

Sie sei für ihn die große Schwester geblieben, die ihm damals wegen ihrer guten Leistungen in der Schule und ihrer besonnenen Art Vorbild war. »Sie war eher die Stille, aber von uns dreien war sie die Intelligenteste«, erzählt er schmunzelnd. Die Zeit nach den Morden beschrieb er als »schlimm«. »Allerdings hat das meinen Bruder Paul und mich nur noch mehr zusammengeschweißt. Was blieb uns auch anderes übrig? Psychologische Unterstützung gab es damals für uns nicht.« Irgendwann hätten sich seine Eltern entschlossen, Juttas Zimmer zu räumen und ein paar Erinnerungsstücke in einer Truhe zu verwahren.

Als ich bat, mir die Sachen ansehen zu dürfen, erwiderte Robert bedauernd, dass diese vor Jahren vernichtet worden seien. Auch Juttas Grab sei von seinen Eltern vor einigen Jahren eingeebnet worden. Jetzt gäbe es nur noch ein gerahmtes Foto seiner Schwester.

Er holte es aus dem Nebenraum und zeigte es mir. Das Foto war ein Jahr vor Juttas Tod entstanden, als sie ihre Lehre in einer Druckerei begonnen hatte.

Stolz präsentiert Jutta auf dem Hochglanzfoto ihren Lehrvertrag. Entsprechend der damaligen Mode trägt sie die schulterlangen Haare offen, der Pony endet in Höhe der Augenbrauen. Unter dem Halsausschnitt eines braunen Strickpullovers liegt eine flache silberne Kette. Eine junge Frau, die nur wenig Ähnlichkeit mit jener Jutta hat, die gerade einmal ein Jahr später mit ihrer Freundin Elke für ein letztes Foto kurz vor dem gemeinsamen Tod posiert.

Robert erlaubte, dass ich das Bild abfotografierte. Dann berichtete er, dass seine Schwester während der Velotour mehrfach zu Hause angerufen habe. An einzelne Reiseziele während der Tour vermochte er sich aber nicht zu erinnern, und so wusste er auch nicht, ob ein Abstecher zur Kristallhöhle vorgesehen gewesen war.

Als ich von ihm wissen wollte, was seine Familie und er von der Ermittlungsarbeit der Polizei gehalten hätten, zuckte er mit den Achseln und meinte, dass seine Eltern sehr enttäuscht gewesen seien.

Insbesondere, dass der Mörder immer noch frei herumlaufe, belaste ihn bis heute. Es sei so vieles durch das Verbrechen zerstört worden, familiäre und gesellschaftliche Kontakte. Seine Eltern seien vor Gram und Trauer erkrankt und früh gestorben. Die Rhiners würden bei Begegnungen auf der Straße nur noch kurz grüßen. Vermutlich wollten sie nicht durch andere Hinterbliebene an den frühen Tod ihrer Tochter erinnert werden.

Noch gut konnte sich der Bruder an den Moment erinnern, als sie von Juttas Tod erfuhren. Nach dem spurlosen Verschwinden der Mädchen habe die Presse ständig versucht, sie zu kontaktieren. Andauernd hätten Reporter vor der Tür gestanden und geläutet, sie beim Weggehen bedrängt.

Irgendwann sei ihnen das zu viel geworden, und seine Eltern hätten beschlossen, gemeinsam mit den Kindern ein paar Tage ins Engadin zu fahren. »Wir saßen beim Kartenspielen, als bereits am ersten Abend das Telefon klingelte und wir von der Polizei erfuhren, dass Jutta nicht mehr lebte. Ein Schock. Wir sind gleich wieder abgereist.«

Ehe ich mich verabschiedete, fragte ich Robert noch, ob seine Schwester kurz vor ihrem Tod häufiger Gaststätten aufgesucht habe. Der Bruder schüttelte den Kopf, erinnerte sich jedoch nach kurzer Zeit daran, dass Jutta abends schon mal weggegangen sei. Doch wohin und mit wem, das wisse er nicht.

Auch wenn die Hinweise von Juttas jüngstem Bruders nicht viel zu ihrem Persönlichkeitsbild beitragen, so machen sie doch deutlich, dass eine große Nähe zur Familie bestand und dass ich den Hinweis, sie könnte in einer Gaststätte Kontakt zu älteren Männern gesucht haben, besser mit Vorsicht bewerten sollte. Für den Anfang habe ich tatsächlich schon einige Informationen über Jutta Gallner sammeln können.

Nach mehreren Versuchen kann ich Elke Rhiners einstigen »Schulschatz«, wie Benz ihn bezeichnet hatte, über dessen Handy erreichen. Er ist mit dem Auto nahe der italienischen Grenze unterwegs, sodass die Verbindung zwischendurch immer wieder abbricht. Der Mann, der sich auf seiner Homepage – fern jedweder Corona-

Verschwörungstheorien – als kreativer Querdenker und Vollblutunternehmer vorstellt, erfüllt bereits nach den ersten Sätzen seinen hohen eigenen beruflichen Anspruch. Er ist aufgeschlossen, kommunikativ und freundlich. Bereitwillig beantwortet er meine Fragen bezüglich seiner Beziehung zu Elke und zur Persönlichkeit der beiden Mädchen. Die Erinnerung an die beiden Gewalttaten ist ihm immer noch sehr präsent.

»Wir drei wuchsen im selben Wohnquartier auf und waren bereits seit frühester Kindheit miteinander befreundet. Unser Leben fand auf der Straße statt. Und da wir einen langen Schulweg hatten, sind wir auch jahrelang gemeinsam mit den Velos zur Schule gefahren.« Während Elke und er eine Parallelklasse besuchten, sei Jutta in einer höheren Stufe gewesen.

Auf meine Frage hin erfahre ich, dass die beiden Freundinnen mit ihren völlig unterschiedlichen Charakteren eigentlich gar nicht zueinander gepasst hätten: »Elke war speziell, clever, kindlich, völlig anständig, unverdorben und wuchs sehr behütet auf. In der Schule war sie super. Sie strebte nach guten Leistungen, ohne eine Streberin im negativen Sinne zu sein.« Jutta hingegen sei anders gewesen, vielleicht weil sie nicht so viel Liebe von ihren Eltern erfahren habe. Fast schwärmerisch fährt mein Gesprächspartner fort: »Elke war meine Jugendliebe. Obwohl wir noch grün hinter den Ohren waren und gar nicht wussten, was Liebe ist, hatte ich stets dieses Kribbeln im Bauch, wenn wir zusammen waren.«

Zur Erinnerung an Elke bewahre er noch heute einen von ihr geschriebenen Zettel auf. »Sie hat ihn mir kurz vor den Sommerferien zugesteckt.« Danach sei er mit seinen Eltern in den Urlaub nach Italien gefahren. Über Elkes Ferienplanungen habe er nichts gewusst. Deshalb sei er auch völlig überrascht gewesen, als er erfuhr, dass die Mädchen nach einer Velotour nicht von dem Ausflug zurückgekehrt waren. Er habe von seiner Freundin auch keinen Urlaubsgruß erhalten.

Als ich wissen möchte, wer von den beiden die Anführerin gewesen sein dürfte, kommt die Antwort prompt: »Es gab den Altersunterschied. Elke war eine Mitläuferin, die von Jutta akzeptiert werden wollte.« Die Antwort verwundert mich nicht weiter, denn dieses Persönlichkeitsbild hatten bereits andere Zeugen in Gesprächen von den Mädchen gezeichnet.

Allerdings überrascht mich die Replik von Elkes Ex-Freund auf meine Frage, wie die beiden wohl auf das Angebot eines Fremden reagiert haben dürften, die Kristallhöhle zu besichtigen. »Beide hätten das gewollt!«, lautet seine spontane Antwort. »Elke war nicht ängstlich, sie war interessiert, und es war eine Zeit, in der man sich öffnete, um neue Beziehungen einzugehen.«

Elkes Ex-Freund bemängelt, dass sich damals keiner der Erwachsenen der Verantwortung gestellt habe, mit den Freunden und Geschwistern der ermordeten Mädchen über die unfassbaren Taten zu sprechen. Über diese Sprachlosigkeit hatten sich auch bereits Juttas Cousin und Cousine beklagt.

Aber vielleicht seien die Erwachsenen dazu auch nicht in der Lage gewesen, denn das Leben der Angehörigen habe sich »extrem schwer gestaltet«. »Während in Juttas Familie erst recht das Chaos ausbrach, zogen sich Rhiners immer mehr zurück.«

Ich bedanke mich bei Elkes früherem Freund, doch möchte ich unser Telefonat nicht beenden, ohne zu erfahren, was auf dem Zettel an ihn stand. »Ti amo alla follia«, lautet die sentimental anmutende Antwort. Das ist italienisch und heißt: »Ich liebe dich wie verrückt!« Ein Satz eines unschuldigen Mädchens, der traurig macht.

Als ich danach länger mit der Schwester von Juttas Vater telefoniere, wird mir noch etwas anderes besonders deutlich: Neben der bangen Frage, was mit den Mädchen geschehen sein könnte, neben Selbstvorwürfen, schließlich der Gewissheit des gewaltsamen Todes und den Zweifeln an den Fähigkeiten der Ermittler, sorgte bei beiden hinterbliebenen Familien das dreiste Verhalten der Medien für Empörung.

»Sie können sich gar nicht vorstellen, was dort los war. Über Wochen und Monate standen Reporter vor der Tür, versuchten Interviews zu kriegen, ließen sich nicht abweisen, terrorisierten uns mit Anrufen; Wahrsager und Wünschelrutengänger boten ihre Hilfe an. Sobald jemand nach draußen ging, wurde er verfolgt. Kurz gesagt: ein Riesenchaos.«

Juttas Tante berichtet auch, dass sie den Kontakt zur Familie ihres Bruders als sehr angenehm empfunden habe. »Er war ein ehrlicher Mann, friedliebend, harmoniebedürftig, hilfsbereit. Meine Schwägerin manchmal ein ›Hallodri‹, keine Schweigsame, immer lustig. Alles hat gepasst, besonders bei gemeinsamen Bergtouren und Urlauben.«

Jutta und ihre eigene Tochter hätten sich gut verstanden, denn die Geburtstage der beiden Mädchen seien nur eine Woche auseinander gewesen. Allerdings habe die Nähe, so erzählt mir Juttas Tante weiter, mit zunehmendem Alter abgenommen; jedes der Mädchen sei seinen Weg gegangen. Von Juttas Velotour habe sie erst erfahren, nachdem diese nicht zurückgekehrt sei. »Es war ein Schock für die ganze Familie!«

Bei späteren Treffen sei nie groß über Juttas Tod gesprochen worden. »Ich konnte mir ausmalen, wie sie leiden. Mein Bruder war ein stiller Mensch und fraß alles in sich hinein.« In den folgenden Jahren habe die Stimmung zwischen Hoffnung – »Jetzt haben sie ihn« – und Verzweiflung – »Alles verläuft im Sande« – geschwankt, bis Juttas Eltern schließlich nichts mehr über die Morde hätten hören wollen.

Sie habe immer das Bedürfnis gehabt, mit ihrem Bruder darüber zu reden. Einen letzten Versuch habe sie kurz vor seinem Tod unternommen. Es wurde ein sehr kurzes Gespräch:

»Hör auf! Es ist für mich abgeschlossen!«

»Aber du kannst doch nicht …!«

»Doch. Es ist vorbei.«

Als ich mich erkundige, wie sie sich den Kontakt der Mädchen mit ihrem Mörder vorstelle, wirkt die Frau unsicher: »Jutta interessierte sich für Pferde. Wenn jemand vielleicht damit gelockt …« Ansonsten habe es an dem Tag doch geregnet. »Möglicherweise hat ihnen auch jemand Schutz angeboten.«

Als wir das Gespräch schon fast beendet haben, fällt Juttas Tante doch noch ein Detail ein: »Vermutlich hatten sich die Mädchen verfahren, denn Jutta hatte bei ihrer Mutter angerufen und sich nach dem Weg erkundigt.« Das ist eine wichtige Information, die bedeuten könnte, dass die Mädchen keinen Abstecher zur Kristallhöhle unternehmen wollten, sondern zufällig an der Kreuzung landeten und sich dort orientierten. Als ich wissen möchte, wann das Telefonat stattfand, weiß die Frau darauf leider keine Antwort.

Ich werde weitere Erkundigungen einholen und versuchen, Juttas Bruder Paul zu sprechen, doch zunächst will ich mich wieder mit dem Tag befassen, an dem sich die Spur der Mädchen verlor.

Neben den Umständen des Verschwindens muss ich auch versuchen zu klären, weshalb die Leichen der beiden Mädchen so gut versteckt unweit der Kristallhöhle aufgefunden wurden. Das große Manko bei der Rekonstruktion des Tatablaufs und der Bestimmung des Tätermotivs ist allerdings der Mangel an Informationen. Wir kennen nur die Stelle, an der die Mädchen zuletzt gesehen wurden, und die Leichenfundorte. Aber alles, was dazwischen geschah, bleibt Spekulation. Nur eines lässt sich mit ziemlicher Wahrscheinlichkeit annehmen: Der Täter hat die Mädchen mit falschen Versprechungen über seine wahren Absichten getäuscht und sie zum späteren Tatort nahe der Kristallhöhle gelockt.

Ich arbeite wieder mit dem fallanalytischen Ansatz, der besagt, dass man den Ablauf eines Verbrechens in verschiedene Sequenzen aufteilen muss, um die einzelnen Handlungsabläufe der Tat verstehen zu können.

Allerdings ist bei dieser kriminalistischen Vorgehensweise Vorsicht geboten. Ich darf die von mir aufgestellten Versionen nur dann für gesichert halten, wenn ich diese selbst überprüft habe und weder vorhandene Spurenergebnisse noch Zeugenaussagen diesen widersprechen. Bei einer lang zurückliegenden Tat wird das allerdings dadurch erschwert, dass Tatortspuren oft nur sehr unzureichend dokumentiert sind und sich zudem über die Jahre Vorurteile in der Öffentlichkeit gebildet haben.

Meine Erfahrung zeigt mir jedoch immer wieder, dass ich mich den wahren Umständen einer Tat nur nähern kann, wenn ich mich ganz intensiv mit den Fakten beschäftige und persönliche Meinungen von Zeitzeugen möglichst unbeachtet lasse. Das bedeutet in diesem Fall: Ich muss den letzten Weg von Jutta Gallner und Elke Rhiner mit dem Fahrrad abfahren, um die Strecke und die Zeit einschätzen zu können.

Ich versuche mir vorzustellen, wie es damals war, als die Mädchen während ihres ersten Ausflugs ohne Familie in den Tod radelten. Ihre dreitägige Velotour durch das Appenzeller Land, das Rheintal und abschließend entlang des Bodensees beginnt am 29. Juli 1982, einem Donnerstag, in ihrer Heimatstadt am Bodensee. Das Wetter zeigt sich freundlich, die Temperaturen klettern auf über 25 Grad, als sie St. Gallen passieren und am Abend die Jugendherberge in Weissbad-Schwende erreichen. Hier beziehen die Mädchen eine kleine Kammer mit zwei Betten.

Leider ist die Herbergsmutter zum Zeitpunkt meiner Recherchen bereits verstorben, und das Jugendheim – einst am Fuß der 1929 fertiggestellten neubarocken St. Martin Kirche errichtet – wurde abgerissen. Trotzdem tauche ich in die Vergangenheit ein, mit einem Besuch des harmonisch in die Bergwelt integrierten Sakralbaus. Ich genieße den stimmungsvollen Innenraum mit seinen an Jugendstil erinnernden weißen Stuckaturen, die wellenartig über den vier mächtigen Fenstern aufsteigen.

Für einen Moment werde ich wehmütig, wenn ich an den Namensgeber der Kirche denke. Der Heilige St. Martin. Ein Helfer des Viehs, ein Schutzpatron der Soldaten, Ritter, Gefangenen und Reisenden, doch leider nicht für die Reisenden Elke Rhiner und Jutta Gallner, als sie am 31. Juli 1982 auf ihren Mörder trafen.

Als ich wieder auf meinem Fahrrad sitze, erinnere ich mich an mein letztes Gespräch mit Thomas Benz. Vermutlich ahnt der Mann gar nicht, wie wichtig seine jahrzehntelangen Erkundigungen für meine Recherchen sind. Bei unserem vorherigen Treffen hatten wir auch über die letzten Stunden im Leben der beiden Mädchen gesprochen, bis Benz in seiner Aktentasche gekramt, ein zerknittertes kariertes Papier hervorgeholt, es sorgfältig geglättet und mir dann übergeben hatte. Es waren seine handschriftlichen Notizen eines vor Jahren mit der Herbergsmutter geführten Gesprächs sowie eines Telefonats mit Elkes Großmutter.

Demzufolge verbringen Elke und Jutta zwei Nächte in der Jugendherberge und unternehmen Tagesausflüge mit ihren Rädern.

Am ersten Tag entsteht bei einer dieser Exkursionen auf einer Alm im Appenzeller Land mit Juttas Kamera die letzte Aufnahme der beiden Freundinnen, die ich nun auch besitze. Als die Mädchen später bei Elkes Großmutter in Herisau zu Mittag essen, erzählt Elke ihrer Oma davon: Ein Mann sei so freundlich gewesen, ein Foto von ihnen zu machen. Um wen es sich dabei gehandelt hat, sagt sie nicht und weiß es vielleicht auch gar nicht.

Die Identität des Fotografen kann auch später, trotz umfangreicher Ermittlungen und Aufrufen in den Medien, nie geklärt werden. Fortan ein Anlass für nicht endende Spekulationen, der Fotograf sei den Mädchen auf ihrer Velotour gefolgt.

Den zweiten Abend feiern die Mädchen in der Jugendherberge bei Orangensaft in ausgelassener Stimmung. Als sie dabei zu laut werden, ermahnt sie gegen 22 Uhr die Herbergsmutter und bittet um Ruhe. Doch die Mädchen ficht das nicht an. Lachend erkundigt sich Jutta nach dem »Bubenschlag«, den Schlafräumen der Jungen, die strikt von denen der Mädchen getrennt sind. Aber irgendwann geben beide doch Ruhe.

Ich fragte Benz, ob er wisse, was die Mädchen am nächsten Morgen gefrühstückt hätten. Angaben hierzu könnten mir helfen, ihren Todeszeitpunkt anhand der Nahrungsverweildauer im Magen einzuschätzen.

Allerdings muss ich dazu auch noch den Obduktionsbefund interpretieren, der sich mit einigen Fotos und Skizzen vom Leichenfundort seit etwa einem Jahr in meinem Besitz befindet. Dies könnten die einzig verbliebenen Dokumente aus der vormals umfangreichen Akte sein, die nach dem Eintritt der Verjährung – ebenso wie die Beweismittel – im Jahr 2017 vernichtet worden sein soll.

Ich mag die Aussage über die Aktenvernichtung nicht glauben, denn schließlich ist der ungeklärte Mordfall ein Dokument der Zeitgeschichte und müsste in einem Staatsarchiv aufbewahrt werden. Aus diesem Grund hatte ich auch bei der Staatsanwaltschaft St. Gallen Akteneinsicht beantragt.

Tatsächlich kann mir Benz auch bei der Frage nach dem Frühstück helfen. Instinktiv hatte er sich bei seinem Gespräch mit der Herbergsmutter danach erkundigt: »Die beiden haben gegen 08:30 Uhr gegessen: Brot, Butter, Marmelade. Keine Wurst, kein Käse. Zu trinken gab es *Ovomaltine*, ein in der Schweiz hergestelltes Malzgetränk, das als Instantpulver in kalter oder warmer Milch gelöst wird und das in den 1980er-Jahren nahezu Kultcharakter in der Schweiz hatte.«

Elke und Jutta fragen die Herbergsmutter nach dem direkten Weg für ihre Heimfahrt. Die Frau empfiehlt eine Route durch das Rheintal über die Orte Eggerstanden, Eichberg, Altstätten; insgesamt etwa 45 bis 50 Kilometer, die die Mädchen problemlos in drei bis vier Stunden mit ihren Rädern hätten zurücklegen können.

Als sie an diesem Sonnabend des 31. Juli 1982 gegen 10 Uhr die Herberge verlassen, ist es kühl und bedeckt. Immer wieder regnet es. Sogar ein Gewitter zieht auf, wie Benz später von der Herbergsmutter erfuhr. Jutta und Elke haben die Reißverschlüsse ihrer roten Anoraks hochgezogen und tragen ihre langen Jeans.

Durch meine Anfrage beim eidgenössischen Wetteramt *Meteo* weiß ich, dass an diesem Tag die Temperaturen in der Region St. Gallen maximal 18,3 Grad erreichten. Genauere Angaben gibt es leider nicht, da diese detailliert erst seit 2015 für die Region aufgezeichnet werden.

Während ich über diese Erkenntnisse nachdenke, genieße ich bei meiner Radtour in die Vergangenheit bei strahlendem Sonnenschein, klarem Himmel und Temperaturen von 30 Grad die Bergkette des mächtig wirkenden Alpsteingebirges. In der Ferne erkenne ich den 1793 Meter hohen Gipfel des *Hohen Kasten*, der mit dem markanten Sendemast der *Swisscom* eindrucksvoll die Landschaft bestimmt. Ob auch Elke und Jutta trotz des schlechten Wetters die Aussicht genießen konnten?

Nach rund fünf Kilometern verlassen die beiden Mädchen in Eggerstanden die von der Herbergsmutter empfohlene Strecke und schlagen an einem Abzweig einen Weg ein, der sie – nicht wie vorgesehen – nach Eichberg, sondern vorbei an der Kristallhöhle und weiter zur Kreuzung nach Kobelwies führt.

Zur selben Zeit, gegen 10:30 Uhr, sind in Eggerstanden zwei Jugendliche mit ihren *Töfflis* (Mofas) unterwegs. Sie sehen, wie Jutta und Elke ihre Räder in der Nähe der Kreuzung »stoßen«, also schieben.

Dass es diese beiden Zeugen gibt, hatte ich kurz vor meiner Radtour zur Jugendherberge zufälligerweise von meiner Pensionswirtin erfahren, die sich nach dem Grund meines Aufenthalts im Rheintal abseits der üblichen touristischen Ziele erkundigt hatte. Auch wenn sie mir die Namen ihrer Gäste nicht hatte nennen wollen, so hatte ich diese doch herausfinden können und bei einem der beiden angerufen. Von meinem überraschten Gesprächspartner erfuhr ich dann:

»Die Mädchen trugen ihre roten Anoraks. Wir haben uns um die nicht weiter gekümmert, auch nicht mit ihnen gesprochen. Auf jeden Fall waren sie allein. Erst als sie in der Zeitung gesucht wurden, ist uns die Begegnung mit ihnen wieder eingefallen.«

Ohne den Ermittlern von dem zufälligen Treffen zu berichten, bewahren die Jungen den Vorfall bis zu unserem Gespräch für sich. »Wir waren doch gerade mal vierzehn Jahre alt«, so die späte Rechtfertigung des Mannes.

Wenige Tage nach diesem Telefonat stehe ich selbst an der Kreuzung, an der die Jungen Elke und Jutta bemerkt hatten. Ein Blick auf meine Uhr zeigt, dass seit meiner Abfahrt von der Jugendherberge bis hier zur Kreuzung eine knappe dreiviertel Stunde vergangen ist.

Die Erfahrung, dass selbst wichtige Zeugen erst dann aussagen, wenn man sie durch Recherchen selbst ermittelt hat, habe ich in meiner Zeit in der Mordkommission häufiger gemacht. Deshalb sind neben einer Öffentlichkeitsfahndung das Abgehen oder Abfahren von Wegstrecken, die die Opfer zurückgelegt haben dürften, das A und O bei den Ermittlungen, da immer wieder erst durch Ansprechen von Anwohnern und Passanten wichtige Hinweise für einen Fall erlangt werden können.

Die Frage nach der Weiterfahrt stelle ich mir auch, als ich entscheiden muss, welchen weiteren Weg ich einschlagen soll. Als ich an der Kreuzung halte, überlege ich kurz, welchen Weg die Mädchen nach der Begegnung mit den *Töffli*fahrern eingeschlagen haben könnten. Ich entscheide mich für den mit dem schönsten Ausblick. Meine Fahrt führt mich stetig bergab, vorbei an saftigen Wiesen, dem hellen Läuten der Kuhglocken und weiter über Waldwege, teils asphaltiert, teils naturbelassen.

Inzwischen habe ich völlig die Orientierung verloren und kann auf einmal sehr gut nachempfinden, dass es Elke und Jutta auf ihren Rädern ähnlich ergangen sein könnte. Doch die Unsicherheit währt nur noch kurze Zeit, dann entdecke ich im Vorbeifahren eine Tafel mit den Öffnungszeiten der Kristallhöhle, die von hier aus zu Fuß in 15 Minuten zu erreichen ist.

Fast wäre ich an der Tafel vorbeigerollt. Es ist der erste Hinweis auf die Höhle, den ich auf meiner Tour von der Jugendherberge bemerke. Ich stoppe und lese, dass die Kristallhöhle von Ostersonntag bis zum 31. Oktober geöffnet ist und an Sonn- und Feiertagen ohne Anmeldung besichtigt werden kann, ansonsten bedarf es einer telefonischen Vormerkung. Während der Sommerferien im Kanton St. Gallen ist in der Woche täglich von 12 bis 17 Uhr geöffnet, an Sonntagen bereits eine Stunde früher.

Doch die Tafel sieht neu aus, und ich frage mich, ob es 1982 bereits einen ähnlichen Hinweis gab. Von Thomas Benz erfahre ich später, dass zum Zeitpunkt der Verbrechen die Besichtigungszeiten für die Höhle schon die gleichen waren und lediglich ein abgeknicktes und fast auf dem Boden liegendes Schild den Weg zur Kristallhöhle wies, welches die Mädchen beim Vorbeifahren sicherlich nur im letzten Moment hätten erkennen können, wenn überhaupt.

Ich setze meine Tour fort und erreiche rund zehn Minuten später die Stelle, an der die Wege in Richtung der kleinen Ortschaft Kobelwies und zur Kristallhöhle abzweigen und wo die Sägewerksbesitzerin die Mädchen als Letzte lebend gesehen haben will.

Für die Strecke von Schwende bis hier habe ich etwas über eine Stunde benötigt. Treffen die Angaben der Herbergsmutter zu, wonach Elke und Jutta um 10 Uhr aufgebrochen waren, so dürften sie hier an der Kreuzung in Kobelwies gegen 11 Uhr angekommen sein. Viel zu früh für die Sägewerksbesitzerin, die die Mädchen laut eigener Aussage erst knapp eine Stunde später gesehen hatte.

Mir fallen die Worte von Juttas Tante ein, die sich erinnern konnte, dass die Mädchen sich verfahren hatten. Vielleicht war dies der Grund für ihre späte Ankunft an der Kreuzung. Oder waren die Mädchen vielleicht so spät dran gewesen, weil sie bereits einen Abstecher zur Kristallhöhle gemacht hatten, dort aber niemand für eine Führung bereitgestanden hatte? Oder hatten sie womöglich zwischenzeitlich eine Pause eingelegt oder in einer der Hütten am Wegesrand Schutz vor dem regnerischen Wetter gesucht?

Und noch etwas fällt mir auf. Sollten die Mädchen tatsächlich kurz vor 12 Uhr an der Kreuzung gewesen sein, so wäre dies der späteste Zeitpunkt für den an diesem Tag eingeteilten Höhlenführer gewesen, um die Kristallhöhle pünktlich für Besichtigungen nicht angemeldeter Besucher zu öffnen. Die Sägewerksbesitzerin muss ich unbedingt befragen.

Minuten später habe ich die wenigen Hundert Meter bis zu ihrem Sägewerk zurückgelegt. Um mich herum herrscht Stille. Neben mir der Wald, Wiesen, landwirtschaftliche Einrichtungen und die wenigen Häuser des Weilers Kobelwies.

Zieglers Anwesen liegt der Kreuzung am nächsten. Kaum ein Mensch ist zu sehen, und nur gelegentlich fährt ein Auto oder ein Traktor an mir vorbei. Ich frage mich, wie die Situation vor 40 Jahren an diesem grauen, regnerischen Julitag gewesen sein mag. Vermutlich ähnlich. Die Chance, weitere Zeugen zu finden, schätze ich als sehr gering ein.

Das Sägewerk liegt von Bäumen verdeckt rund 50 Meter von der Straße entfernt. Vorbei an einem Bauernhof nähere ich mich den beiden großen Gebäuden der Sägerei. Aus einer Halle dringt das rhythmische Stampfen einer Gattersäge. Es duftet nach frisch geschnittenem Holz. Am Rand der Zufahrt warten zahllose übereinandergeschichtete Baumstämme auf die Weiterverarbeitung.

Der Sohn der früheren Eigentümerin des Sägewerks empfängt mich und erklärt, er führe das Unternehmen nun in vierter Generation. Nachdem ich ihm den Grund meines Besuchs geschildert habe, weist er mir den Weg zum Haus seiner Mutter. Spontan erzählt er noch, dass er als 13-jähriger Bub im Auto mit seinen Eltern die beiden Mädchen an der Kreuzung passiert habe.

Als ich am Wohnhaus angelangt bin, öffnet mir eine rüstige ältere Dame mit grauen Haaren und einer randlosen Brille. Sie bittet mich in ihr gemütliches Wohnzimmer. Die Frau heißt Ruth Engler. Bei einem Kaffee erzählt sie vom 31. Juli 1982 kurz vor 12 Uhr, als sie und ihre Familie den Mädchen begegnet seien. »Wir saßen im Auto und wollten in der Nähe einen Besuch abstatten.« Ihr Mann sei gefahren. Kurz vor der Kreuzung habe er jedoch abbremsen und einen Bogen fahren müssen. »Denn mitten auf der Straße standen zwei Mädchen mit ihren Velos. Die beiden hielten ihre Räder zwischen die Beine geklemmt.«

Ruth Engler kommt es so vor, als seien die Mädchen erst wenige Sekunden zuvor aus Richtung der Kristallhöhle angekommen, denn sie haben noch ihre Velos zwischen den Beinen, die Lenker zeigen genau in die Gegenrichtung und sind auf das Haus von Ziegler gerichtet. Offenbar unschlüssig über ihre weitere Fahrtstrecke scheinen sich die Mädchen am aufgestellten Wegweiser zu orientieren, so der Eindruck meiner Gastgeberin.

»Für einen Moment kam es mir vor, als würden meine beiden Töchter dort stehen; die eine blond, die andere eher dunkel, fast gleichaltrig und beinahe gleich groß. Beide mit roten Anoraks, so wie meine.« Ohne dass die Mädchen sie ansprechen und um Hilfe bitten, setzt die Familie ihre Fahrt fort.

»Wenn wir ein paar Sekunden später gekommen wären, hätten sie uns sicherlich nach dem Weg gefragt.« Davon ist die Frau noch heute überzeugt.

Stattdessen misst sie der Begegnung zunächst keine weitere Bedeutung bei. Doch am Abend kommen bei ihr Zweifel auf, als die Familie gegen 22 Uhr von ihrem Besuch zurückkehrt und die Kreuzung passiert. »Die Räder der Mädchen standen verlassen am Waldrand. Doch jetzt zeigten die Lenker in Richtung der Sägerei. Von den Mädchen keine Spur.«

Als ich frage, ob sie an der Kreuzung noch andere Personen beobachtet habe oder ob es am Mittag neblig gewesen sei, verneint sie das. Ihr Sohn Sigurd, der sich mittlerweile zu uns gesellt hat, bestätigt das: »Es war regnerisch, aber nicht dunstig. Die Mädel waren allein.«

Ich wundere mich ein weiteres Mal über Ziegler, denn seine Aussage war doch eine ganz andere, als er von schlechter Sicht und Nebel sprach. Oder hatte sich meine Gesprächspartnerin vielleicht doch in der Zeit geirrt? Ich frage nach, doch beide sind sich in der Zeitangabe sicher, schließlich seien sie »z'Mittag«, zum Mittagessen, eingeladen gewesen.

Als ich die beiden frage, ob ein Weg von der Sägerei bis zur Kristallhöhle führe, den die Mädchen genutzt haben könnten, und wenn ja, wie weit dieser zu Fuß sei, winken sie ab:

»Diesen Weg haben die Mädchen sicher nicht eingeschlagen. Viel zu weit, viel zu anstrengend und bei dem damaligen regnerischen Wetter viel zu rutschig und gefährlich. Außerdem wären sie so unten am Fuß des Felsens mit dem Wasserfall angekommen. Zur Höhle hinauf hätten sie es von dort nie geschafft.«

Und noch eine Information bekomme ich von Ruth Engler und ihrem Sohn: Vom Höhlenbach führe ein faustdicker Schlauch bis zu ihrem Haus und versorge sie mit Wasser. Im Winter sei die Leitung häufig zugefroren gewesen. Die Kinder seien dann nach oben geschickt worden, um das Eis zu zerschlagen; eine ziemlich gefährliche Aufgabe.

Während ich mir vorzustellen versuche, mit welchen Widrigkeiten und Gefahren die Bewohner ihren Alltag meistern mussten, schüttelt Ruth Engler auf einmal den Kopf und erzählt: »Stellen Sie sich bloß einmal vor! Da finden die Ermittler am Fuße des Wasserfalls einen Damennylonstrumpf. Darin ein Stein. Obwohl ich denen bei meiner Vernehmung gesagt habe, dass es ein alter Strumpf von mir war, haben die den bei *XY … ungelöst* gezeigt und gemutmaßt, dass es die vom Mörder weggeworfene Tatwaffe sei.«

Ich kann mich noch gut an den Fahndungsaufruf im deutschen Fernsehen erinnern, bei dem der Strumpf als »wichtigster Ansatzpunkt für die Täterermittlung« angesehen worden war. Außerdem hatte der damalige Kommissionsleiter auf die individuellen Besonderheiten des Strumpfes hingewiesen, unter anderem auf ein aufwendig geflicktes Loch.

Als ich mich erkundige, weshalb der Strumpf oben am Wasserfall gelegen habe, erläutert Sigurd Engler, dass er einst einen Stein in das Nylon gesteckt und diesen an einem Seil befestigt habe, um ihn von der Kristallhöhle nach unten zu werfen. An dem Seil sei dann der Schlauch für die Wasserleitung zum Höhlenbach gebunden und nach oben gezogen worden. Den Stein und den Strumpf habe er liegen lassen.

Noch heute sind seine Mutter und er sehr verwundert, dass die Ermittler ihre Erklärung nicht akzeptiert hätten. »Aber«, so mutmaßen sie, »vielleicht musste man ja der Öffentlichkeit eine Spur des Täters präsentieren.«

Ich mag nicht glauben, dass die Ermittler mit einem Beweismittel an die Öffentlichkeit gegangen sind, dem sie keine Bedeutung zugemessen haben. Denn alles, was im Fernsehen gezeigt wird, lenkt auch die Mithilfe des Publikums. Zuschauer liefern vor allem Hinweise zu den präsentierten Gegenständen und vernachlässigen Tatinformationen, nach denen nicht gefragt wurde. Deshalb werden Fahndungsaufrufe im Fernsehen auch gründlich vorbereitet. Ein Fehler, und die erhoffte Mitwirkung des Millionenpublikums verpufft.

Wie ich weiter erfahre, wurden nicht nur die Bewohner der Sägerei, sondern auch der in der Nachbarschaft lebende Pferdebesitzer über einen Schlauch mit Wasser aus dem Höhlenbach versorgt. Seine Leitung sei am Tage des Verschwindens der Mädchen verstopft gewesen. Es sei deshalb wahrscheinlich, dass er sich zur Höhle aufgemacht habe. Mithin habe er damals auch zum Kreis der Verdächtigen gehört.

Auch der mit den Mordermittlungen beauftragte Jurist, von dem mir der Redakteur berichtet hatte, bestätigt mir später in einem langen Gespräch die in der Mordkommission geäußerte Meinung, die Mädchen hätten den Weg zu Fuß zur Kristallhöhle gewählt und könnten dabei zufällig auf den Pferdebesitzer getroffen sein.

Obwohl ich diese Überlegung nach meinen Erfahrungen mit Walter Ziegler, dem Anwohner an der Kreuzung, nicht für sehr wahrscheinlich halte, muss ich sie dennoch in Betracht ziehen. Schließlich ist es beste kriminalistische und fallanalytische Praxis, alle möglichen logischen Abläufe selbst zu prüfen, um sich dann für die wahrscheinlichste Version zu entscheiden.

Und so bitte ich Sigurd Engler, mich zum Wasserfall unterhalb der Kristallhöhle zu führen. Er ist damit sofort einverstanden, und nachdem seine Frau Rabea und Thomas Benz zu uns gestoßen sind, beginnen wir in der frühen Abendstimmung mit dem Aufstieg durch den dichten Mischwald mit hohen Fichten, Eichen und Buchen. Immer wieder dringen die Strahlen der untergehenden Sonne durch die Baumwipfel und tauchen unsere Umgebung in goldenes Licht. Doch der zunächst für Forstfahrzeuge ausgebaute Waldweg endet bald, und ab hier gilt es, einen beschwerlichen Anstieg zu absolvieren. Neben uns fließt der in der Kristallhöhle entspringende Bach und dient uns als stiller Wegweiser.

Auch dieses Mal ist der Boden feucht und rutschig, wenn auch bei Weitem nicht so gefährlich wie der Pfad, auf den mich Ziegler vor Jahren geführt hatte. Dennoch muss ich immer wieder das Seil des Sohnes zu Hilfe nehmen und mich von ihm absichern lassen. Mir wird einmal mehr klar, dass Elke Rhiner und Jutta Gallner niemals diesen Weg gegangen sind, um zur Kristallhöhle zu gelangen. Dennoch ist es eine gute Gelegenheit, mich auf diese Weise den Fundorten ihrer Leichen zu nähern.

Ich erfahre, dass nur Einheimische diesen Weg kennen dürften, schließlich ende er unterhalb der Höhle mit den funkelnden Kristallen und sei für Höhlentouristen nicht einsehbar.

Nach einer guten Stunde haben wir endlich unser Ziel erreicht und stehen unterhalb des Wasserfalls. Sein Wasser klatscht auf einen

Felsvorsprung und spritzt in alle Richtungen. Durch die ständige Feuchtigkeit sind die Felsen mit Moosen und Flechten bewachsen. Es ist sehr glitschig, sodass wir uns nur mühsam vorwärtsbewegen können. Über uns erhebt sich steil der Fels.

Rechts und links vom Wasserfall sind Eingänge zu mehreren kleinen Grotten zu erkennen. Ich frage meine Begleiter, ob es von hier einen Zugang zur Kristallhöhle gebe, doch sie wissen es nicht. Erst später werde ich von dem früheren Chef des Kristallhöhlenvereins erfahren, dass es keine direkte Verbindung von der Kristallhöhle zu den Öffnungen in der Felswand gibt und somit die Leichen der Mädchen nicht auf diesem Wege zu ihren Verstecken transportiert worden sein können.

Als ich von Benz wissen möchte, in welcher Kaverne sich Elke Rhiners Leichnam befand, ist er unsicher. Allerdings habe ihm ein früherer Beamter der Kantonspolizei erklärt, dass ihre sterblichen Überreste in der größten Grotte links neben dem Wasserfall gefunden worden seien, und zwar wenn man aus dem Tal hoch zur Höhle schaue.

Sigurd Engler führt mich durch den Höhlenbach am Fuße des Wasserfalls, und wir betreten die kleine Kaverne. Ich bin dennoch von der Größe überrascht, denn aus der mir zugespielten Tatort-Skizze weiß ich, dass der Fundort lediglich 80 Zentimeter hoch war und eine maximale Tiefe von etwa zweieinhalb Metern hatte. Ich kann nicht glauben, dass wir uns in der richtigen Höhle befinden.

Als ich von Engler wissen möchte, wo er den Nylonstrumpf zurückgelassen hat, zeigt er mir eine Stelle am Fuße des Wasserfalls und meint, dass er damals von dort nach oben gestiegen sei, um gemeinsam mit anderen den schweren Schlauch nach oben zu ziehen. Ein Weg, den wenig später auch der Mörder zurückgelegt haben dürfte, um Elkes Leiche zu verbergen.

Während ich aus meinen Unterlagen die Skizze vom Fundort der Leichen hervorhole, sehen wir uns um und entdecken kurze Zeit später tatsächlich das Höhlengrab: Wie bereits vermutet, befindet es sich auf der anderen Seite des Wasserfalls. An der Öffnung des früheren Verstecks ist Geröll aufgehäuft; vermutlich sind auch Steine dabei, mit denen Elke Rhiner bedeckt war. Das Leichenversteck liegt von unserem Standort mehrere Meter entfernt, doch ein Einstieg ist wegen des glatten Untergrunds nicht möglich. »Wir werden uns von oben abseilen müssen«, sagt Sigurd Engler, »ohne Kletterausrüstung kommen wir dort nicht hin.« Auch meine spontane Idee, das Versteck von Jutta Gallner in dem Wurzelloch rund 50 Meter von hier aufzusuchen, verwerfe ich sofort: Die vor uns steil aufragende Felswand stellt eine unüberwindbare Barriere dar.

Die Energie, die der Mörder beim Verbergen der Mädchenleichen aufgebracht hat, ist beeindruckend; als habe er mit allen Mitteln verhindern wollen, dass die Toten entdeckt werden und so Hinweise auf die Kristallhöhle liefern. Ein Fremder hätte wahrscheinlich weniger Aufwand betrieben. Hauptsache, die toten Mädchen werden nicht sofort gefunden und lassen keine Rückschlüsse auf ihn zu.

Elke Rhiners nahezu perfektes Versteck wirft eine weitere Frage auf: Woher wusste der Täter, dass sich in diesem steilen Abhang genau jene Felsenöffnung befand? Dass er danach zeitaufwendig im Steilhang suchte, vermag ich mir nicht vorzustellen; bei allen Erschwernissen, die er auf sich nahm, muss er vorher von der Felsöffnung gewusst haben.

Wenn es schon für uns ein großes Risiko darstellt, zu dem Versteck zu gelangen, wie konnte es da überhaupt der Täter anstellen, Elke Rhiners Leiche dorthin zu transportieren? Von unten aus dem Tal sicherlich nicht, das schließe ich aus. Vieles spricht dafür, dass die Tote von oben an einem Seil heruntergelassen wurde.

Als kurze Zeit später die Sonne langsam untergeht, beenden wir den Ausflug und vereinbaren für die nächsten Tage, Versuche mit einem *Dummy*, einer lebensgroßen Puppe, durchzuführen. Thomas Benz will diese organisieren. Es ist schon dunkel, als wir das Sägewerk schließlich erreichen.

Zurück in meiner Pension führe ich mir die Bilder des Nachmittags noch einmal vor Augen: Der Täter hat sehr viel Zeit mit dem Verbergen der Leiche von Elke Rhiner verbracht. Für mich ein weiteres Indiz dafür, dass er mit den örtlichen Gegebenheiten rund um die Kristallhöhle vertraut war. Er kannte auch die kleine Öffnung im Fels sehr genau. Zudem konnte er sein Entdeckungsrisiko gut einschätzen. Wären seine Aktivitäten am steilen Abhang bemerkt worden, so hätte er dafür eine plausible Erklärung abgeben können; etwa, Mineralien sammeln zu wollen oder die Gegend zu kartografieren.

Doch was bedeuten die Beobachtungen von Ruth Engler und ihrem Sohn an der Kreuzung? Je länger ich die verschiedenen Möglichkeiten abwäge, desto klarer wird mir, dass der Kreuzung – neben den Fundstellen der Leichen – eine zentrale Bedeutung bei der Aufklärung dieses Verbrechens zukommt. Hier begann die Tat. Und der Ort gibt sogar einen Hinweis auf den Täter: Es ist jemand aus der Region. Er kennt die örtlichen Gegebenheiten. Er hält mit seinem Wagen an, eventuell, um den Mädchen den Weg zu weisen. So etwas macht kein Fremder auf einer Nebenstrecke, auf der er sich nicht auskennt.

Die Begegnung war somit rein zufällig. Die Mädchen glaubten den Versprechungen ihres späteren Mörders und stiegen zu ihm ins Fahrzeug. Doch was hatte diesen spontanen Sinneswandel ausgelöst? Warum ließen sie ihre Räder zurück und verschoben den ursprünglichen Plan, weiter nach Hause zu radeln? Aussichten auf ein Abenteuer? Eine Führung nur für sie allein in der wenige Kilometer entfernten Kristallhöhle, die sie bereits von einem Besuch aus Grundschulzeiten kannten?

Das wäre tatsächlich eine Erklärung. Denn von Thomas Benz weiß ich, dass in der Kobelwalder Region kaum weitere Sehenswürdigkeiten zu Besichtigungen einladen, die für die beiden attraktiv gewesen sein könnten. Was war für die vermeintlich eher schüchternen Mädchen also so interessant, dass sie zu einem Fremden ins Auto stiegen?

Da Gewalt bei dem Zusammentreffen mit dem späteren Täter auszuscheiden sein dürfte, so stellt sich die Frage, über welche kommunikativen Fähigkeiten diese Person verfügte, um seine späteren Opfer für eine anscheinend attraktive Abwechselung zu begeistern?

Doch brauchte der Täter überhaupt diese Fähigkeiten, die ihm immer wieder unterstellt wurden? Und stimmen überhaupt die Bilder von den Persönlichkeiten der Mädchen, die mir bisher vermittelt wurden? Waren sie nicht einfach befreit von sonstigen Zwängen? Der erste eigene Urlaub ohne die Familien? Zumindest in der Jugendherberge hatten sich Elke und Jutta doch eher selbstbewusst gezeigt und sogar eine Ermahnung durch die Herbergsmutter provoziert. Und auch Elkes früherer »Schulschatz« hatte sich eindeutig geäußert: »Beide hätten das [den Ausflug] gewollt!«

War es also tatsächlich jemand aus dem Umfeld der Kristallhöhle? Deren Öffnungszeit um 12 Uhr, die Nähe der Leichenverstecke zur Höhle und der mutmaßliche Treffpunkt an der Kreuzung Kobelwies geben mir weiterhin zu denken.

War vielleicht auch das Versprechen ausschlaggebend, die Mädchen nach der Aktivität wieder zu ihren Rädern zurückzubringen? Zeitlich wäre eine Exkursion auf jeden Fall möglich gewesen, denn für die noch anstehenden gut 35 Kilometer bis zum Bodensee hätten Elke und Jutta mit den Rädern maximal drei Stunden benötigt.

Natürlich sind das nur erste Überlegungen, wild gesponnen in meinem Landgasthof und mit Blick auf die eiszeitliche Moräne mit der im Dunkel liegenden Kristallhöhle. Um daraus eine ernsthafte These zu machen, benötige ich weitere Informationen zu den Leichenverstecken, den Verletzungen der Mädchen und den Todesursachen.

Während ich die letzten Stunden der Velotour von Elke Rhiner und Jutta Gallner seit ihrer Abfahrt aus der Jugendherberge bis zu der Begegnung mit der Besitzerin des Sägewerks nachverfolgen konnte, liegt das weitere Schicksal der beiden Mädchen für mich noch völlig im Dunkeln.

So muss es auch den Ermittlern gegangen sein. Denn schnell wich die von ihnen angedachte Vermutung, die Mädchen könnten sich ohne Absprache mit den Eltern zu einer Verlängerung der Tour entschieden haben oder einem Unfall zum Opfer gefallen sein, nagendem Zweifel: Elke und Jutta hatten sich von einer zur anderen Minute in Luft aufgelöst. Und nachdem umfangreiche Suchmaßnahmen nicht zum Erfolg führten, schien ein wie auch immer geartetes Verbrechen die einzige Erklärung für das Verschwinden zu sein.

Anfang Oktober, neun Wochen nach dem plötzlichen Verschwinden der Freundinnen, bestätigen sich die schlimmsten Befürchtungen der Ermittler; die beiden Mädchen werden tot aufgefunden. Zunächst Jutta Gallner und einen Tag später Elke Rhiner. Ihre Leichen werden, wie ich inzwischen selbst nachvollziehen konnte, an unterschiedlichen Stellen in der Nähe der Kristallhöhle in sorgsam gewählten Verstecken entdeckt.

Doch nicht die offizielle Suche hat diesen Erfolg zu verbuchen. Es ist eher eine Mischung aus Zufall und privater Initiative; wie so oft, wenn Pilzsammler, Wanderer oder Hundebesitzer unerwartet auf das Opfer eines Verbrechens stoßen oder wenn sich Menschen, wie in diesem Fall, aufmachen, um zur Aufklärung eines Vermisstenfalls beizutragen.

Dieses Mal ist es ein Berggänger. Der Mann heißt Arthur Rosegger und stammt aus einer gut 30 Kilometer von der Kristallhöhle entfernten Stadt in der Nordostschweiz. Er hat sich, wie sein damals 8-jähriger Begleiter Christoph, ein Nachbarsjunge, später erzählen wird, auf den Weg gemacht, um nach den beiden vermissten Mädchen zu suchen.

»Rosegger steckte mal wieder in Geldnöten und wollte sich die Belohnung von mehreren Tausend Schweizer Franken verdienen, die für Hinweise auf den Verbleib von Elke Rhiner und Jutta

Gallner ausgesetzt war. Nachdem wir über einen unebenen Weg auf einem kleinen Vorplatz der Höhle ankamen, fragte mich Arthur plötzlich, ob ich nichts riechen würde.«

Doch der Junge nimmt keinen auffälligen Geruch wahr, auch nicht, als sein älterer Begleiter ihm erklärt, dass es sich um Verwesungsgeruch handelt. »Arthur gab mir dann zu verstehen, dass er dem Geruch an einem anderen Tag folgen werde. Dafür sei sicherlich eine Kletterpartie erforderlich, bei der er mich wegen der Absturzgefahr nicht dabeihaben wollte.«

Zu Hause angekommen, erzählt Rosegger seiner Frau von seinem Verdacht, die vermissten Mädchen tot gefunden zu haben, und bittet sie, sofort die Polizei zu informieren.

Doch die besorgte Frau stößt bei den Ermittlern auf Skepsis. Schließlich hatten sie die Umgebung der Kristallhöhle bereits erfolglos abgesucht. Der Polizist am Telefon beschwichtigt die Anruferin mit dem Hinweis, der Verwesungsgeruch rühre wohl von einem verendeten Tier her.

Rosegger lässt sein Verdacht und die Ignoranz des Gendarms keine Ruhe. Als nach einer Woche die Polizei immer noch nichts unternommen hat, sucht er erneut die Kristallhöhle auf. Dieses Mal hat er sich allein auf den Weg gemacht.

Wieder nimmt er einen intensiven Geruch von Fäulnis und Verwesung wahr. Er folgt dieser Fährte, schlägt den schmalen Jägerstieg abseits der Höhle ein, sucht und entdeckt einige Meter unterhalb des Weges eine mächtige Natursteinplatte, unter der ein entsetzlicher Gestank wie von Ammoniak und verfaultem Käse hervorströmt.

In einer mir von Thomas Benz übergebenen Notiz formuliert Rosegger die folgende Situation sehr bildhaft: »Ich hob den schweren Stein an, und dabei griff ich in einen schleimigen Madensaft. Dann entdeckte ich etwas Rotes, von Maden zerfressene Kleiderreste. Ein Schrei, und ich war schon die Felswand hochgerannt.«

Jetzt hat Rosegger den endgültigen Beweis für seine Vermutung. Er hastet zu einer befreundeten Familie – den Eltern seiner Ex-Freundin – in Oberriet. Die sitzen gerade beim Mittagessen und können ihm gar nicht so recht glauben, als er ihnen berichtet, eines der vermissten Mädchen tot unter einem Stein gefunden zu haben.

Rosegger bleibt zum Essen, während seine Gastgeber die Polizei informieren. Jetzt hat der Anruf mehr Gewicht als die vage Information des letzten Wochenendes. Ein Polizist beordert den Leichenfinder zur Kristallhöhle, und kurze Zeit später wird tatsächlich unter dem Felsbrocken Jutta Gallners lebloser Körper entdeckt.

Dieser Umstand wirft bei mir Fragen auf. Wie konnte es angehen, dass die intensive Suche der Polizei scheiterte? Und warum hatte keiner der Höhlenführer oder der Besucher diesen penetranten Leichengeruch im Eingangsbereich der Kristallhöhle wahrgenommen? Schließlich hatte es bis zum Fund der Leichen täglich immer wieder Besucherführungen gegeben. Auch wer noch nie den eindringlichen Geruch des Todes gerochen hat, wird sich doch fragen müssen, woher der Gestank in der frischen Waldluft rührt.

Bedeutete dieser späte Fund, dass die Leiche erst unmittelbar vor ihrem Auffinden versteckt worden war? Doch wie hätte dies mit einer stark verwesten Leiche geschehen sollen? Oder war die vorherige Suche nach den beiden Mädchen doch nicht so strukturiert gewesen, wie von offizieller Seite behauptet?

Trafen vielleicht sogar Verschwörungstheorien zu, von denen mir Walter Ziegler berichtet hatte, wonach die Suche der Einsatzkräfte absichtlich auf ein bestimmtes Gebiet beschränkt worden sei, um einflussreiche Personen des Ortes zu schützen?

Ich mag derartige Unterstellungen nicht so ohne Weiteres akzeptieren, da ich davon überzeugt bin, dass sich Kriminalisten grundsätzlich erst einmal für die Aufklärung eines Verbrechens einsetzen. Allerdings habe auch ich die Erfahrung gemacht, dass

Vorgesetzte manchmal auf andere Ermittlungsergebnisse hoffen – wenn nicht gar bestehen.

Doch im Fall der spät entdeckten Überreste von Elke und Jutta dürfte die Erklärung eine andere sein. Bei an der Luft liegenden Leichen setzt bereits nach ein bis zwei Tagen am Unterbauch Fäulnis ein, ehe sich diese allmählich als sogenannte Grünfäulnis über den ganzen Körper ausbreitet. Bald darauf durchtränkt Blutfarbstoff die Gefäßwände und zeichnet sogenannte durchschlagende Venen, ehe sich nach ungefähr einer Woche zwischen den Hautschichten Fäulnisblasen mit übel riechender Flüssigkeit bilden und zerplatzen. Gleichzeitig entstehen Fäulnisgase, die den Körper aufblähen und nach außen strömen. Das Fortschreiten dieser späten Leichenerscheinungen hängt überwiegend von den Umgebungsbedingungen ab, kann aber große individuelle Unterschiede aufweisen.

Während ich diese Erkenntnisse noch einmal reflektiere und mir die Fundsituation von Jutta Gallners Leichnam vorstelle, wird mir schlagartig klar, weshalb man ihre sterblichen Überreste möglicherweise bei den Suchmaßnahmen nicht gefunden hat.

Die über 150 Jahre alte und aus dem 19. Jahrhundert stammende Regel des forensischen Mediziners Johann Ludwig Casper besagt, dass das Ausmaß der postmortalen Veränderungen an Leichen von ihrem Umgebungsmedium abhängt. Danach entspricht der Verwesungsprozess eines Verstorbenen von einer Woche an der Luft jener von zwei Wochen im Wasser beziehungsweise von acht Wochen im Erdgrab. Auch wenn diese Einteilung nur als Faustformel gelten kann, liefert sie durchaus eine nachvollziehbare Begründung für die verzögerte Fäulnisaktivität und die zunächst ausgebliebene Geruchsbildung. Anders ausgedrückt: Die Zersetzung von Jutta Gallners Leiche fand wegen ihres Verstecks im Erdreich erst viel später, als unter normalen Umständen der Fall gewesen wäre, statt.

In diesem Zusammenhang stellt sich mir eine weitere Frage: Wie erklärt es sich, dass sich ein Bergwanderer aus einer anderen Region der Schweiz auf den Weg macht, um nach den beiden vermissten Mädchen im Umfeld der Kristallhöhle zu suchen, und dann tatsächlich eines der beiden Mordopfer findet?

War es etwa die Intuition des Bergwanderers, die Vermissten in der Nähe ihrer an der Kreuzung in Kobelwies zurückgelassenen Räder zu suchen? Oder kannte Rosegger möglicherweise den Fundort, weil ihm der Täter das Versteck verraten oder weil er diesem sogar beim Verbergen der Leichen geholfen hatte? Und wie konnte er seinem jungen Begleiter schon eine Woche vor dem Auffinden der toten Jutta Gallner vorhersagen, dass eine gefährliche Kletterpartie anstehen dürfte? Ein Umstand, der auch auf das Versteck von Elke Rhiner im steilen Fels unterhalb der Kristallhöhle zutraf, wie ich später noch selbst erfahren sollte.

Ich habe häufiger die Erfahrung gemacht, dass die Umstände, die zum Auffinden eines Mordopfers führen, ein wesentlicher Faktor dabei sein können, das Verbrechen zu klären. Natürlich stehen nicht alle Finder von gewaltsam getöteten Menschen unter Generalverdacht. Dennoch muss dieser Personenkreis in Überprüfungen einbezogen werden, da eine Täterschaft nicht grundsätzlich ausgeschlossen werden kann.

Ich denke an eigene Fälle zurück, bei denen Täter oder Mitwisser ein Verbrechen angezeigt hatten, um dadurch den Verdacht auf eine andere Person zu lenken. Manche litten auch unter der quälenden Unruhe, die ihrer Tat folgte und die sie nicht anders zu beruhigen wussten, als der Polizei Hinweise zu geben.

Könnte das auch bei Rosegger der Fall gewesen sein? Konnte er womöglich den Stress nicht mehr ertragen, dass seine Opfer noch immer unentdeckt waren? Aber machte eine solche Annahme angesichts der aufwendig versteckten Überreste überhaupt Sinn?

Der Täter dürfte genau das Gegenteil bezweckt und das Auffinden der toten Mädchen verhindert haben wollen. Ich hoffe, am

Ende meiner Analyse eine Antwort auf diese Frage zu finden. Doch dazu muss ich mehr über das Profil des Finders wissen.

Erste Antworten hinsichtlich seiner Persönlichkeit kann mir Rosegger hoffentlich selbst geben. Ich suche seine zuletzt bekannte Anschrift auf, doch der inzwischen 61 Jahre alte Mann ist nach Auskunft des Hausverwalters unbekannt verzogen. Als Rosegger auf meine E-Mail-Anfrage nicht reagiert, rufe ich ihn an, um ein Treffen zu vereinbaren. Es meldet sich eine Frau mit einem knappen »Hallo«.

Ich nenne meinen Namen und bitte, Arthur Rosegger ans Telefon zu holen. Spontan erklärt sie, dass dieser nicht mit mir reden wolle. Mit einen unwirschen »Grüezi« legt sie auf.

Ich wundere mich über diese schroffe Reaktion. Schließlich dürfte Rosegger mich nicht kennen. Möglicherweise hat er aber Medienberichte über meine bisherigen Aktivitäten im Kristallhöhlenmordfall verfolgt. Nur, wer sollte ihn darüber informiert haben, dass ich gerade zu erneuten Recherchen im Appenzellerland bin? Oder möchte der Mann einfach nach vierzig Jahren von weiteren Fragen verschont bleiben?

Ich könnte diesen Wunsch verstehen, denn mittlerweile weiß ich, dass Rosegger nach dem Fund von Jutta Gallners Leiche zwar 10.000 CHF (Schweizer Franken) Zuwendung von privater Seite erhalten hat, ihm die amtliche Belohnung in Höhe von 25.000 CHF aber verwehrt worden war. Die Staatsanwaltschaft habe die Bezahlung an die Ermittlung der Täterschaft gekoppelt, erklärt mir Benz auf meine Nachfrage.

Und auch sonst kann die Zeit für Rosegger nach der Entdeckung der Ermordeten nicht einfach gewesen sein. Denn immer wieder hatte es Gerüchte und sogar konkrete Anschuldigungen gegeben, er habe etwas mit den Morden zu tun.

Eine Frau, die nach eigenem Bekunden gut drei Jahre lang mit Rosegger liiert war, berichtet mir, dass sie ihn häufiger mit zu ihren

Eltern nach Kobelwald genommen habe. Obwohl die Beziehung zum Zeitpunkt der Verbrechen bereits beendet war, sei Rosegger nach dem Fund der toten Jutta Gallner direkt zu ihren Eltern gefahren und habe um einen Anruf bei der Polizei gebeten. Sie erzählt weiter, dass Rosegger gerne wandere und die Gegend um die Kristallhöhle öfter mit ihr und ihrer Clique erkundet habe. Er sei also mit der Örtlichkeit bestens vertraut gewesen.

Zu seinem Wesen weiß die Ex-Freundin zu berichten, dass Rosegger ein schwieriger Mensch sei, was vermutlich mit einer freudlosen Kindheit erklärt werden könne. Auch ihre Beziehung mit dem Mann sei nicht immer leicht gewesen. Er habe zu jähzornigem Verhalten geneigt, wenn er sich gereizt fühlte. Das sei schließlich auch einer der Gründe für die Trennung gewesen.

Je länger unser Gespräch dauert, desto intensiver scheint Roseggers frühere Partnerin in die Stimmung der weit zurückliegenden Zeit einzutauchen. Plötzlich erklärt sie mit fester Stimme: »Der Mörder muss einer von uns sein. Das war kein Fremder.« Die Kristallhöhle sei damals vornehmlich Einheimischen bekannt gewesen. Zwar habe es Führungen gegeben, die Höhle sei auch von Forschern untersucht worden, doch abgesehen von Schulklassen, hätten sich dort nur wenige Fremde verloren. »Ein beängstigendes Gefühl, dass diese Tat nie aufgeklärt wurde.«

Roseggers frühere Freundin ist jetzt gar nicht mehr zu stoppen. Nachdenklich und leise erzählt sie: »Es war einige Jahre vor den Morden. Ich war knapp zwölf Jahre alt, als ich eines Abends gemeinsam mit meinem jüngeren Bruder und meinem Vater in einer Gaststube in Kobelwald war, etwa anderthalb Kilometer von der Stelle entfernt, wo später die Mädchen verschwanden. Mein Vater musizierte, und als ich für einen Moment allein am Tisch saß, sprach mich ein mir unbekannter Mann an. Später hieß es, er sei aus der Gegend gewesen. Er fragte, ob ich Schokolade haben möchte. Natürlich sagte ich »Ja«, und der Fremde meinte, ich dürfe mir welche aus seinem Auto holen. Er beschrieb mir den Wagen, gab mir den Autoschlüssel, und ich ging zum dunklen Parkplatz.

Kaum hatte ich die Fahrertür geöffnet, sah ich, dass der Mann mir gefolgt war und auf einmal hinter mir stand, als wolle er mich ins Auto schubsen. Er meinte: ›Du brauchst jetzt nur noch ins Handschuhfach zu greifen!‹ Doch plötzlich hatte ich riesige Angst. Eine innere Stimme schrie mich laut an: ›Renn weg. Das ist kein Spaß!‹ Und dann bin ich gelaufen. Seither beschäftigt mich dieser Vorfall. Der Mann hatte bestimmt keine guten Absichten, denn er kehrte nicht ins Lokal zurück und verschwand schleunigst.«

Roseggers Ex-Freundin will nach den Morden an Elke Rhiner und Jutta Gallner der Polizei über dieses Erlebnis berichtet haben, doch der Vorfall sei wohl als nicht so wichtig erachtet worden.

Natürlich weiß ich nicht, ob die Episode in der Gaststätte im Zusammenhang mit den Morden an Elke Rhiner und Jutta Gallner steht, aber mir fallen einige Parallelen auf. Der Vorfall ereignete sich nur wenige Jahre früher und in der Nähe der Fundstelle der Leichen. In beiden Fällen spielte ein Auto eine Rolle. Betroffen waren jeweils junge Mädchen. Der Verdächtige besaß kommunikative Fähigkeiten und verstand zu täuschen. Und als Gaststättenbesucher stammte er wahrscheinlich aus der Umgebung.

Der Hinweis auf den Mann aus der Kobelwalder Gaststätte wäre sicherlich eine wichtige Spur für die Ermittler gewesen, der zu folgen sich gelohnt hätte. Dennoch merke ich, dass mir die Auskünfte der Frau noch nicht reichen. Ich muss mehr über Rosegger erfahren.

Wieder kommt mir der Zufall zu Hilfe, als ich telefonischen Kontakt zu einer Frau bekomme, die Arthur Rosegger aus der Zeit der Morde kennt. Dieser habe zusammen mit ihrem Mann in einem Supermarkt gearbeitet.

Rosegger sei stets schlecht gelaunt, leicht aufbrausend und aggressiv gewesen, nahezu cholerisch, berichtet sie. Von seiner Belohnung habe er sich sofort ein Auto gekauft und sich ziemlich überheblich gezeigt. Auch in der Ehe sei er der Wortführer gewesen. Seine Frau habe still gelitten und all seine Demütigungen erduldet. Als die gemeinsamen Kinder schließlich erwachsen gewesen seien, habe sie sich von ihm getrennt.

Ich hake nach, um ihr vielleicht Details zu entlocken, aber sie spricht nur von einem »schlechten Gefühl« bei dem Gedanken an Rosegger.

Nach dem Tod ihres Mannes habe sie spätabends mit einer Freundin in einem Lokal essen wollen. Dort sei Rosegger auf sic zugekommen und habe sie recht unfreundlich begrüßt. »Mehr war eigentlich nicht. Er kam mir nicht zu nahe. Aber auf einmal standen mir alle Haare zu Berge.«

Ich frage nach, doch weiter kann die Zeugin ihr Gefühl nicht untermauern. Ich unternehme einen letzten Versuch und möchte wissen, ob sie oder ihr Ehemann jemals mit Rosegger über die Morde gesprochen hätten, aber auch hier muss sie passen: »Das ist nie thematisiert worden.«

Deutlich ist zu spüren, dass die Frau sehr bemüht ist, zur Aufklärung des Verbrechens beizutragen, doch auch sie erkennt schnell, dass sie nur Mutmaßungen preisgibt.

Dennoch haben mir diese Informationen sehr dabei geholfen, die Umstände, die zum Auffinden der toten Mädchen führten, besser zu verstehen.

Das letzte Lebenszeichen der beiden Opfer an der Kreuzung in Kobelwies, eine Kristallhöhle mit mystischer Ausstrahlung, die die Mädchen zu Erkundungen eingeladen haben könnte, Roseggers Ortskenntnisse, seine Liebe zur Natur und die Freude am Wandern, eine hohe Belohnung und wohl auch der chronische Geldmangel dürften den Mann zur Suche angeregt haben. Damit scheint er bei der Suche über mehr Umsicht und Ehrgeiz verfügt zu haben als die Ermittler.

Auch wenn mir Mutmaßungen über den Täter nicht helfen, den

Ablauf der Taten zu rekonstruieren, so lässt sich daraus doch ableiten, mit welchen Verdächtigen und welchen Hinweisen es die Ermittler damals zu tun hatten.

Ich erinnere mich an den Ratschlag des Redakteurs der Lokalzeitung, Kontakt mit dem in die Ermittlungen involvierten Juristen aufzunehmen. Tatsächlich antwortet mir der Mann wenige Tage später auf meine Anfrage. Möglicherweise ist er genauso gespannt auf die Ergebnisse meiner bisherigen Recherchen wie ich auf die seinen.

In einem Telefonat erfahre ich, dass die Staatsanwaltschaft St. Gallen dem Juristen in seiner damaligen Funktion als Kantonaler Untersuchungsrichter die weitere Fallbearbeitung übertragen hatte, rund zwei Jahre nach dem Fund der toten Mädchen, also um 1984.

In jener Zeit habe es einen Hauptverdächtigen gegeben, ein wegen verschiedener Sexualdelikte bereits in Erscheinung getretener Anfang 30-jähriger Mann. »Die Staatsanwaltschaft hat von mir eigentlich nur noch erwartet, dass ich Anklage gegen ihn erhebe, denn vieles sprach für seine Täterschaft.« Um welche Indizien es sich dabei handelte, erfahre ich leider nicht.

Als ich nach dem Mann recherchiere, finde ich heraus, dass der mittlerweile über 70-Jährige seit 1974 wegen Gewalt- und Sexualdelikten an Mädchen und Frauen wiederholt zu Freiheitsstrafen und Verwahrungen verurteilt wurde. Die Opfer, heißt es, seien zwischen zehn und 56 Jahre alt gewesen. Der Täter habe sie häufig besonders erniedrigenden Handlungen ausgesetzt, die an sexuellen Sadismus erinnerten. In einem Artikel eines Boulevardblattes aus dem Jahr 2018 heißt es: »Serien-Vergewaltiger, Kinderschänder und gilt als gemeingefährlich.«

Tatsächlich wurde der Verdächtige 1996 wegen eines versuchten Tötungsdelikts zu einer zehnjährigen Haftstrafe mit anschließender Verwahrung verurteilt. Er soll versucht haben, eine Prostituierte in ihrem Züricher Studio mit einer Schlinge zu erdrosseln;

seitdem befindet sich der Mann dauerhaft in einer Justizvollzugsanstalt. Eine Entlassung ist wegen der bei ihm attestierten »Psychopathie mit narzisstischen, dissozialen und impulsiven Anteilen, welche sehr schwer behandelbar ist« nicht zu erwarten.

2018 löste der Verurteilte in der Öffentlichkeit eine Diskussion über Sterbehilfe im Strafvollzug aus, als er die Selbsthilfeorganisation *Exit* in einem Brief um Unterstützung dabei bat, freiwillig aus dem Leben scheiden zu dürfen. Die Begründung: Sein Leben sei für ihn, obwohl er in »der schweizweit optimalsten Vollzugsinstitution für Verwahrte untergebracht« sei, »unter den bestehenden Bedingungen nicht mehr lebenswert«.

Die Entscheidung der schweizerischen Justiz hinsichtlich seiner Bitte auf Sterbehilfe im Vollzug dürfte dem Mann nicht gefallen haben. In einer für diese Frage eingerichteten Kommission herrschte offensichtlich Konsens darüber, dass zwar die Freiheit eines Gefangenen nicht weiter einzuschränken sei als durch die Bedingungen des Strafvollzuges notwendig. Der Wunsch, aus dem Leben scheiden zu wollen, ließe sich nicht mit den Haftbedingungen, jedoch beispielsweise mit unerträglichem psychischen Leid oder einer Krebserkrankung begründen.

Als ich dann noch von Benz erfahre, dass bei dem Verdächtigen rund 25 Jahre nach den Morden eine DNA-Probe für Vergleichsuntersuchungen gesichert worden sein soll, entschließe ich mich, ihm ins Gefängnis zu schreiben, und bitte ihn, mir die Verdachtsmomente der Ermittler und den Grund für den Abgleich seiner genetischen Merkmale zu erläutern. Schneller als erwartet, liegt knapp zwei Wochen nach meiner Anfrage das Antwortschreiben des Mannes in meinem Briefkasten. Ich freue mich über die rasche Reaktion, auch wenn mich seine eloquent vorgetragenen Erklärungen überraschen.

»Ihrem Wunsch entsprechend will ich Sie orientieren, dass Ihre Informationen im Bezug [sic] auf irgendwelche Ermittlungen gegen mich zu den Tötungsdelikten im Rheintal gleich doppelt falsch sind. Genau genommen sogar dreifach falsch, da der fragliche Täter, nach offizieller Verlautbarung, weitreichende und detaillierte Ortskenntnisse haben musste, was man von mir nicht behaupten kann.«

Ich lese weiter, dass gegen den Verwahrten nie ein »Täterschafts-Verdacht« erhoben werden konnte, da er sich zur Tatzeit in einer Justizvollzugsanstalt befunden habe. Nicht einmal zu einer Einvernahme (Vernehmung) sei es gekommen. Richtig sei hingegen, dass er im März 2007 in einem Luzerner Mordfall zur Abgabe einer Speichelprobe aufgefordert worden sei.

Mit der Selbstironie eines im Leben Gescheiterten, der sich dessen bewusst ist, versichert mir der Mann, dass es »durchaus Situationen [gibt], in denen es vorteilhaft ist, sich in staatlicher Obhut zu befinden und dadurch ein unantastbares Alibi zu haben«. Schließlich habe er selbst erleben müssen, »wie schnell und einfach man als einschlägig Vorbestrafter von den Behörden durch Beweismanipulationen und Beweisunterdrückung zum Täter gemacht werden kann.« Er sei »deshalb inzwischen über 26 Jahre für eine nicht begangene Straftat inhaftiert«.

Glücklicherweise erfülle seine permanent schlechter werdende Gesundheit die strengen Bedingungen für einen begleitenden Suizid. Seine »endgültige Entlassung« habe er also »bereits auf sicher und selbst in der Hand«, wenn auch der Zeitpunkt wegen eines Versprechens noch ungewiss sei und er erst den Tod seiner 91-jährigen Mutter abwarten müsse.

Ich bin immer wieder überrascht, mit welch deprimierenden Lebensgeschichten ich bei meiner Arbeit konfrontiert werde. Doch ein solches Schicksal hatte ich noch nie erlebt: Ein im Leben gescheiterter Sexualtäter, der mit Unterstützung einer Vereinigung für humanes Sterben sein Leben beenden möchte, darf beziehungsweise kann nicht sterben, weil seine alte Mutter noch lebt und er ihr versprochen hat, sie nicht allein zu lassen.

Trotzdem irritieren mich seine Worte, wenn er behauptet, noch nie als Verdächtiger bei den Mädchenmorden überprüft worden zu sein. Ist Benz einem Irrtum aufgesessen, oder bin ich der Dialektik des Mannes auf den Leim gegangen, weil er bisher erfolgreich eine Täterschaft in den Kristallhöhlenmorden bestreiten konnte? Welche Information ist die richtige?

Ich erinnere mich an Dieter Zorn, den Reporter der überregionalen Zeitung, der mich zu den Kristallhöhlenrecherchen in die Schweiz eingeladen hatte und der laut Benz belastende Unterlagen aus den Ermittlungen gegen den Mann besitzen soll.

Ich verabrede ein Gespräch und schildere dem Journalisten meine Zweifel. Es dauert einen Moment, doch dann erinnert er sich an die mögliche Verwicklung des »Triebtäters«, wie er ihn bezeichnet, in die Mädchenmorde.

Auch er ist irritiert von den Zeilen, die der Mann mir geschrieben hat. Schließlich sei seine Familie doch auf ihn, den Journalisten, zugekommen und habe um Unterstützung gebeten. Die Gespräche hätten in einem etwa vier Kilometer von der Kristallhöhle entfernten Restaurant der Familie stattgefunden und seien sehr emotional verlaufen. Die Geschwister des Verdächtigen hätten erklärt, die Schuld der Taten laste »zu Unrecht« auf ihrem Bruder. Deshalb spendeten sie regelmäßig Geld an eine katholische Stiftung, damit der »wahre Mörder« gefunden werde. »Er ist es hundertprozentig nicht gewesen«, habe der Tenor gelautet.

Bei dieser Gelegenheit, so mein Gesprächspartner weiter, sei ihm auch ein amtliches Dokument gezeigt worden, wonach der »Triebtäter« als tatverdächtig in den Kristallhöhlenmorden gilt.

Für ihn völlig unerwartet, habe die Familie dann die Kooperation beendet, und auch der »Triebtäter« habe unvermittelt und kurzfristig ein Treffen über die Anstaltsleitung absagen lassen. Die Gründe dafür kenne er nicht. Möglicherweise habe es Restriktionen der Anstaltsleitung gegeben, da der verurteilte Täter im Vollzug eine Liaison mit einer Bediensteten gehabt haben soll.

»Vielleicht wollte man verhindern, dass Details dieser unglückseligen Verbindung an die Öffentlichkeit gelangen.«

Ich weiß nicht, ob allein die Liaison mit der Bediensteten der Grund für die Beendigung der Zusammenarbeit sein kann, doch da nimmt mein Gespräch mit dem Berichterstatter eine unerwartete Wende: »Sie haben ihn *geknüppelt*! Das Prügeln bei seinen Vernehmungen scheint damals normal gewesen zu sein, so jedenfalls die Erklärungen seiner weinenden Geschwister mir gegenüber.«

Der Redakteur macht nach diesen Worten eine Pause, als warte er auf eine Antwort. Doch was soll ich ihm zu dieser ungeheuerlichen Anschuldigung sagen? Natürlich können immer wieder verbotene Vernehmungsmethoden ein Ermittlungsverfahren unheilvoll begleiten, doch ein solch gesetzwidriges Vorgehen dürfte die absolute Ausnahme bei ansonsten seriös geführten kriminalistischen Ermittlungen sein. Willkür und Folter bei den Ermittlungen – so meine Erfahrung – treten nur dann auf, wenn Beamte mit Aufgaben betreut werden, die sie überfordern, und wenn – trotz subjektivem Bauchgefühl – bei mangelnder Professionalität der Sachbeweis zur Überführung eines Täters fehlt.

Wir beenden das Gespräch, aber es dauert gar nicht lange, bis Zorn sich noch einmal meldet. Ihm hat das »fehlende Geständnis« des »Triebtäters« keine Ruhe gelassen, und so möchte er schnell noch anmerken, dass der für die Kristallhöhlenmorde zuständige Staatsanwalt mehrfach in Pressegesprächen versichert habe, dass es sich bei dem Sexualtäter um den »wahren Mörder« handeln dürfte.

Mich beschäftigen noch immer die Informationen des Reporters, während mir der frühere Untersuchungsrichter die Gründe seiner Entscheidungen zu erläutern versucht. Es sei sein Anliegen gewesen, vor einer möglichen Anklageerhebung zu prüfen, ob es nicht auch noch weitere Verdachtslagen gegeben habe, um die mögliche Täterschaft anderer Personen auszuschließen.

»Oder wie ich es mir damals überlegte: Eine 95-prozentige

Wahrscheinlichkeit für die Täterschaft mag allenfalls dann eine Verurteilung rechtfertigen, wenn nur noch rein theoretisch auch andere Tatabläufe vorstellbar sind.« Und so folgte – wie ich es bei einer gewissenhaften Ermittlungsarbeit für selbstverständlich halte – die erneute Überprüfung und Bewertung aller konkreten Hinweise auf Personen, die die Tat ebenfalls hätten begangen haben könnten. »Fast im Sinne der Schälung einer Zwiebel, begann ich mit der Falsifizierung möglicher anderer ›Täterschaftsvarianten‹.«

Eine sehr schöne und bildhafte Beschreibung der Überprüfungen der vorliegenden Erkenntnisse, wie ich finde. Allerdings überraschen mich die Überlegungen des Juristen zum möglichen Tatablauf. Es könne sich bei den Tötungen entweder um Ritualmorde handeln oder um Unfälle. Ich muss mich auf diese doch sehr voneinander abweichenden Erklärungsversuche erst einmal einstellen, denn an Fantasie-gesteuerte Morde hatte ich noch nicht gedacht, ebenso wenig an einen Unfall. Ich befürchte, dass die Ermittler von einst wenig strukturiert die Spuren der Morde und die damit einhergehenden Entscheidungen des Täters »gelesen« und interpretiert haben. Nur so lässt sich diese Kluft bei den Erklärungsversuchen verstehen. Ob eine dieser beiden Erklärungen oder ein ganz anderes Motiv infrage kommt, werden mir sicherlich die Beschreibungen der Fundsituationen der toten Mädchen verraten sowie das Muster ihrer Verletzungen.

Gemeinsam mit den Gerichtsmedizinern, so der Jurist weiter, habe er die folgende Version des Tatgeschehens als durchaus realistisch erachtet: Ein zufälliger Absturz eines der Mädchen in die Tiefe, ein darauffolgendes weiteres Sturzgeschehen der Begleiterin – wie auch immer es sich ereignet haben mag –, und im Anschluss das Ausnutzen der hilflosen Lage von Jutta Gallner durch einen Täter, der sie sexuell missbraucht.

Natürlich sind solche Überlegungen im Rahmen der Versionenbildung zu begrüßen, doch dürfen diese Annahmen nur so lange gelten, wie sie sich mit den faktischen Spuren in Einklang bringen lassen. Bei den Obduktionen der toten Mädchen müssten demnach nicht nur Kopfwunden, sondern auch massive Verletzungen und Frakturen am knöchernen Skelett sowie möglicherweise Organzerreißungen – je nach Absturzhöhe – zu finden sein. Die kritische Fallhöhe für schwere Verletzungen liegt bei etwa fünf Metern, wobei die Fallgeschwindigkeit dann bereits 35 km/h beträgt. Ich bin auf die Befunde der Leichenöffnungen gespannt.

Ich kann mir gut vorstellen, dass die Überprüfung der vorliegenden Untersuchungsergebnisse durchaus den Unwillen einiger Ermittler erregt haben dürfte, da dadurch deren »kriminalistischer Sachverstand« in Zweifel gezogen wurde.

Ein Problem, das ich in ähnlicher Form selbst häufiger beobachtet habe, wenn sich »gestandene Mordermittler« nach einer von ihnen angeforderten Fallanalyse mit einer anderen Meinung zu Tatablauf und Täterprofil konfrontiert sahen. Statt Fehler in den eigenen Schlussfolgerungen in Betracht zu ziehen, erwarteten sie unbeirrt, dass man sich ihrer Meinung anzuschließen habe. Diese gelegentlich auftretende Unfähigkeit, die eigene Arbeit zu hinterfragen, zeugt für mich durchaus von Mangel an polizeilicher Ermittlungs-Objektivität.

Und noch ein Manko zeigt der Richter in seiner Aussage auf: Der damalige Mordkommissionsleiter sei davon überzeugt gewesen, mit dem Sexualtäter den Mädchenmörder bereits gefasst zu haben, sodass Überprüfungen anderer Verdächtiger wahrscheinlich kaum erfolgt sein dürften. Aus Sicht des Polizisten durchaus folgerichtig. Der wahre Täter war seiner Meinung nach ja längst geschnappt. Und nach weiteren zwei Wochen Untersuchungshaft sei der sicher zu »überführen« bzw. »für ein Geständnis weichgekocht«, zitiert der Richter den Ermittler.

Doch entgegen der Erwartung des Kommissionsleiters kam es zu keiner Mordanklage gegen den Sexualtäter, da – so der Untersuchungsrichter weiter – auch einer der Höhlenwarte in Verdacht geraten war. Außerdem sei man bei der Überprüfung der polizeilichen Spurenakten auf einen weiteren Verdächtigen gestoßen. Diese Person habe damals »zeitnah mit dem Verschwinden der beiden jungen Frauen bei der Polizei eine Zeugenmeldung erstattet, in der Folge eine recht ansehnliche Invaliditätsversicherung abgeschlossen, nur wenige Monate später einen Reitunfall erlitten« und sei gemäß psychiatrischem Gutachten »schwerst beeinträchtigt und insbesondere nicht einvernahmefähig« und befinde sich mittlerweile in der *Spinnwinde* (Psychiatrie).

Von Benz erfahre ich, dass es sich dabei um den Pferdebesitzer handelt, der auf einen grauen *PW* hingewiesen habe, den er in der Mittagszeit des 31. Juli 1982 in der Nähe der Kreuzung Kobelwies beobachtet haben will. Nach diesem Fahrzeug war, wie ich aus der *XY … ungelöst*-Sendung weiß, öffentlich gefahndet worden.

Allerdings sei der Pferdebesitzer in der Folge selbst in den Kreis der Verdächtigen geraten. Denn er habe – wie ich bereits beim Besuch der Sägerei erfahren hatte – für sein Anwesen Wasser aus der Kristallhöhle bezogen und die Leitung wegen eines Schadens am Tage des Verschwindens der Mädchen reparieren müssen. Der Mann könne daher den Mädchen durchaus begegnet sein.

Von Ermittlerseite, so der Untersuchungsrichter weiter, habe die Absicht bestanden, zunächst lediglich der Frage eines Versicherungsbetrugs nachzugehen, da man vermutete, dass der Verdächtige seine Symptome vortäuscht. In einem zweiten Schritt habe man ihn dann dazu bringen wollen, sich zum Mordverdacht gegen ihn zu äußern. Doch das Vorhaben sei frühzeitig gescheitert; vermutlich auch deshalb, weil die Medien Wind davon bekommen und den Ermittlungsansatz öffentlich verbreitet hätten.

Wie ich vom Redakteur des Lokalblatts weiß, kam es in der Folge auch zur Festnahme eines Polizeibeamten wegen Geheimnisverrats. Er soll die Ehefrau des Verdächtigen am Telefon mit Informationen versorgt und nicht mit der Überwachung des Anschlusses gerechnet haben.

Bei seinen Vernehmungen habe sich der Pferdebesitzer, wie der Untersuchungsrichter noch heute beklagt, »nicht kooperativ verhalten«, sondern »stets einen psychisch gestörten Eindruck« vermittelt. (Ich vermute, aus gutem Grund.) So habe er konkrete Sachfragen nie beantwortet, stattdessen jedoch aus dem Zusammenhang gerissene Gegenfragen, wie »Wo ist mein Pferd?« und »Wann kann ich nach Hause?« an seine Befrager gerichtet.

Schließlich sei der Pferdebesitzer in einem Indizienprozess vom Vorwurf des Versicherungsbetruges freigesprochen worden, sodass ihm neben der Versicherungssumme auch eine Entschädigung für die zu Unrecht erlittene Untersuchungshaft zustand. Das Gericht war zu dem Schluss gelangt, dass »bei isolierter Betrachtungsweise für jedes einzelne Indiz auch eine andere Erklärung möglich« erscheine. »Damit«, so der Untersuchungsrichter weiter, »war zugleich auch einem allfälligen [eventuellen] Indizienprozess wegen des Tötungsdelikts der Boden entzogen.«

Ich mag dieser Argumentation nicht folgen. Denn was hat der Freispruch in einem Betrugsverfahren mit den Ermittlungen in einem Mordfall zu tun? Ein Prozess wegen Tötung der beiden Mädchen wäre durchaus noch möglich gewesen, wenn es denn konkrete Beweise gegen den Verdächtigen gegeben hätte. Doch gerade die Sachbeweise scheinen das generelle Problem bei den Mordermittlungen gewesen zu sein: Es gab sie nicht. Das belegen auch die Worte meines Gesprächspartners: »Der Tatort nicht bekannt. Die Leichen in einem erschreckenden Zustand. Leichengemisch, Maden, Matsch.«

Tatsächlich sind ein nicht zu ermittelnder Tatort und unbrauchbare Spuren der Super-GAU einer jeden Mordermittlung, da Sachbeweise, die auf den Täter hinweisen und ihn überführen könnten, fehlen. Die Aufklärung des Verbrechens ist dann häufig nur in einem aufwendigen Indizienprozess möglich, wobei der *Personalbeweis*, also Zeugenaussagen oder das Geständnis eines Täters, in den Vordergrund tritt. Doch nicht immer gelingt die Klärung eines Verbrechens auf diese Weise.

Ich muss an einen den Kristallhöhlenmorden vergleichbaren Fall Anfang der Jahrtausendwende in Bremen denken. Das Opfer: die zehnjährige Adelina P. Es war am ersten Tag der Sommerferien, als sie ihrem Großvater Essen in dessen nahe gelegene Hochhauswohnung brachte. Beim Abschied hatte ihr Opa sie noch in den Fahrstuhl steigen sehen, ihr zugewinkt und den Lift abfahren hören. Das war das letzte Lebenszeichen des Mädchens.

Wo und wann Adelina ihrem Mörder begegnete, konnte nie geklärt werden. Niemand hatte sie auf ihrem Nachhauseweg gesehen, und trotz eines riesigen Polizeiaufgebots hatten wir nicht einmal die Frage klären können, ob das Mädchen überhaupt das Hochhaus lebend verlassen hatte.

Ähnlich wie bei den vermissten Mädchen von der Kristallhöhle dauerte es Wochen, bis die Leiche des Kindes von Pilzsammlern gefunden wurde. Es war schnell klar, dass der Täter das Kind vor dem Mord sexuell missbraucht und anschließend ihren Körper in einen blauen Plastiksack gesteckt hatte, um die Leiche in einem nur wenige Kilometer entfernten Wald zu entsorgen.

Die lange Liegezeit hatte Adelinas Körper – wie auch die sterblichen Überreste von Elke Rhiner und Jutta Gallner – fast vollständig zerstört, sodass sich kaum forensisch relevante Spurenhinweise auf den Täter ergaben.

Und dies, obwohl wir bereits seit anderthalb Jahrzehnten auf die DNA-Untersuchungen mit ihren mannigfaltigen Möglichkeiten in der kriminalistischen Beweisführung zurückgreifen konnten: Früchte der Forschung, die es 1982 bei den Morden in der Schweiz noch nicht gab. Erst ab 1985, mit der Überführung des englischen Serienmörders Collin P., begann der unaufhaltsame Siegeszug der DNA-Beweisführung bei der Verbrechensaufklärung.

Noch heute sehe ich mich mit einer – inzwischen leider verstorbenen – Gerichtsmedizinerin am Sektionstisch stehen; vor uns auf dem glänzenden Edelstahl die zerflossenen Überreste des geschändeten Kinderkörpers, während unsere Hände mit den leuchtend gelben Handschuhen vergeblich nach forensisch relevanten Beweisen in dem bräunlichen Brei suchen.

Auch der Mörder von Adelina P. lebt 20 Jahre nach der Tat weiterhin unentdeckt unter uns.

Meine Gedanken kehren zum Gespräch mit dem früheren Untersuchungsrichter zurück, der resignierend anmerkte: »Die fehlenden Beweise und die unterschiedlichen Einschätzungen der Verdächtigen waren mein Dilemma bei der Übernahme des Verfahrens. Hinzu kam das zusätzliche Problem, dass ich an den ersten Ermittlungen nicht beteiligt war und seit der Tat bis zum Zeitpunkt der Verfahrensübernahme bereits rund zwei Jahre vergangen waren.«

Diese durchaus als Kritik an dem Vorgehen der Ermittler zu verstehenden Worte könnten tatsächlich auf ein generelles Dilemma hinweisen, das auch bei der Bearbeitung anderer Mordfälle in der Schweiz aufgetreten sein soll: die mangelnde Qualifikation der eingesetzten Mordermittler.

So wandte sich während meiner Recherchen auch ein Hinterbliebener von fünf erschossenen Mordopfern an mich. Er hatte seine Angehörigen bei einem der bedeutendsten Verbrechen der jüngeren Schweizer Kriminalgeschichte verloren und beklagte die mangelnde Kompetenz der eingesetzten Ermittler. In seiner Nachricht las ich:

»In der Schweiz ist der sogenannte Kantönligeist [Eigenständigkeit der Kantone] sehr hoch im Kurs, leider bis heute. Ich habe nie verstanden, weshalb in der kleinen Schweiz keine Art Bundeskriminalamt besteht, welches bei schweren Delikten die Ermittlungen aufnimmt, bestehend aus Forensikern aller Disziplinen, nicht Dorf- und Kantonspolizisten, welche aufgrund der langjährigen Zugehörigkeit zu einem Polizeicorps in einem Schweizer Kanton zur KRIPO befördert werden, obschon diese grösstenteils aus Metzgern und Bäckern bestehen. Nichts gegen diese Berufsgruppe, aber einfach falsch eingesetzt. Was nützt es, wenn in der Schweiz die Verjährung von Mordtaten aufgehoben würde, was ja leider nicht eintreten wird. Solange keine ausgewiesenen Fachleute mit einer solchen Aufgabe betraut werden, besteht permanent die Gefahr, Mordfälle ad acta zu legen und verjähren zu lassen.«

Als ich den Untersuchungsrichter bitte, mir seine persönliche Einschätzung von der Tat zu geben, meint er, dass es jemand aus der Umgebung der Kristallhöhle sein müsse: »Es war nicht der Durchreisende.« Doch auf eine weitere Kommentierung lässt sich der Mann nicht ein. Die Vorgänge lägen viele Jahrzehnte zurück, und er wolle sich nicht an Spekulationen über die mögliche Täterschaft beteiligen: »Denn letztlich gilt nun für alle, die im Zeitraum der Jahre in irgendeiner Weise in Verdacht geraten sind, die Unschuldsvermutung. Nachdem das Verfahren eingestellt worden ist, hätten diese Personen denn auch keine Chance, sich im Rahmen eines kontradiktorischen Gerichtsverfahrens [Strafprozess mit Prüfung der Gründe von Anklage und Verteidigung] zu rehabilitieren.«

Diesen Ansatz des früheren Anklägers kann ich nachvollziehen. Ähnlich hatte ich mich auch bereits gegenüber Thomas Benz geäußert: Wir dürften nach dem Abschluss unserer Recherchen keine Schuldzuweisungen treffen, zumal gegen vermeintliche Täter von Amts wegen nicht mehr ermittelt werden dürfe und auch deren späte Verurteilung nicht mehr möglich sei.

Allerdings könnten wir dazu beitragen, das Geheimnis der Kristallhöhlenmorde weiter zu enträtseln, das Leid der Opfer zu dokumentieren und dem Täter durch die Berichterstattung ein Verdrängen der Taten zu verwehren.

Wenig später stehe ich wieder auf der Terrasse vor der Kristallhöhle und kann dieses Mal die Aussicht über das Rheintal genießen. Ich entdecke zwischen den Bäumen den vom Wasserfall gespeisten

Höhlenbach, der langsam mäandernd talwärts und vorbei an der Sägerei fließt.

Den Weg des Baches kenne ich durch die Wanderung mit Sigurd Engler, seiner Frau Rabea und Thomas Benz. Für einen Moment bewundere ich dieses Naturschauspiel. Doch dann muss ich plötzlich einen Schritt von dem Geländer zurücktreten, denn unvermittelt hat mich wieder einmal die Höhenangst gepackt.

Auch wenn die direkte Nähe zu einem durch Gewalt ums Leben gekommenen Menschen fehlt, so realisiere ich immer mehr, dass genau an dieser Stelle vor 38 Jahren die Leiche von Elke Rhiner in einer Felsenöffnung und unweit davon auch der verscharrte Körper von Jutta Gallner gefunden wurden.

Ich konzentriere mich auf die Frage, unter welchen Bedingungen die ermordeten Mädchen hier versteckt wurden und welche körperlichen Anforderungen der Täter dabei erfüllen musste.

Allerdings werde ich dieses Mal die Situation der Leichenablage nicht allein rekonstruieren können; dafür benötige ich bergerfahrene und trittsichere Begleiter, die sich zudem in dieser steilen Felsformation auskennen und auch über Details der Fundsituation informiert sind. Und so haben sich neben Thomas Benz auch noch der Sägereibesitzer Sigurd Engler, der Ex-Kristallhöhlenchef Rolf Stauder sowie der Bergführer und Experte für geologische Formationen des Alpsteingebirges, Bruno Hart, eingefunden. Hart hatte, wie ich von Benz weiß, wenige Wochen vor den Leichenfunden die Suche der Polizei nach den vermissten Mädchen an der Kristallhöhle koordiniert.

Im Gespräch mit dem mittlerweile 80 Jahre alten ehemaligen Höhlenchef Stauder erfahre ich, dass er bis 1980 für rund fünf Jahre die Kristallhöhle leitete. In diesen Jahren habe er insbesondere im hinteren und nicht öffentlich zugänglichen Teil erfolgreich seine geologischen Forschungen betrieben und bislang unentdeckte Areale im abgesperrten Teil der Höhle entdeckt. Voller Stolz erwähnt der Mann sofort seinen größten Triumph: einen gut 20 Meter senkrecht ansteigenden Kamin, den er gemeinsam mit seinem Sohn entdeckt und erkundet habe.

Stauder berichtet weiter, dass die Anmeldungen zur Höhlenbesichtigung seinerzeit bei ihm auf der Arbeit im Getränkegroßhandel in Kobelwald eingegangen seien. Das habe auch dazu geführt, dass er selbst viele Führungen übernommen habe. Erst Jahre später sei die Verwaltung der Kristallhöhle an den örtlichen Fremdenverkehrsverein übergegangen.

Unter den Besuchern seien auch jedes Jahr Schüler der zweiten Grundschulklasse aus dem Ort von Elke und Jutta gewesen; er kenne deshalb auch die beiden ermordeten Mädchen.

Ich bin überrascht, dass der Mann sich an die Opfer meint erinnern zu können. Als ich Stauder nach Details frage, zuckt er jedoch nur die Achseln und meint, dass es zu viele Schüler gegeben habe; an eine besondere Situation könne er sich nicht erinnern.

Anfang der 1980er-Jahre habe er sich »wieder einmal« – wie er mir mit typischem Männergrinsen andeutet – verliebt. Wegen seines »neuen Schwarms« sei er von den Vereinsaufgaben zurückgetreten. Den Schlüssel für den gesperrten Teil der Höhle händigte er seiner Darstellung nach dem Inhaber eines Elektrofachgeschäfts in Kobelwald aus. Statt seiner habe nun der neue Chef die Höhlenbesichtigungen angeboten.

Insgesamt seien es etwa zehn Höhlenführer gewesen, teils aus der Region, aber auch Mitglieder des *Höhlenclub Alpstein*, die ebenfalls Schlüssel für das Vorhängeschloss am vorderen Eingangsgitter besessen hätten. Wollte jemand aus diesem Personenkreis den hinteren Höhlenteil aufsuchen, so musste er erst den Schlüssel beim jeweiligen Höhlenchef abholen – bis 1980 bei ihm, danach im Elektrofachgeschäft.

Stauder wird fast ein wenig melancholisch, als er erzählt, welche Veränderungen es seit den Morden im Höhlenbereich gegeben habe. »Es war die reinste Natur hier. Zur Höhle führten lediglich Bretter, und der Eingang war mit einem stabilen Gittertor verschlossen.« Während der sechsmonatigen Öffnungszeit zwischen Ostern und Allerheiligen hätten rund 4000 bis 5000 Gäste die Höhle besucht, pro Tag zwischen 15 und 35. Der vordere Bereich sei gut zugänglich und elektrifiziert gewesen, der hintere Teil hingegen sehr schwierig zu betreten.

»Anfangs ist der Boden dort fast eben, dann jedoch sehr zerklüftet. Es gibt kein Licht. Und wenn jemand seine Taschenlampe löscht, hast du keine Chance, dich dort zu orientieren.«

Ich frage mich, weshalb er mir das erzählt. Als der alte Mann meine Verwunderung bemerkt, druckst er zunächst herum, streicht dann nachdenklich über seinen grauen Kinnbart, ehe er mir leise zuraunt: »Sie waren hier. Mit ihren Velos!« Elke Rhiner und Jutta Gallner hätten dann den Höhlenführer Roger Tanner getroffen. Schließlich habe es damals an Ferienwochenenden eine Präsenzpflicht für die jeweils eingeteilten Offiziellen gegeben.

Diese konkrete Aussage überrascht mich. Ob er denn diesen Verdacht noch nie bei seinen Vernehmungen geäußert habe, möchte ich von ihm wissen. »Doch, doch«, lautet seine Antwort. »Aber man konnte Tanner nichts beweisen.«

Sicherlich habe das ältere der beiden Mädchen eine Exkursion in der Höhle erleben und auch den hinteren Teil der Höhle besichtigen wollen. »Und der Tanner, der wollte sie haben! Dafür musste er beide Mädchen erschlagen. Danach hat er die Jutta im hinteren Teil vergewaltigt. Später trug er die toten Mädchen aus der Höhle und versteckte ihre Leichen am Hang.«

Ich frage den Ex-Höhlenchef, weshalb seiner Meinung nach die Velos an der Kreuzung gefunden wurden, doch auch dafür hat der Mann eine Erklärung. »Um Spuren zu vernichten. Die durften an der Höhle nicht gefunden werden. Der Höhlenführer hatte zum Transport doch einen *PW*.«

Ich frage Stauder, woher er das alles weiß. Er erzählt, dass er die Informationen von einem in der Region sehr bekannten Detektiv gesteckt bekommen habe.

Außerdem habe er selbst gesehen, wie der inzwischen verstorbene Roger Tanner mit dem Privatermittler in Streit geriet, von einer zur anderen Sekunde völlig ausrastete und den Detektiv unvermittelt mit einem etwa 40 Zentimeter langen Meißel bedrohte, den er bei Straßenbauarbeiten benutzt habe. »Da ist mir klar geworden, dass er es war. Schließlich wurden die Mädchen doch auch erschlagen.« Erst als der Bedrohte eine Pistole zog, habe sich der Höhlenführer beruhigt.

Ein weiteres Indiz seien Haare eines Schäferhundes an den Jacken der Mädchen gewesen. Ein solches Tier habe der Höhlenwart besessen. »Ohne Grund hat er bestimmt nicht in Untersuchungshaft gesessen«, fügt Stauder noch schnell an.

Obwohl ich den Wahrheitsgehalt der Informationen noch nicht richtig einschätzen kann, wundere ich mich über die angebliche Zuordnung der Haare zu einem bestimmten Hund; eine Sicherung der Haare wäre gewiss auch bei dem bedauernswerten Zustand der Toten und ihrer Kleidung möglich gewesen. Allerdings fehlt ein entsprechender Hinweis in der mir vorliegenden Akte.

Wie sollte es vor fast 40 Jahren überhaupt möglich gewesen sein, ein einzelnes Tier anhand seiner Haare zu identifizieren? Zwar ließen sich damals schon morphologische Merkmale in Struktur und Aussehen bestimmen. Doch die Zuordnung eines Haars zu einem Individuum wurde erst durch molekulargenetische Vergleichsuntersuchungen viele Jahre später möglich – den »genetischen Fingerabdruck«.

Ich erinnere mich an einen eigenen Fall aus dem Jahr 1991, bei dem zwei Frauen innerhalb weniger Stunden in zwei 60 Kilometer voneinander entfernten Städten erschossen worden waren. An der Kleidung des einen Opfers fanden sich die Haare eines Hundes. Da einer der Tatverdächtigen ein solches Tier besaß, fragte ich mich, ob ein genetischer Vergleich den Fall würde lösen können. Ein Veterinärmediziner entnahm dem Hund eine Blutprobe, während ich ein DNA-Labor ausfindig machte, das den entsprechenden Beweis liefern wollte. Vergebens, nach etwa einem halben Jahr beendete das Institut die Versuchsreihe wegen fehlender Erfolgsaussichten.

Allerdings konnten in den letzten Jahren forensische Spuren von Haushunden in DNA-Tests immer besser identifiziert werden. Insbesondere Hundehaare haben sich wegen der hohen Haarübertragungsrate zwischen Hunden und Menschen als am besten geeignet erwiesen. Ein Beweis durch die Sequenzierung mitochondrialer DNA ist inzwischen also durchaus möglich. Der Durchbruch kam aber erst rund 30 Jahre nach den Morden an Elke und Jutta.

Doch zurück zu meinem Gespräch mit Stauder an der Kristallhöhle: Der kleine, schmächtige Mann mit grauer Basecap, randloser Brille, kurzärmeligem blauen Hemd und Jeans ist trotz seines hohen Alters geistig sehr rege und scheint sich noch genau an weitere Details erinnern zu können. Der Transport der toten Mädchen müsse »unglaublich anstrengend« gewesen sein. Das könne er einschätzen, da er das steile Gelände um die Verstecke gut kenne. »Der Täter muss einen Helfer gehabt haben. Denn wie sollte er allein den schweren Felsbrocken bewegen?«, fragt er mich. Ich vermag ihm auf seine Frage keine Antwort zu geben. Als ich von Stauder wissen möchte, ob es in der Höhle Hilfsmittel zum Bewegen großer Steine gegeben habe, verneint er meine Frage. Hinter dem Gittertor habe lediglich ein grauer Stahlschrank mit allerlei Papieren und Stiften für die Höhlenführer gestanden, allerdings ohne Werkzeug.

Die beiden Leichenverstecke will sich Stauder nie angesehen haben. Da sei er sich ganz sicher, erklärt er. Doch dann sieht er meinen zweifelnden Blick und räumt ein: »Ja, ich bin schon mal den Abhang heruntergegangen. Nach den Leichenfunden.« Ganz in der Nähe sei er da gewesen, »doch bei den Verstecken nie! Ehrlich!«, wie er gestenreich versichert. Ich bin von Stauders »ehrlich« nicht überzeugt.

Obwohl ihn meine Zweifel irritieren, wirkt er bemüht, mir zu helfen. Und auf einmal ist er tatsächlich in der Lage, mir einen Weg zu zeigen, der damals zu Elke Rhiners Versteck geführt haben müsse, ohne dass für den Abstieg eine Leiter oder ein Seil erforderlich gewesen wären.

Leider fühle er sich körperlich nicht mehr in der Lage, den Weg mit mir zu gehen. Das sei vor einigen Jahren noch ganz anders gewesen, denn da habe er viele Bergwanderungen und Höhlenforschungen in der Gegend unternommen. Er nimmt mich mit zur Balustrade und deutet mit der ausgestreckten Hand nach unten. Tatsächlich lassen sich in steilen Abschnitten vermeintlich moderate Stellen erkennen, die zunächst durch einen Felsbogen führen und dann in Richtung des Wasserfalls aus meinem Blickfeld verschwinden.

Als ich von Stauder wissen möchte, wie denn nach den Morden die Stimmung unter der Bevölkerung der Region gewesen sei und ob es gegenseitige Anschuldigungen gegeben habe, winkt er ab. Dazu könne er nichts sagen.

Erneut schaue ich ihn zweifelnd an, doch mit treuem Gesichtsausdruck versichert er, dass er wenig Kontakt zu den Kobelwaldern gehabt habe. Er gehöre den Evangelikalen an. Damit sei er in der ansonsten katholischen Bevölkerung, deren Bürger sich sonntags nach dem Kirchgang regelmäßig in der Dorfkneipe betranken, der Außenseiter gewesen. Man habe mit ihm kaum gesprochen, über die Morde erst recht nicht.

Ich mag Stauder auch diese Erklärung nicht recht glauben, auch wenn Benz angedeutet hatte, dass der katholische Glaube, die Scheinfrömmigkeit der Bewohner und ihre sonntäglichen Besuche nach dem Gottesdienst eine große Rolle gespielt und die Aufklärung der Morde verhindert haben dürften. Denn von Benz weiß ich auch, dass Stauder in den 1980er-Jahren neben dem Getränkehandel auch ein gut gehendes Hallenbad mit Sauna betrieb, als Masseur aktiv war und zudem als Stammgast in einer Kobelwalder Kneipe verkehrte, die von der Mutter seines Verdächtigten, Roger

Tanner, bewirtschaftet wurde. Da müsse es doch zwangsläufig Kontakte mit den Bewohnern der Region gegeben haben, unterstelle ich ihm. Doch Stauder beharrt auf seinen Angaben.

Dann allerdings berichtet er von einer Episode, die er in seiner Funktion als Masseur erlebt habe: Er sei beim Dorfpfarrer im Pfarrhaus gewesen, um ihn zu behandeln. Während der Massage habe er mit dem Geistlichen über die Oberrieter Morde gesprochen und über die Täterschaft spekuliert. Der Pfarrer habe zunächst gezögert, dann eine Andeutung in Richtung Tanners gemacht, diese jedoch auf Nachfrage nicht konkretisiert. Vermutlich, so Stauder, habe ihn das Beichtgeheimnis davon abgehalten.

Ich muss an die Worte des Untersuchungsrichters denken, der von *Omertà* sprach, als er das Schweigen der Dorfbewohner beschrieb. Und so kommt es mir jetzt auch bei Stauder vor. Zwar gibt er Informationen preis, doch er tauscht sich mit mir als Fremdem immer nur ansatzweise, aber nie konkret über den Fall aus.

Eine ähnliche Erfahrung sollte ich ein paar Tage später in meinem »Stammrestaurant« machen. Schon häufiger hatte ich die regionale Küche probiert und die Wirtin als sehr kommunikativ erlebt.

Während einer Unterhaltung erfahre ich von ihr, dass sie wenige Wochen vor den Leichenfunden das Lokal im September 1982 eröffnet habe. Als ich sie auf die Mädchenmorde anspreche – immerhin dürfte der Fund der Leichen unweit ihres Lokals das zentrale Thema in der Region und darüber hinaus gewesen sein –, blockt sie sofort ab. Sie sei so sehr mit der Eröffnung und dem Betrieb der Gaststätte beschäftigt gewesen, dass sie sich weder um die Stimmung unter den Menschen habe kümmern können noch ein Ohr für die Gespräche ihrer Kundschaft gehabt habe. Fortan meidet sie weitere Gespräche am Tisch.

Um den Transport der toten Mädchen zu ihren Verstecken so realistisch wie möglich nachzustellen, hat Benz auf meine Bitte von der freiwilligen Feuerwehr einen Dummy besorgt. Die lebensgroße Puppe möchte ich später an einem Seil bis zu Elke Rhiners Grab in der Felsenhöhle herunterlassen und so prüfen, ob ein Abseilen der Leiche angesichts der Felsformation überhaupt möglich war.

Außerdem habe ich mir von einem landwirtschaftlichen Ausstatter mehrere Kartoffelsäcke besorgt, um sie an der Höhle mit Steinen zu füllen und das Herunterlassen der toten Körper nachzuahmen.

Ich bin froh, dass mir bei einem früheren Besuch in der Schweiz ein Anonymus Fotos und Berichte über den Fall in meinem Landgasthof hinterlegt hatte. In einer kurzen Notiz drückte er die Hoffnung aus, ich könne mit diesen Unterlagen zur Aufklärung der Morde und zur Ermittlung des Täters beitragen – auch wenn der für die Verbrechen an den Mädchen nicht mehr zur Rechenschaft gezogen werden könne.

Die Dokumente sind tatsächlich eine große Hilfe, denn ohne sie würde ich nicht einmal ansatzweise zu einer seriösen Einschätzung der Entscheidungen des Täters während der Tötung und des Versteckens der Leichen in der Lage sein.

Angaben von Zeugen oder Zeitungsartikel reichen – wie Sie als LeserIn meiner Bücher bereits wissen – für das Bestimmen des Motivs und eine Profilerstellung bei Weitem nicht aus; es ist tatsächlich die Interpretation der mannigfaltigen Entscheidungen eines Täters in den verschiedenen Tatsequenzen, die seine Motive verständlich werden lässt.

Wir wollen mit der Besichtigung von Jutta Gallners Felsengrab unterhalb des früheren Jägersteigs beginnen. Dafür muss ich jedoch zunächst über das Geländer der Terrasse steigen.

Nun kommt Bergführer Bruno Hart auf mich zu und erklärt, dass dieser schmale Pfad Anfang der 1980er-Jahre einigermaßen gepflegt und durch Stahlseile gesichert war. Er sei problemlos begehbar gewesen, da es auch die Absperrung noch nicht gegeben habe.

Tatsächlich sind noch einige der vor Jahrzehnten in den Fels eingelassenen T-Träger vorhanden, doch die Stahlseile fehlen. Und so suche ich in gebückter Haltung an den niedrigen Pfosten Halt und bewege mich langsam und mit unsicheren Schritten auf dem nicht einmal ein Meter breiten, felsigen und rutschigen Pfad. Ich frage mich ernsthaft, worauf ich mich da wieder eingelassen habe. Nach der Führung mit Ziegler, dem Anwohner von der Kreuzung, der zweite lebensgefährliche Versuch, den Tatablauf zu rekonstruieren.

Links erhebt sich eine meterhohe kahle und schroffe Kalksteinwand, rechts von mir fällt der Fels etwa zehn Meter senkrecht ab. Ich zwinge mich, nicht nach unten zu sehen und mir auch nicht vorzustellen, was mit mir bei einem Absturz geschehen würde, dennoch nimmt meine Höhenangst von Sekunde zu Sekunde weiter zu. Ich beginne zu schwitzen, und unter meinen Fußsohlen fängt es wieder kräftig an zu kribbeln.

Doch dann drängt sich der Gedanke dazwischen, wie sich wohl der Mörder gefühlt haben muss, als er den Leichnam von Jutta Gallner zum Versteck transportierte. Vermutlich wird er nicht an einer ähnlichen Phobie gelitten haben, doch dafür dürften ihn Schuldgefühle begleitet haben – und die Angst vor Entdeckung.

Ich überlege, ob der Täter die Mädchenleiche überhaupt tragen musste. War der Ablauf vielleicht ein völlig anderer? War Jutta Gallner vor ihrem Mörder geflohen, und er hatte sie eingeholt und getötet? Oder war sie womöglich doch in die Tiefe gestürzt, wie die Soko und die Rechtsmedizin nicht ausschließen mochten. Ich werde mir das Verletzungsmuster daraufhin genau ansehen müssen.

Nach wenigen Metern engt ein überhängender Fels den schmalen Weg vor mir noch weiter ein. Ich überlege, ob ich nicht umkehren soll. Doch dann kommt Sigurd Engler auf mich zu. Er bietet mir an, mich den weiteren Weg zu führen, und reicht mir ein Seil, das ich mir um die Taille binde.

Ich bin ein wenig entspannter und kann mich nun auch endlich darauf konzentrieren, Thomas Benz beim Tragen des Dummys zu beobachten. Auf meine Bitte hin hatte er sich sofort damit einverstanden erklärt, nicht nur die Puppe zu organisieren, sondern auch in die Rolle des Mörders zu schlüpfen, der unter allen Umständen das tote Opfer verstecken muss und dafür den schmalen Jägerstieg wählt.

Ich habe das Gefühl, dass Benz sogar ein bisschen stolz darauf ist, mit dieser Aufgabe betreut zu werden. Entschlossen, konzentriert und mit einer Leichtigkeit, die ich ihm gar nicht zugetraut hätte, presst er die gut 60 Kilogramm schwere Puppe aus Kunststoff an seine Brust, sodass ich ihn wegen seines sicheren Ganges und Mutes ein wenig beneide. Seine Bewegungen auf dem rutschigen Untergrund sind kontrolliert und zielsicher.

Als er für eine kurze Pause anhält und ich von ihm wissen möchte, ob er denn keine Angst vor einem Absturz mit der schweren Last habe, erwidert Benz, dass er die Gefahr gar nicht realisiere. Er sei so bei der Sache, dass er an nichts anderes denken könne. »Ich kenne das Gefühl beim Klettern, denn ich bin ja in den Bergen aufgewachsen.«

Das mag sein, dennoch fallen mir zwei große Schweißflecke unter seinen Achseln auf. Bei aller Ruhe, die Benz ausstrahlen möchte, zeigt sich auf diese Weise doch seine große Anspannung. Dann setzt er seinen Weg scheinbar unbeirrt fort, bleibt jedoch nach wenigen Schritten stehen, um fortan in gebückter Stellung rückwärts die Puppe hinter sich herzuziehen.

Je länger ich den Mann beobachte, desto bewusster wird mir, dass nur ein ortskundiger, entschlossener und schwindelfreier Berggänger die Leiche von Jutta Gallner versteckt haben kann. Diesen Weg legt niemand zurück, wenn er nicht weiß, dass sich am Ende des Pfades eine Mulde befindet, in die eine zusammengekauerte Leiche passt.

Bedächtig folge ich dem Transport, halte mich trotz der Sicherung durch Sigurd Engler immer wieder an den wenigen Ästen und Zweigen links am steilen Fels fest und quetsche mich ganz langsam an dem Felsvorsprung vorbei. Der Pfad ist jetzt höchstens noch einen knappen halben Meter breit.

Plötzlich bleibt der Bergführer stehen und bittet mich zu sich. »Bis zu dieser Stelle hier haben wir nach den Mädchen gesucht. Mehrere Polizisten haben sich an Seilen abgelassen, während ich die Seilsicherung übernahm, doch von den Mädchen keine Spur. Hinten am Ende des Weges waren wir allerdings nicht. Wir konnten uns einfach nicht vorstellen, dass wir dort etwas zum Verbleib der Mädchen finden würden.«

Es sei etwa Ende August, Anfang September gewesen und, soweit er wisse, die letzte offizielle Suchaktion nach den vermissten Mädchen. Allerdings habe es zuvor bereits mehrere Aktionen der Polizei und von freiwilligen Helfern aus der Gegend gegeben.

»Alles ohne Erfolg. Fragen Sie mich nicht, weshalb wir die Leichen nicht gefunden haben. Dabei waren wir doch so dicht dran. I ha kei Lichagruch geschmeckt!«, erklärt er mir im typischen Dialekt. Ich bin ein wenig von dieser Wortwahl irritiert, bis mir bewusst wird, dass der Begriff »schmecken« im Schweizerdeutsch doppelt belegt ist und auch für »riechen« verwendet wird.

Der Bergführer schildert nun, dass neben dem öffentlich zugänglichen Bereich auch der für Besucher gesperrte Teil der Kristallhöhle abgesucht wurde, für den man »eigenes Licht«, also Stirn- oder Taschenlampen, benötigte. Er sei dort sogar mehrere Meter hoch in einen kurz zuvor entdeckten engen Schlot gestiegen und habe nach den Mädchen Ausschau gehalten, doch auch dort keine Spur von ihnen entdeckt.

Allerdings ist der Mann davon überzeugt, dass jemand ihre Suche sehr genau beobachtet haben muss, um die Leichen danach in die endgültigen Verstecke zu bringen.

Das ist durchaus eine Möglichkeit. Sie hängt aber zum einen davon ab, in welchem Zustand die Leichen waren. Zum anderen könnte das nur eine Person getan haben, die Nähe zur Kristallhöhle hatte und deren Anwesenheit dort nicht auffiel, die sich möglicherweise sogar an der Suche beteiligte. So würde der Täter natürlich immer über den jeweiligen Stand der Ermittlungen informiert gewesen sein und hätte die Leichname an Orten verbergen können, die bereits abgesucht worden waren.

Eine Rechnung, die – falls mein Gedankenspiel zutreffen sollte – auch tatsächlich aufgegangen wäre, da Jutta Gallners Leiche letztendlich nur deshalb gefunden wurde, weil der Zersetzungsprozess der vergrabenen Toten so weit vorangeschritten war, dass der von ihm ausströmende intensive Geruch die frische Waldluft überlagerte.

Ich beobachte wieder Thomas Benz, der immer noch den Dummy hinter sich herzieht. Der Weg ist jetzt stark abschüssig und mit einer dicken, rutschigen Laubschicht belegt. Mit kleinen seitlichen Trippelschritten bewältigt er auch diese Herausforderung. Nach wenigen Metern hat Benz die Ablagestelle von Jutta Gallners Leiche am Fuße einer steil ansteigenden Felswand endlich erreicht.

Hier endet auch der Jägerstieg, der in meinen Handskizzen vom Fundort als »abschüssiger Weg« oder »Rinne im Gelände« beschrieben ist. Benz schiebt den Stamm einer vermoderten Föhre beiseite und legt die Puppe auf dem jetzt wieder knapp einen Meter breiten Plateau ab. So muss es auch für den Täter gewesen sein, als er den Körper des toten Mädchens hierher befördert hatte, um ihn zum endgültigen Versteck in der Tiefe hinabzulassen.

Mittlerweile sind wir nun alle am Ende des Jägerstiegs angekommen. Ich bin weiterhin sehr angespannt, da direkt neben mir das Felsmassiv steil abfällt. Doch den Täter hat das nicht weiter abgeschreckt; er hat die Leiche des Mädchens dorthin über Meter nach unten auf ein kaum zu erreichendes Plateau befördert – wie auch immer.

Im damaligen Fundbericht heißt es dazu: »Fundort der Leiche von +Jutta Gallner [sic]. Ca. fünf Meter unterhalb einer schräg-abfallenden Felsplatte auf einem bewachsenen Felsband von ca.

1,2 m x 3 m. Die Stelle ist unter erschwerten Umständen von unten oder von oben über die Felsplatte erreichbar.«

Beim Blick nach unten erkenne ich nur steile Felsen – kein schmales Plateau. Lediglich vom Wind gebeugte und moosbewachsene Ahornbäume, Buchen und Eichen prägen den Abhang und haben im kargen Boden Halt gefunden. Mir wird schnell klar, dass ohne Kletterausrüstung ein Transport unseres Dummys zum früheren Leichenfundort nicht möglich sein wird.

Ich spreche Thomas Benz und Sigurd Engler darauf an, die meine Einschätzung teilen und mir zusichern, alsbald mit einer hochalpin erfahrenen Kletterin und Filmemacherin nach der Mulde im Boden und der Felsplatte zu suchen.

Gemeinsam mit Bruno Hart studiere ich die Unterlagen über den Leichenfund. Danach befand sich in einer Entfernung von etwa zwei Metern in der Felsformation ein frischer Ausbruch in der Felswand, der in etwa der Größe der »Grabplatte« entsprach. Die Fotos von der Fundsituation zeigen, dass der Felsbrocken wie der Deckel eines Sarkophags plan auf der Mulde mit dem Erdgrab liegt und sich zwischenzeitlich Laub und trockene Zweige darauf angesammelt haben.

Obwohl ich mir die Fotos sehr genau ansehe, kann ich keinen Hinweis darauf finden, dass darunter eine Leiche liegt, denn der Körper des toten Mädchens ist vollkommen abgedeckt. Genauso wenig kann ich nachvollziehen, dass Rosegger den Stein angehoben haben will. War es tatsächlich der Geruch, der unter dem Felsbrocken hervorströmte? Und wie will Rosegger die Steinplatte angehoben haben?

Bruno Hart erklärt uns, dass es sich bei der geologischen Formation der Fundstelle um hellgrauen *Schratten-* oder *Seewerkalk* handelt, der sich während der Oberkreidezeit vor rund 100 Millionen Jahren bildete. Er trete hier in horizontalen Schichtstärken von 10 bis 50 Zentimetern auf und werde von Sedimentfugen mit fossilen

Inhalten unterbrochen. Ich erfahre zudem, dass das spezifische Gewicht des Gesteins pro Kubikmeter bei rund 2500 Kilo liegt.

Aus meinen Unterlagen weiß ich, dass es leider unterschiedliche Schätzungen zu den Maßen der »Grabplatte« gibt; zwischen 100 x 50 x 20 cm = 0,1 m^3 und 120 x 70 x 30 cm = 0,252 m^3. Offensichtlich hat niemand es für notwendig erachtet, die genaue Größe der Platte zu bestimmen. Aus meiner Sicht leider ein Versäumnis, denn so ist eine genaue Berechnung des Gewichts des Steins nicht möglich. Doch genau die Gewichtsbestimmung könnte die Frage beantworten helfen, ob eine einzelne Person den Felsausbruch hätte bewegen können, ob ihr ein Helfer hätte assistieren müssen oder ob sogar ein technisches Hilfsmittel für den Transport hätte eingesetzt werden müssen.

Meine Berechnungen ergeben, je nach beschriebener Plattengröße, ein Gewicht zwischen 250 und 630 Kilogramm. Ich frage mich, ob selbst das geringer angesetzte Gewicht von einem einzigen Menschen ohne Hilfsmittel jemals bewegt worden ist.

Anheben und tragen scheidet sicherlich aus, wenn ich mir überlege, dass der Weltrekord im Gewichtheben seit 1988 in der Klasse der schwersten Männer beim Drücken bei 266 Kilogramm liegt und dass er von einem 140 Kilo schweren, durchtrainierten und möglicherweise gedopten Sportler gehalten wird.

Ich überlege, dass diese Anstrengung für eine einzelne Person möglicherweise durch Anheben der Platte unter Ausnutzung der Hebelkräfte zu realisieren gewesen sein dürfte. Denn das Gewicht reduziert sich – bis zum vollständigen Aufrichten der Platte auf ihrem längsten Schenkel – um 50 Prozent, da die am Boden aufliegende Kante die zweite Gewichtshälfte übernimmt. Bei fortschreitendem Anheben würde die nötige Kraftanwendung immer geringer geworden sein – bis null –, sobald der Stein aufrecht stand. Dieser Vorgang hätte dann nach dem Herausbrechen aus dem Felsen beim Absenken auf das »Grab« wiederholt werden müssen.

Dieser Meinung ist auch der ehemalige Gerichtsarzt, den ich kurz darauf kontaktiere. Er kann sich leider nicht mehr daran erinnern, auf welche Weise seinerzeit die Steinplatte bei der Leichenbergung bewegt wurde. Er glaube jedoch nicht, wie er mir nach einigem Zögern erklärt, dass dies mehrere Männer erfordert habe. Er selbst habe als junger Mann beim Bau einer großen Sandsteinmauer geholfen und mit einer Hebelstange über 200 Kilogramm schwere Steine über ihre Breitseite angehoben, um sie auf den Steinwagen zu laden. »Somit konnte ich damals noch gut 100 Kilo anheben.«

Wir versuchen die Ausmaße der Steinplatte mithilfe des auf ihr liegenden Laubs neu zu bestimmen; vermutlich sind es Buchenblätter. Aus dem Garten aufgesammelte Blätter zeigen eine Größe von 5,5 bis 7 Zentimeter. Ich denke, dass ein Vergleich dieser Blätter mit jenen auf der Steinplatte zulässig ist. Durch Verhältnisbildung schätze ich so eine Plattenlänge von gut einem Meter und eine Breite von zirka 50 Zentimeter, wobei ich für die Stärke 30 Zentimeter annehme.

Hieraus ergibt sich ein Gewicht von maximal 375 Kilogramm, das bei geringerer Plattenstärke natürlich abnähme. 375 Kilo könnten vermutlich tatsächlich von einer einzelnen Person mit einem Hebel zu bewegen gewesen sein, da sich das Gewicht beim Hebeln auf die Hälfte reduzierte.

Als ich über das Problem mit einem Physiker diskutiere, bekräftigt er diese Annahme. Er weist zudem darauf hin, dass auch deutlich schwerere Massen durch Hebel bewegt werden können, wenn man diese zentimeterweise an den Seiten verschiebt. Dafür sei allerdings ein fester, ebener Untergrund sowie genügend Zeit erforderlich. Von einem befreundeten Ingenieur wisse er, dass dieser so Gewichte von über 500 Kilogramm habe bewegen können.

Nach Beendigung meiner Recherchen in der Schweiz und der Rückkehr an den Schreibtisch rufe ich wiederholt Thomas Benz an und erkundige mich, ob es ihm bereits möglich war, den einstigen Fundort von Jutta Gallners Leichnam aufzusuchen. Doch er verneint. Wegen des schlechten Wetters sei ihnen der Abstieg bisher zu riskant gewesen.

An einem Novembermorgen erreicht mich schließlich Benz' Anruf. Die Wetterbedingungen an diesem Tag seien günstig genug, um den Abstieg zu wagen. Ich selbst kann an der Exkursion wegen der bestehenden Corona-Reisebeschränkungen zu meinem großen Bedauern nicht teilnehmen.

Trotz der Ortskenntnisse des hinzugezogenen damaligen Spurensuchers fällt es der kleinen Gruppe zunächst schwer, oben vom Jägerstieg aus jenes vorspringende Plateau in der Felswand zu orten, auf dem einst Jutta Gallners Leiche verborgen war. Schließlich glauben sie, die richtige Stelle gefunden zu haben. Gesichert von einem Bergkameraden, seilt sich eine Kletterin nach unten zum Plateau ab. Doch als sie dort anlangt, ist sie unsicher, ob dies wirklich der Fundort der Leiche war. Sie findet jedenfalls keine Hinweise auf die fast 40 Jahre zurückliegenden Aktivitäten des Täters.

Auch ihre Suche nach der zum Abdecken der Leiche verwendeten Felsplatte verläuft enttäuschend; der *Trumm* (großer Felsbrocken) liegt nicht mehr auf dem schmalen Felsband; vermutlich ist er, wie der Spurensucher meint, in die Tiefe gestürzt und beim Aufprall zerbrochen.

Dabei wäre eine Größenbestimmung der Platte zur Berechnung ihres Gewichts so wichtig gewesen. Allerdings bin ich der Meinung, dass auch eine Kalkulation mit geschätzten Maßen – wie wir sie vorgenommen hatten – zulässig ist.

Als ich später den Spurensucher am Telefon erreichen kann, spreche ich mit einem geistig sehr beweglichen und gut 85 Jahre alten Mann. Er hat 1982 beide Fundorte der toten Mädchen untersucht und kann sich noch sehr gut an das Versteck von Jutta Gallner erinnern.

»Der Abstieg war schon gefährlich«, sagt er, doch damals »bin ich einfach auf dem Stamm einer umgestürzten Föhre nach unten bis zum Versteck der Leiche balanciert«. Dort habe er bis zum Erscheinen des Rechtsmediziners gewartet, ehe sie gemeinsam die große Steinplatte zur Seite wälzten. Bei der Untersuchung des Fundortes sei er auf den frischen Ausbruch im Fels aufmerksam geworden, aus dem die »Grabplatte« wohl herrührte.

Leider kann sich der ehemalige Spurensucher nicht mehr an Spuren in der Felswand oder den Verbleib der Platte erinnern. Allerdings hätten natürlich weder der Rechtsmediziner noch er die Platte in die Tiefe gestoßen.

Erst nach dem Verschieben der Steinplatte zeigt sich den herbeigeeilten Ermittlern, dass darunter zahlreiche Äste parallel zur Felswand angeordnet sind. Aus denen ragt der Kragenbereich eines roten Anoraks mit weißen Streifen hervor.

Der frühere Kriminaltechniker erklärt, dass der Gerichtsarzt und er die Platte aufgerichtet und gewälzt hätten, ehe sie mit dem vorsichtigen Einsammeln der Äste begannen, die noch kriminaltechnisch untersucht werden sollten. »Die waren ganz trocken, daumendick, aber manchmal auch dünner. Einige waren gebrochen, andere hingegen mit einem Messer schräg angeschnitten«, erklärt der Spurensucher.

Im Bericht über die Fundsituation lese ich, dass sich unter den Ästen ein bis zu zehn Zentimeter starkes Gemisch von Humus, Blättern, Tannennadeln, Holzstückchen, aber auch Fliegenmaden und gelbem schmierig-breiigen Material befand. Ich vermute, dass es sich dabei um zunächst postmortal verflüssigtes und später wieder verdicktes Körpergewebe handelte.

Ich kann mich sehr gut in die Situation des eingesetzten Spurensuchers und des Rechtsmediziners versetzen. Der von der Leiche ausgehende Geruch muss nahezu unerträglich gewesen sein, auch wenn die beiden die Tote im Freien untersuchten. Schließlich hatte Rosegger den Gestank in mehr als 50 Metern Entfernung gerochen.

Dazu die deprimierende Gewissheit, dass die Chance auf forensisch auswertbare Spuren sehr gering war. Die weitere Tatortarbeit zeigt nach und nach das Ausmaß dieses schaurigen Fundes. Ich lese: »Die Leiche liegt in Seitenlage auf der rechten Körperseite. Der Schädel ist vollständig skelettiert und zeigt im Scheitelbereich eine längliche Fraktur.« Der Kopf ist mit faustgroßen Steinen und Erde »eingefasst«, wie es im Bericht heißt.

Weshalb traf der Täter diese Entscheidung und umrahmte den Kopf der Toten mit den Steinen und der Erde? Handelte er allein aus pragmatischen Gründen oder steckte ein besonderes Bedürfnis dahinter?

Ich muss daran denken, dass der Untersuchungsrichter einen Ritualmord erwogen hat, und schaue mir daraufhin noch einmal die Fotos an. Aufgrund fehlender Details lassen diese zwar keine konkrete Aussage zu, doch sieht es auf den ersten Blick nach einer sorgfältig geplanten Beseitigung der Leiche aus. Der Täter hat aus seiner Not eine Tugend gemacht und die Größe des vorhandenen Wurzellochs für das Verbergen der Leiche genutzt.

Ich lese weiter im Leichenbericht, dass der Rumpf der Toten parallel zur Felswand lag. Ein erneuter Blick auf die Fotos zeigt, dass die Leiche in einer Embryonalstellung in der Wurzelmulde liegt, wobei die Beine wie in Hockstellung angezogen sind. Leider lässt sich anhand der Beschreibung der Fundsituation nicht bestimmen, wann die Leiche versteckt wurde; unmittelbar nach der Tötung oder erst Tage später nach dem Lösen der Leichenstarre?

Rührte die Hockstellung der Toten eventuell daher, dass die Leiche zuvor mit angebeugten Beinen in einem engen Behältnis verborgen war, ehe sie im leichenstarren Zustand in das Erdloch gelegt wurde? Ein solches Vorgehen würde die ungewöhnliche Körperhaltung der Toten in ihrem Grab erklären. Oder war die Größe des Wurzellochs zu gering, um den Leichnam in seiner ganzen Länge aufnehmen zu können?

Das muss ich testen und bitte eine weibliche Vergleichsperson, auf dem Boden eine Embryonalstellung einzunehmen. Ich möchte mir eine Vorstellung von der Größe der Erdmulde und der als

»Sarkophagdeckel« fungierenden Felsplatte machen. Als ich die Maße der zierlichen, etwa 168 Zentimeter großen Frau bei angezogenen Knien nehme, komme ich im übertragenen Sinne auf einen Quader in der Größe von zirka 100 x 50 x 30 cm. Das bedeutet, sowohl das Wurzelloch als auch der Deckel des »Sarkophags« müssen diese Ausmaße aufgewiesen haben, wenn nicht sogar noch größere.

Vielleicht werde ich nach Lesen des Obduktionsprotokolls wissen, wie viele Stunden nach dem Tode der Leichnam zum Versteck transportiert wurde, sofern es eine Beschreibung der Totenflecken in dem Bericht geben sollte.

Ich beginne zu bedauern, dass die Spuren dieses so lange zurückliegenden Tatorts – anders als bei meinen fiktiven Fernsehkollegen vom Sonntagabend – mit den mir vorliegenden Unterlagen und Fotos nicht so einfach zu interpretieren sind. Ein realer Tatort verrät seine Geheimnisse allerdings häufig erst nach eingehenden Untersuchungen direkt vor Ort und während der rechtsmedizinischen Erforschung der Todesursache bei einer Leichenöffnung.

Diese Erkenntnis ist auch der Grund dafür, weshalb ich als früherer Mordermittler stets Wert daraufgelegt habe, selbst am Ort des Verbrechens und bei der Obduktion anwesend zu sein, um die Entscheidungen des Täters und seine Bedürfnisse nachvollziehen zu können. Wichtig für die Beurteilung ist immer der eigene Blick.

Dennoch spielen die in den Berichten dokumentierten Befunde über die beiden Fundorte und die Ergebnisse der Sektionen für mich eine wesentliche Rolle, um überhaupt vorsichtige Rückschlüsse auf das Motiv und das Verhalten des Täters bei den Verbrechen ziehen zu können. Schließlich sind sie die einzigen Anhaltspunkte, um etwas über den Tatablauf und die Persönlichkeit des Täters aussagen zu können.

Die Spurensucher entfernen sorgsam die auf der Leiche liegenden Steine, das stinkende Breigemisch aus Leichengewebe, Fliegenmaden und Blättern. Sie finden zunächst ein 10-Rappen-Stück;

später neben Jutta Gallners Schädel einen Kugelschreiber der Marke *Paper Mate Replay* sowie zwei »braunfarbene Filzstifte«.

Die Fundsituation lässt die Annahme zu, dass die Stifte dem Mörder beim Verbergen der Leiche aus der Kleidung gefallen sind, möglicherweise aus einer außenliegenden Brusttasche.

Später recherchiere ich, dass es sich bei dem Kugelschreiber um ein Modell mit löschbarer Tinte des Herstellers *Paper Mate* handelt, das zuerst 1979 in den USA und zwei Jahre später auch in Europa über Italien auf den Markt kam. Sicherlich wäre es ein Erfolg versprechender Ansatz bei der Tätersuche gewesen, die Herkunft der vorgefundenen Stifte zu klären. Ob das auch geschah, weiß ich nicht.

Als ich darüber mit Thomas Benz spreche, meint er sich zu erinnern, dass einer der Stifte den Werbeaufdruck eines schweizerischen Maschinenbauers getragen hat. Dort sei der Hobby-Geologe beschäftigt gewesen, der auch im Fall der Mädchen in Verdacht geraten war. Allerdings habe der Mann die Stifte wohl recht großzügig verteilt. Es dürften sich auch welche in einem Metallschrank in der Höhle befunden haben, zu dem alle Höhlenführer Zugang gehabt hätten.

Aus meiner »Akte« weiß ich, dass die Untersuchung der Stifte auf Blutgruppensubstanzen negativ verlief. Wie bereits erwähnt, war der genetische Code der DNA damals noch ein Fremdwort in der Forensik und Kriminalistik. Der Einzug des Gentests in moderne Aufklärungsmethoden begann erst einige Jahre später. Die Tragweite dieser neuen Kriminaltechnik war mir selbst schon frühzeitig bewusst geworden. Als einer der ersten Ermittler überhaupt habe ich 1986 den genetischen Code eines Täters vom englischen Pharmakonzern ICI untersuchen lassen. Der Mörder hatte Körperflüssigkeiten am Leichnam einer Tante-Emma-Ladenbesitzerin zurückgelassen. Das Untersuchungsergebnis entlastete zu meiner Überraschung den Hauptverdächtigen, führte aber später zur Überführung des tatsächlichen Täters.

Doch zurück zur Fundsituation: Bei der näheren Untersuchung der Toten zeigt sich, dass Jutta Gallners rechter Arm im Ellenbogen abgewinkelt ist und unter dem Körper liegt, während der linke nach hinten gestreckt anliegt. An der rechten Hand der Toten sind ein schmaler Ring mit hellen Steinen sowie ein silbernes Kettchen mit dem eingravierten Namen *Jutta* zu finden. Immer deutlicher wird, dass der Körper stark unter dem Einfluss der *Autolyse*, der Selbstauflösung, gelitten hat, und dass sogenannte nekrophage Insekten (Aasfresser), Fliegenmaden und Käfer, den toten Körper als Wirt für ihre Entwicklung genutzt haben. Jutta Gallner ist mit dem roten Anorak bekleidet, den sie auch auf der Kreuzung trug, als die Zeugen aus der Sägerei sie dort sahen.

Auf den ersten Blick scheinen die weißen Streifen der Jacke im Kragenbereich keine Blutspuren aufzuweisen, wobei die durchgesickerte Fäulnisflüssigkeit der Toten eine eindeutige Feststellung sicherlich erschwert. Das Fehlen von Blut könnte ein Indikator dafür sein, dass Jutta Gallner nach der Verletzung ihres Schädels sofort zu Boden stürzte und kein Blut auf ihre Kleidung lief oder tropfte.

Der Reißverschluss der Jacke ist hochgezogen. Dieses anscheinend unbedeutende Detail birgt im übertragenen Sinne »Sprengstoff«. Denn die geschlossene Jacke deutet darauf hin, dass sich Jutta Gallner zum Zeitpunkt ihrer Tötung im Freien oder an einem kalten Ort aufhielt. Und könnte es sich bei jenem Ort nicht tatsächlich um die Kristallhöhle gehandelt haben, in der – wie mir der Ex-Höhlenchef auf Nachfrage versichert hatte – stets eine gleichmäßige Temperatur von 8 Grad Celsius herrscht? Viel zu kalt, um sich bei einer Besichtigung die Jacke auszuziehen. Das weiß ich durch die Höhlenbesichtigung auch aus eigener Erfahrung.

Und wäre nicht umgekehrt ein geöffneter Reißverschluss zu erwarten, sollte sich Jutta zum Zeitpunkt ihrer Tötung in einem Haus oder einer Wohnung aufgehalten haben? Ich bin auf Elke Rhiners Bekleidungssituation gespannt.

Abgesehen von einem Taschentuch, sind die Taschen von Juttas Anorak leer. Unter der Windjacke trägt die Tote einen Pullover, ein Sweatshirt, ein Leibchen sowie einen geschlossenen BH. Keines dieser Kleidungsstücke scheint beschädigt zu sein oder wirkt verrutscht.

Das lässt den Schluss zu, dass Oberkörper und Brüste von Jutta Gallner den Täter nicht reizten. Auch die Obduktion hatte dort keine Auffälligkeiten erbracht. Verletzungen oder Hämatome am Oberkörper hätten auf kräftiges Zudrücken durch den Täter hingewiesen.

Wörtlich heißt es weiter im Obduktionsprotokoll: »An den Beinen ist eine Bekleidung nicht zu erkennen. Eine Blue Jeans ist zu einem doppelt kindskopfgroßen Haufen zusammengeknüllt«, der sich vor den Unterschenkeln der Leiche befindet.

Trotz aller Tragik muss ich beim Lesen auch schmunzeln: »kindskopfgroßer Haufen«, »doppelt kindskopfgroße Steine« oder – in anderen Obduktionsprotokollen – »leichenfaustgroßes Herz« sind typische Formulierungen in solchen Berichten. Irgendwie finde ich diese ganz am Körper orientierte Bildsprache der Rechtsmediziner sympathisch.

Der Knopf vom Bund der Jeans ist geschlossen, der Reißverschluss hochgezogen. Die Hosentaschen sind leer. Allerdings zeigen sich auf der Rückseite der Jeans an beiden Hosenbeinen zwei über 50 Zentimeter lange und bis zu den Kniekehlen reichende Schnittdefekte. Deutlich ist im Stoffgewebe der zackenartige Verlauf eines Messers zu erkennen, das eine Klingenbreite von zirka zwei Zentimetern aufweisen dürfte. Ich erkläre mir die Beschädigungen so, dass Jutta Gallner auf dem Bauch lag, als ihre Hose zerschnitten wurde und der Täter sie herunterzog.

Mit großer Wahrscheinlichkeit war die junge Frau zu diesem Zeitpunkt tief bewusstlos oder bereits tot, denn weder an ihren Händen noch an den Beinen zeigen sich aktive oder passive Abwehrverletzungen von Schlägen, Schnitten oder Stichen; so wie sie immer wieder bei Obduktionen nach einer Gegenwehr des Opfers festzustellen sind.

Ich lese weiter, dass zwischen den Beinen der Toten auch eine bunte Bikinihose und die Turnschuhe des Opfers steckten. Sicherlich ein deutliches Indiz dafür, dass Jutta Gallner von ihrem Peiniger sexuell missbraucht wurde, und zudem ein Hinweis, dass es sich bei ihm um einen *sexuell inkompetenten* Täter handeln könnte. Er benötigte offenbar ein widerstandsunfähiges, vielleicht sogar totes Opfer, um sich an ihm zu vergehen.

Doch was geschah nach der Mordtat? Ließ der Täter das Mädchen zunächst am Ort der Tötung zurück? Und was war mit Elke Rhiner geschehen? Vermutlich war auch sie zu dem Zeitpunkt bereits tot.

Antworten auf diese Fragen müssen jedoch zunächst unbeantwortet bleiben, weil ich den Ort der Tötungen nicht kenne und auch noch nichts über die Verletzungsmuster beider Opfer weiß.

Zu irgendeinem Zeitpunkt traf der Mörder jedenfalls die Entscheidung, Jutta Gallners Leiche in dem Wurzelloch der umgestürzten Föhre unweit des Jägerstiegs zu verstecken. Dort deponierte er zunächst die Leiche und später auch ihre Kleidung.

Ein solches *Nachtatverhalten* ist typisch für Täter, die nach einer spontanen Tötung vor dem Problem stehen, was mit ihren toten Opfern geschehen soll. Häufig suchen sie für die Beseitigung der Leiche Orte auf, an denen sie sich auskennen und das Risiko einer Entdeckung durch zufällige Zeugen einschätzen können. Zunächst kommt es zum zeitaufwendigen Verstecken oder hastigen »Entsorgen« der Leichen, danach zum Deponieren von Kleidung oder persönlichen Gegenständen ihrer Opfer.

Bei diesen Überlegungen wird mir wieder bewusst: Bei der Fundstelle handelt es sich vermutlich nicht um den Ort der Tötung. Wie hätte Jutta Gallner auch dorthin kommen sollen? Durch Flucht? Wie wahrscheinlich wäre das?

Spricht nicht vielmehr alles dafür, dass ihre Leiche keinesfalls an dem Ort gefunden werden durfte, wo sie getötet worden war? Weil dann vielleicht der Verdacht auf den Täter gefallen oder der Täterkreis zumindest extrem eingeschränkt gewesen wäre?

Der Mörder wird demzufolge eine starke Bindung zu diesem Ort haben; ein Ankerpunkt, an dem er lebt, arbeitet oder seinem Hobby nachgeht. Gleiches dürfte für seine Anwesenheit am Fundort gelten; seine Anwesenheit fällt dort nicht auf.

Und noch weitere Überlegungen und Entscheidungen hat der Täter beim Verstecken der Leiche getroffen, obwohl ihn das Zeit kostete und sein Entdeckungsrisiko erhöhte. Aber er wollte unbedingt verhindern, dass das vermisste Mädchen gefunden würde. Deshalb deckte er den Leichnam mit Erde, Steinen und Zweigen ab. Für den Transport der Erde benötigte er vermutlich eine Schaufel; für das Schneiden der Äste ein Messer, das er aber als jemand, der sich viel in der Natur aufhielt, bei sich geführt haben könnte.

Viel gravierender ist für mich jedoch seine Entscheidung, aus der Felswand die Schratten- oder Seewerkalkplatte als »Grabdeckel« herauszubrechen. Leider gibt es von dem Gesteinsausbruch kein Foto, sodass ich die Vorgehensweise des Täters nicht mit dem Bergführer besprechen kann. Ohne ein Hilfsmittel, wie zum Beispiel einen Hebel, wird das aber nicht möglich gewesen sein.

Als ich mir später im Internet Ausrüstungsgegenstände für Bergwanderer sowie Mineralien- und Kristallsammler ansehe, entdecke ich neben verschiedenen Eispickeln den Hinweis, dass in der Schweiz Kristallsammler auch *Strahler* (Strahlen = Kristalle) heißen. Und diese verwenden beim Sammeln von Mineralien spezielle Hilfsmittel, wie zum Beispiel den *Strahlstock*.

Dieses zirka ein Meter lange Eisen kommt in unterschiedlichen Ausführungen vor und ist häufig an der einen Seite rechtwinklig gebogen, an der anderen Seite als Meißel geschmiedet. Als Multitool oder »Allzweckwaffe im Gelände« – wie es in einem Werbetext im Internet heißt – ist der Strahlstock »ideal zum Herauslösen von

Felsen bzw. zum Auskratzen von Klüften«, dient bei der Mineraliensuche aber auch als Brechstange oder Hebeisen. Und tatsächlich kann ich auf einigen Fotos Strahler dabei beobachten, wie sie schwere Steine mit dem Strahlstock anhebeln, aus einer Gesteinsformation lösen oder Mineralklüfte aufschlagen.

Ein solches Werkzeug dürfte tatsächlich die Anforderungen erfüllen, die auf den Täter beim Herausbrechen der Felsplatte aus der Gesteinsformation zukamen, da es genau für eine solche Aufgabe konzipiert ist. Außerdem könnte der Strahlstock als Hebel eingesetzt worden sein, um die herausgebrochene Felsplatte zum Leichenversteck zu befördern.

Aber kommt der Strahlstock auch als Tatwaffe infrage? Ich werde mit einem Rechtsmediziner über meine Idee sprechen müssen.

Ich lese weiter im Obduktionsprotokoll: Die lange Liegezeit der Leiche hat es den Gerichtsmedizinern nicht leicht gemacht, die genaue Todesursache des toten Mädchens herauszufinden. Zu sehr sei der Leichnam dem natürlichen Verfall von Fäulnis, Verwesung und dem Fraß von Insekten ausgesetzt gewesen. Teilweise war der Körper sogar skelettiert. Deshalb konnten auch die Halsweichteile nicht untersucht werden. Das ist bedauerlich, denn Blutungen im Unterhautfettgewebe oder Brüche des Kehlkopfskeletts hätten einen Hinweis darauf gegeben, ob Jutta erwürgt oder erdrosselt wurde.

Ich würde diese Form der Tötung erwarten, denn erfahrungsgemäß sind Sexualdelikte *Verbrechen der Nähe*, die sich neben Schlägen auf den Kopf des Opfers auch durch gewaltsame Angriffe gegen den Hals manifestieren. Und so wird es vermutlich auch bei Jutta Gallner gewesen sein.

Bei der Untersuchung ihres Kopfes zeigt sich, wie ich im Protokoll lese, zumindest eine Ursache ihres Todes; eine nahezu 8 mal 4 Zentimeter große Fraktur mitten auf dem Schädeldach, hervorgerufen durch einen einmaligen Schlag mit einem schweren, stumpfen und stabförmigen Gegenstand. Die Gewalteinwirkung war dabei so intensiv, dass das knöcherne Schädeldach zerbarst, mit einigen Haaren tief ins Kopfinnere gedrückt wurde und dort das Gehirn verletzte.

Ich weiß, dass bei solchen Verletzungen ein schweres Schädelhirntrauma dritten Grades, massive Hirnschäden und tiefe Bewusstlosigkeit mit kurzer Überlebenszeit zu erwarten sind. Bei Verletzungen des Schädels durch sogenannte stumpfe Gewalt stellt sich jedoch immer die Frage nach deren Entstehung.

Rechtsmediziner behelfen sich bei der Diagnose »Sturz« oder »Schlag auf den Kopf« mit der Anwendung der sogenannten Hutkrempenregel. Dieser Begriff wurde von Gerichtsärzten vor rund 100 Jahren, also zu einer Zeit, als Männer in der Öffentlichkeit noch Hüte trugen, geprägt. Bei der Beurteilung von Kopfverletzungen bietet der Verlauf einer angenommenen Hutkrempe eine Entscheidungshilfe. Liegen die Verletzungen oberhalb dieser imaginären Linie, so spricht vieles für eine Schlageinwirkung, befinden sie sich jedoch darunter, so ist eher von einem Sturzgeschehen auszugehen.

Bei Jutta Gallner scheint das Verletzungsmuster eindeutig zu sein, die zentrale Lage auf dem Scheitel spricht für einen unvermittelten Schlag von oben auf den Kopf des Opfers, der nicht durch eine passive Abwehrhaltung gemindert wurde.

Doch die Rechtsmediziner wollen sichergehen und untersuchen vor der Einsargung der Leiche noch einmal die sterblichen Überreste. Dabei fächern sie das gekühlte Körpergewebe der Toten durch zahlreiche Schnitte auf und inspizieren zudem das *mazerierte* (von Gewebe und Sehnen befreite) knöcherne Skelett. Nirgendwo finden sich Hinweise auf Hämatome an den Innenseiten der Oberarme oder der Oberschenkel durch Festhalten, genitale Verletzungen, Sperma, Fesselungen, Bissverletzungen, *scharfe Gewalt* (Stiche, Schnitte) sowie Frakturen am knöchernen Skelett.

Diese fehlenden Begleitverletzungen schließen aus meiner Sicht einen Sturz aus großer Höhe aus. Vor allem aber zeigen sie auf, dass es dem Täter vermutlich allein darauf ankam, das

Mädchen mit einem einzigen Streich zu erschlagen, um es dann als widerstandsunfähiges Opfer sexuell missbrauchen zu können. Hinweise auf einen vorangegangenen Kampf oder das Ausleben gewaltsamer Fantasien bzw. sadistischer Praktiken ergeben sich somit für mich nicht.

Ich schicke dem Gerichtsarzt eine anatomische Skizze vom Schädel des Mädchens, in die ich die Scheitelfraktur eingezeichnet hatte. In einem Telefonat frage ich ihn nach dem einst geäußerten Verdacht, die tödliche Kopfverletzung könne auf einem Sturz basieren. Dazu stelle ich ihm meine These mit dem Strahlstock vor. Und tatsächlich schließt nun auch der Mediziner einen Sturz als Verletzungsquelle aus und hält stattdessen einen gezielten Schlag mit einem schweren, runden und stabähnlichen Gegenstand, wie zum Beispiel einem Strahlstock, für möglich.

Dazu erläutert er: »Im Scheitelbereich bestand ein sogenannter Terrassenbruch, der durch einen langen Berstungsbruch gekennzeichnet ist und – das ist entscheidend – durch mehrere halbkreisförmige Biegungsbrüche an den Enden. Diese sogenannten konzentrischen Brüche erklären sich dadurch, dass ein Gegenstand mit abgerundeter Wirkfläche auf den Schädel getroffen ist, dabei den Berstungsbruch und bei weiterem Eindringen die endständigen Biegungsbrüche erzeugt hatte.«

Der Experte führt weiter aus, dass aufgrund des gleichförmigen Verletzungsmusters ein kantiger Gegenstand oder ein unregelmäßig geformter Stein auszuschließen sind.

Durch die lange Liegezeit und die damit einhergehenden postmortalen Veränderungen ist die Einschätzung des genauen Todeszeitpunks von Jutta Gallner nicht möglich. Allerdings kann manchmal die von Verstorbenen aufgenommene Nahrung einen Hinweis auf den Todeseintritt geben, wenn man den Zeitpunkt des letzten Essens kennt. Deshalb hatte ich mich auch bei Thomas Benz erkundigt, ob er etwas zum Frühstück der Mädchen in der Jugendherberge Schwende sagen könne.

Seinen Ausführungen zufolge hatten die Mädchen am Morgen des 31. Juli 1982 gegen 08:30 Uhr Weißbrot, Marmelade und Ovomaltine zu sich genommen. Ein Blick in das Sektionsprotokoll zeigt mir, dass sich im Magen von Jutta Gallner »sehr spärlich Nahrungsbrei« und ein Kaugummi befanden. Zwar war es nicht mehr möglich gewesen, die Bestandteile des letzten Essens zu bestimmen, der vorgefundene Nahrungsbrei ließ aber den vorsichtigen Schluss zu, dass Jutta Gallner bereits wenige Stunden nach ihrer letzten Mahlzeit gestorben war.

Unter der Voraussetzung, dass sich in ihrem Magen tatsächlich die nahezu verdauten Reste ihres Frühstücks befanden, dürfte Jutta Gallner kurz nach der Begegnung mit der Familie der Sägewerksbesitzerin an der Kreuzung in Oberriet zu Tode gekommen sein.

Ich frage mich erneut, was nach dem Tod des Mädchens geschehen ist. Die Antwort auf diese kriminalistisch bedeutsame Frage wird mir hoffentlich das Protokoll des Gerichtsmediziners zu den Totenflecken an Jutta Gallners Leiche geben.

Toten- oder Leichenflecken sind die frühesten Zeichen des Todes und entstehen bereits wenige Minuten nach Sistierung des Herzkreislaufs. Das Blut sinkt in die sogenannten abhängigen (dem Boden am nächsten gelegenen) Körperpartien, und es bilden sich vereinzelte Flecken, die innerhalb von sechs Stunden nach Todeseintritt *konfluieren* (zusammenfließen).

Finde ich eine Leiche in Bauchlage, wie die von Jutta Gallner, so sollten die Totenflecken also ausschließlich an den *ventralen* (vorderen) und *lateralen* (seitlichen) Körperpartien zu finden sein. Das würde belegen, dass der Körper in den ersten Stunden nach Todeseintritt nicht bewegt wurde. Anders dagegen, wenn ein Leichnam Totenflecken sowohl auf dem Bauch als auch am Rücken aufweist. Daraus lässt sich dann schließen, dass seine Position sechs bis zwölf Stunden nach Todeseintritt noch einmal verändert wurde. Denn in dieser Zeitspanne bleiben bereits entstandene Totenflecken ansatzweise erhalten, es können jedoch neue hinzukommen, die sich aus der veränderten Lage ergeben.

Wird die Leiche erst nach zwölf Stunden oder später umgelagert, verschwinden die ursprünglichen Totenflecken nicht mehr, es entstehen aber auch keine neuen. Weist ein Körper also z.B. nur Flecken auf der Oberseite auf, bedeutet das, dass die Leiche mindestens zwölf Stunden nach Todeseintritt umgedreht wurde. Denn ursprünglich müssten diese Flecken schwerkraftbedingt auf der Unterseite entstanden sein. Und so erhoffe ich mir auch dieses Mal eine Antwort aus dem Sektionsprotokoll, doch ich werde enttäuscht. Der durch Madenfraß und Verwesung zerstörte Leichenkörper lässt nur eingeschränkte Befunde zu; lediglich an der rechten Brust und der rechten Schulter von Jutta Gallner sind für die Obduzenten rötlich-violette Totenflecke zu erkennen gewesen. Damit entsprechen sie der Fundsituation der Leiche.

Außer dem Schmuck werden am Fundort keine weiteren persönlichen Gegenstände von Jutta Gallner gefunden. Und so fehlen ihr Portemonnaie mit Bargeld und Ausweisen, ihre Armbanduhr sowie der Schlüssel zu ihrem Tagebuch. All das ist bis heute nicht aufgetaucht.

Es stellt sich die Frage, was das Fehlen von Juttas persönlicher Habe aus kriminalistischer Sicht bedeuten könnte. Die naheliegendsten Varianten: Der Täter hat Juttas Besitz an einer ganz anderen Stelle entsorgt, oder er ging während des Transports zur Fundstelle verloren und wurde nicht entdeckt. Aber noch eine weitere Möglichkeit kommt infrage: Das Eigentum des Mädchens besaß für den Mörder eine besondere Bedeutung.

Dabei müssen es nicht immer Gegenstände von Wert sein, die sich Täter aneignen. Manchmal nehmen sie auch nur ein »Souvenir« mit, das sie an einen bestimmtem Menschen oder ein besonderes Ereignis erinnern soll.

Andere Täter, deren Verbrechen ich bearbeitet habe, sahen hingegen in der Mitnahme persönlicher Gegenstände eine »Trophäe«, ein Zeichen des Sieges und des Triumphes über das Opfer; ähnlich einem Jäger, der das Geweih eines erlegten Tieres präpariert und als Beweis seines Erfolges und seiner waidmännischen Kunst zur Schau stellt.

Täter, die aus dieser Motivation töten, möchten sich in der Regel durch das Betrachten ihrer Beute schöne Erinnerungen bereiten und behandeln ihre »Trophäen« deshalb wie einen Schatz, den sie häufig an ausgewählter Stelle verstecken.

Ein Serienmörder, der mehrere Frauen zur Realisierung seiner abnormen Fantasien ermordet und Fotos und Ausweise seiner Opfer gesammelt hatte, sagte mir Jahre später: »Es waren keine schemenhaften Erinnerungen, sondern direkte Bilder meiner Taten. Ich empfand sie als anregend, als schön, und erwischte mich dann selbst dabei, dass ich so etwas gerne wieder täte.«

Doch liegt eine solche destruktive Motivation auch bei dem sogenannten Kristallhöhlenmörder vor? Ich bin da skeptisch, denn mir fehlen bei den Tötungen und an den Fundorten Hinweise auf das Ausleben von *Paraphilien*, also von intensiven sexuell stimulierenden Fantasien oder Verhaltensweisen.

Allerdings kann ich mir durchaus vorstellen, dass der Täter einer spontanen Eingebung folgend die Gegenstände als Erinnerungsstücke eingesteckt hat. Wenn das zutrifft, hat er sie später wahrscheinlich vernichtet, um zu verhindern, dass sie im Rahmen von Ermittlungen gefunden werden. Mit dem nahezu perfekten Verstecken der Leiche hatte er bereits bewiesen, wie überlegt und konzentriert er handelt.

Nach dem Fund der toten Jutta Gallner stellt sich den Ermittlern die Frage, ob auch Elke Rhiners Leiche im Bereich der Kristallhöhle verborgen lag und warum sie bisher nicht gefunden werden konnte.

Eine Spezialeinheit der St. Gallener Kantonspolizei wird mit der Suche beauftragt. Bergerfahrene Polizisten seilen sich an der sehr steil abfallenden Felswand unterhalb der Kristallhöhle ab. Dieses Mal ist die Suche erfolgreich. Knapp 50 Meter von Jutta Gallners Versteck entfernt finden sie die tote Elke Rhiner in einer kleinen Felsgrotte. An einem Ort also, der bereits von der Polizei abgesucht worden war. Starker Leichengeruch scheint ihnen auch dieses Mal den Weg gewiesen zu haben. Dann entdeckt einer der Suchenden einen Turnschuh des Mädchens, der aus dem angehäuften Geröll hervorlugt. Der Täter hat das 1,45 Meter große Opfer in dem nur zirka 80 Zentimeter hohen und gerade einmal 2 x 2,5 Meter tiefen Gewölbe deponiert und die Leiche nahezu vollständig unter Natursteinen verborgen. Diesen Ort hatten wir bei unserer Tour mit dem Sohn der Sägewerksbesitzerin bereits vom Wasserfall aus gesehen.

Als ich den damaligen Rechtsmediziner bitte, die Fundsituation zu beschreiben, erklärt er, dass er in die niedrige Höhle habe kriechen müssen. Ich erinnere mich an ein entsprechendes unscharfes Polaroidfoto, das ihn dabei zeigt, wie er sich in Bauchlage in die niedrige Höhle schiebt, um Elke Rhiners Leiche zu untersuchen. Er hat kaum Platz, um sich zu bewegen, denn direkt über seinem Kopf beginnt der Fels.

Nach dem Entfernen der Steine wird der Leichnam mit einer Zeltplane als Bergungstuch geborgen und am Steilhang nach oben gezogen.

Ich frage den Gerichtsarzt, wie er überhaupt zur Fundstelle gelangt war, und erfahre, dass die örtliche Freiwillige Feuerwehr zwar Leitern aufgestellt habe, er selbst habe sich jedoch seitlich durch das steil abfallende Gelände zu der Höhle bewegt.

In meinen Unterlagen lese ich, dass der Körper von Elke Rhiner ebenfalls in einer embryonalen Position auf ihrer linken Körperseite liegt. Ähnlich wie bei Jutta Gallner, ist ihr Leichnam durch Fäulnis und Madenfraß stark zerstört und von einer Vielzahl von Insekten besiedelt.

Das tote Mädchen ist mit einem roten Anorak, zwei T-Shirts, Blue Jeans, Unterhose sowie blauen Turnschuhen bekleidet. Der Sitz der Kleidungsstücke wirkt geordnet, die Reißverschlüsse der Jacke und der Jeans sind hochgezogen.

Auf diese Information hatte ich gewartet. Der hochgezogene Reißverschluss von Elke Rhiners Anorak ist ein weiteres Indiz dafür, dass sie und ihre Freundin Jutta im Freien – oder an einem kühlen Ort wie der Kristallhöhle – ermordet wurden.

Der Anorak und die Hose weisen zudem zahlreiche unregelmäßige Zerstörungen des Stoffs auf. Vermutlich entstanden die Risse und Löcher durch den Transport der Toten über die Felswand oder späteren Insektenfraß; ein Hinweis auf die exakte Ursache der Beschädigungen fehlt leider in meinen Akten.

Die Kleidung des Mädchens wirkt nicht durchsucht. In ihrer Hose finden sich ein Kamm sowie ein zusammengelegter Fahrplan. Der Täter scheint keine Gegenstände der Toten an sich genommen zu haben: An Elkes Hals, ihrem rechten Handgelenk und der linken Fessel sind dünne Schmuckketten angelegt.

Um das linke Handgelenk ist eine Armbanduhr der Marke *Création* gebunden. Die Zeiger sind bei 04:20 Uhr stehen geblieben, die Datumsanzeige zeigt eine »1« an. Die Uhrzeit stützt meine Vermutung, dass die Mädchen bereits am 31.Juli 1982, dem Tag ihres Verschwindens, bald nach ihrem Halt an der Kreuzung Kobelwies ermordet wurden. Elke Rhiner hatte keine Zeit mehr, ihre Uhr für die nächsten 24 Stunden aufzuziehen.

Ähnlich wie bei ihrer Freundin macht es der schlechte Zustand von Elkes Leichnam nahezu unmöglich, Verletzungen und Todesursache zu bestimmen. Allerdings steht nach der Untersuchung des Körpers eines definitiv fest: Elke Rhiner wurde nicht sexuell missbraucht.

Und noch eine Aussage können die Rechtsmediziner treffen. Der Hinterkopf des Mädchens ist mit einem 3 mal 6 Zentimeter großen Impressionsbruch am *Os occipitale* (Hinterhauptbein) verletzt. Das ist die Stelle, wo die Wirbelsäule – mit Rückenmark, Hirnnerven und wichtigen Blutgefäßen – in den Schädel gelangt.

Der wie eine Kuppel nach außen gebogene konvexe Knochen schützt das menschliche Kleinhirn. Dieser Teil des Gehirns übernimmt keine lebenswichtigen Funktionen, sondern ist für die Orientierung im Raum sowie die Steuerung des Gleichgewicht verantwortlich und automatisiert zudem erlernte Bewegungen.

Eine Verletzung des Kleinhirns führt nicht zum Tod. Viel gravierender ist – je nach Entstehung der Verletzung – der sogenannte Coup-Contre-coup-Effekt (Coup: Prellung der Aufprallseite – Contre-coup: Prellung der dem Aufprall gegenüberliegenden Seite). Diese doppelseitige Verletzung des Gehirns kann geschehen, weil das Gehirn in der Schädelhöhle in bestimmten Grenzen beweglich aufgehängt ist und somit etwas Spiel hat.

Bei einer Gewalteinwirkung durch Schlag oder Sturz kollidiert das Hirn aufgrund der Beschleunigung zunächst an der Aufprallseite mit dem Schädelknochen (*Coup*) und kann dadurch verletzt werden. Auf der Gegenseite kann es durch Sogwirkung beziehungsweise den Rückstoß des Gehirns zu einem erneuten Anschlagen (*Contre-coup*) am Schädelknochen kommen und dadurch eine weitere Schädigung verursacht werden. Fatalerweise können die *Contre-coup*-Hirnverletzungen gravierender sein als die Verletzungen beim *Coup* und je nach Lage und Schwere des Traumas *letale* (tödliche) Verletzungen nach sich ziehen.

Ich wundere mich über die ungewöhnliche Stelle, an der sich die Schädelfraktur am Hinterkopf befindet und rätsele darüber, wie dem Mädchen die Verletzung zugefügt werden konnte. Als ich einen Rechtsmediziner danach frage, meint er, das Mädchen könne zum Beispiel nach hinten gestürzt sein und sich den Kopf an einer Erhebung, wie einem Stein oder Fels, gestoßen haben.

Doch weshalb sollte es zu einem solchen Vorfall kommen, frage ich mich, und wie wahrscheinlich ist das? Der Täter hatte doch bereits einmal ein Schlagwerkzeug sehr effektiv eingesetzt und Jutta Gallner mit einem schweren, runden und stabähnlichen Gegenstand eine massive Scheitelverletzung zugefügt. Ist es da nicht viel wahrscheinlicher, dass er mit einem weiteren Schlag von schräg hinten auch den Kopf der Freundin verletzte?

Die weitere Untersuchung der Toten gibt keinen Hinweis auf die Todesursache. Die wenigen noch erhaltenen Organe zeigen keine Stich- oder Pfählungsverletzungen, auch die Rippen sind ohne Frakturen oder Schnittverletzungen, wie nach einem Messerstich. Auch lassen die erhobenen Befunde den Schluss zu, dass Elkes Gebiss intakt ist und es auch keine Frakturen des knöchernen Skeletts gibt; ein Indiz dafür, dass auf diese Körperteile keine massive Gewalt einwirkte.

Leider sind Speise- und Luftröhre sowie Kehlkopfskelett durch den massiven Insektenbefall zerstört, sodass sich nicht klären lässt, ob die Atemwege verlegt wurden, das Opfer also möglicherweise durch Erwürgen oder Erdrosseln starb.

Auch der Zeitpunkt des Todeseintritts bleibt ungewiss. Zersetzte Speisereste, die darüber hätten Aufschluss geben können, sind in Elkes Magen- und Darmtrakt nicht mehr zu finden, nur eine Vielzahl an Maden. Diese Feststellung bedeutet, dass auch Elke mindestens drei bis vier Stunden ihr Frühstück in der Jugendherberge überlebte, wenn nicht Madenfraß die Magenleere verursacht haben sollte.

Da sich am Leichnam zudem keine Totenflecken lokalisieren lassen, ist auch in Elkes Fall keine Aussage darüber möglich, ob die Lage der Leiche nach ihrem Tod verändert wurde und wann sie in das Höhlengewölbe geschafft wurde.

Ich bin erneut über den hohen Aufwand überrascht, den der Täter auch beim Verstecken seines zweiten Opfers zeigte. Sein Verhalten bestätigt meinen Eindruck, dass er auch bei diesem Verbrechen unter allen Umständen verhindern wollte, dass das Mädchen dort gefunden wird, wo er es getötet hatte.

Deshalb hatte er auch dieses Mal das Risiko auf sich genommen, beim zeitaufwendigen Verstecken der Leiche entdeckt zu werden. Er könnte sein Entdeckungsrisiko dadurch minimiert haben, dass er außerhalb der Öffnungszeiten der Höhle ans Werk ging, ungestört durch etwaige Höhlenführer oder Besucher. Wie hatte der frühere Höhlenchef noch gesagt? Besichtigungen habe es zwischen 12 und 17 Uhr gegeben. Vorher und nachher sei rings um die geologische Sehenswürdigkeit alles ruhig gewesen. Der Täter musste also weder morgens, abends noch nachts befürchten, beim Verstecken der Leichen überrascht zu werden.

Die Wahl der kleinen Öffnung im Felsen zeigt auch, dass derjenige, der die Leiche versteckte, mit der Felsformation und ihren natürlichen Hohlräumen sehr vertraut gewesen sein muss. Welcher Täter wird sich in einem ihm völlig unbekannten Terrain auf eine solch beschwerliche und gefährliche Suche für die Verstecke seiner Opfer begeben, die Leichname möglicherweise abseilen, ohne zu wissen, dass es die passenden Orte dafür gibt?

Ein einzelnes gut gewähltes Versteck hätte auch ein Glückstreffer sein können, doch bei zwei nahezu perfekt gewählten »Grabstätten« in einem Abstand von knapp 50 Metern mag ich an eine zufällige Fügung nicht glauben – derjenige, der die Leichen versteckte, war ein absoluter Kenner des Terrains.

Und noch eine weitere Aktivität des Täters gibt mir zu denken: Wie war es ihm möglich, diese vielen Steine in die kleine Felsöffnung zu bringen, um damit den Leichnam von Elke Rhiner nahezu komplett zu verbergen?

Leider hat keiner der Ermittler die Anzahl der Findlinge gezählt. Doch nach einer groben Schätzung dürften es an die hundert Steine gewesen sein; manche »doppelkindskopfgroß«, wie es der Rechtsmediziner formuliert hatte, andere deutlich kleiner.

Ein Blick auf die Fotos, die ich gemeinsam mit Benz und Engler unterhalb des Wasserfalls aufgenommen habe, zeigt, dass es am steilen Hang keine Steine gibt. Sie dürften demzufolge entweder am

Fuß der Steilwand oder oberhalb eingesammelt und mühsam zum Höhlenversteck transportiert worden sein.

Doch die zentrale Frage bleibt für mich weiterhin, wie es der Täter schaffte, Elkes Leiche zu ihrem Versteck in der Grotte zu transportieren. Die mitten in der Felswand liegende Höhle war bei unserer Exkursion vom Wasserfall aus kaum zu erkennen gewesen und hatte auf uns wie ein dunkles Loch gewirkt. Vermutlich hat er Elke Rhiners Leiche an einem Seil heruntergelassen; eine andere Möglichkeit, wie Tragen, schließen auch Thomas Benz und Sigurd Engler aus.

Da wir uns gerade bei der Höhle befinden, möchte ich das Herunterlassen selbst ausprobieren und fülle einen der mitgenommenen Jutesäcke mit Steinen. Ich komme auf ein Gewicht von 40 Kilogramm – Elkes ungefähres Körpergewicht –, binde den Kartoffelsack an ein Seil und lasse ihn in der vom stetigen Wasserfall polierten Felsenrinne herab.

Wie zu erwarten, rutscht der Sack auf dem glitschigen, steinigen Untergrund langsam herunter, ehe er nach nicht einmal 30 Sekunden auf einem zirka einen Meter breiten Felsenband liegen bleibt und sich von nun an weder vor- noch zurückbewegen lässt. Ich kann mir gut vorstellen, dass es dem Täter beim Abseilen von Elkes Leiche ähnlich erging.

Der Sack liegt jetzt einige Meter vom Fundort der Leiche entfernt. Für einen Moment kommt mir tatsächlich der Gedanke, mich am steilen Hang abzuseilen, den Sack aufzunehmen und zu versuchen, mit ihm zum Versteck zu gelangen. Doch nach kurzem Überlegen verwerfe ich die Idee. Es ist einfach zu gefährlich. Auch Benz und Engler wollen das Risiko eines Absturzes nicht eingehen. Sie wollen die Tour lieber noch einmal später mit der alpinen Kletterin unternehmen.

Als ich später den früheren Spurensucher nach den Umständen des Fundes befrage, erzählt er, dass sich zunächst klettererfahrene Polizisten am Fels abgeseilt hätten, dann jedoch die Feuerwehr die

Spurensucher mit einem Korb, ähnlich dem der Bergrettung, herabgelassen habe. Auch seien Leitern aufgestellt worden. Manche hätten den direkten Abstieg zu Fuß gewählt, wie er selbst auch.

Die Topografie sei damals noch eine ganz andere gewesen, mit Bäumen am Abhang, fast ein Wald, sodass man sich vorsichtig von der Seite zur Grotte habe vortasten und an den Baumstämmen festhalten können.

Auch das zeitintensive Verbergen des zweiten Opfers verrät mir, dass das Vorgehen des Täters von anderen nicht als auffällig empfunden worden sein dürfte. Man kannte seine Aktivitäten im Bereich der Kristallhöhle. Das würde auch erklären, weshalb er sich so orientiert in dem Terrain zu bewegen wusste.

Es stellt sich also die Frage, wer vor 40 Jahren den Bereich der Höhle so gut gekannt haben dürfte. Spontan fallen mir Höhlenführer, Höhlenforscher und Besucher der Kristallhöhle, Mineralien- und Kristallsammler, Jäger, Waldarbeiter, Holzsammler und Anwohner ein, von denen immerhin zwei Familien ihr Trinkwasser über ein Schlauchsystem direkt aus dem Bach der Kristallhöhle bezogen: die Sägereibesitzerin und der Pferdebesitzer, der in der Nähe der Kreuzung einen grauen *PW* beobachtet haben will. Infrage kommen aber auch Bewohner der umliegenden Ortschaften, die früher als Kinder im Bereich der Höhle gespielt und sich auf Abenteuersuche begeben haben können. Unterm Strich eine relativ überschaubare Anzahl von Menschen, die jedoch nicht alle über dasselbe Detailwissen verfügt haben dürften.

Ich möchte mehr über die Abläufe in der Kristallhöhle und bei den Besichtigungen wissen und entschließe mich, am nächsten Tag den Hobby-Geologen aufzusuchen, um ihn zu seinen Beobachtungen rund um die Kristallhöhle nach dem Verschwinden der Mädchen zu befragen. Auch er hatte einst zu dem erweiterten Kreis der Verdächtigen gehört und war deswegen ebenfalls polizeilich *einvernommen* worden.

Der mittlerweile etwa 60 Jahre alte Mann heißt Edgar Taube und galt, wie ich von Thomas Benz erfahre, zur Zeit der Morde nicht nur als ausgewiesener Kenner der Kristallhöhle und ihrer unmittelbaren Umgebung, sondern auch als Experte für das Höhlenvorkommen im gesamten Alpsteingebirge. Er war als Mineraliensammler aktiv. Doch nicht nur wegen seiner Fachkenntnis ist der Mann für mich interessant. Er sei, so Benz, auch derjenige gewesen, der einen Tag nach dem Verschwinden der Mädchen am frühen Sonntagmorgen des 1. August feststellte, dass es einen Einbruch in die Kristallhöhle gegeben habe. Rasch sei er zu dem inzwischen verstorbenen Höhlenführer Tanner gefahren – den Ex-Höhlenchef Rolf Stauder als mutmaßlichen Täter nicht hatte ausschließen wollen –, um ihn über den Einbruch zu informieren.

Taube soll vor den Morden eine nicht näher bekannte Anzahl von dunkelblau violetten Kugelschreibern mit der Firmenaufschrift eines regionalen Werkzeugherstellers im Geräteschrank der Höhlenforscher deponiert und auch in der Umgebung in größeren Mengen verteilt haben. Ein identisches Exemplar sei auch im »Grab« von Jutta Gallner gefunden worden, hatte Benz mir berichtet. Doch seine Angaben zum Stift waren vage geblieben, durch nichts dokumentiert. Sie seien angeblich aus Ermittlerkreisen an die Öffentlichkeit gedrungen, so Benz.

Mich überrascht das. Denn laut des mir vorliegenden Fundberichts trug der Kugelschreiber lediglich das Logo des bekannten Stifte-Produzenten *Paper Mate Replay*. Ein Werbeaufdruck wird nicht erwähnt. Entweder wurde das Protokoll also nachlässig geführt, oder Benz ist einer Fehlinformation aufgesessen.

Meine Recherchen zu dem im Bericht erwähnten Stift hatten ergeben, dass er in den USA zum Preis von $ 7,50 in den Handel gekommen war. Schon aufgrund des hohen Preises möchte ich ausschließen, dass es sich bei dem in Juttas Grab gefundenen *Paper Mate*-Stift um ein sogenanntes Give-away, also ein Werbegeschenk des Werkzeugherstellers für jedermann gehandelt hat.

Ich bin trotzdem ein wenig von der Vorstellung elektrisiert, dass der Mörder einen Kugelschreiber aus dem Schrank der Höhlenführer beim Verbergen der Leiche verloren haben könnte. Auch wenn noch weitere Exemplare in der Umgebung verteilt worden sein sollten, so ließe sich doch der Kreis der Verdächtigen nach einer sogenannten Herkunftsermittlung – mit dem Zeitraum der Verteilung und der Anzahl der produzierten Stifte – sicherlich eingrenzen.

Eine Kurzmitteilung in der Schweizer Tageszeitung *Tagblatt* aus 2013 zeigt, dass die Stifte auf und neben der Leiche nicht nur mich, sondern auch die Mordermittler beschäftigt haben:

»Weitere Rätsel gibt Schreibwerkzeug auf, das auf und bei der Leiche von Jutta Gallner gefunden wurde. So soll ihr Kugelschreiber auf ihrer Leiche gelegen haben. Wäre die Leiche transportiert worden, hätte der Stift wohl woanders gelegen. Eine These besagt, dass der Täter den Stift auf der Leiche deponiert habe, um eine falsche Fährte zu legen. Außerdem lagen Zentimeter von der Leiche entfernt drei Filzstifte und ein Bleistift. Diese Schreibgeräte gehörten keinem der Mädchen.«

Doch was bedeuten diese Informationen, und was lässt sich daraus gegebenenfalls auf den Täter ableiten?

1. Er oder jemand aus seiner Familie/seinem Freundeskreis ist bei dem Werkzeughersteller beschäftigt.
2. Er erhielt einen solchen Stift als Werbegeschenk.
3. Er nahm den Stift aus dem Metallschrank der Höhlenwarte in der Kristallhöhle.
4. Er kennt die nähere Umgebung der Kristallhöhle mit den Leichenverstecken wie seine Westentasche.
5. Seine Anwesenheit ist für andere Personen aus dem Umfeld der Kristallhöhle nicht ungewöhnlich.

Vermutlich hätte sich – sollte es tatsächlich den Fund dieses Werbestiftes neben der Leiche gegeben haben – dieser Personenkreis durch eine akribische Alibiüberprüfung deutlich minimieren lassen. Natürlich muss berücksichtigt werden, dass mit den Mordermittlungen erst rund neun Wochen nach dem plötzlichen Verschwinden der Mädchen und nach dem Fund ihrer Leichen begonnen wurde. Die jedoch zu unterstellende Nähe des Täters zur Kristallhöhle hätte wiederum bei den Überprüfungen den Kreis der Verdächtigen stark minimiert.

Und so mache ich mich auf den Weg zu dem Hobby-Geologen und Höhlenforscher Edgar Taube. Von meinem Berggasthof aus sind es rund 40 Kilometer bis zu seinem Wohnort, vorbei an der früheren Jugendherberge in Schwende. Ich genieße die Aussicht ins Appenzeller Land. In der Ferne grüßt der mächtige Säntis, jener Berg, den Walter Ziegler einen Tag nach dem Verschwinden der Mädchen erwandert haben will und dabei angeblich frühmorgens auf ihre »parkierten Velos« an der Kreuzung gestoßen war.

Edgar Taube wohnt in einem modernen Mehrfamilienhaus. Als ich klingle, öffnet eine sehr freundliche Frau, die mir erklärt, dass sie ihren Mann erst am Abend zurückerwarte.

Und so begebe ich mich zur früheren Jugendherberge in Schwende und vollziehe noch einmal die letzte Fahrt der Mädchen bis zur Kreuzung in Kobelwies nach. Auch dieses Mal kann ich auf der Strecke – abgesehen von der Tafel mit den Öffnungszeiten – keinen weiteren Hinweis auf die Kristallhöhle finden.

Kurz nach 18 Uhr stehe ich erneut vor dem Haus von Edgar Taube. Es dauert eine Weile, bis sich ein Mann über die Gegensprechanlage meldet und mich um einen Moment Geduld bittet. Wenige Minuten später steht der frühere Hobby-Geologe vor mir: ein sportlicher, drahtiger Mann. Er ist nicht allein, sondern hat als »Verstärkung« einen jungen Mann mitgebracht, der ein Baby in seinen Armen hält und mich aufmerksam beobachtet, jedoch schnell wieder ins Haus zurückkehrt. Scheinbar geht von mir keine Gefahr aus.

Während auch Edgar Taube mich eingehend mustert, drückt er sein Bedauern aus, mich nicht in seiner Wohnung empfangen zu können. Dies entspräche nicht seinem Naturell und gründe auf anderen Umständen und Vorkommnissen. In den letzten Jahren seien seine Familie und er wegen des lange zurückliegenden Mordfalls immer wieder Diffamierungen, Hassbriefen und Drohungen ausgesetzt gewesen, sodass er bereits rechtliche Schritte wegen *Stalkings* eingeleitet habe.

Ich kann Edgar Taubes Sorge sehr wohl nachvollziehen, denn andere Zeitzeugen haben mir bei Telefonanrufen bereits unmissverständlich klargemacht, dass sie für Auskünfte nicht mehr zur Verfügung stehen. Sie seien insbesondere von einem früheren Beamten eines Untersuchungsamtes und ehemaligen Polizisten bedrängt und verdächtigt worden, in die Morde verwickelt zu sein.

Ich weiß, um welchen Mann es sich handelt: Es ist der Hinweisgeber von Stefan Ziegler, dem Anwohner an der Kreuzung Kobelwies. Auch zu mir hatte er Kontakt aufgenommen, um seine Mordtheorien zu erläutern. Nach einem kurzen Gespräch hatte ich dieses Angebot jedoch abgelehnt. Wegen mehrfacher versuchter Nötigung erhielt der Ex-Beamte später laut einer Schweizer Zeitung einen bedingten Strafbefehl der Staatsanwaltschaft St. Gallen über 3800 Schweizer Franken (CHF).

Ich versuche Taube zu einem *Rivella*, einem schweizerischen alkoholfreien Erfrischungsgetränk, in einem Café um die Ecke einzuladen. Doch er bleibt konsequent und bedauert, nicht mit mir über den Fall sprechen zu wollen. Allerdings deutet er bei unserer Verabschiedung an, dass er auf schriftliche Anfragen durchaus reagieren werde.

Und so stelle ich ihm nach meiner Abreise aus dem Rheintal immer wieder verschiedene Fragen zur Kristallhöhle zum Zeitpunkt der Tat und erfahre auf diese Weise, dass Taube und ein Begleiter tatsächlich am Morgen des 1. August 1982, als sie sich vor der Höhle ihre Übergewänder angezogen hätten, aufgefallen sei, dass die Eingangstür zur Höhle lediglich angelehnt war. »In Folge suchten wir den näheren unteren Eingangsbereich ab, da wir ein unbeabsichtigtes Liegenlassen oder den Verlust des Schlosses durch einen Führer vermuteten.«

Ich lese weiter, dass sein Begleiter und er bei ihrem ersten Rundgang aus Sicherheitsgründen eine oberflächliche Kontrolle des Höhlenweges durchgeführt hätten, ihnen jedoch keine klar ersichtlichen Grabungsrückstände wie Lehm und Kalkspat aufgefallen seien.

Bei der anschließenden Führung habe der Fokus darauf gelegen, den Besuchern die Entstehung und Besonderheiten der Höhle zu erklären. Ein fehlendes Schloss sei schließlich kein Einzelfall gewesen. Immer wieder habe es unerlaubte Höhlenbegehungen gegeben, bei denen die Türbolzen des Gittertores entfernt und nicht wieder eingebaut worden seien. Auch zu Raubgrabungen von qualitativ hochwertigen Kristallen sei es in schlecht einsehbaren Nischen und abseits des Höhlenweges gekommen. Aus der Hauptlagerstätte im zweiten Höhlenraum seien zudem glänzende Kalkspat-Kristalle abgeschlagen worden.

Taubes Erklärungen zum angelehnten Höhlentor und der Benachrichtigung des Verantwortlichen kann ich nachvollziehen. Ein Einbruch in die Höhle kann, muss aber nicht stattgefunden haben. Auch eine Inszenierung oder die Vergesslichkeit des letzten verantwortlichen Höhlenführers können das fehlende Schloss erklären. Dennoch bleibt Raum für Spekulationen. Eine Nachfrage beim Höhlenführer des Vortages hätte das vielleicht ausräumen können, doch die scheint nicht erfolgt zu sein.

Fehler und Unterlassungen, die bei früheren Recherchen gemacht wurden, lassen sich in der Folge kaum mehr korrigieren; diese leidvolle Erfahrung hat sicherlich jeder ernsthafte Ermittler schon häufiger gemacht.

Taube schreibt in seiner E-Mail weiter, dass die Suche nach dem Schloss letztlich vergeblich gewesen sei. Er und sein Begleiter seien deshalb zu einem Verantwortlichen der Höhle gefahren, hätten ihn über den Vorfall informiert und um ein neues Schloss gebeten. Danach »nahmen wir die Führungen mit den bereits wartenden Höhlenbesuchern auf«.

Aus früheren Antworten weiß ich, dass Taube als Mitglied des *Höhlenclub Alpstein* – im Gegensatz zu Ex-Kristallhöhlenchef Rolf Stauder und anderen Höhlenführern – die Besichtigungen immer mit einem Kollegen durchführte: »Unter dem Patronat des *Höhlenclub Alpstein* waren Einzelbegehungen auf Basis einer Weisung wegen der Unfallgefahr, Sicherheit und Haftungspflicht grundsätzlich untersagt. Für uns Höhlenforscher steht Sicherheit an erster Stelle, das oberste Gebot in der Höhlenbegehung, auch mit Elektrifizierung in einer Schauhöhle.«

In seinem Antwortschreiben macht Taube zwei weitere wichtige Angaben. Bei einem Lichtausfall, wie er damals immer wieder vorgekommen sei, »können die Anwesenden den Höhlenausgang nicht auffinden, respektive die Höhle sicher verlassen«.

Außerdem habe es zur Standardprozedur vieler Führer gehört, dass sie die Besuchergruppen das Höhlengitter passieren ließen und hinter dem letzten Besucher abgeschlossen hätten, ehe die Höhlenbegehung begann.

Das sind zwei interessante Aspekte. Denn sollte Ex-Kristallhöhlenchef Stauder mit seiner Vermutung recht haben, dass die Mädchen während einer Besichtigungstour in der Höhle getötet wurden, so wäre es ihnen vorher ganz unverdächtig erschienen, wenn jemand das Tor hinter ihnen verschlossen hätte – vielleicht waren sie dies sogar noch von den Besichtigungen mit ihren Schulklassen gewohnt. Und einen weiteren Vorteil hätte der Täter bei einem solchen Vorgehen gehabt: Das geschlossene Tor hätte die Flucht des zweiten, noch nicht überwältigten Opfers verhindert. Sogar von der völligen Orientierungslosigkeit im Dunkeln hatte der frühere

Höhlenchef berichtet, auch wenn er sich dabei auf den verschlossenen Teil der Höhle bezogen hatte.

Auch über den Inhalt des Blechschranks der Höhlenführer äußert sich Taube. Neben persönlichen Gegenständen der Höhlenführer hätten dort Gummistiefel, Schaufeln, wasserfeste Jacken, Taschenlampen, Ersatzbatterien, Bruchstücke von Kalkspat, Kristalle in Kübeln, aber auch Schreibblöcke, Bleistifte sowie Kugelschreiber und Filzstifte gelagert. Die letzte Information lässt mich aufhorchen: Kugelschreiber, Filzstifte, Bleistifte. Genau die gleiche Zusammenstellung hatte der Spurenermittler der Polizei neben Jutta Gallners Leiche gefunden. Und auch im Zeitungsbericht aus dem Jahr 2013 war von einem Bleistift die Rede gewesen, ohne dass dieser Fund näher beschrieben wurde.

Ich frage mich jetzt ernsthaft, ob diese Übereinstimmung noch Zufall sein kann. Spontan möchte ich sagen: Nein! Welcher Täter besitzt so gute Ortskenntnisse, um die Leichen nahezu perfekt zu verstecken, und verliert dabei auch noch genau solche Stifte, wie sich im Schrank der Höhlenführer hinter dem abgeschlossenen Gittertor finden, wenn er nicht selbst Zugang zur Höhle hat?

Als ich bei Edgar Taube nachfrage, schreibt er zurück: »Im Schrank der Höhlenführer könnten sich die von Ihnen erwähnten Schreibutensilien befunden haben. Wie viel Stück zu welchem Zeitpunkt vorhanden waren, kann ich Ihnen jedoch nicht gesichert beantworten. Es wurden immer wieder solche Kugelschreiber verloren oder als unbrauchbar entsorgt.«

Allerdings habe er keine Kenntnis darüber, dass es sich bei den Vorräten im Metallschrank um Stifte mit löschbarer Tinte von *Paper Mate* gehandelt haben könnte. Sicherlich seien handschriftliche Korrekturen in den gängigen »Aufzeichnungs-/Erfassungsbüchern« häufig gewesen, doch »Radiergummis, auf dem meist feuchten und verschmutzten Papier oder der Einsatz von der von Ihnen erwähnten löschbaren Tinte, wären nicht zweckdienlich gewesen«. Die Kugelschreiber mit dem Aufdruck des Maschinenbauers seien hingegen im Rheintal als Werbegeschenk an verschiedene Kunden gegangen, aber auch in der Kristallhöhle oder im *Höhlenclub Alpstein* verwendet worden, sei es zum Notieren der Eintrittsgelder oder zum Skizzieren und Dokumentieren von Höhlenplänen in Handbüchern. Ob sich in den Werbestiften jedoch Minen mit löschbarer Tinte befanden, weiß der Hobby-Geologe nicht zu beantworten, »da Kugelschreiberminen ersetzt oder ausgetauscht werden können«.

Leider helfen mir die Antworten des Hobby-Geologen nicht so recht weiter, sodass ich mich mit der Werbeabteilung des Maschinenbauers in Verbindung setze. Ich habe wieder einmal Glück bei meinen Recherchen, denn mir werden mehrere frühere Mitarbeiter aus der Zeit der Kristallhöhlenmorde genannt. Schnell wird in Gesprächen mit ihnen klar, dass es aus Kostengründen nicht zur Verteilung von *Paper Mate*-Stiften für Werbezwecke gekommen sei. Allerdings habe es ab 1980 für die »Großverteilung« mehr als 20 verschiedene Werbestifte mit dem Namen des Maschinenherstellers gegeben, wobei die Bestellungen jeweils bei mehreren Hundert Exemplaren lagen. Wichtige Kunden seien jedoch auch mit teureren Werbegeschenken, wie zum Beispiel Taschenmessern, bedacht worden.

Doch was bedeuten diese Aussagen für den Fall? Thomas Benz scheint einer Fehlinformation aufgesessen zu sein; der Täter dürfte am »Grab« von Jutta Gallner keinen jener Werbekugelschreiber verloren haben, wie sie auch im Schrank der Höhlenwarte aufbewahrt wurden. Allerdings ist dadurch eine Verbindung zur Höhle auch nicht ausgeschlossen, da die anderen bei der Leiche vorgefundenen Schreiber durchaus aus dem Metallschrank der Höhle stammen können.

Trotzdem lässt der gefundene *Paper Mate*-Stift Spielraum für Überlegungen. Es handelt sich um einen Stift des gehobenen Preissegments, und er wird deshalb eher selten und ausschließlich in Geschäften für Schreibwaren verkauft worden sein. Eine 1982 durchgeführte *Herkunftsfeststellung* hätte durchaus zur Identifizierung des Stifte-Käufers führen können. Die Verwendung eines löschbaren Tintenstiftes könnte darauf hinweisen, dass der frühere Besitzer eine schreibende Tätigkeit ausübte, die gelegentlicher Korrekturen bedurfte, und dass er sich deshalb bewusst für den relativ teuren Stift entschieden hatte.

Der Gedanke, auf diese Weise den früheren Besitzer des Stifts und somit auch den Mörder der Mädchen zu finden, lässt mich nicht los, und so setze ich mich mit *Paper Mate* in Verbindung, um nähere Angaben zur Produktionshöhe und der belieferten Schreibwarengeschäfte im Rheintal zu erhalten.

Leider führen diese Recherchen ins Leere. Ein freundlicher Mitarbeiter von *Paper Mate* teilte mir mit, dass es in der Firma keine archivierten Unterlagen zu Verkäufen der Tintenstifte vor 2000 gibt. Die Antwort der von mir kontaktierten Schreibwarengeschäfte aus der Region ist genauso ernüchternd – niemand hat noch Unterlagen zu Bestellungen oder Verkäufen aufbewahrt.

Als ich von dem Höhlenforscher wissen möchte, wie einst das Betreten des hinteren Teils der Höhle geregelt wurde, erfahre ich, dass der Zugangsschlüssel für das Gittertor persönlich vom Kristallhöhlenverein abgeholt und zurückgegeben werden musste, während für den Eingang an alle Höhlenführer eigene Schlüssel ausgegeben worden seien.

Die Einsatzpläne für die Höhlenführer seien auch noch 1982 von Stauder aufgestellt worden, während es für die Mitglieder des *Höhlenclub Alpstein* keine entsprechenden Regelungen gegeben habe. Die Dienste seien vorab persönlich oder telefonisch von einer Kontaktperson vereinbart worden.

Ich werde bei dieser Aussage hellhörig, denn den Namen der Kontaktperson kenne ich bereits. Auch Stauder hatte ihn erwähnt, als er mir sagte, wen er für den Mädchenmörder halte.

Doch warum hatte Rolf Stauder mir gegenüber eine anderslautende Erklärung abgegeben, als er sagte, dass er seit 1980 keine Verantwortung mehr für die Kristallhöhle trage? Und wer sollte dem von ihm verdächtigten Mann den Schlüssel für den hinteren Höhlenteil gegeben haben?

Als ich bei Edgar Taube nachfrage, werde ich erneut hellhörig: Wieder fällt derselbe Name; es ist der von Stauder verdächtigte Höhlenführer Roger Tanner.

In den Gesprächen mit Benz, dem Untersuchungsrichter und auch Stauder hatte es immer wieder Hinweise auf den inzwischen verstorbenen Höhlenführer als möglichen Täter gegeben. Und noch immer hatte ich nicht die Frage klären können, wer am 31. August als planmäßiger Höhlenführer vorgesehen war. Ich möchte mehr über diesen Mann erfahren.

Meine Nachfragen ergeben, dass am Tag des Verschwindens der Mädchen der Wirt eines nur wenige Hundert Meter von der Kreuzung in Kobelwies entfernten Lokals als Höhlenführer vorgesehen gewesen sein soll.

»Der Mann ist in der Gegend aufgewachsen, war Jäger, wog um die 150 Kilo und hatte eine Art Chef-Höhlenwartfunktion inne«, erinnert sich Benz. Am 31. Juli 1982 sei er nach Auskunft seiner Ex-Frau, gegen 12:30 Uhr von der Gaststätte mit dem *PW* abgefahren und zirka um 16 Uhr mit Blumen für eine Geburtstagsfeier am nächsten Tag zurückgekehrt.

Wie ich weiter erfahre, soll der Wirt in seinen polizeilichen Vernehmungen seine Abwesenheit aus dem Lokal bestritten und versichert haben, er sei erst gegen 16 Uhr zur Höhle gefahren, um zwei deutschen Urlaubspaaren die Höhle zu zeigen. Dabei sei ihm jedoch nichts Ungewöhnliches in der Höhle aufgefallen, auch habe er die Mädchen nicht gesehen.

Sollte die Aussage seiner Ex-Frau zutreffen, so könnte seine Abfahrt zur Mittagszeit auf sein Pflichtbewusstsein als Höhlenführer hindeuten, da ab 12 Uhr die Kristallhöhle für Besucher öffnete und es angeblich in den Ferien und an Wochenenden eine Präsenzpflicht für die eingeteilten Führer gab – und das war am mutmaßlichen Tattag der Wirt.

Als ich seine frühere Ehefrau anrufe und zur Situation am Tattag nachfragen möchte, legt sie sofort auf und ignoriert meine weiteren Anrufversuche. Ähnlich verhält es sich bei meinen Kontaktversuchen mit dem früheren Wirt; auch er reagiert auf die Anrufe nicht.

Am selben Nachmittag kehrte der von Stauder und dem Privatdetektiv verdächtigte Höhlenwart Roger Tanner von seiner Bergwanderung im Alpsteingebiet nach Kobelwald zurück. Dabei soll er einen Zwischenstopp an der Höhle eingelegt haben; bei ihm sein Schäferhund, dessen Haare angeblich an Jutta Gallners Leiche gefunden worden waren.

Ich möchte verstehen, weshalb der Mann als Mordverdächtiger galt, und frage bei Dieter Zorn nach, der mich einst zu einer Dokumentation anlässlich des 34. Jahrestages der Morde in die Schweiz eingeladen hatte. Auch er hatte den Mann als Verdächtigen während unseres Kontakts bei meinem ersten Besuch 2016 im Rheintal erwähnt.

Ich erfahre, dass der zur Tatzeit gut 50 Jahre alte Arbeiter und Höhlenwart in der Region als Sonderling galt, der allerdings noch nie durch Gewaltdelikte aufgefallen war. »Er verbrachte viele Stunden seiner Freizeit an der Kristallhöhle und bot dort Führungen an.« Er sei mit einer »schlimmen Frau« verheiratet gewesen, die ihn wie ihren »Untertan« behandelt habe und mit der er zwangsläufig »total unzufrieden« gewesen sei. »Ansonsten hat gegen ihn außer seinem Zwischenstopp an der Höhle am Tag des Verschwindens der Mädchen nichts vorgelegen.«

Trotzdem sei er in Untersuchungshaft genommen und intensiven Verhören unterzogen worden, bei denen er stets seine Unschuld beteuert habe.

Als ich nachfrage, was Zorn als Redakteur denn unter »intensiven Verhören« verstehe und darüber wisse, kommt nach einem kurzen Zögern die Antwort, die ich befürchtet habe: »Sie haben auch ihn ›geknüppelt‹.« Das hätten ihm während seiner Recherche zu Berichten über die Kristallhöhlenmorde Verwandte des Höhlenführers anvertraut.

Diese Anschuldigung kenne ich bereits, hatte der Redakteur doch auch beim Verhör des »Triebtäters« von staatlicher Gewalt oder – anders ausgedrückt – von Behördenwillkür und Folter gesprochen.

Mit dem »Triebtäter« ist jener Mann gemeint, der seit 26 Jahren wegen zahlreicher Sexualdelikte in amtlicher Verwahrung sitzt, lange Zeit als Hauptverdächtiger des Mordkommissionsleiters galt, und der mir auf Anfrage geschrieben hatte, dass er nie als Kristallhöhlenmörder verdächtigt worden sei.

Trotz meiner Zweifel an Stauders Anschuldigungen gegenüber Roger Tanner versuche ich am Abend telefonisch ein Treffen mit dem Privatdetektiv zu vereinbaren. Doch der Mann ist sehr beschäftigt. Er beschatte gerade eine *Zielperson* – »eine Ehebrecherin«, wie er mir zuraunt. Wir verabreden ein Telefonat für den folgenden Tag. Doch seine Observation scheint ihn zu sehr zu beanspruchen – er meldet sich nicht. Als ich ihn nach zahlreichen Kontaktversuchen endlich erreiche, verrät mir der, laut Eintrag in der Telefonauskunft, »Rechtmässige Inhaber eines Detektiv-Ausweises des Sicherheits- und Justizdepartementes«, dass er ein schriftliches Geständnis des inzwischen verstorbenen Höhlenwartes besitze, welches er mir bei einem Treffen zur Verfügung stellen werde. Doch zuvor verrät er mir in dem halbstündigen Gespräch, dass er Roger Tanner, dessen Ehefrau sowie deren Tochter sehr gut gekannt habe. »Die haben mir vertraut und immer wieder ihr Herz ausgeschüttet.«

Leider gestaltet sich das weitere Telefonat mit dem Detektiv sehr mühsam und schleppend, denn er spricht im reinsten Schwyzerdütsch, kommt andauernd vom eigentlichen Thema ab und ist trotz der Freisprechanlage wegen der Fahrgeräusche nur schlecht zu verstehen.

Nach einigen Nachfragen erfahre ich, dass Tanner am 31. Juli 1982 nach einer Bergwanderung auf den Kamor (Berg in den Appenzeller Alpen) die Kristallhöhle aufgesucht habe. Ein Detail, das er stets bestritten habe und das ihm auch nicht nachzuweisen gewesen sei. Tanners Frau habe ihm, dem Privatermittler, allerdings eingestanden, dass ihr Mann an diesem Tag völlig schmutzig und »pflutschnass« nach Hause gekommen sei und seinen Pullover der *Gassenfuhr* (Abfallentsorgung) übergeben habe.

Als ich von dem Detektiv wissen möchte, weshalb denn Tanner »völlig schmutzig und pflutschnass« gewesen sein soll, erwidert er, dass es an jenem Tag stark geregnet habe und Tanner, wenn er denn als Täter infrage käme, doch zunächst »das eine Mädchen in die Höhle und das andere in den Baumstrunk legen und zudecken musste«.

Die Information mit dem »Baumstrunk« ist interessant, denn vermutlich meint er damit die Wurzelmulde, in der Jutta Gallners Leichnam lag, und nicht einen Baumstumpf.

Und noch eine weitere Information hat der Mann für mich parat: »Sexuell ist bei Tanner und seiner Frau schon lange nichts mehr gelaufen«, wie ihm dessen inzwischen verstorbene Ehefrau anvertraut habe. »Stattdessen hat er sich wohl an seine leicht behinderte Tochter »ane gmacht«. Sie habe ungefähr dieselbe »Postur« wie Jutta Gallner gehabt und sei etwas »korpulent gebaut« gewesen.

Als mein Gesprächspartner sich wieder in ausschweifenden Erzählungen über seine beruflichen Erfolge verliert, beende ich das Telefonat und vereinbare mit ihm ein Treffen für die nächsten Tage. Trotz seiner Zusage findet das Treffen nie statt. Irgendwann geht der Experte für »Kriminalermittlungen und Observationen« nicht mal mehr ans Telefon.

Als ich Benz davon erzähle, wundert er sich nicht. In dem Fall »wimmle es nur so von sonderbaren Hinweisgebern«, die sich in den Vordergrund drängten, jedoch über keinerlei Fakten verfügten.

Langsam fangen sich meine Gedanken angesichts der Vielzahl von Verdächtigen und mehrerer Höhlenwarte an zu verwirren. Mir wird immer bewusster, dass ich ohne weitere Fallakten keine seriöse Einschätzung der geäußerten Verdachtsmomente und keine Aussage zu den potenziellen Tatverdächtigen vornehmen kann.

Im übertragenen Sinne komme ich mir wie ein Fischer vor, der sein Netz in das vom Sturm aufgewühlte Meer wirft und beim Einholen hofft, die in der Tiefe verborgene schillernde Wahrheit ans Licht zu holen, ohne zu wissen, welcher Teil der Wirklichkeit es sein wird. Zu sehr haben sich im Laufe der Jahre Unterstellungen und Vorurteile über die Kristallhöhlenmorde in den Vordergrund gedrängt, sich als einzige Wahrheit postuliert, wenn sie auch oft nicht einmal über das Niveau trunkener Frühschoppengespräche nach dem sonntäglichen Gottesdienst hinausgingen; durchaus unterhaltsam und aufschlussreich bezüglich des Menschenschlags und des damals herrschenden Zeitgeists der Region, jedoch völlig ungeeignet für eine stringente und seriöse Fallanalyse.

Und nicht nur das. Der Versuch, fast 40 Jahre zurückliegende Aussagen von glaubwürdigen Zeitzeugen wahrheitsgemäß abzubilden, kann auch schiefgehen. Denn unsere neuronalen Verarbeitungsprozesse der Wahrnehmung, des Speicherns der Erinnerung und der Wiedergabe sind überaus fehleranfällig. Mit anderen Worten: Die Erinnerungen können unabsichtlich verfälscht werden und so im Laufe von vier Jahrzehnten zu einer etwas anderen Wahrheit führen.

Was für die Beurteilung bleibt, sind die Entscheidungen des Täters bei den Morden und dem Verstecken der beiden toten Mädchen. All das kennzeichnet seine Bedürfnisse und lässt sein Profil transparent werden.

Tatrekonstruktion

Und so entschließe ich mich zu einem synoptischen Vergleich der einzelnen Parameter der beiden Verbrechen und der damit einhergehenden Informationen, die ich über die Täterentscheidungen und die Persönlichkeit der Opfer herausgearbeitet habe. Das Ziel: Beantwortung der Fragen, aus welcher Motivation heraus der Täter die beiden Freundinnen tötete und welches der beiden Opfer auf ihn einen größeren Reiz ausübte und ihn zum Mörder werden ließ.

Dabei möchte ich eine im Laufe der Jahre entwickelte fallanalytische Faustformel anwenden, die besagt, dass die Handlungen eines Täters bei einem Verbrechen für ihn eine umso größere Bedeutung besitzen, je länger er sich vorher damit beschäftigt hat.

Ich weiß, dass ich die letzten Tage im Leben von Elke Rhiner und Jutta Gallner bis zu ihrem Halt an der Kreuzung in Kobelwies relativ detailliert recherchieren konnte. Doch die Umstände, unter denen die Mädchen Kontakt zu ihrem Mörder bekamen, bleiben weiterhin ungeklärt. Allerdings sind solche Informationslücken nicht ungewöhnlich in Fällen, bei denen sich Täter und Opfer nicht kannten und sie der Zufall unglückseligerweise zusammenführte. Wichtig für die weitere Bewertung des Täters sind seine Entscheidungen bei der Tö*tung* des Opfers und sein Nachtatverhalten. Was macht er zum Beispiel konkret mit den Leichen? Kann ich diese Fragen beantworten, so sollte ich einen Einblick in die Persönlichkeit des Mörders bekommen.

Parameter	Jutta Gallner – Opfer 1
Tatzeit/Letztes Lebenszeichen	Samstag, 31. Juni 1982, gegen 11.45/11.50 h
Anzahl der Tatorte (TO)	**4 Tatorte:** **TO Kontaktaufnahme:** Kreuzung Kobelwies **TO Tötung:** unbekannt, aufgrund der Beklei- ter Umgebung, wie z. B. Kristallhöhle **TO Leichenverstecke I und II:** 2 in Luftlinie ca. gängliches Gelände
Opfer	**Opfer 1:** Auszubildende, 17 Jahre, frauliche Figur, burschikos, wirkte rebellisch, kommunikativ, erste Abnabelung vom Elternhaus, Selbstfindungsphase
Situative Faktoren	Letzter Tag der Velotour, vermutlich falschen sich an Kreuzung nach weiterem Weg, hatten Hause sein, war wohl noch Zeit für »Abenteuer«
Tatvorbereitung	Ungeplant, situativer Entschluss
Kontaktaufnahme	Zufälliges Zusammentreffen an Kreuzung Kobel- stützung, situativer Entschluss des Täters
Kontrollgewinnung	Kommunikation, Opfer vermutlich offen für
Widerstand des Opfers/Kontroll-aufrechterhaltung/Angriff	Opfer gehen auf Angebot des Täters ein. Tötungen kein Widerstand/keine Abwehrverletzungen
Tötung	**Opfer 1:** stumpfe Gewalt gegen Kopf mit rundem, stabähnlichen Gegenstand, schweres Schädel-Hirn-Trauma (SHT), evtl. Strahlstock als Waffe der Gelegenheit, zusätzliches Verlegen der Atemwege/Erwürgen wahrscheinlich, kein Hinweis auf Sturzgeschehen und Ausnutzen einer dadurch resultierenden hilflosen Situation
Modus Operandi	Rasches und effektives Vorgehen bei Tötungen Leichenverstecke, erfolgreiche Beseitigung von effektive Geheimhaltung der Identität, ausgeklügel- Verlust mehrerer Stifte, Kombination der beiden über allgemeine Kenntnisse zur Höhle hinausge-

Elke Rhiner – Opfer 2
dungssituation (hochgezogener Reißverschluss der Jacke) im Freien oder in kal- 50 m voneinander entfernte TO, unterhalb der Kristallhöhle, steiles, schwer zu-
Opfer 2: Schülerin, 15 Jahre, knabenhafte Statur, interessiert, wissbegierig, erste Liebe, kommunikativ, erste Abnabelung vom Elternhaus, Selbstfindungsphase
Weg auf Heimfahrt eingeschlagen, regnerisches, kühles Wetter, orientierten noch ca. 35 km Fahrtstrecke vor sich, wollten/sollten zum frühen Abend zu
wies, Opfer »zur falschen Zeit am falschen Ort«, Anbieten von Hilfe/Unter-
Kontakt
durch Überraschungsangriff und Einsatz massiver letaler Gewalt (*blitz attack*), (mehr) feststellbar
Opfer 2: aktive oder passive stumpfe Gewalt gegen Kopf, (schweres) SHT, Waffe der Gelegenheit (Strahlstock?), zusätzliches Verlegen der Atemwege/Erwürgen wahrscheinlich, Sturzgeschehen nicht auszuschließen, jedoch aufgrund von Fehlen von Begleitverletzungen eher unwahrscheinlich
und Nachtatverhalten: erfolgreiche Spurenvernichtung durch intelligente Wahl der Spuren (Blut, persönliche Gegenstände der Opfer) am Ort der Tötungen, dadurch te Leichenverstecke, jedoch fehlende Sorgfalt/Stress erkennbar am (unfreiwilligen) schwer zugänglichen Leichenverstecke zeugt von besonderen Ortskenntnissen, die hen – Planungsfehler, da Hinweis auf Identität des Täters möglich

Personifizierung	**(individuelle persönliche Note/Handschrift des** 1. keine Hinweise auf das Ausleben bizarrer, 2. keine Übertötung (*overkill*) 3. keine (rasende) Wut, kein spezieller Hass auf 4. keine degradierende Ablage der Leiche 5. keine Hinweise auf Inszenierung (*staging*) 6. ggf. Inszenierung bei vermeintlichem Höhlen-sen Nähe zum TO, sofern Tatspuren/persönli- 7. denkbar: Diebstahl persönlicher Gegenstände
Sexuelle Handlungen	**Opfer 1:** Oberbekleidung unbeschädigt (Schnitte, Stiche, Zerreißungen), Reißverschluss Anorak geschlossen, Kleidung darunter geordnet, Unterkörper nackt. Jeans und Slip in Bauchlage des Opfers zerschnitten und heruntergezogen, wegen Kompostierung der Leiche sexueller Missbrauch nicht nachweisbar, jedoch agonal (Sterben, Übergang von Leben in den Tod) oder postmortal (nach dem Tode) zu unterstellen. Evtl. Mitnahme persönlicher Gegenstände als Souvenir/Vorlage für nachträgliche Fantasieerlebnisse
Nachtatverhalten	Aufwendiges Verbergen der Leichen, Gefahr des hen Entdeckungsrisikos, mitgeführter Gegente fehlende Übersicht/Sorgfalt beim Verlieren der schwer zu entdeckenden Verstecke verrät Nähe turiertes Verhalten auch beim Verstecken von Kristallhöhle durch Mitnahme des Schlosses
Motiv	**Opfer 1:** Frustabbau/Stress durch sexuell assoziierte (anmutende) Handlungen, Machtbestätigung, Dominanz

'äters)
ıdomasochistischer Bedürfnisse

rauen erkennbar

·tifte im »Grab« von Jutta Gallner durch Unachtsamkeit des Täters)
ıfbruch/Mitnahme Vorhängeschloss – Ablenkung vom wahren Täter und des-
ıe Gegenstände/tote Opfer dort gefunden werden
on Jutta Gallner als Souvenir zur Fantasieumsetzung

pfer 2:
berbekleidung unbeschädigt, geordnet und vollständig, Reißverschluss Ano-
ak geschlossen, Bund der Jeans geschlossen/Reißverschluss hochgezogen,
ine sexuellen Handlungen vor, während und nach der Tötung erkennbar

sturzes wird in Kauf genommen, langes Verweilen an beiden Orten trotz ho-
ıd wird zum Tatwerkzeug umfunktioniert, Mitnahme nach Tat, stressbeding-
hreibstifte, Indiz für Zugang zum Metallschrank/Höhlenführer, Wahl der
r Kristallhöhle und darüber hinausgehende spezielle Ortskenntnisse, struk-
ans/Slip Jutta Gallners, evtl. Inszenierung bei vermeintlichem Einbruch in
nkbar.

pfer 2: Tötung, um Sexualmord zu begehen, Beseitigung der Tatzeugin, Ver-
nderung der eigenen Identifizierung, Verdeckungsmord

Motiv

Das Verbrechen hat mit dem Ausleben eines Rituals, der Umsetzung von bizarren Sexual- und Tötungsfantasien, wie es bei den Ermittlungen in der St. Gallener Mordkommission diskutiert worden war, nichts zu tun. Der Mörder war nicht der *cruisende* Täter, der sich in sein Auto setzt und sich – rastlos und von seinen Fantasien getrieben – auf die Suche nach einem potenziellen Opfer begibt.

Der Täter handelte *situativ*, der Zufall bestimmte das tödliche Geschehen. Erst nach dem Treffen mit den Mädchen reifte in dem späteren Mörder der Plan, die frauliche Jutta Gallner – möglicherweise als Stellvertreterin für eine andere Frau – zum Zwecke des Frust- und Stressabbaus durch sexuell assoziierte Handlungen zu missbrauchen; ihre Tötung und die von Elke Rhiner ist eine logische Konsequenz, um für den Missbrauch nicht strafrechtlich zur Verantwortung gezogen zu werden.

Das Verbrechen war ausschließlich auf die ältere Jutta Gallner ausgerichtet, Elke Rhiner hingegen erschien dem Täter mit ihrem jungenhaften Äußeren offensichtlich nicht begehrenswert. Ihre Tötung diente allein pragmatischen Überlegungen; ihr Tod sollte den sexuellen Missbrauch des älteren Opfers ermöglichen; es durfte keine Zeugin der Gewalttat an dem älteren Mädchen geben.

Wie bei so vielen Verbrechen dient wahrscheinlich auch hier die sexuelle Gewalt dem Abbau der massiven psychischen Spannungen des Täters, aber es geht auch um die Bestätigung seiner Männlichkeit, um das Ausleben von Macht und Dominanz. Und vermutlich zeigen sich in seiner Biografie massive *narzisstische Kränkungen*. Wahrscheinlich hatte der Täter starke Probleme mit seinem Selbstwertgefühl. Lebenskrisen bzw. krisenhaft zugespitzte Konfliktentwicklungen führten letztendlich zum Zusammenbruch einer vormals noch intakten psychischen Struktur und Stabilität.

Doch von welchen Persönlichkeitsmerkmalen hätten die Ermittler damals ausgehen können? Für mich zeichnet folgendes Profil den Täter aus:

1. Männlich
2. Alter: ca. 25–35 Jahre (Durchschnittsalter Sexualmörder 29 Jahre lt. BKA-Studie). Dies ist nach kriminalpsychologischen Erkenntnissen die Hochrisikogruppe solcher Tötungsdelikte.
3. Keine pädophile-sexuelle Fixierung auf Kinder, keine sadistischen Neigungen oder Auslebung sonstiger Fantasien.
4. Ggf. alleinlebend, sofern in Beziehung, fallen längere Abwesenheiten nicht auf oder werden hingenommen. Frusterlebnisse in der Beziehung.
5. Täter und Opfer kannten sich nicht (Mädchen jedoch offen für »Abenteuer« am letzten Tag ihrer Velotour); kommunikative Fähigkeiten.
6. Konsequentes und kontrolliertes Vorgehen bei Tat. Nur so viel Gewalt, wie für Tötung erforderlich.
7. Hohe pragmatische Intelligenz. Nach Tötungen setzt Rationalität ein. Das Nachtatverhalten ist strukturiert, klar organisiert, zeitaufwendig und nahezu perfekt. Täter steht beim Verstecken der Leiche von Jutta Gallner jedoch unter Stress, als er Stifte verliert und dies nicht bemerkt.
8. Vermutlich Kenntnisse über geologische Formationen, Mineralien, Kristalle. Scheint mit verfügbarem Werkzeug (ggf. Strahlstock) vertraut zu sein. Präparieren einer Felsplatte als »Sarkophag«-Deckel drückt Nähe zu diesem Material und Vertrauen in die eigenen Fertigkeiten aus.
9. Benutzt (vermutlich) hochwertigen *Paper Mate Replay*-Stift. Übt wahrscheinlich (beruflich) schreibende Tätigkeit aus.
10. Verfügt über außergewöhnlich gute Ortskenntnisse, ist vermutlich mit Öffnungszeiten/Gepflogenheiten der Kristallhöhle vertraut. Direkter Bezug oder Zugang zur Höhle anzunehmen,

vermutlich in Höhlen-Aktivitäten eingebunden (Betrieb/Führungen/Forschung).

11. Kommt aus der Region bzw. wenn nicht, dann dort beruflich oder im Rahmen von Hobbys/Alltagsroutine im Bereich der Kristallhöhle involviert.
12. Körperliche Fitness, bergerfahren, ggf. Kletterer, kräftig, ggf. Hilfe durch vertraute Person.
13. Besitzt (eigenes) Kraftfahrzeug.
14. Führt Waffe(n) der Gelegenheit bei sich: Schlagwerkzeug, evtl. Strahlstock, Messer.

Wahrscheinlich gab es im Vorfeld der Verbrechen bereits Ansätze beim Täter für ein solches Handeln, denn derartige Gewaltdurchbrüche kommen selten aus dem Nichts. Es dürfte erste Warnzeichen gegeben haben, sei es auf verbaler Ebene, also im Bereich von Bedrohungen (von Frauen), oder auf mentaler Ebene, wenn es um eine Beschäftigung mit entsprechenden Szenarien ging, ohne dass diese strafrechtlich verfolgt und der Öffentlichkeit bekannt geworden sein müssen.

Auf jeden Fall – das beweisen einschlägige Studien – fallen Sexualmörder vor dem eigentlichen Verbrechen durch andere Straftaten auf. Insbesondere dann, wenn es keine Täter-Opfer-Beziehung gab. Das könnte auch auf den Mörder von Elke Rhiner und Jutta Gallner zutreffen.

Allerdings stehen bei vorangegangenen Delikten meistens nicht – wie Sie als LeserIn vielleicht erwarten würden – sexuell motivierte Taten im Vordergrund, sondern Fälle von Diebstahl und Unterschlagung; erst dann folgen »Straftaten gegen die körperliche Unversehrtheit und die sexuelle Selbstbestimmung«.

Neun von zehn Sexualmördern begehen zunächst Eigentumsdelikte, wobei – und das leuchtet ein – ein solcher Tabubruch für die Täter eine geringere Überwindung der Hemmschwelle darzustellen scheint als die Verletzung der körperlichen Integrität anderer

Menschen. Diese Neigung zum Diebstahl könnte auch eine Erklärung für das Fehlen einiger persönlicher Gegenstände sein (Portemonnaie mit Bargeld, Ausweise, Armbanduhr, Schlüssel zum Tagebuch).

Auf Jutta Gallner als Person hatte es der Mörder zwar besonders abgesehen, doch richtete sich die Tat nicht persönlich gegen sie. Möglicherweise verkörperte sie für den Täter eine negative Erfahrung, sodass sie stellvertretend für eine andere Frau getötet wurde. Elke Rhiner hingegen traf das Unglück, dass sie zur falschen Zeit am falschen Ort war.

Bei dieser Profilerstellung des Täters fallen mir die Worte des ehemaligen leitenden Untersuchungsrichters ein, der mir im Gespräch sinngemäß sagte: »Es ist nur so ein Bauchgefühl, doch in der Dorfgemeinschaft von Kobelwald herrschte durchaus die Überzeugung, dass der Täter einer von ihnen sein dürfte. Man sprach nicht offen über den Verdacht, tat es nur in kleinen Gruppen.«

Ich müsse mir eine enge Dorfgemeinschaft vorstellen, bei der jeder den anderen kennt oder gar mit ihm verwandt ist. »Wer will da schon der vermeintliche Verräter sein und einen Tipp geben, wenn nicht die Gewissheit besteht, dass der Täter lebenslang ins Gefängnis kommt?«

Ähnlich schätzt auch Thomas Benz die Situation ein: »Die Menschen aus der Region hätten am liebsten die Mädchenmorde verleugnet, als hätten sie sich nie zugetragen.«

Sicherlich standen die Chancen für die Aufklärung der beiden Morde von Anfang an unter keinem guten Stern. Trotz umfangreicher Suchmaßnahmen wurden die Leichen von Jutta Gallner und Elke Rhiner erst neun Wochen nach ihrem Verschwinden gefunden. Die anfängliche Vermutung, die Mädchen könnten ihre Velotour verlängert haben oder einem Unfall zum Opfer gefallen sein, bestätigte sich nicht. Dadurch wurde kostbare Zeit verschenkt, die für Ermittlungen und Tätersuche hätte genutzt werden können.

Der eigentlich überschaubare Zeitraum von neun Wochen hatte ausgereicht, um mögliche biologische Spuren des Täters an den Opfern und ihrer Kleidung zu zerstören. Der Ort der Tötungen wurde nie ermittelt, und somit entfiel auch hier die Chance auf relevante Tatspuren.

Nicht auszuschließen ist auch, dass eine frühe Fixierung auf einzelne Tatverdächtige verhinderte, dass die Alibis anderer potenziell Verdächtiger ebenso überprüft wurden, was mit der Zeit immer schwieriger wurde.

Eine Aussage darüber, welcher der zahlreichen Verdächtigen für mich als Täter am ehesten infrage kommt, steht mir nicht zu. Zum einen, da die Taten verjährt sind und der Täter ein Recht auf Unschuldsvermutung geltend machen kann, andererseits, weil mir trotz meiner intensiven Recherchen viele Informationen aus den Akten nicht vorliegen.

Leider wurde mein Antrag auf Akteneinsicht vom Kantonalen Untersuchungsamt der Staatsanwaltschaft St. Gallen aufgrund des fehlenden öffentlichen Interesses abgelehnt. Zwar könne eine »kritische Betrachtung einer konkreten Untersuchungsführung [...] durchaus im öffentlichen Interesse liegen. Andererseits liegt auch im öffentlichen Interesse, dass Rechtsfrieden einkehren darf.« Zudem sei nicht auszuschließen, so der Staatsanwalt weiter, dass für das hier vorliegende Sachbuch »eine reisserische oder tendenziöse Darstellung« gewählt werde. »Dem steht das Interesse, Ruhe und Sicherheit in der öffentlichen Wahrnehmung mittels einer objektiven und neutralen Darstellung der Ermittlungstätigkeit im Spiegel der Zeit unter der Berücksichtigung der damaligen Mittel und Kenntnisse zu stärken, entgegen.«

Doch ich bin mir sicher: Der Mörder von Jutta Gallner und Elke Rhiner – oder ein möglicher Helfer – hat sich durch seine Entscheidungen beim Verstecken der Leichen selbst verraten, denn er bewies damit seine außergewöhnliche Ortskenntnis. Sein Name stand bereits im Fokus der Ermittlungen und findet sich in den Akten. Sein Alibi wurde überprüft, doch es lagen keine faktischen

Beweise gegen ihn vor – lediglich ein Verdacht. Und die Menschen aus der Kobelwalder Region werden ihn auch aufgrund meiner Beschreibung erkennen, denn der Mörder lebt(e) unter ihnen.

Auch wenn die Morde an den unschuldigen Mädchen aufgrund der in der Schweiz geltenden Rechtslage seit fast zehn Jahren verjährt sind und der Täter somit keine irdische Strafe mehr zu erwarten hat, haben ihn die Bilder der sterbenden Mädchen zeit seines Lebens verfolgt. Eine schreckliche Wahrheit, der er niemals wird entrinnen können. Erlösung, wenn überhaupt, bringt nur ein ehrliches Eingestehen der Tötungen.

Nachtrag I

Deutschland hat die Verjährung von Morddelikten 1979 abgeschafft und damit eine Lehre gezogen aus den unvorstellbaren Gräueltaten der nationalsozialistischen Machthaber in der Zeit von 1933 bis 1945 mit Millionen unschuldiger Opfer. In der Schweiz hingegen werden Tötungsdelikte nach 30 Jahren nicht mehr verfolgt, Verbrechen gegen die Menschlichkeit und Genozid hingegen schon. Seit 2013 gilt die Regelung der Nichtverjährung auch für Taten des schweren sexuellen Missbrauchs von Kindern unter zwölf Jahren.

Eine vom Kanton St. Gallen gestartete Initiative, wonach die Verjährung von Verbrechen mit einer zu erwartenden lebenslangen Strafe – konkret für Mord – aufgehoben werden sollte, scheiterte im März 2020 mit 20 zu 18 Stimmen im schweizerischen Ständerat (vergleichbar dem Deutschen Bundesrat).

Verjährungsgegner hatten die Auffassung vertreten, mit der Entwicklung von DNA-Analysen stünden den Ermittlungs- und Fahndungsbehörden Möglichkeiten zur Verfügung, auch Jahre nach einer Straftat noch Beweise zu finden und Täter zu überführen.

Befürworter der Verjährung argumentierten dagegen, die Gesellschaft müsse die Chance haben, mit einem Ereignis abschließen zu können. »Und dies sei«, so ein Sprecher der Abschaffungsgegner, »nicht möglich, wenn eine Straftat nicht verjähre.« Zudem wecke man bei den Angehörigen der Opfer falsche Hoffnungen. Denn je länger eine Tat zurückliege, desto schwieriger sei die Beweisführung. Daran änderten auch neue technische Methoden nichts, wie beispielsweise die DNA-Analyse. Vielmehr nehme die Gefahr von Justizirrtümern mit der Zeit zu.

Mit dem ablehnenden Bescheid des Ständerates ist über die Beibehaltung der Verjährungsfrist noch nicht endgültig entschieden, da die Vorlage beim schweizerischen Parlament, dem Nationalrat, zum abschließenden Entscheid eingereicht wurde und auch Änderungen der Verjährungsbestimmungen im Strafgesetzbuch geprüft werden. Sollten beide Wege scheitern, so könnte als Ausdruck der direkten Demokratie auch noch eine Volksinitiative geprüft werden.

Für die Angehörigen von Jutta Gallner und Elke Rhiner kommen solche Aktivitäten zehn Jahre zu spät; die Morde sind seit 2012 verjährt, der Mörder der Mädchen wird auch zukünftig keinen strafrechtlichen Sanktionen ausgesetzt sein und stets das Recht auf Unschuldsvermutung für sich reklamieren können. Es gilt der verfassungsrechtliche Grundsatz, keine Strafe ohne Gesetz, der eine nachträgliche Sanktionierung bereits verjährter Verbrechen verhindert, auch wenn es später anderslautende gesetzliche Regeln geben sollte.

Ich vermag die in der Schweiz bestehende Regelung so nicht nachzuvollziehen, denn wäre Jutta Gallner bei ihrem gewaltsamen Tod fünf Jahre jünger gewesen, so wäre die mit dem Mord einhergehende Vergewaltigung nicht verjährt, ihre gewaltsame Tötung hingegen schon.

Ähnlich für mich nicht nachvollziehbar die Argumentation in Hinblick auf Elke Rhiners Tod: Sie überlebte das kritische Alter für eine Nichtverjährung des schweren sexuellen Missbrauchs von Kindern gerade einmal um drei Jahre. Auch wenn bei ihr auf den ersten Blick die erforderlichen Tatbestandsmerkmale fehlen sollten, so ermöglichte ihr gewaltsamer Tod erst den schweren sexuellen Missbrauch ihrer Freundin. Und so frage ich mich, weshalb diese gegen sie gerichtete ruchlose Tat ungesühnt bleiben sollte, wenn hingegen der Missbrauch an einem wenige Jahre jüngeren Kind weiterverfolgt werden würde. Wieso würde bei einem solchen Verbrechen die Argumentation der Verjährungsbefürworter nicht anzuwenden sein, dass, je länger eine Tat zurückliegt, die Beweisführung umso schwieriger werde und nicht einmal neue technische Methoden, wie beispielsweise die DNA-Analyse, daran etwas ändern könnten?

Es ist sicherlich eine schwierige juristische Bewertung der konkurrierenden Interessenlagen von Opfern und Angehörigen versus das Anrecht auf Vergessen und Straffreiheit, die auf die schweizerische Gesellschaft zukommt. Doch vielleicht kann der folgende Ausschnitt meines Interviews mit Juttas Gallners Bruder Paul einen Einblick in die Gefühlswelt eines Angehörigen nach einem Gewaltverbrechen geben, auch wenn die Tat fast ein halbes Jahrhundert zurückliegt.

Nachtrag II

Ich frage mich, wie Jutta Gallners Bruder Paul über den Grundsatz denkt, Täter nicht rückwirkend zu bestrafen, und nehme Kontakt zu ihm auf. Er reagiert schnell. Zwar möchte er sich weder mit mir treffen noch telefonieren, doch er möchte auch nicht schweigen und bietet an, dass er meine Fragen schriftlich beantwortet.

Wenige Tage später halte ich seine Nachricht in den Händen; ein bewegendes Dokument über seinen Schmerz, über den viel zu frühen und gewaltsamen Verlust seiner Schwester und seine immer noch anhaltende Trauer.

»Als Angehöriger eines Opfers ist man immer selber auch ein Opfer. Ein Gesetz, welches einem Mörder nach 30 Jahren das Gefühl gibt, nicht mehr bestraft werden zu können, hat wohl nichts mit Gerechtigkeit zu tun …

Anfangs war ich mit der Situation völlig überfordert und konnte nicht damit umgehen, habe versucht, diese zu verdrängen, wollte mein unbeschwertes Leben zurück. Ich habe erst viele Jahre später mit der Verarbeitung begonnen, ich musste einen Weg finden, nicht wie gelähmt dazustehen, wenn ich auf meine Schwester angesprochen oder an sie erinnert wurde.

Zu Ende ist dieser Prozess auch heute nicht, der Stein im Rucksack muss immer mal wieder umgepackt werden, wenn er wieder mal zu fest ins Kreuz drückt.

Es gibt Wege und Orte, an denen fühle ich mich meiner Schwester und auch meinen zwischenzeitlich verstorbenen Eltern nahe. Wege und Orte, wo wir uns oft gemeinsam aufgehalten haben.

Die Frage nach dem Täter ist in meiner persönlichen Verarbeitung immer mehr in den Hintergrund gerückt, zudem eine Verurteilung nach Schweizer Gesetz im Verlaufe der Jahre immer unwahrscheinlicher wurde. Selbst bei einer Verurteilung hilft mir die Strafe nicht, mit dem Schicksal fertigzuwerden. Das Leben hat mir mit dieser Tat eine Aufgabe gestellt, mit welcher ich selbst fertigwerden muss. Da hilft mir kein Urteil und keine Gefängnisstrafe. Mal gelingt dies leichter, mal weniger. Ich weiss nicht, was es mit mir machen würde, wenn nun der Täter doch noch gefunden würde.

Verstehen Sie mich bitte nicht falsch, nicht dass mir eine Verurteilung des Täters nicht wichtig wäre. Aber ich gebe dem Täter keinen Platz in meinem Leben, diesen gestehe ich ihm nicht ein, diesen hat er nicht verdient. Ich bin mir sicher, dass auch der Täter damit zu kämpfen hat, denn er hat die Bilder, die Schreie, die Geräusche im Kopf. Und wohl niemanden, mit dem er darüber reden kann.«

Die Tote im Parkhaus – 23 Stufen in die Freiheit

Es sind nur 23 Stufen. Doch sie ziehen eine nahezu unüberwindbare Trennlinie zwischen Gefangenschaft und Freiheit, Schuld und Unschuld, abgeschottetem Mikrokosmos und schrankenloser Außenwelt.

Die Grenze zwischen diesen Polen führt durch ein enges, tristes Treppenhaus. Auch hier setzt sich der Widerstreit der Gegensätze fort. Schleichender Verfall und Denkmalschutz versus einstiger Moderne der Wilhelminischen Kaiserzeit.

Aggressive Salze haben das immer noch undurchdringliche Gemäuer der Haftanstalt zum Blühen gebracht; an vielen Stellen ist weißer, schaumiger Putz als kristallines Zeichen der Vergänglichkeit auf die Stufen gerieselt; bei jedem meiner Besuche an einer anderen Stelle, bis sich irgendwann ein Maurer erbarmte und mit dunklem Mörtel die Wunden des Mauerwerks schloss.

Die schachbrettartig angeordneten hellen und dunklen Bodenfliesen lassen jeden meiner Schritte hallen. Gleichgültig, wie eilig oder bedächtig ich bei meinen Besuchen den Eintritt in die von hohen Mauern abgeschirmte Parallelwelt wage. Ich bin froh, dass ich selbst entscheiden kann, wann ich mich von meinem Schreibtisch zu einem Besuch in das frühere Zuchthaus im Süden der Republik begebe. Froh auch darüber, dass ich nach spätestens zweieinhalb Stunden über jene unscheinbar wirkenden 23 Stufen den streng reglementierten Vorschriften der Anstalt wieder entrinnen und den Weg zurück in die Selbstbestimmung finden kann.

Weit über 800 in diesem Gefängnis untergebrachte Männer haben dieses Recht der freien Entscheidung nicht – nicht mehr. Sie wurden von Gerichten wegen ihrer Verbrechen zu mehrjährigen Freiheitsstrafen verurteilt, manche aber auch zu lebenslanger Haft.

Einer von ihnen ist Benedikt Toth, genannt Bence. Er soll seine millionenschwere Erbtante erschlagen haben. Seither ist er bekannt als der *Parkhausmörder*. Doch der Verurteilte hat die Tat von Anbeginn vehement und gebetsmühlenartig bestritten. Und tut das bis heute, obwohl er seit rund einem Jahrzehnt in einem hochgesicherten Zellentrakt als Gefangener verwahrt wird.

Während ich das Treppenhaus passiere, frage ich mich: War das Urteil wirklich gerecht? Gründete es auf Tatsachen und allen vorliegenden Beweisen? Ist der Mann tatsächlich der Mörder, den die Öffentlichkeit in ihm sieht, oder ist er unschuldig?

In wenigen Minuten werde ich mit Benedikt Toth sprechen …

Vorgeschichte

Im Frühjahr 2016 klingelt mein Telefon. Ein befreundeter Regisseur und Dokumentarfilmer ist am anderen Ende der Leitung. Er sagt, er habe für das ZDF einen Beitrag über den sogenannten Parkhausmord und ein weiteres Verbrechen gedreht, bei dem im September 1981 die zehnjährige Ursula H. nach einer Entführung in einer vergrabenen Holzkiste qualvoll erstickt war. Es gebe offensichtlich Zusammenhänge; bei beiden Taten seien identische DNA-Profile gefunden worden. Auch eine vermeintlich mit einem Handschuh während der Tat übertragene DNA-Spur des Parkhausmörders Benedikt Toth am blutigen Blazer des Opfers werfe Fragen auf, da deren Herkunft nur unzureichend geklärt worden sei.

Alles zusammengenommen handele es sich beim Schuldspruch im Parkhausmordfall um ein sehr einseitiges Urteil, das so nie hätte gesprochen werden dürfen. Der Dokumentarfilmer berichtet weiter, dass er während der Dreharbeiten auch mit Benedikt Toth gesprochen habe, der immer noch auf seine Freilassung hoffe.

Alles spreche trotz des anderslautenden Urteils und abgelehnter Eingaben für einen Justizirrtum, sodass der Gefangene weiterhin eine Wiederaufnahme des Verfahrens anstrebe, um endlich vom Makel des Mordvorwurfs rehabilitiert zu werden. Möglicherweise könne ich als Fallanalytiker helfen, die vorliegende Beweislage zu prüfen und neue Ideen für einen Wiederaufnahmeantrag zu entwickeln.

Das Verbrechen an Charlotte B. hatte ich bisher nur am Rande verfolgt, kannte außer einigen Beiträgen in den Medien keine Details. Die in der Öffentlichkeit ausgetragene Auseinandersetzung der beiden streitenden Lager hatte auf mich jedoch irritierend gewirkt. Manchmal schien es gar, als hätten persönliche Glaubensbekenntnisse über sachliche Bewertungen obsiegt.

Obwohl mich die Hintergründe des Verfahrens interessieren, bitte ich den Regisseur um ein paar Tage Bedenkzeit. Ich möchte zunächst einen Blick in die Urteilsbegründung werfen und die Argumente für die Verurteilung des Neffen der Getöteten prüfen. Schließlich reicht es für ein Wiederaufnahmeverfahren nicht aus, lediglich Indizien aus dem Hauptverfahren anzugreifen. Zumal wenn, wie in diesem Fall, ein erster Anfechtungsversuch und weitere juristische Schritte bereits gescheitert sind. Es sei wichtig, erkläre ich dem Regisseur, neue Tatsachen und Beweise zu präsentieren, die *Novitäten*.

Die Möglichkeit der späten Rehabilitierung eines Verurteilten hat der Rechtsstaat eröffnet, um mögliche Justizirrtümer korrigieren zu können. Bei einem positiven Ausgang führt das erfolgreiche Wiederaufnahmebegehren dazu, dass eine bereits rechtskräftige Strafe nicht weiter vollstreckt und Schadenersatz für erlittenes Unrecht geleistet wird.

Generell ist dieses Prozedere für einen Verurteilten ein schwieriges Unterfangen, da der Staat aus Gründen der Rechtssicherheit das Vertrauen in die von seinen Richtern gesprochenen Urteile stärken will.

Eine ähnliche Regelung stellt der Grundsatz des Verbots der Doppelbestrafung dar, bei der eine erneute Strafverfolgung derselben Tat nach einem Freispruch nicht mehr möglich ist. Ein Betroffener soll somit vor existenziellen Unsicherheiten eines zweiten Prozesses in derselben Sache geschützt werden.

Gemeinsam mit der Revision gehören diese strafprozessualen Möglichkeiten wohl zur Königsdisziplin des Strafrechts. Die hohen juristische Anforderungen führen dazu, dass lediglich drei Prozent der eingereichten Anträge von den zuständigen Gerichten positiv beschieden werden und es nur in Ausnahmefällen zu einer erneuten Hauptverhandlung kommt.

Mit diesem nicht sehr motivierenden Hintergrund öffne ich einige Tage später ein Paket mit Münchner Absender. Darin das Urteil des Landgerichts München I zum »Aktenzeichen 1 ICs 128 Js 10979106« sowie Tatortbeschreibungen, Vernehmungsprotokolle und Gutachten. Ich beginne mit dem Urteil, in dem die Richter auf 214 Seiten begründet haben, weshalb nur Benedikt Toth der Mörder seiner Tante sein kann, auch wenn es kein Geständnis, keine Tatzeugen und keine konkreten Beweise für seine Schuld gibt.

Die Ausführungen der Ankläger legen nahe, dass es sich trotz fehlenden Geständnisses aufgrund zahlreicher Indizien um eine eindeutige Verdachtslage handeln muss.

Entsprechend hatte sich bereits eine Woche nach der Tat ein Mitglied der eingesetzten Mordkommission in einem Interview der *Süddeutschen Zeitung* geäußert. »Die Schlinge zieht sich zu«, erklärte der Ermittler damals. Er gehe fest davon aus, mit dem Neffen Benedikt Toth den mutmaßlichen Täter verhaftet zu haben, denn der Tatverdacht [...] erhärte sich [...] immer mehr. Und: »Bis jetzt haben wir kein einziges entlastendes Indiz gefunden.«

Die Theorie einer Beziehungstat mit frei gewordenen destruktiven Emotionen sahen die Ermittler auch dadurch gestützt, dass aus der Wohnung keine Wertsachen zu fehlen schienen –abgesehen von mehreren 500-Euro-Scheinen. Geld, das später bei der

Festnahme von Benedikt Toth in dessen Portemonnaie entdeckt wurde.

Aus Sicht der Verteidigung war der Neffe des Opfers der Öffentlichkeit hingegen vorschnell als Mörder präsentiert worden. Schließlich sei die Überprüfung möglicher anderer Verdächtiger unterblieben. Außerdem fehlten eindeutige Beweise, die die Schuld ihres Mandanten begründeten.

Ich muss an einen Fernsehbeitrag denken, in dem auch der zuständige Staatsanwalt mehrfach zu Wort kam. Mit seinen grau melierten zum Pilzkopf gekämmten und im Nacken zum Pferdeschwanz gebundenen Haaren hatte mich der Mann an ein Relikt der Popkultur aus den frühen 1960er-Jahren erinnert. Unter einem schwarzen Jackett strahlten sein gestärktes weißes Hemd und eine weiße Fliege, und sein konzentrierter Blick durch die randlose Brille wirkte stechend.

Er wählte seine Worte mit Bedacht, als er berichtete, es sei der Abend des 16. Mai 2006 gewesen, als er über das Verbrechen informiert worden sei. Er habe in dieser Situation zunächst gar nicht an den Täter denken können. Vielmehr habe man versuchen müssen, sich über die Person und die Gewohnheiten des Tatopfers zu informieren. Wie lebte es? Extrovertiert oder zurückgezogen?

Diese Zurückhaltung bei der Täterfrage gab der Ankläger allerdings schon bald auf und zeigte sich stattdessen von Benedikt Toths Täterschaft überzeugt. Nicht einmal 48 Stunden nach Tatentdeckung beantragte der Staatsanwalt einen Haftbefehl gegen den Neffen der Getöteten beim Amtsgericht München und forderte später in seinem Plädoyer, eine besondere Schwere der Schuld festzustellen; in Deutschland das höchste Strafmaß für ein Verbrechen.

Ich überlege, welche Gründe er dafür gehabt haben mag. Könnte es mit dem permanenten Schweigen des Angeklagten während der Gerichtsverhandlung zusammenhängen? Darauf gibt der Ankläger immerhin selbst in dem Fernsehbeitrag einen Hinweis: »Hätte er sich anders eingelassen«, so der Jurist, »wäre ich vielleicht zu einer anderen Überzeugung gelangt.« Schließlich habe es keine direkten Beweise gegeben. Maßgelblich für seine Strafforderung sei vielmehr die den Angeklagten belastende Spurenlage mit zahlreichen Indizien in ihrer Gesamtschau gewesen.

Sie werden sich als LeserIn nun vielleicht fragen, was den Unterschied zwischen einem Beweis und einem Indiz ausmacht. Die Unterschiede sind fließend. Während der Beweis den eindeutigen Nachweis einer Tatsache erbringt, wie zum Beispiel die Identifizierung eines Fingerabdrucks auf einer Tatwaffe, so handelt es sich bei Indizien um Anzeichen oder Hinweise, die auf eine Tatsache hindeuten. Wegen eines einzigen Indizes kann niemand schuldig gesprochen werden. Allerdings kann eine Vielzahl von Indizien dazu führen, dass ein Gericht diese Häufung für so ungewöhnlich und so belastend hält, dass es den Angeklagten schuldig spricht.

Um eine solche Entscheidung aufgrund einer reinen Indizienlage treffen zu können, bedarf es keiner gesetzlich vorgeschriebenen Mindestanzahl dieser Anzeichen. Es gilt stattdessen das Prinzip der *freien Beweiswürdigung*, bei dem das Gericht nach seiner aus der Hauptverhandlung *geschöpften Überzeugung* urteilt.

Für mich ist eine überzeugende Beweiskette mit der Kombination von Sach- und Personalbeweisen – also dem Geständnis und Zeugenaussagen – allerdings die Grundvoraussetzung für eine eindeutige Schuldzuweisung. Fehlt diese, so hat unsere Rechtsordnung dafür einen eindeutigen Handlungsauftrag und Namen: *Im Zweifel für den Angeklagten* oder *in dubio pro reo*. Dieser Grundsatz besagt, dass ein Angeklagter freizusprechen ist, wenn nach einer abgeschlossenen Beweisaufnahme noch Zweifel verbleiben. Doch diese Zweifel scheint das Gericht nicht gehabt zu haben, wie das Urteil zeigt. Die Verteidigung hingegen sehr wohl.

Doch nicht nur diese Informationen, sondern auch die ungewöhnlichen Begleitumstände während des Verhandlungsmarathons machten den Fall auf seine Weise einzigartig: ein kahl geschorener Angeklagter im Hungerstreik, die aggressive Stimmung während der gesamten Verhandlung im Gerichtssaal, Tumulte bei der Urteilsverkündung, laut protestierende Zuschauer beim Verlassen des Sitzungssaales, unter ihnen sogar einer der Verteidiger.

Außergewöhnlich war für mich auch der seit Jahren ungebrochene Rückhalt durch die Familie des Verurteilten und Teile seines Freundeskreises. Dazu eine ausgesetzte Belohnung in Höhe von 250 000 Euro für Hinweise auf den wahren Täter; in Deutschland eine der höchsten ausgelobten Summen für einen solchen Zweck.

Ferner die rätselhafte DNA-Spur »J73.03.3«, von der bereits der Filmemacher gesprochen hatte. Dieser genetische Fingerabdruck soll an einem Trinkglas in der Spülmaschine und einer Kommodenschublade im Salon der getöteten Millionärin gefunden worden sein. Darüber hinaus aber auch in einem lang zurückliegenden anderen Tötungsdelikt aus dem Jahr 1981, an der Schraube einer Holzkiste, in der das Mädchen Ursula H. qualvoll erstickt war.

Für dieses Verbrechen hatte das Landgericht Augsburg 2010 Werner M. verurteilt, einen zur Tatzeit 31-jährigen gelernten Kfz-Mechaniker und Fernsehtechniker, der die Entführung des Mädchens nach Überzeugung des Schwurgerichts lange und sorgfältig geplant hatte. Das Tatmotiv hatten die Richter in seinen desolaten finanziellen Verhältnissen gesehen, zum Zeitpunkt des Verbrechens mit rund 140 000 Mark Schulden, dem Scheitern seiner Selbstständigkeit als auch einem geleisteten Offenbarungseid. Werner M. hatte – wie auch Benedikt Toth – immer wieder seine Unschuld beteuert. Nach Auffassung beider Gerichte standen trotz der identischen DNA-Spuren der Tod von Charlotte B. und der Mordfall Ursula H. in keinem direkten Zusammenhang.

Zwar hatte die Polizei – erfolglos – versucht, mit einem Massen-DNA-Test in den eigenen Reihen den Spurenverursacher zu identifizieren. Doch das Gericht war dennoch zur Überzeugung gelangt, dass diese Spur keine Tatrelevanz besitzt. Es müsse vielmehr eine

»Sorgfaltspflichtverletzung« beim Umgang mit den Proben vorliegen. Mit anderen Worten: Die Ermittler sollen geschludert haben. Eine These, die diese jedoch energisch bestritten.

Ich kann die Überlegungen des Gerichts grundsätzlich nachvollziehen, denn tatsächlich kommt es gelegentlich zu Fehlern bei der DNA-Probensicherung und der späteren serologischen Bewertung dieser Spuren. Beispielsweise beim Mord an einer Polizistin in Heilbronn.

In diesem Fall waren DNA-Proben mit verunreinigten Wattestäbchen aufgenommen worden und hatten so unfreiwillig den Mythos geschürt, eine international agierende Täterin würde als »Frau ohne Gesicht« oder als das »Heilbronner Phantom« zahlreiche Morde und weitere Straftaten begangen haben. Letztendlich war es aber »nur« eine erschreckende Panne, da eine Mitarbeiterin der Herstellerfirma der Sticks die Verunreinigungen mit ihren genetischen Merkmalen verursacht hatte.

Ähnliche Irritationen hatte es auch im Fall der getöteten neunjährigen Peggy K. gegeben. Das Mädchen war im Mai 2001 aus einem kleinen oberfränkischen Dorf spurlos verschwunden. Für die nächsten 15 Jahre galt es als vermisst, ehe ein Pilzsucher ihre sterblichen Überreste zufällig in einem Waldstück fand. In der Nähe ihrer skelettierten Leiche war an einem Stofffetzen die DNA des NSU-Mörders Uwe B. nachgewiesen worden. Erst später sollte sich herausstellen, dass es sich um eine Trugspur handelte und diese Übereinstimmung offensichtlich aus einer Panne bei der Spurensicherung resultierte. Das Erbgut des NSU-Mörders war fünf Jahre zuvor an einem anderen Tatort gesichert worden. Ihr Metermaß hatten die Spurensicherer danach aber wohl nicht gereinigt und später auch bei der Tatortarbeit im Fall von Peggy verwendet.

Beeindruckend, aber auch beängstigend, welche Möglichkeiten sich im Beweisverfahren durch den Nachweis geringster menschlicher DNA-Mengen ergeben. Mir wird zunehmend bewusst, wie unabdingbar die genaue Faktenprüfung ist, ehe die Entscheidung getroffen werden kann, ob es sich um eine tatrelevante Spur handelt oder eben nicht.

Doch treffen diese Voraussetzungen auch in den Fällen von Charlotte B. und Ursula H. zu? Die Frage ist bis heute nicht geklärt, und auch der Spurenleger des einzigartigen genetischen Codes wurde nie gefunden.

Nach seiner Verurteilung bleiben Benedikt Toth und seine Verteidigung nicht untätig. Sie starten zahlreiche Versuche, ein zweites Verfahren zu erzwingen. Trotz vieler Ungereimtheiten und Widersprüche im Urteil, neuer Argumente und Beweise, misslingen alle Versuche des juristischen Neubeginns. Die gegen das Urteil eingelegte Revision verwirft der Bundesgerichtshof (BGH) nach wenigen Wochen ohne nähere Begründung.

Auch eine Verfassungsbeschwerde von Benedikt Toths Anwälten erzielt in Karlsruhe keine Wirkung; das Bundesverfassungsgericht lässt eine Klage nicht zu. Schließlich scheitert auch eine beim Europäischen Gerichtshof für Menschenrechte (EGMR) eingereichte Beschwerde wegen Verletzung des Grundsatzes der fairen Verfahrensführung. Trotzdem erfolgt 2012 ein erneuter Versuch, doch der von Benedikt Toths Anwälten gestellte erste Wiederaufnahmeantrag beim Landgericht Augsburg ist ebenso erfolglos wie die Beschwerde gegen dieses Urteil. Somit scheinen alle Möglichkeiten für einen neuen Prozess erst einmal ausgeschöpft zu sein. Das heißt für Benedikt Toth, dass er noch etwa 20 Jahre seines Lebens hinter Gittern fristen muss, sofern sich nicht doch noch Novitäten finden sollten.

Ich werde bei dieser Information hellhörig. Hatte nicht auch ein Augsburger Landgericht im Fall von Ursula H. die Verhandlung gegen Werner M. geführt und auf eine lebenslange Freiheitsstrafe wegen erpresserischen Menschenraubs mit Todesfolge entschieden? Tatsächlich, eine Überprüfung zeigt, dass in beiden Verfahren dieselbe Strafkammer tätig war. Das könnte erklären, weshalb die DNA-Spur bei dem Verfahren vernachlässigt wurde.

Je intensiver ich mich mit den Details der Tat auseinandersetze, desto mehr wachsen in mir die Zweifel an einer objektiven und wissenschaftlich begründeten Bewertung mancher tatrelevanter *Evidenzen*: Sei es bei den Handschuhspuren, dem Transfer von Benedikt Toths DNA auf den blutigen Blazer seiner Tante oder den Anknüpfungspunkten für die Todeszeitberechnung. Manchmal ist es tatsächlich nur ein Bauchgefühl, das in mir die Vermutung aufsteigen lässt, etwas könne in einem Fall nicht stimmen – doch hier ist die Signalwirkung eindeutig.

Und so entschließe ich mich, alle für tatrelevant gehaltenen Spuren zu überprüfen, auch wenn ich weiß, welch große Herausforderung meine Suche nach der Wahrheit bedeutet.

Allerdings konnte ich zu diesem Zeitpunkt noch nicht ahnen, dass ich mich in den nächsten zweieinhalb Jahren derart intensiv mit den Details des Verbrechens auseinandersetzen und bei meiner Suche nach forensischen Experten immer wieder kreuz und quer durch Deutschland reisen würde.

Ob die neuen Beweise für die Wiederaufnahme des Verfahrens ausreichen würden, war fraglich. Doch ich wollte zumindest die Voraussetzungen dafür schaffen. Denn eines ist klar: Sollte auch ein zweites Wiederaufnahmeverfahren scheitern, so wird es für Benedikt Toth keine weitere Chance geben, rehabilitiert zu werden.

Dieses Mal bin ich es, der zum Telefon greift und den Dokumentarfilmer anruft. Er hört sich meine erste Einschätzung interessiert an, und wir vereinbaren, dass er Benedikt Toth und seine Familie über meine Ermittlungsansätze informiert.

Wenig später reise ich das erste Mal nach München. Ich habe in der Zwischenzeit die Akten weiter ausgewertet, Fotos des Tatorts vergrößert und Mitschriften der Aussagen von Zeugen und Sachverständigen während des Prozesses gelesen. Die Tat hat Konturen bekommen, doch noch fehlt mir die Nähe zum Ort des Geschehens.

In München

Pfingstsonntag. Es ist kühl an diesem 15. Mai 2016. Die Eisheiligen haben die warmen Temperaturen der letzten Tage verdrängt und der bayerischen Landeshauptstadt einen kräftigen Temperatursturz und windiges Schauerwetter beschert. Ich schlage den Kragen meines alten Burberry-Mantels hoch und schlendere durch die Münchner Altstadt, während die Glocken der Frauenkirche zur Abendmesse rufen.

Doch ich habe bei meiner Reise in die Vergangenheit ein anderes Ziel. Nach wenigen Schritten bin ich am Traditionswirtshaus Paulaner im Tal angekommen. Aus dem hell erleuchteten Gastraum dringt lautes Lachen, Stimmengewirr, Gläserklirren. Bedienungen im bayrischen Trachtenlook hasten von Tisch zu Tisch und servieren deftige *Schweinshaxn, Fleischpflanzerl, Weißwürste mit Brez'n* und die *Mass*. Die rustikale Atmosphäre des im Jahr 1524 eröffneten Gasthauses wirkt einladend, sodass es mich nicht wundert, dass manch ein Besucher trotz des frühen Abends bereits zu viel vom Gerstenbräu getrunken zu haben scheint, wie die gut durchbluteten und rosig leuchtenden Gesichter der Zecher vermuten lassen.

Nicht nur für Touristen besitzt das urige Lokal mit der traditionellen Hausmannskost Kultcharakter, auch Einheimische suchen nach einem Besuch des Viktualienmarkts das Restaurant auf, treffen sich hier zum Geschäftsessen oder Stammtisch.

Während ich das Treiben beobachte, stelle ich mir vor, dass hier auf den Tag genau vor zehn Jahren ebenfalls eine ausgelassene Stimmung geherrscht haben wird. Beschwingte und beschwipste Menschen, Münchner Spezialitäten und durch die Luft wabernde Rauchschwaden unzähliger gerauchter Zigaretten. Doch im Laufe des Abends sollte sich nur wenige Hundert Meter von hier eine menschliche Tragödie abspielen – natürlich in erster Linie für das Opfer, aber auch für die Angehörigen und den vermeintlichen Täter.

Ich verlasse den Paulaner und mache mich auf den Weg zum Tatort. Dabei rufe ich mir die Informationen in Erinnerung, die ich zum Ablauf des Tatabends habe.

Vermutlich war es zunächst weniger bedeutsam, dass am Abend des 15. Mai 2006 nur wenige Honoratioren der Stadt den üblicherweise montags im Paulaner stattfindenden Stammtisch besucht hatten. Ebenso, dass auch Charlotte B. dem Treffen ferngeblieben war. Und wahrscheinlich hätte auch niemand über die Abwesenheit der für ihre spontanen Stimmungswechsel bekannten Frau je ein Wort verloren, wenn sich nicht an jenem Abend ein Verbrechen ereignet hätte, das später als Münchner Parkhausmord überregional bekannt wurde.

Für die extravagant auftretende Frau hätte es ein Abend in der trubeligen, bierseligen Atmosphäre des Wirtshauses werden können, doch es wurde der letzte Tag in ihrem Leben, dramatisch und voller Gewalt.

Als sie am nächsten Morgen nicht in ihrem Büro im Parkhaus erschien, hatte dies bei ihren Mitarbeitern zunächst nicht für Verwunderung gesorgt; schließlich galt sie auch bei ihnen als eigenwillige, schwierige Frau und war für ihre überraschenden Entschlüsse bekannt. Wie mir später ihre Verwandten berichteten, kam es immer wieder vor, dass sie kurzfristig verreiste oder spontan Einladungen annahm.

Zudem schienen fehlende Zeitungen, die ihr ein Angestellter in einer Plastiktüte an die Türklinke ihrer Wohnungstür in der 4. Etage der Parkgarage gehängt hatte, dafür zu sprechen, dass sie die Blätter bereits in ihr Penthouse geholt hatte; sicherlich ein ungewöhnlicher Ort für eine Luxuswohnung.

Charlotte B. sollte sich jedoch auch im Laufe des weiteren Tages nicht im Parkhaus zeigen. Als sie auf zahllose Kontaktversuche nicht reagierte, bei Anrufen das Läuten ihres Handys durch die

Wohnungstür zwar zu hören war, die Gespräche jedoch nicht angenommen wurden, beschlossen ihre Mitarbeiter, nach dem Rechten zu sehen.

Der Geschäftsführer des Parkhauses Christoph W. und Benedikt Toth wurden alarmiert, um im Penthouse nachzuschauen. W., der an diesem Tag frei hatte, besaß einen Zweitschlüssel zur Wohnung, den er in seinem abgeschlossenen Büroschreibtisch im Parkhaus verwahrte.

Wenig später – es war inzwischen kurz nach 19 Uhr – öffneten die beiden Männer die nur ins Schloss gezogene Wohnungstür. Zu ihrem Entsetzen fanden sie die Parkhausbesitzerin regungslos in ihrem Penthouse unterhalb einer Treppe am Ende des Flures auf. Sie lag inmitten eines Blutsees. Neben ihr der ausgeschüttete Inhalt ihrer Handtasche.

In der Annahme, seine Tante könne von der Treppe gestürzt und schwer verletzt sein, kniete Benedikt Toth sich neben die Frau. Dann beugte er sich über ihren Oberkörper und tastete an ihrem Handgelenk vergeblich nach dem Puls. Dabei nahm er wahr, dass ihr Körper ausgekühlt und ganz starr war. Aufgeregt rief er seinem Begleiter die Worte zu: »Die ist ja ganz kalt. Die ist ja ganz kalt.«

Ein Notarzt wurde gerufen, doch schnell wurde klar, dass es für eine medizinische Versorgung der Frau zu spät war. Charlotte B. war an massivem Blutverlust und einem exzessiven Schädel-Hirn-Trauma gestorben. Spätere Untersuchungen sollten ergeben, dass die Frau nicht von der Treppe gestürzt, sondern von rund zwei Dutzend Schlägen auf den Kopf tödlich getroffen worden war und diese Verletzungen lediglich wenige Minuten überlebt hatte.

Bald darauf begann die polizeiliche Routine. Beamte des Kriminaldauerdienstes, des Erkennungsdienstes und der Mordkommission erschienen am Tatort. Kurze Zeit später trafen der Staatsanwalt und ein Rechtsmediziner ein.

Der gewaltsame Tod der zierlichen Frau bestimmte in den

nächsten Monaten und Jahren immer wieder die Schlagzeilen der lokalen und überregionalen Medien; vermutlich aber auch wegen des von Polizei und Staatsanwaltschaft reklamierten schnellen Aufklärungserfolges.

Nicht ein Fremder sollte Charlotte B., wie in einer eilig einberufenen Pressekonferenz der Öffentlichkeit mitgeteilt wurde, getötet haben, sondern ihr Lieblingsneffe: Benedikt Toth, 31 Jahre alt, verlobt, Aushilfe im Parkhaus und ehemaliger Jurastudent.

Der rätselhafte Tod einer extravaganten Millionärin, ihr Lieblingsneffe, Tatleugner und vermeintlicher Mörder, ein spektakulärer Indizienprozess – diese Umstände schienen der Stoff zu sein, der die Menschen aufwühlt. Zumindest für den Moment garantierten die Medien mit ihrer Berichterstattung intime Einblicke in das Leben der ansonsten eher abgeschotteten Welt der Münchner Schickeria.

Ein Jahr nach der Tat der lang erwartete Prozessauftakt. Für das Verfahren sind zunächst nur 13 Verhandlungstage angesetzt, doch tatsächlich verhandelt das Schwurgericht weit über ein Jahr.

Nach 93 Sitzungstagen verkündet der Vorsitzende Richter am 12. August 2008 das von der Staatsanwaltschaft geforderte Urteil: lebenslange Freiheitsstrafe wegen Mordes. Zudem gelangt das Gericht in seiner rechtlichen Würdigung zu der Überzeugung, dass Benedikt Toth eine besonders schwere Schuld auf sich geladen und bei der Tötung die beiden Mordmerkmale Heimtücke und Habgier erfüllt habe.

Für den Verurteilten eine vernichtende Entscheidung, da diese strafverschärfende Bestimmung generell verhindern soll, dass Gefangene – anders als bei dem klassischen Strafmaß »Lebenslang« – bereits nach verbüßten 15 Jahren aus dem Gefängnis entlassen werden können. Für sie ist ein Haftende frühestens nach 23 bis 25 Jahren vorgesehen. Häftlinge in Bayern hingegen – so heißt es – müssten noch längere Haftzeiten befürchten. Für

Benedikt Toth käme somit eine Entlassung frühestens um 2030 infrage.

Noch eine weitere Entscheidung trifft das Gericht. Benedikt Toths Erbanteil am Vermögen von Charlotte B. soll verfallen und der Staatskasse zugesprochen werden, da er erst durch den Mord zum Erben wurde.

Ich lese im Urteil, dass er die Tat kühl geplant und dabei die Arg- und Wehrlosigkeit seiner Tante ausgenutzt habe. Im umständlich anmutenden Juristendeutsch heißt es dazu:

»Er wusste aufgrund der Kenntnis ihrer Gewohnheiten, dass Charlotte B. um etwa 19:00 Uhr ihre Wohnung verlassen würde, um, was sie montags regelmäßig zu tun pflegte, einen Stammtisch in der Gaststätte *Paulaner im Tal* aufzusuchen.« Benedikt Toth habe vor ihrer Wohnungstür gewartet, um »augenblicklich beim Öffnen der Türe durch seine Tante auf deren Kopf einzuschlagen, um sie zu töten«. Um »jede Gegenwehr von ihrer Seite [zu] unterbinden«, »musste er schnell und effektiv vorgehen, da er sich das Risiko eines Scheiterns der Tötung im Hinblick auf seine Beziehung zum Opfer nicht leisten konnte«. Seiner Tante, so heißt es sinngemäß weiter, sei es wegen des überraschenden Angriffs nicht möglich gewesen, »sich zu wehren noch zu flüchten«. Anschließend habe Toth im Büro des Opfers nach dem Testament gesucht und Geld geraubt. Das beweise sein an verschiedenen tatrelevanten Papieren nachgewiesenes Erbgut.

Dabei begründet das Gericht die von Benedikt Toth gezeigte Heimtücke mit dem Abdruck eines Haushaltshandschuhs, der an der Außenseite von Charlotte B.s Wohnungstür neben dem Türspion gesichert worden war. Ein untrüglicher Beweis dafür, dass Toth bereits vor der Tat den Schutz übergezogen und dessen verräterische Spuren beim Schauen durch das Guckloch zurückgelassen habe.

Doch nicht nur dort wollen die Spurensucher Abdrücke von Handschuhen gefunden haben, auch an weiteren angeblich tatrelevanten Örtlichkeiten, wie beispielsweise an Charlotte B.s Blazer, einem kleinen goldfarbenen Tischchen neben ihrer Leiche sowie an einer Schachtel eines bekannten italienischen Modeherstellers auf dem Schreibtisch ihres Büros; dazu noch an einer Ablage in ihrem Badezimmer.

Zwar war es dem hinzugezogenen Sachverständigen für sogenannte Formspuren oder Werkzeugspuren nicht möglich gewesen, das Material und das Aussehen der Handschuhe eindeutig zu bestimmen, doch hatte er nicht ausgeschlossen, »dass alle Spuren durch ein und denselben Handschuh verursacht« worden sein könnten. Eine durchaus bemerkenswerte und mutige Aussage des Kriminaltechnikers, wie ich finde. Den Spuren fehlen individuelle Merkmale, die Art der Handschuhe kann nicht bestimmt werden: Handelt es sich um einen Strick-, einen Leder- oder einen Haushaltshandschuh mit punktförmigen oder quadratischen Noppen an den Greifflächen?

Den Beweis, dass Charlotte B. sofort beim Verlassen ihrer Wohnung angegriffen worden war, hatten »vor allem die Blutspritzer beginnend von der Wohnungstür bis zur Leichenendlage am Beginn der Treppe« geliefert.

Auch für das Motiv der Tat haben die Ermittler und das Gericht eine Erklärung gefunden: Benedikt Toths prekäre Situation aufgrund einer Lebenslüge. Nicht nur seiner Tante, sondern auch seinem privaten Umfeld habe der Verdächtige den Abbruch seines Jurastudiums und die damit einhergehende Zwangs-Exmatrikulation verschwiegen.

Bei einem Bekanntwerden des Studienabbruchs wäre sein daraus resultierendes »umfassendes Lügengebäude« in sich zusammengebrochen, und er »würde vor seiner Verlobten, vor seiner Familie, vor seinen Freunden und nicht zuletzt vor seiner Tante als Lügner und *Hochstapler* dastehen«, denn gerade der erfolgreiche Abschluss des Studiums sei für das Opfer die Voraussetzung gewesen, ihm ihr Erbe und die Leitung der lukrativen Geschäfte zu übertragen.

Mit seinem Lügenkonstrukt habe Toth sich in eine Zwangslage manövriert, aus der er nur den einen Ausweg gesehen habe: Mord. Denn durch den Tod seiner Tante, so die Schlussfolgerung der Richter, hoffte der Neffe, die florierende Parkgarage auch ohne Studienabschluss übernehmen zu können. Niemand würde sich noch für sein fehlendes Staatsexamen interessiert haben.

Auch der nach der Festnahme bei ihm gefundene Geldbetrag von über € 2350, darunter vier 500-Euro-Scheine, bekräftigte die Logik des Gerichts mit dem Motiv der Habgier. Er sei in »schwierigen finanziellen Nöten« gewesen und habe seine Situation verbessern wollen. »Alles in allem«, so die Überzeugung des Gerichts, habe er »ein über die Gewinnsucht hinaus gesteigertes, abstoßendes Gewinnstreben um jeden Preis« gezeigt, »mithin eine Handlung aus Habgier«.

Im Urteil folgen weitere der von den Richtern herausgearbeiteten 14 Indizien, die in ihrer Gesamtheit die Schuld des Angeklagten beweisen. Ihre Argumentation beginnt mit einem Ausschlussverfahren, wonach andere Familienmitglieder, die ein Motiv zur Tötung gehabt haben könnten, ein Alibi besaßen, Benedikt Toth jedoch nicht. Hinweise auf – so die Juristen weiter –, eine »sexuelle Tatmotivation oder ein finanzielles Motiv im Sinne eines Raubmordes durch einen fremden Täter« gebe es nicht.

Auch die fehlenden Zeitungen von der Türklinke zu Charlotte B.s Penthouse werden Benedikt Toth zum Verhängnis, da gleiche Ausgaben mit individuellen Stadtteilbeilagen in seiner Wohnung sichergestellt werden können und seine Erklärung, er habe sich am Morgen in der Tankstelle damit bedient, keinen Glauben findet.

Besonders bedeutsam sind für das Gericht die verräterischen DNA-Spuren am Blazer der Getöteten, die der Angeklagte mit seinen »behandschuhten Händen« durch einen sogenannten Sekundärtransfer zurückgelassen haben soll. Diese Möglichkeit bedeutet, dass sich beispielsweise Hautzellen oder Speichel mit seinem

Erbgut an den Handschuhen befanden und während der Tat auf dem Kleidungsstück des Opfers abgestreift wurden.

Nach eingehender Prüfung gelangte das Gericht zu der Auffassung, dass tatfremde Erklärungen für den DNA-Transfer seines Erbguts auf das Textil auszuschließen seien, wie beispielsweise persönliche Kontakte, das Prüfen vitaler Lebenszeichen am Opfer oder ausgeatmete Aerosole, als er neben der Toten kniete und dem Geschäftsführer zurief, der Körper seiner Tante fühle sich ganz kalt an.

Als auch Benedikt Toths *Nachtatverhalten* verdächtig erscheint, ist sich das Gericht endgültig sicher, dass nur er der Täter sein kann. Dabei würde es ihn auch nicht entlasten, dass er, wie Zeugen berichteten, nach dem Auffinden der Leiche »schockiert« gewirkt habe, weil er zum Belügen seines Umfelds durchaus in der Lage sei, wie seine Studienlüge zeige.

Zwar räumt das Gericht selbstkritisch ein, dass jedes in der Beweisaufnahme gewonnene Indiz, für sich gesehen, nicht ausreicht, »den vollen Beweis dafür zu erbringen«, dass Benedikt Toth seine Tante ermordet hat. Doch ergebe sich bei einer Gesamtschau aller Indizien diese Überzeugung. Der *Indizienring* war geschlossen; im übertragenen Sinne eine Kette, die nur so stark sein kann wie ihr schwächstes Glied.

Das heißt für mich, sollten durch meine Recherchen auch nur einige dieser verdachtsbegründeten Hinweise widerlegt werden können, dürfte auch das juristische Konstrukt seine Strahlkraft verlieren und die Maxime gelten: *Im Zweifel für den Angeklagten.*

Ich konzentriere mich auf die Frage, welche Herangehensweise ich bei der Suche nach neuen Beweisen für eine mögliche Wiederaufnahme des Verfahrens wählen soll. Was sind die schwächsten Glieder des *Indizienrings*? Zeugenaussagen zu den persönlichen Verhältnissen von Benedikt Toth und seiner Tante dürften erst einmal nicht helfen. Das hatte sich in dem ersten Wiederaufnahmeverfahren gezeigt, als das zuständige Gericht in einem Zivilprozess gewonnene Beweise als irrelevant abgelehnt hatte.

In diesem Verfahren sollte die Zivilabteilung des Landgerichts München auf Antrag von Benedikt Toths Bruder die Erbunwürdigkeit des verurteilten Mörders prüfen. Bestätigte auch das Zivilgericht in diesem Verfahren die Täterschaft, so wäre er erbunwürdig, und das Erbe fiele ausschließlich an den Bruder und dessen Familie. Der drohende Verfall seines Erbes mit der Zahlung an die Staatskasse wäre abgewendet.

Um in dieser Frage eine Entscheidung treffen zu können, hatte das Gericht eine erneute Beweisaufnahme angeordnet, bei der noch einmal – und unabhängig von den Schlussfolgerungen der Strafrichter – Zeugen vernommen und neue DNA-Untersuchungen veranlasst worden waren. Diese führten zu völlig neuen Ergebnissen.

Der Steuerberater von Charlotte B. sagte im Zivilverfahren aus, dass Benedikt Toth seiner Tante sehr wohl vom Studienabbruch berichtet habe, seine Aussage von den Strafrichtern im Urteil aber falsch interpretiert worden sei. Und auch dessen DNA-Spur an Charlotte B.s blutigem Blazer ließ sich nun mit häufigen Kontakten der beiden erklären – beispielsweise, wenn Benedikt Toth seiner Tante in die Jacke geholfen hatte –, da von ihm DNA an weiteren Kleidungsstücken in ihrem Schrank gefunden worden war.

Diese Feststellungen erschüttern die Beweisführung des Schwurgerichts und verstärken meine bereits bestehenden Zweifel an der korrekten Interpretation der Tatortspuren.

Als das Zivilgericht den Antragsteller aufforderte, neue Beweise für die Schuld seines Bruders zu präsentieren, vermochte er das nicht. Daraufhin kündigte die Kammer an, die Klage abweisen zu wollen und Benedikt Toth für erbwürdig zu erklären. Das hätte jedoch bedeutet, dass sein Erbteil der Staatskasse zugefallen wäre. Deshalb verzichtete Toth auf eine Feststellung und nahm am weiteren Verfahren nicht mehr teil. Das Gericht erließ in der Folge ein Versäumnisurteil, das die Erbunwürdigkeit feststellte.

Der Bruder wurde zum Alleinerben, und der drohende Verfall der Hälfte des Erbes an den Staat war somit abgewendet. Eine geschickte juristische Inszenierung mit zusätzlich gewonnenen Informationen über die Aussagekraft der Indizien war geglückt.

Die nachträglichen Korrekturen der Beweislage sind für mich sehr aufschlussreich. Besagen sie doch, dass sowohl Sachbeweise als auch Zeugenaussagen im Mordprozess gegen Benedikt Toth falsch interpretiert worden waren. Das bestätigt mein Bauchgefühl nach dem ersten Lesen der Akte, dass weitere Ansätze für eine Wiederaufnahme zu finden sein dürften. Ich weiß, dass sich solche Schwachpunkte immer wieder wie ein roter Faden durch Indizienprozesse ziehen können.

Nach meiner Stippvisite im Paulaner im Tal führt mich mein nächster Gang, vorbei an der Pizzeria Lago di Garda, deren blaue Markisen über den Fenstern für einen bunten Farbtupfer sorgen. Hier hatte Charlotte B. das letzte Mal vor ihrem Tod gegessen. Weiter geht es zum Parkhaus.

Es dauert nur wenige Minuten, und ich habe mein Ziel direkt am Rande der Altstadt erreicht. Bevor ich jedoch die mehrstöckige Autogarage betrete, bleibe ich auf der Zufahrt stehen und beobachte das lebhafte Treiben um mich herum. Trotz der niedrigen Temperaturen hasten an diesem frühen Maiabend zahlreiche Fußgänger an mir vorbei, bedienen Autofahrer die Zapfsäulen der Tankstelle, bewegen sich Fahrzeuge in einem stetigen Wechsel ins Parkhaus hinein und wieder heraus. Eine Glasfront lässt den Blick in die Tankstelle zu. Dort steht zahlreiche Kundschaft. Nur wenige von ihnen sehen wie Tankkunden aus. Sie scheinen eher am Kauf von Zigaretten, Süßigkeiten, Bier oder anderen alkoholischen Getränken interessiert zu sein.

Ich bin über die vielen Menschen überrascht und frage mich, wie es damals dem Täter am helllichten Tag möglich gewesen sein sollte, unerkannt in das Parkhaus zu kommen und es nach dem Verbrechen wieder zu verlassen. Im Falle von Benedikt Toth erscheint mir das recht schwierig. Soweit ich weiß, gibt es – links und rechts des Tankshops – jeweils zwei Möglichkeiten, um zu Fuß oder mit dem Auto ins Gebäude zu gelangen und sich dem Tatort zu nähern.

Nach einigen Minuten habe ich genug gesehen und gehe zu den Fahrstühlen, vorbei an einer blauen Werbetafel mit dem Hinweis, dass die Parkgebühr vor der Abholung des Fahrzeugs an der Kasse zu zahlen ist.

Ich erinnere mich an die Schnappschüsse, die kurz nach der Tatentdeckung genau an dieser Stelle von einem Pressefotografen aufgenommen und veröffentlicht wurden; seine Redaktion hat sie mir für meine Recherchen zur Verfügung gestellt. Auf einem der Fotos sind zwei Mitarbeiter eines Bestattungsinstituts zu sehen. Sie haben eine Bahre mit der Toten darauf auf dem Boden abgestellt. Charlotte B.s Leichnam ist unter einer blauen Plastikplane verborgen, vier Gurte sind straff über ihren Körper gespannt. Die Schwester der Toten und ihr Schwager stehen sichtlich bewegt neben der Verstorbenen und nehmen Abschied. Im Hintergrund beobachtet ein Kriminalbeamter die Szenerie. Es ist 23:55 Uhr, als der Leichnam von Charlotte B. in die Räumlichkeiten der Rechtsmedizin München überführt wird.

Die anderen Fotos zeigen wartende Schaulustige, wobei auch deren große Betroffenheit zu spüren ist. Dabei fällt mir eine Frau mittleren Alters besonders auf. Sie hat ihre lockigen und offensichtlich blondierten Haare im Nacken zu einem Knoten zusammengefasst. Ihre Augen werden von einer großen schwarzen Sonnenbrille verdeckt; sie trägt dunkle Trauerkleidung. Wie ich später erfahre, ist es eine Freundin von Charlotte B. Offenbar die letzte Zeugin, die sie lebend sah.

Die Frauen hatten den Nachmittag des 15. Mai gemeinsam verbracht. Als Charlotte B. einen Tag später nicht zu erreichen war, hatte man auch bei der Freundin nachgefragt. Doch die konnte nicht helfen. Unmittelbar nach dem Leichenfund war sie jedoch von einem Angehörigen der Toten kurz nach 19:30 Uhr über das Verbrechen informiert worden und zum Tatort geeilt.

Im Parkhaus stehe ich nun vor der cremefarben gestrichenen Fahrstuhltür, öffne sie, drücke den Knopf zur vierten und somit obersten Etage, und mit einem Ruck setzt sich die Liftkabine in Bewegung. Nach knapp 60 Sekunden bin ich an meinem Ziel angekommen und stehe in einem schmalen Gang des geweißten Treppenhauses. Im Licht der fahlen Beleuchtung erkenne ich auf beiden Seiten des Flures die nur wenige Meter entfernten gelb gestrichenen Türen mit den Zugängen zu den Parkdecks. Ihre Lichtausschnitte sind mit Drahtglas versehen und lassen nur einen verschwommenen Blick auf die Stellflächen zu.

Nur wenige Schritte von mir entfernt sehe ich eine unscheinbare Brandschutztür. Ich suche vergeblich nach einem Hinweis, wohin sie führt. Lediglich eine unbeschriftete braune Gegensprechanlage und ein Türspion in Augenhöhe lassen vermuten, dass hinter der Tür ein Büro oder Lagerraum liegen könnte. Tatsächlich verbirgt sich dahinter aber die Wohnung des Opfers.

Hier also soll Benedikt Toth seiner Tante – möglicherweise minutenlang – aufgelauert haben. Dies schlussfolgert jedenfalls das kriminaltechnische Spurengutachten aus einem am 18. Mai 2006 entdeckten Handschuhabdruck neben dem Türspion der Wohnungstür.

Wieder gehen mir zahllose Fragen durch den Kopf: Woher hätte der Neffe der Getöteten wissen sollen, wann seine für ihre spontanen Entscheidungen bekannte Tante die Wohnung verlassen würde, um den Stammtisch aufzusuchen? Wäre er beim Warten nicht ein großes Entdeckungsrisiko eingegangen? Schließlich war er im Parkhaus bekannt. Wäre es da nicht viel wahrscheinlicher, dass die Tat ihren Anfang in der Wohnung nahm? Ein solches Vorgehen hätte auf jeden Fall das Risiko des Täters bei einem geplanten Verbrechen minimiert.

Ich schließe die massive Schutztür auf und betrete den kleinen Flur, in dem Charlotte B. starb. Hier hat einmal eine reiche Frau gelebt. Doch der vormals mit gerahmten Stichen altenglischer Stadtmotive, mit Orientteppichen, goldfarbenem Spiegel, barockem Tischchen und einer dreiflammigen Wandleuchte in Tulpenform ausgestattete Raum ist jetzt leer und wirkt kalt auf mich. Auch eine Kopie von Auguste Rodins Bronze *Der Denker* fehlt. Sie stand, wie ich von den Fotos weiß, ursprünglich auf dem Tischchen unterhalb des Spiegels. Da sich an der Skulptur Blutspuren befanden, war die Figur ursprünglich als Tatwaffe angesehen worden.

Wie viel einfacher würde sich die Aufklärung der Tat doch gestalten, wenn *Der Denker* zum Leben erwachte und – statt über Tun und Schicksal der Menschen nachzusinnen – Auskunft über den genauen Tatablauf geben würde.

So müssen leider die anderen stummen Zeugen des Tatorts Auskunft über das Geschehen geben – Blutspuren beispielsweise. Doch die sind inzwischen mit weißer Farbe überstrichen, die marmornen Bodenfliesen gewischt und vom Blut des Opfers befreit worden, sodass ich auf die Fotos der Spurensicherung angewiesen bin.

Als nach fünf Minuten das Deckenlicht erlischt, stehe ich im Halbdunkel, denn auch die Wandleuchte wurde zwischenzeitlich entfernt. Aus der Vernehmungsniederschrift von Benedikt Toth bei der Polizei weiß ich inzwischen, dass das Licht im Flur beim Auffinden der Toten ausgeschaltet gewesen sein soll.

Am Ende des etwa dreieinhalb Meter langen Flures führt eine gewendelte Treppe nach oben in das nun seit über zehn Jahren verwaiste Penthouse der Toten. Ich folge den Stufen und stehe wenig später im Wohnbereich. Es sind großzügige und mit kühler Eleganz gestaltete Räume. Auch wenn diese heute nicht mehr vollständig möbliert sind – Teppiche, Bilder, Gardinen und sonstiger

Zierrat fehlen –, so gewähren mir die fast 400 Quadratmeter großen Räumlichkeiten doch einen Einblick in den eleganten Lebensstil von Charlotte B.

Aber bevor ich mich mit tatrelevanten Spuren in dieser Ebene und im Flur beschäftige und den Ablauf des Verbrechens rekonstruiere, möchte ich mehr über die Frau erfahren, die hier über den Dächern von München lebte.

Wer war Charlotte B.? Wie war ihr Wesen? Mit wem war sie befreundet? Wie war sie im Umgang mit Menschen? Wie ausgeprägt war ihr Gefahrenbewusstsein? Fragen, die es zu klären gilt. Fragen, die sich auch der Staatsanwalt gestellt hatte, jedoch mit Benedikt Toth belastenden Rückschlüssen. Schließlich lassen sich aus der Biografie eines Opfers oft Hinweise auf das Tatmotiv ableiten.

Auf den Fotos, die ich von der Familie erhalten habe, sehe ich eine schlanke, attraktiv wirkende, gepflegte Frau. Ihre schulterlangen, blond gesträhnten Haare sind sorgfältig frisiert. Ausdrucksstarke dunkle Augen dominieren ihr Gesicht, meiden jedoch häufig den direkten Blickkontakt mit der Kamera. Ihr Schmuck und ihre extravagante Kleidung drücken Wohlstand aus, den sie offensichtlich gern zur Schau stellt.

Ich habe bereits einige Gespräche mit Menschen geführt, die Charlotte B. kannten. Weitere Informationen zu ihrer Persönlichkeit konnte ich den Akten entnehmen. Daraus ergibt sich für mich das Bild einer ungewöhnlichen, facettenreichen Frau, die es sich und anderen nicht immer leicht gemacht hat.

1947 in Ungarn geboren. Besuch des Gymnasiums. 1965 Abitur mit Prädikat. Bewerbung um Studium der Psychologie. Aufnahme in die Kandidatenliste mit fünf weiteren Bewerbern. Doch die angeblich fehlende Loyalität der Familie zum kommunistischen Machtsystem führt zum Verweigern der Studienzulassung.

Anstellung als Sekretärin mit einhergehender Wesensveränderung. Die bis dahin offene, interessierte, engagierte junge Frau wird zur »unzufriedenen, lustlosen und nahezu apathischen« Persönlichkeit. Sie will in den Westen.

In Jugoslawien lernt Charlotte einen Elektriker aus Deutschland kennen. Sie trennt sich von ihrem ungarischen Freund, heiratet wenige Monate später den Handwerker und zieht zu ihm ins Schwabenland. Doch der kleine Betrieb ihres Mannes geht in Konkurs. Die Beziehung scheitert. Bald darauf erfolgt die Scheidung.

Charlotte heiratet einen Kaufmann, der ein Handelskontor betreibt und in Russland Geschäftskontakte pflegt. Auch diese Ehe bleibt kinderlos.

Als die Beziehung zerbricht, wird Charlotte die Begleiterin eines vier Jahrzehnte älteren erfolgreichen ungarischen Börsen- und Finanzexperten. Er sei ihr väterlicher Freund gewesen, heißt es.

Während einer gesellschaftlichen Veranstaltung lernt sie Oskar B. kennen. Da ist sie 41 Jahre alt, er 69. Der Multimillionär und Bauunternehmer besitzt zahlreiche Häuser, ist Eigentümer der Parkgarage *Isartor*. Ein freundlicher, intelligenter Herr. »Ein Gentleman, wie man ihn sich vorstellt«, beschreibt ihn mir Charlotte B.s Schwager. Dazu »selbstbewusst, souverän und wirtschaftlich erfolgreich«.

Oskar B. gefällt die fast 30 Jahre jüngere Charlotte. Er bittet sie um ihre Hand, sie nimmt seinen Antrag an. Fortan wohnt das Paar in Oskar B.s Wohnung in der 4. Etage des Parkhauses. Er lässt die 200 Quadratmeter große Wohnung auf das Doppelte vergrößern.

Charlotte B. scheint das Leben als Millionärsgattin und Mitglied der Münchner Schickeria zu genießen. Doch ihr launisches Verhalten hinterlässt Spuren, wie ich erfahre. Charlottes Schwager vertraut der alternde Ehemann an, dass er nachträglich Gütertrennung vereinbaren werde, »wenn es mit Charlotte so weitergeht«.

Dagegen scheint er die Neffen seiner Frau zu akzeptieren. Er betrachtet sie als seine geschäftlichen Nachfolger und bindet sie nach und nach in sein Unternehmen ein.

Als Oskar B. im Juni 1995 im Alter von 76 Jahren verstirbt, wird seine Frau zur Alleinerbin und kümmert sich fortan um die Geschäfte. Aber sie scheint mit dieser Aufgabe überfordert zu sein, ist abhängig von Beratern. Eine Situation, die ihr missfällt. Sie argwöhnt, dass sie als Frau von ihren männlichen Geschäftspartnern übervorteilt wird. »Ihr Misstrauen wuchs immer mehr.« Andererseits gilt sie als zielstrebige Geschäftsfrau, eine »zähe Kämpferin, die unnachgiebig und hart verhandelt hat«, verrät der Bruder von Benedikt Toth.

Zunächst zeigt sich Charlotte B. finanziell noch sehr großzügig. Doch sie hegt den Verdacht, dass manche Menschen sie ausnutzen, wird zunehmend vorsichtiger und weniger freigiebig. »Geizig war sie auf keinen Fall«, erklärt Bence Toth in einem Gespräch.

Trotz der Trauer um ihren verstorbenen Mann und der geschäftlichen Überforderung scheint sie aufzublühen, wie mir ihr Schwager verrät. »Sie lebte das Leben der lustigen Witwe« und habe sich für Menschen interessiert, die ähnlich vermögend waren wie sie. In ihrem familiären und beruflichen Umfeld sei Charlotte B. aber »immer unberechenbarer und cholerischer« aufgetreten. »Sie hatte ihren Willen, und den musste sie durchsetzen.« Die Beziehung zu ihrer Schwester, die mit ihrem Mann in einem ihrer Häuser in der Nähe wohnt, ist gestört, da sie mit deren Lebensstil nichts anfangen kann und ihr geschäftliches Unvermögen vorwirft. Ihre Eltern in Ungarn scheinen für sie tabu zu sein.

Ähnlich hatte sich auch eine Freundin der Toten in ihrer Vernehmung durch die Ermittler geäußert. Auf der einen Seite habe sie Charlotte B. als großzügig und freundlich empfunden, bemüht um Freundschaften, hilfsbereit, interessiert an jungen Menschen; andererseits aber auch als »unsagbar cholerisch, ungerecht und dominant«. Insbesondere in Familiendingen habe alles nach ihrem Willen gehen sollen. »Die sollten sich unterordnen.«

Trotz dieser Konflikte scheint auch Charlotte B. zu wünschen, dass die Leitung der Parkgarage an die Söhne ihrer Schwester übergeht. Der ältere Bence ist offenbar ihr Lieblingsneffe, der sich »mehr kümmerte und mehr in ihr Leben involviert« war.

Allerdings gibt es auch Differenzen zwischen beiden. »Wenn es mit ihm Ärger gab, habe ich es sofort gemerkt«, verrät mir Benedikts Bruder, dann sei nämlich er statt Bence von ihr besonders mit Geschenken bedacht worden. Für Ärger gesorgt haben dürfte auch die Beziehung von Bence zu seiner Freundin und späteren Verlobten. Die Tante hielt die junge Frau offenbar nicht für standesgemäß.

Möglicherweise trägt zu Charlotte B.s launischem Verhalten auch ihr täglicher Alkoholkonsum bei. »Der begann bereits ab Mittag, wenn nicht schon ab dem Vormittag nach ihrem Saunagang. Im Laufe des Tages dürfte sie zu Hause mehrere kleine Flaschen Bier und eine Flasche Wein getrunken haben. Bei Lokalbesuchen zusätzlich noch das eine oder andere Glas Wein«, verrät mir Benedikt Toths Bruder nach Rücksprache mit seinen Eltern. Zu einer ähnlichen Einschätzung kommt auch Bence.

Diese Angaben werden nach ihrem Tod durch die Untersuchung ihres Blutes bestätigt: Als sie starb, betrug ihre Blutalkoholkonzentration 0,55 Promille und hatte einen Wert erreicht, bei dem sie nicht mehr hätte Auto fahren dürfen.

»Sie hat mittelmäßig geraucht und auch gerne ein Gläschen Wein getrunken«, formuliert es ihre Freundin. »Sie war sehr gesellig, ist gerne ausgegangen, hat auch gerne einmal ›gebechert‹ und ist gelegentlich auch mal von Lokal zu Lokal gezogen.«

In die Beschreibung ihres täglichen Alkoholkonsums passt eine Episode, von der mir eine Kulturschaffende berichtet, die ich während meiner Recherchen in München kennenlerne. Die Frau erzählt, dass sie Charlotte, wie sie genannt werden wollte, einmal in einer »dieser frühmorgendlichen Absturzkneipen« am Viktualienmarkt in der Nähe des Parkhauses persönlich begegnet sei. Dort, wo sich »jenseits aller gesellschaftlichen Schranken Halbwelt, Bohème und Schickeria jene Theke teilten, die noch ein paar Stunden Aufschub vor der Ernüchterung bietet«.

Eine sehr gepflegte, vornehme Frau in teuren Kleidern sei sie gewesen. Witzig, charmant, unterhaltsam und auch spendabel. Sie zahlte alle Getränke, trank dabei selbst Wein in Mengen.

Offenbar sei sie nicht das erste Mal Gast in dieser Milieukneipe gewesen, wie sie während des mehrstündigen gemeinsamen Trinkens angedeutet und durch ihr Verhalten belegt habe. »Wer hier und zu solcher Uhrzeit abstürzt, der hat ein Alkoholproblem.« Und dies habe bei Charlotte offensichtlich vorgelegen, denn sie sei immer betrunkener geworden, und ihr Wesen habe sich dabei völlig verändert: »sehr aggressiv, fordernd, distanzlos, beleidigend und verletzend«. Andererseits habe sie oft einen »sehr schutzbedürftigen« Eindruck gemacht.

Als die Künstlerin vom Tod ihrer einstigen Trinkpartnerin und der Festnahme des Neffen erfährt, ist sie überrascht und wundert sich über die Eile der Ermittler: »Allein der Umgang mit Menschen, dem sie sich während ihrer Alkohol-Touren aussetzte, ließ auch an andere Tatszenarien denken.«

Als mich meine Gesprächspartnerin mit einer Kultfigur der Münchner Kulturszene für weitere Auskünfte zu Charlotte B. zusammenbringen will, wird das vereinbarte Treffen kurzfristig abgesagt. Die Wirtin des Promi-Lokals habe sich anders entschieden und wolle nicht in eine Sache hineingezogen werden, heißt es lapidar. Es könne gefährlich werden. Doch um welche Sache es geht und weshalb es gefährlich werden könne, erfahre ich nicht. Ein Rätsel, das ich nicht lösen kann. Ich bedanke mich bei der Künstlerin für ihre Unterstützung und verabschiede mich.

Ansonsten scheint Charlotte B. in ihrer Luxus-Wohnung ein ziemlich freudloses Leben geführt zu haben. Benedikt Toths Bruder beschreibt es so: »Sie war verlassen in ihrer eigenen Wohnung. Dort, wo ein harter Ton, Ordnung und Sauberkeit herrschten.« Aber ihre Einsamkeit habe sie sich mit ihrer Strenge und ihren hohen Ansprüchen selbst zuzuschreiben gehabt. »Und da sie nicht allein sein konnte, versuchte sie es mit Aufforderungen wie dieser: ›Komm, lass uns noch einen Wein öffnen‹, wenn man gehen wollte.«

Ihre Einsamkeit wird auch von einer engen Freundin in deren Vernehmung beschrieben: »Sie hat sich sehr einsam gefühlt und hätte auch gerne einen adäquaten Mann kennengelernt.« Der hätte allerdings ihrem verstorbenen geliebten Mann ebenbürtig sein müssen, da es »ansonsten eine Beleidigung« für ihn gewesen wäre.

Doch dazu sei es wohl nicht gekommen, sehe man von einer Liaison ab, die sie nach einem schweren Skiunfall während ihres Urlaubs in St. Moritz mit dem behandelnden Arzt eingegangen sei. Ansonsten dürfte es in München keine Beziehung mit einem Mann gegeben haben.

Auch sei Charlotte B. sehr umsichtig und überaus vorsichtig gewesen, habe keinen Fremden in ihre Wohnung gelassen. Wer sie besuchte, musste klingeln, sich über die Gegensprechanlage anmelden und wurde dann über den elektrischen Türöffner eingelassen. Persönlich habe sie die Haustür nicht geöffnet.

Ich frage mich bei diesen Aussagen, ob sich die Tote tatsächlich immer so umsichtig verhalten hatte. Schließlich wurde von allen Zeugen erwähnt, dass sie regelmäßig trank. Hatte ihre Sucht sie nicht vielleicht doch manchmal unvorsichtig werden lassen?

Ich komme auf diesen Gedanken, da im oberen Korb der Spülmaschine des Opfers an zwei Trinkgläsern die DNA-Merkmale von zwei Männern gefunden worden waren. Einer von ihnen hatte an einem von den Spurensuchern mit der Nr. 6 bezeichneten Trinkglas seine individuellen Gen-Merkmale hinterlassen, die zudem auch an einer Kommodenschublade im Salon gefunden wurden.

Als wäre dieser Spurenfund nicht schon Rätsel genug, hatte ein Abgleich in der DNA-Datenbank des Bundeskriminalamts die Übereinstimmung mit der im Fall Ursula H. vorgefundenen Spur ergeben.

Doch wer waren diese unbekannten Gäste, die hier getrunken hatten und deren Besuch kurz vor der Tat stattgefunden haben dürfte, wie die fast leere Spülmaschine verriet? Vermutlich niemand aus dem bekannten näheren Umfeld der Toten, denn von diesem Personenkreis waren etwa 300 Personen überprüft worden.

Es stellt sich die Frage, ob die Annahme, das Opfer würde keinen Fremden in die Wohnung gelassen haben, die Sicht auf das Verbrechen nicht zu sehr einengt. Denn bei den Spurenlegern kann es sich durchaus um Bekannte von Charlotte B. gehandelt haben, die ihrem näheren Umfeld jedoch unbekannt geblieben waren.

In gewisser Weise hatte die Freundin in ihrer Aussage dies auch bestätigt: »Ihr Freundeskreis war so gigantisch, dass es den Rahmen sprengen würde, würde ich hier anfangen, all diese Personen aufzuzählen.«

Und weshalb haben sich die beiden Männer nicht gemeldet, als sie von Charlotte B.s Tod hörten? Waren sie nicht wichtige Zeugen, die kurz vor der Tötung mit ihr Kontakt gehabt hatten? Welcher Grund steckte hinter ihrem Schweigen?

Die Aussagen der verschiedenen Zeugen zur Persönlichkeit des Opfers erscheinen mir repräsentativ. Sowohl Familienmitglieder als auch Menschen, die mit Charlotte B. befreundet waren oder sie gut kannten, beschreiben übereinstimmend zwei herausstechende Wesensarten: charmant, freundlich, zuvorkommend, großzügig; andererseits cholerisch, raumgreifend, beleidigend und herrschsüchtig. Bei allen positiven Eigenschaften deutet dieses Psychogramm auch auf eine fehlende Impulskontrolle hin in Situationen, die sie überforderten, oder wenn sie einfach nur betrunken war.

Ich kehre zurück in das Penthouse des Opfers und setze mich auf eine der unteren Treppenstufen im Flur. Dann hole ich aus meiner Mappe das Urteil hervor und beginne in Gedanken den Tagesablauf von Charlotte B. am Tage ihres Todes zu rekonstruieren.

Den Nachmittag verbringt sie gemeinsam mit einer Freundin. Es ist die Frau mit der Trauerkleidung auf dem Pressefoto. Beide haben sich 1994, etwa ein Jahr vor dem Tod von Otto B., kennengelernt. Zwischen den Frauen hat sich eine enge Freundschaft mit täglichen Telefonaten und regelmäßigen Treffen entwickelt. Am Montag, dem 15. Mai, treffen sie sich in der Mittagszeit und essen zwischen 14 und 15 Uhr in Charlotte B.s Stammlokal Lago di Garda.

Es muss gegen 15 Uhr sein, als sie das Lokal verlassen. Giulio M., der Inhaber der Pizzeria, will schließen. Er hat noch Lebensmitteleinkäufe für den Abend zu erledigen. Die Freundin begleitet Charlotte B. ins Penthouse. Dort will sie Arbeiten einer von ihr empfohlenen Malerfirma begutachten, die erst kürzlich beendet wurden.

In der Wohnung ist es heiß. Die Sonne hat die Räume des Penthouses aufgeheizt, und der Thermostat der Fußbodenheizung lässt sich nicht regulieren. Auf Anraten der Freundin ruft Charlotte B. bei ihrer Heizungsfirma an. Die Monteure sind mit der Anlage vertraut, da sie aktuell mit dem Einbau einer neuen Heizung beschäftigt sind. Für den Nachmittag wird der Service zugesagt.

Ich suche in meinen Unterlagen nach den Zeiten der Verbindungsdaten für die Telefongespräche. Diese Angaben könnten später für die Eingrenzung der Tatzeit von Bedeutung sein. Ich werde schnell fündig: Das Telefonat mit der Heizungsfirma fand von 15:24 bis 15:27 Uhr statt.

Kurze Zeit später erscheint ein Handwerker der Firma, behebt den Fehler, um dann – wie er in seiner späteren Vernehmung aussagen wird – im Heizungskeller während der nächsten anderthalb Stunden einen defekten Boiler zu reparieren. Anschließend habe er noch einen weiteren Kunden aufgesucht. Wann genau das erfolgt sein soll, lässt sich den Akten nicht entnehmen. Niemand hat den Monteur in seiner Vernehmung danach gefragt.

Während die beiden Frauen auf der Terrasse, mit Blick auf die Türme der Frauenkirche, Wein trinken, führt Charlotte B. mehrere Telefongespräche. Bei einem nur 25 Sekunden währenden Anruf ihres Hausarztes verabredet sie sich mit ihm für den Stammtisch am Abend zwischen 19:00 und 19:30 Uhr im Paulaner im Tal.

Allerdings gibt die Freundin später an, nichts von der Verabredung zu wissen. Nach eigener Aussage verlässt sie wenige Minuten nach dem Anruf gegen halb sechs die Wohnung ihrer Freundin. In ihrer späteren Vernehmung wird sie dazu sagen, dass Charlotte B. für die nächsten Minuten den Besuch ihres Anwaltes erwartet habe und die Freundin gebeten habe, doch noch zu bleiben. Aber diese lehnt ab und geht. Charlotte B. verspricht, sich später telefonisch zu melden. Doch der Anruf erfolgt nicht.

Die nächste Stunde im Leben von Charlotte B. ist von weiteren Aktivitäten geprägt. Bereits wenige Minuten nach der Verabschiedung der Freundin meldet sie sich bei ihrer Schwester. Die beiden telefonieren 13 Minuten lang. Als das Gespräch endet, ist es 17:38 Uhr.

Kaum hat Charlotte B. den Hörer aufgelegt, ruft die Freundin an, die gerade erst gegangen war. Deren Handy ist da noch im Bereich des Parkhauses eingeloggt. Weshalb sie sich immer noch dort aufhält, bleibt ungeklärt. Bis kurz vor 18 Uhr dauert das knapp zwanzigminütige Telefonat.

Was die Frauen zu besprechen haben, wird niemals bekannt. Die Freundin, die in ihren ersten Vernehmungen den Anruf nicht einmal erwähnt hatte, vermag sich später im Verhör trotz eines konkreten Vorhalts an nichts zu erinnern: »Wenn wir etwa siebzehn Minuten telefoniert haben, kann es nur eine *Ratschgeschichte* gewesen sein, die uns in den letzten Tagen beschäftigte.«

Ich frage mich, was beide Frauen kurz vor dem Verbrechen so bewegt haben kann, dass sie nur wenige Minuten nach der Verabschiedung bereits wieder ausgiebig miteinander telefonierten. Musste die Anruferin nicht erwarten, in das Anwaltsgespräch zu platzen, dessentwegen sie sich verabschiedet hatte? Und warum konnte sich die Freundin nicht erinnern, worüber beide am Telefon gesprochen hatten, wenn es doch offenbar nach dem vorherigen Treffen noch akuten Redebedarf gegeben hatte? Es fällt mir schwer, dieser Aussage zu folgen.

Dieser Anruf sollte Charlotte B.s letztes nachgewiesenes Lebenszeichen sein. Zwar gab ihr Geschäftsführer in seinen Vernehmungen an, er habe mit seiner Chefin gegen 18 Uhr übers Haustelefon telefoniert. Sie habe ihn angerufen, um die nächste Arbeitswoche zu planen. Da sei sie sehr freundlich gewesen. Doch dieser Anruf ist in den Aufzeichnungen der Telefonanlage nicht vermerkt – viele andere interne Gespräche des Tages hingegen schon.

Um 18:14 Uhr kommt es zu einem letzten Anruf aus der Wohnung des Opfers. Doch Charlotte B.s Wohnungsverwalter nimmt das Gespräch nicht entgegen. Nach neun Sekunden springt sein Anrufbeantworter an, es wird keine Nachricht auf der Mailbox hinterlassen.

Während der nächsten Stunde bleiben die Telefone still. Vermutlich stellt Charlotte B. in dieser Zeit die nachmittags benutzten Weingläser in die Spülmaschine und die angebrochene Flasche Weißwein in den Kühlschrank.

Bei der späteren kriminaltechnischen Untersuchung ist die Flasche allerdings bis auf 30 Milliliter leer. Das ist gerade einmal so viel, wie in ein Schnapsglas passt. Nach Aussage der Freundin war die Flasche bei ihrer Verabschiedung noch deutlich voller. Und so stellt sich die Frage, ob Charlotte B. den Wein getrunken hat oder ob doch noch ein Besucher kam.

Noch mehr verwundert jedoch die Tatsache, dass Charlotte B. die fast leere Weinflasche überhaupt in den Kühlschrank zurückgestellt haben soll. Die Frau war Alkoholikerin. Wäre da nicht zu erwarten gewesen, dass sie den einen Schluck noch austrinkt?

Als Benedikt Toths Bruder sie um 19:09 Uhr von der Tankstelle aus zu erreichen versucht, nimmt seine Chefin das Gespräch nicht entgegen. Für Benedikt Toth hat diese Aussage im Nachhinein eine verheerende Bedeutung, denn sie scheint die Annahme des Gerichts zu bestätigen, dass seine Tante zu dieser Zeit bereits tot war oder sich während des Anrufs gerade der Überfall ereignete. Andernfalls – so die Mutmaßung der Richter – dürfte sie das Gespräch entgegengenommen haben.

Diese Feststellung ist für die Urteilsfindung, Benedikt Toth müsse der Täter sein, eine unabdingbare Voraussetzung, da er ab 19:34 Uhr ein Alibi besitzt. Um diese Zeit ruft er nachweislich aus seiner Wohnung bei seiner zukünftigen Schwiegermutter an. Sie hatte um 19:02 Uhr angerufen, jedoch hatte er das Gespräch nicht angenommen, da er nach eigener Aussage gerade in der Badewanne saß, um ein Erkältungsbad zu nehmen.

Für das Gericht eine pure Schutzbehauptung. Benedikt Toth habe sich von 18:15 bis zirka 19 Uhr vielmehr im Parkhaus in der Baaderstraße aufgehalten, um seiner Tante vor deren Wohnungstür aufzulauern. Als sie schließlich die Tür öffnete, habe er sehr rasch gehandelt: Charlotte B. erschlagen, in der oberen Etage im Büro nach dem Testament gesucht, eine Durchsuchung der Räume nach Wertsachen vorgetäuscht und die 500-Euro-Scheine eingesteckt, die bei seiner Festnahme gefunden worden waren. Fünf bis sieben Minuten seien dafür allemal ausreichend, so die Einschätzung des Gerichts. Da auch die Rückkehr zu seiner Wohnung auf dem Fahrrad innerhalb einer Viertelstunde zu bewältigen gewesen sei, habe die Zeit bis zum Rückruf bei seiner künftigen Schwiegermutter für den Mord und die anschließende Flucht ausgereicht.

Wie wichtig die Kenntnis der genauen Tatzeit bei der Überprüfung der Alibis potenziell Tatverdächtiger und bei der Rekonstruktion des Tathergangs ist, belegt der Fall von Benedikt Toth eindrucksvoll.

Im forensischen Alltag stehen unterschiedliche naturwissenschaftliche Methoden zur Verfügung, um die Liegezeit eines Verstorbenen und damit den Todeszeitpunkt so genau wie möglich zu bestimmen. Als Faustformel gilt dabei: Je früher ein Todesopfer gefunden wird, desto präziser kann eine Aussage zum ungefähren Todeszeitpunkt getroffen werden.

Allerdings wird es auch dem erfahrensten Rechtsmediziner nicht möglich sein, auf die Minute genau zu sagen, wann ein

Mensch gestorben ist, wenn er nicht selbst dabei war und dabei auf die Uhr gesehen hat. Schließlich hängen die postmortalen Veränderungen von zahlreichen Faktoren ab, wie beispielsweise der Bekleidung, der Außentemperatur und den Umgebungsmedien: Luft, Wasser, Erde.

Trotz dieser Einschränkungen helfen die zu unterschiedlichen Zeiten einsetzenden postmortalen Veränderungen am Leichnam bei der Bestimmung der Todeszeit. Dabei unterscheidet man in frühe und späte Leichenerscheinungen. Zu den frühen Zeichen des Todes gehören Totenflecke, Leichenstarre, Abkühlung der Leiche und Hautvertrocknungen. Bei den späten Leichenerscheinungen sind es durch Fäulnis oder Verwesung bedingte Veränderungen an der Leiche, Mumifizierung, Fettwachsbildung, Tierfraß und Skelettierung.

Als die Leiche von Charlotte B. am 16. Mai 2006 gegen 19 Uhr gefunden wird, scheinen die Voraussetzungen für eine Annäherung an die Todeszeit grundsätzlich nicht schlecht. Zwar war zunächst nur anzunehmen, dass die Frau aufgrund der vollständig ausgeprägten Leichenstarre vor mindestens sechs bis zwölf Stunden gestorben war, doch kennt die rechtsmedizinische Praxis weitere früh-postmortale Phänomene, mit deren Hilfe sich ein Todeszeitpunkt weiter eingrenzen lässt:

1. mechanische und elektrische Erregbarkeit der Muskulatur
2. pharmakologische Erregbarkeit der Iris

Allerdings müssen solche Leichenerscheinungen umgehend geprüft werden.

In der frühen postmortalen Phase liefert die *temperaturorientierte Todeszeitbestimmung* jedoch die genauesten Ergebnisse. Dieses international etablierte Verfahren wurde von dem Rechtsmediziner Prof. Dr. Claus Henßge entwickelt und ist die Standardmaßnahme bei der Todeszeitbestimmung.

Das Verfahren stützt sich auf Messungen der tiefen Rektaltemperatur. Die auf diese Weise ermittelte *Körperkerntemperatur* wird mit der Umgebungstemperatur (Luft- und Bodentemperatur) der Leiche ins Verhältnis gesetzt. Dabei werden weitere Parameter, wie Körpergewicht und abkühlungsbeschleunigende als auch abkühlungsverzögernde Umwelteinflüsse, in die Berechnung des Todeszeitpunktes einbezogen.

Gegen 19:30 Uhr stellt ein Notarzt den Tod von Charlotte B. fest. In seinem von mir angeforderten Protokoll lese ich später, dass die *Extremitätenbewegung* (aufgrund der Leichenstarre) stark vermindert und die rechte Pupille weit geöffnet war.

Etwa gegen 21:30 Uhr beginnt die Spurensuche an Leiche und Tatort. Den eingesetzten Beamten ist es zunächst wichtig, vermeintliche blutige Handschuhspuren am Blazer des Opfers abzukleben. Sicherlich erhoffen sie sich, auf diese Weise DNA-Spuren des Täters zu sichern, um so zu einem schnellen Ermittlungserfolg zu gelangen.

Diese Vorgehensweise hatte sich bereits im Fall des Modedesigners Rudolph Moshammer als erfolgreich erwiesen, der in der Nacht zum 14. Januar 2005 in seiner Wohnung erdrosselt worden war. Schon einen Tag nach Tatentdeckung war ein DNA-Vergleich mit einer am Opfer gesicherten Probe beim Bundeskriminalamt erfolgreich verlaufen und hatte zur Identifizierung des Täters geführt. Im anschließenden Prozess war dieser zu einer lebenslangen Freiheitsstrafe wegen Mordes und Raubes mit Todesfolge bei besonderer Schwere der Schuld verurteilt worden. Das Gericht hatte es auch in seinem Fall als erwiesen angesehen, dass er den Modezaren aus Habgier und Heimtücke getötet und damit zwei Mordmerkmale erfüllt habe.

Auch im Mordfall Charlotte B. werden mögliche genetische Spuren des Täters gesichert. Doch eine frühzeitige Messung der Körperkerntemperatur und der Umgebungstemperatur der Leiche unterbleiben.

Um 22:45 Uhr trifft ein Rechtsmediziner am Tatort ein. Er muss noch einige Minuten warten, ehe er mit seiner Arbeit beginnen kann. Mit einem Skalpell zertrennt er dann den Blazer der Toten. Der soll später auf DNA-Spuren untersucht werden. Im Anschluss bricht er im linken Ellenbogengelenk die Totenstarre. Auch er verzichtet, wie die Spurensucher, auf die Messung der Körperkerntemperatur und die Prüfung auf weitere Zeichen des Todes.

Nach der Überführung der Leiche in die Rechtsmedizin beginnt dort kurz nach Mitternacht die gerichtsmedizinische Untersuchung mit der äußeren Besichtigung der Leiche. Das ist Routine und soll einen Eindruck vom Erscheinungsbild der Toten und von äußeren Verletzungen geben.

Ich lade die Bilddateien der gerichtsärztlichen Untersuchung auf meinem Rechner hoch und werte die Dateiinformationen mit den Aufnahmezeiten aus. Auf einem der ersten Fotos liegt die Tote in Bauchlage auf einem Untersuchungstisch. Sie ist nackt. Es ist jetzt 00:43 Uhr, während ein Mediziner die Befunde aufnimmt. Etwa zwei Minuten später – der Leichnam liegt immer noch auf dem Untersuchungstisch – werden die Schädelverletzungen vermessen.

Spätestens um 00:57 Uhr ist die Leiche der Charlotte B. auf dem eigentlichen Sektionstisch abgelegt. Doch auch jetzt misst noch niemand die Temperatur. Das geschieht laut einer Notiz im Sektionsprotokoll erst um 01:20 Uhr. Seit dem Beginn der Sektion sind bereits 50 Minuten vergangen; seit dem Eintreffen des Rechtsmediziners am Tatort zwei Stunden und 35 Minuten. Die jetzt festgestellte Körperkerntemperatur wird mit maximal 15° C bestimmt. Der Hinweis »maximal«, bedeutet, dass ein geeichtes Thermometer ohne Gewaltanwendung so tief wie möglich in das Rektum der Toten eingeführt und der Temperaturausgleich abgewartet wurde.

Es ist anzunehmen, dass dieser niedrige Temperaturwert bei den Obduzenten Verwunderung auslöste, schließlich würde eine solche Körperkerntemperatur bedeuten, dass diese unter die Umgebungstemperatur gesunken war; auch wenn der nackte Körper der Toten, wie bei Obduktionen üblich, zwischendurch immer wieder mit kaltem Wasser abgewaschen worden sein dürfte.

Natürlich ist ein Sektionssaal kein warmer, kuscheliger Ort, allerdings sind auch dort Temperaturen von etwa 18° C zu erwarten, so jedenfalls meine Erfahrungen aus der Rechtsmedizin. Zudem war Charlotte B. in ihrem am Tag zuvor von der Sonne aufgeheizten Penthouse und nicht etwa im Freien bei niedrigen Außentemperaturen aufgefunden worden, was ihre niedrige Körperkerntemperatur hätte erklären können.

Überraschend kommt es um 02:50 Uhr zu einer erneuten Temperaturmessung. Allerdings gestaltet sich dieses Ansinnen problematisch. Die Obduktion ist bereits beendet, was bedeutet, dass alle drei Körperhöhlen der Verstorbenen – und somit auch ihr Bauchraum – bereits eröffnet, sämtliche Organe und der Darm für weitergehende Untersuchungen entnommen waren. Aber genau diese ursprüngliche anatomische Konstellation ist für die Messung der Körperkerntemperatur entscheidend. Und somit ist eine weitere »rektale« Messung hinfällig. Die Obduzenten wissen jedoch Rat und messen die Temperatur in der »tiefen Oberschenkelmuskulatur« des linken Beines. Obwohl zwischen der ersten und der zweiten Messung anderthalb Stunden vergangen sind, steigt die Temperatur auf 20,4° C an und liegt somit um 5,4° C höher als bei der zuvor korrekt vorgenommenen Messung der zentralen Aftertemperatur.

Eine Kommentierung der unterschiedlichen Temperaturen im Sektionsprotokoll unterbleibt jedoch. Wie selbstverständlich wird später bei der Bestimmung der Todeszeit der zweite gemessene Wert herangezogen und fälschlicherweise als Körperkerntemperatur bezeichnet.

Und auch die fehlenden Angaben zur Umgebungstemperatur am Tatort werden nachgebessert. Um 02:35 Uhr wird laut Obduktionsprotokoll telefonisch eine mit 19,4° C gemessene Raumtemperatur als weitere Berechnungsgrundlage gemeldet. Doch von wem und wo die Temperatur gemessen wurde, bleibt unerwähnt. Auch fehlt ein entsprechender Hinweis in dem ansonsten detailliert und minutiös geführten Spuren- und Tatortbefundbericht der Ermittler.

Dort heißt es lediglich, dass die Wohnung von Frau B. am 17.05.06 um 00:05 Uhr versiegelt und für weitere Spurensicherungsmaßnahmen erst am nächsten Tag in der Zeit von 14:30 bis 17:00 Uhr betreten wurde. Es verwundert, dass gerade diese wichtige Information in den polizeilichen Unterlagen nicht protokolliert wurde. Und so frage ich mich, was der Grund dafür sein könnte.

Ich lese im Urteil nach, was der damalige Obduzent zur Berechnung der Todeszeit in der Hauptverhandlung ausgeführt hatte. Da bestätigte er die gemessenen Temperaturen und bestimmte die im Oberschenkel der Toten gemessene Wärme zur Körperkerntemperatur und erklärte, beide Temperaturen seien somit weitgehend angeglichen gewesen. Aufgrund der gemessenen Temperaturen, des Körpergewichts des Opfers, ihres Bekleidungszustands und weiterer Parameter wäre eine vollständige Auskühlung der Leiche im Bereich von ca. 40 Stunden mit einer Fehlertoleranz von »+/- sieben Stunden nach dem Todeseintritt zu erwarten«. Die bei der Obduktion fast vollständig vorgelegene Auskühlung der Leiche sei daher umso besser erklärbar, je näher der Todeszeitpunkt »an der Aufnahme der letzten Mahlzeit, also am 15.05.06 ca. 14:00 Uhr« liege.

Und so nehme ich Kontakt mit Professor Henßge auf, der das im Fall von Charlotte B. angewandte *Temperatur-Todeszeit-Bezugsnomogramm* entwickelt hat. Meine Frage, ob mit den erhobenen Daten überhaupt eine Einschätzung der Todeszeit möglich sei, beantwortet er kurz und prägnant mit einem eindeutigen »Nein«. Die der Methode zugrunde liegende Formel sei ausschließlich auf die Messung der »tiefen Rektaltemperatur« anwendbar. Eine Anwendung auf Oberschenkeltemperaturen führe hingegen zu stark fehlerhaften Todeszeitschlussfolgerungen und sei höchst spekulativ.

Doch der Rechtsmediziner ist mit seiner Kritik noch nicht am Ende. Bei der Todeszeitbestimmung an Charlotte B.s Leichnam seien die Standards einer idealtypischen rechtsmedizinischen Befunderhebung nicht eingehalten worden, stellt er fest.

In ihren weiteren Ausführungen konkretisieren die Obduzenten ihren Befund zur Todeszeit mit der Untersuchung vom Mageninhalt der Toten. Laut Gutachten befanden sich darin circa 100 Milliliter Speisebrei in Form von Kohlehydraten. Die Menge einer Kohlehydratmahlzeit (z. B. Nudeln) betrage üblicherweise – so die Einschätzung der Mediziner – 400 Gramm. Somit seien noch zirka ein Viertel der ursprünglichen Mahlzeit im Magen vorhanden gewesen. »Bei 25 Prozent Restinhalt« sei als wahrscheinlichste Todeszeit ca. 3 Stunden nach »Aufnahme der letzten Mahlzeit« zu erwarten. Im Fall von Charlotte B. liege der Todeszeitpunkt somit bei 17 Uhr. Allerdings sei zu berücksichtigen, dass nach einer solchen kohlehydrathaltigen Nahrung der Todeseintritt bei 90 Prozent der untersuchten Fälle zwischen 1 und 7 Stunden nach dem Essen läge. »Gehe man also von einer Nahrungsaufnahme um 14:00 Uhr aus, so liege die wahrscheinliche Todeszeit bei 17:00 Uhr«, wobei jedoch auch eine Todeszeit zwischen 15 (+ 1 Stunde) und 21 Uhr (+ 7 Stunden) möglich sei. Da allerdings bei der Obduktion, die von der Frau »aufgenommenen Lebensmittel einen sehr frischen Eindruck« vermittelt hätten, würde diese Feststellung »gegen einen Todeszeitpunkt in der späteren Hälfte des möglichen Zeitintervalls« sprechen.

Eine Vergrößerung der angenommenen Portionsgröße würde, »logischerweise den Zeitpunkt der wahrscheinlichen Todeszeit um 1–2 Stunden später erwarten lassen«.

Diese Aussage bedeutet jedoch auch, dass eine Reduzierung der

Portionsgröße die Zeitspanne bis zum wahrscheinlichen Todeseintritt verkürzen dürfte. Doch dieser Hinweis unterbleibt im Gutachten.

Dafür überrascht die im Urteil gewählte Formulierung mit der abschließenden Aussage:

»Bei zusammenfassender Beurteilung sei daher festzustellen, dass ein Todeszeitpunkt zwischen 18:15 Uhr und 19:00 Uhr gut in Frage komme. Ein Todeszeitpunkt nach 19:00 Uhr sei nicht ausschließbar, werde aber unwahrscheinlicher.«

Das ist verwunderlich. Wie kommen die Gutachter auf diese konkrete Zeit? Sie haben doch vorher umständlich beschrieben, wie schwer ihnen eine Eingrenzung des Todeszeitpunkts fällt. Die Obduzenten haben genau den Zeitpunkt als Todeseintritt bestimmt, zu dem Benedikt Toth über kein Alibi verfügt.

Doch wie verhält es sich mit der Todeszeitbestimmung aufgrund der im Magen der Toten gesicherten Speisereste, von denen der Rechtsmediziner in seinem Gutachten berichtet hatte? Ich frage mich, ob auch hier Skepsis angebracht ist.

In der rechtsmedizinischen Literatur ist allgemein anerkannt, dass die Fülle des Magens und des oberen Dünndarms zur Abschätzung der Todeszeit herangezogen werden können. Diese Methode liefert jedoch ungenaue Ergebnisse. Deshalb wird sie überwiegend zur allgemeinen Orientierung bei einem länger zurückliegenden Todeseintritt genutzt. Dazu müssen allerdings die Zusammensetzung der Mahlzeit und der Zeitpunkt des Essens bekannt sein.

Gesichert ist, dass Speisebrei normalerweise nach zwei bis vier Stunden den Magen verlässt. Doch von dieser Regel gibt es sehr große individuelle Abweichungen.

Zur Erinnerung: Charlotte B. hatte nach Aussage des Restaurantbesitzers gegen 14 Uhr eine Portion *Rigatoni all'Arrabiata* gegessen. Dabei handelt es sich um röhrenförmige Nudeln ohne Füllung mit einer scharfen Tomatensoße.

Obwohl der Inhaber der Trattoria zweimal vernommen wurde, hatte ihn niemand zur Portionsgröße des von Charlotte B. verzehrten Gerichts befragt. Und auch sonst gibt es in den Akten keinen Hinweis, nach welchen Kriterien die Gutachter die Größe einer »üblichen Nudelmahlzeit« mit 400 Gramm bestimmten und in diesem Zusammenhang von einer »Standardmahlzeitgröße« sprachen. Mengenangaben zu Nudelgerichten kommen in der von ihnen verwendeten Publikation *Mageninhalt und Todeszeitbestimmung* jedenfalls nicht vor.

Als ich weiter nach den Portionsgrößen recherchiere, stoße ich auf eine naheliegende Möglichkeit: Die Gutachter könnten auf allgemein zugängliche Kochrezepte zugegriffen haben. Hier werden bei mehreren *Arrabiata*-Gerichten 400 Gramm Nudeln vorgeschlagen. Allerdings für vier Personen, nicht für eine.

Und so mache ich mich auf den Weg in die Trattoria mit den blauen Markisen und gleichfarbigen Biergartenmöbeln in der Nähe des Isartors. Hier empfängt mich der Inhaber Giulio M. Ich nehme an einem der wenigen freien Tische am Fenster Platz. Von dort habe ich einen guten Überblick über das Leben auf der Straße. Mir gefällt das Ambiente. Auch innen dominiert das Blau an Holzpaneelen und Decken. Der Wirt kennt Charlotte B. gut. Sie war als Stammgast sehr häufig in seinem Lokal. Eine angenehme, großzügige Frau, die sich bei ihren Gesellschaften auch häufiger Essen in ihr Penthouse bringen ließ. Er kenne auch Benny, ihren Neffen, sehr gut; ein freundlicher junger Mann, dem er die Tat wahrlich nicht zutraue.

Bei ihrem letzten Essen habe Charlotte eine kleine Portion ihres Lieblingsgerichts *Rigatoni all'Arrabiata* bestellt, einen grünen Salat dazu gegessen und einen Viertelliter Wein getrunken, möglicherweise auch Weißbrot zu sich genommen. »Sie hat sehr auf ihre Figur geachtet, stets nur kleine Portionen gegessen«, erzählt Giulio. Deshalb habe er auch immer der Küche Bescheid gegeben, damit der Koch entsprechend portioniere.

Da Charlotte kein Geld dabeigehabt habe, sei die Bezahlung für den nächsten Tag vereinbart worden. Nichts Ungewöhnliches für eine seiner besten Kundinnen. Gegen 15 Uhr seien die beiden Frauen gegangen. Er habe schließen müssen, um noch Einkäufe für den Abend zu erledigen. Gegen 18 Uhr habe er das Lokal wieder geöffnet, doch Benny habe er an diesem Abend nicht gesehen.

Ich bitte Giulio, das letzte Gericht von Charlotte B. für mich zu kochen. Wenig später bringt er mir einen vollen Teller mit dampfenden Nudeln und Soße. All das wiegt zusammen etwas über 240 Gramm – somit fast die Hälfte weniger als die von den Rechtsmedizinern angesetzte Menge, die vielleicht noch von einer ungekochten Portion ausgegangen waren. Die von den Rechtsmedizinern angenommenen Mengen und der daraus resultierende Todeszeitpunkt kann demzufolge nicht stimmen.

Als ich die Akte später weiter prüfe, fällt mir eine Faxnachricht an den für das Verfahren zuständigen Staatsanwalt auf, und ich finde die Begründung für die genaue Eingrenzung der Todeszeit. Einer der Gutachter hatte das Schreiben am 06.10.2006 verfasst und mit folgendem Kommentar versehen:

»Betrifft Todeszeitbestimmung Charlotte B. – Mageninhalt – Anfrage vom 2.10.06. Die erhobenen Befunde sind mit einem Todeseintritt zwischen 18:15 und 19:15 Uhr gut vereinbar.«

Ohne Angaben von Gründen korrigiert der Gutachter seine gemeinsam mit dem Leiter des rechtsmedizinischen Instituts getroffene Expertise vom 29.09.2006, wonach »die wahrscheinliche Todeszeit bei 17:00 Uhr« liegen dürfte.

Die Diskrepanzen geben mir keine Ruhe. Ich muss die vom Gericht vertretene Auffassung, für Charlotte B.s Todeseintritt käme eine Zeit zwischen 18:15 und 19:00 Uhr »gut in Frage«, validieren. Hierzu nehme ich Kontakt zu mehreren forensischen Instituten auf.

In einem der rechtsmedizinischen Institute überrascht mich ein Wissenschaftler mit einer unverblümten Aussage: »Wo Murks drin ist, kann auch nur Murks herauskommen.« Was er damit meint, wird deutlich, als ich sein Gutachten in Händen halte. Auch andere Institute kommen zum gleichen Ergebnis. Die vom Gericht angenommene Tatzeit entbehre jedem methodischen und forensischen Anspruch. Das begründen die verschiedenen Rechtsmediziner in Stichworten so:

1. Falsche Berechnung des wahrscheinlichsten Todeszeitpunktes: Bei einer um 14 Uhr verzehrten Nudelmenge von tatsächlich ca. 240 g wäre von einem Tod um 15:37 Uhr auszugehen.
2. Die herangezogene Publikation zur Bestimmung der Magenverweildauer von Speisen weist schwerwiegende Mängel in Datenerhebung und Auswertemethodik auf. Sie genügt somit den heutigen wissenschaftlichen Standards der evidenz-basierten Medizin in keiner Weise.
3. In rechtsmedizinischen Standardwerken wird von der Anwendung der Methode wegen der Fehleranfälligkeit abgeraten. In methodisch korrekten Studien zur Magenentleerungszeit kann diese mehr als 90 Minuten betragen. Die Feststellung eines Intervalls unterhalb dieser Zeitspanne ist wissenschaftlich nicht haltbar.
4. Die Wahrscheinlichkeit des vermeintlichen Tatzeit-Intervalls 18:15–19:00 Uhr beträgt bei einer behaupteten Standardmahlzeit von 400 Gramm lediglich sieben Prozent. Reduziert sich diese Menge fast um die Hälfte, so sinkt die Wahrscheinlichkeit auf sechs Prozent.
5. Ein späterer Zeitraum, für den Benedikt Toth ein Alibi besitzt, weist eine größere Wahrscheinlichkeit für den Todeseintritt auf als der angenommene Tatzeitraum 18:15–19:00 Uhr.

Was konkret bedeuten diese unterschiedlichen Ergebnisse für die Bewertung des Falles? Sie lassen eigentlich nur einen Schluss zu: Die rechtsmedizinischen Angaben zur Todeszeit sind für die Bewertung der Tatzeit völlig ungeeignet. Sie scheinen Benedikt Toths fehlendes Alibi einzubeziehen und wirken auf mich konstruiert. Der Zeitraum wird passend gemacht, der fehlende wissenschaftliche Hintergrund verleugnet.

Die Freundin und Charlotte B.s Schwester haben mit dem Opfer noch bis kurz vor 18 Uhr gesprochen. Die letzte telefonische Aktivität wurde um 18:14 Uhr für neun Sekunden registriert; ein vom Geschäftsführer der Parkgarage behauptetes Gespräch um diese Uhrzeit ist nicht belegt. Danach schweigen für fast eine Stunde die Telefone, ehe gegen 19:10 Uhr Benedikt Toths Bruder versucht, seine Tante aus der Tankstelle zu erreichen.

Die Gründe, weshalb Charlotte B. das Gespräch nicht entgegennahm, können vielfältig sein. Jedoch schloss das Gericht die Möglichkeit, sie habe den Anruf absichtlich nicht entgegengenommen, in der Urteilsbegründung »als fern liegend« aus. Das scheint in diesem Verfahren mit 32 Erwähnungen eine überaus beliebte Formulierung der Richter zu sein und erweckt den Eindruck, als könnten die Juristen jede Situation des alltäglichen Lebens eindeutig nachempfinden und bewerten – oder eben unliebsame andere Möglichkeiten »abschmettern«.

Erklärend führt das Urteil weiter aus, dass Charlotte B. nur dann Anrufe nicht angenommen habe, wenn sie »in Eile oder in Hektik« war, wofür es jedoch an dem Abend keine Hinweise gebe.

Ich frage mich, ob sich das Gericht mit dieser Einschätzung nicht selbst widerspricht. Einerseits argumentieren die Richter, Charlotte B. sei zum Stammtisch verabredet und bei solchen Terminen stets pünktlich gewesen. Andererseits bestreiten sie, dass Charlotte B. den Anruf um 19:10 Uhr möglicherweise genau deshalb nicht entgegennahm, weil man sie bereits im Paulaner erwartete und sie noch eine Strecke von knapp einem Kilometer auf klassischen Stiletto-Pumps mit höheren Pfennigabsätzen vor sich hatte.

Erst um 20:54 Uhr kommt es zum nächsten nachweisbaren telefonischen Kontaktversuch. Die Freundin, mit der Charlotte B. den

Nachmittag verbracht hatte, ruft an. Interessanterweise auf dem Festnetz. Sie scheint tatsächlich nicht zu wissen, dass Charlotte B. eine Verabredung zum Stammtisch im Paulaner gehabt haben soll. Wäre da nicht ein Anruf auf dem Handy zu erwarten gewesen? Einmal mehr frage ich mich, weshalb die Freundin nichts von diesem Termin wusste und stattdessen davon ausging, es würde noch Besuch kommen.

Es wird immer deutlicher: Ich muss den Zeitablauf der Tat zunächst unabhängig von den Einschätzungen zur Todeszeit rekonstruieren. Ich schaue mich erneut in der Penthousewohnung um und frage mich, weshalb es hier während der Gerichtsverhandlung keinen Ortstermin gab, um die Spurenlage selbst nachzuvollziehen. Die eigene Wahrnehmung ist der Schilderung von Zeugen und Sachverständigen im Gerichtssaal immer überlegen, wie ich nach der Untersuchung unzähliger Tatorte weiß.

Dem *Spurensicherungsbericht* und den Tatortfotos habe ich entnommen, dass – von der Wohnungstür aus gesehen – rechts an der Wand insgesamt fünf gerahmte Stiche mit altenglischen Motiven hingen; zwei von ihnen am Ende des Flures übereinander. Aus der rechtsmedizinischen Blutspurenanalyse weiß ich auch, dass etwa anderthalb Meter von der Tür entfernt erste Blutspuren festgestellt wurden, die sich nach hinten in Richtung der Leiche fortsetzten.

Ich nehme meinen Zollstock, messe die Abstände von der Tür sowie die Höhe über dem Boden und hefte Vergrößerungen der Blutspurenbilder an die Wand. Nach etwa einer halben Stunde habe ich es geschafft; zahlreiche Fotos im DIN-A4-Format kleben an den Wänden und vermitteln das Ausmaß der Blutspuren mit seinen verschiedenen Spritzzentren.

Auch das goldene Barocktischchen, neben dem die Leiche gelegen hatte, habe ich inzwischen an seinen ursprünglichen Platz zurückgestellt.

Als dann noch meine Schaufensterpuppe, die ich seit einigen

Jahren immer wieder für solche Gelegenheiten einsetze, am Fundplatz der Leiche positioniert ist, wirkt die Situation beinahe real. Dieser authentische Eindruck wird durch weitere Fotos von der finalen Fundsituation der Leiche und den fächerartigen Schlagspritzspuren über ihrem Kopf sowie den blutigen Treppenstufen noch verstärkt.

Folge ich der Einschätzung des Gerichts, begann der Angriff auf Charlotte B. im Bereich ihrer Wohnungstür. Bevor ich jedoch die Tür öffne und den Flur des Parkhauses betrete, blicke ich durch den Türspion nach draußen. Ich bin überrascht, wie weit der Panoramablick reicht: nach links bis zum Ausgang auf das Parkdeck hin, nach rechts zum Fahrstuhl hin. Sollte der Täter tatsächlich vor der Wohnungstür gewartet haben, so hätte ihn Charlotte B. durchaus entdecken können, wenn sie nachgeschaut hätte.

Mittlerweile stehe ich im Gang der Parkgarage. Es ist hier kühl und windig. Die oberen Fenster stehen auf Kipp. Als ich nun von außen durch den Türspion in die Wohnung spähe, erkenne ich im hellen Licht der Flurbeleuchtung schemenhaft die Einrichtung des Flurs.

Die Wohnungstür öffnet sich nach links innen. Hier soll Benedikt Toth also seiner Tante aufgelauert haben und es, laut Urteil, zu den ersten Schlägen gekommen sein. Nach Momenten des Verharrens sei die Verletzte in den Flur zurückgewichen, wo ihr Neffe weiter auf sie eingeschlagen habe.

Was könnte diese Vermutung für ein mögliches Spurenbild bedeuten? Bei einer ersten Verletzung des Kopfes sind keine Blutspritzer an der Wohnungstür, den Wänden, der Decke oder dem Fußboden zu erwarten. Zwar sammelt sich in der Wunde Blut an, doch erst bei einem weiteren Schlag in dieses Areal kommt es je nach Intensität zu mehr oder weniger ausgeprägten blutigen Spurenbildern in der Umgebung. Dabei dürfte die Höhe der Blutspuren an der Wand zunächst der Körpergröße des Opfers entsprechen. Im folgenden Tatverlauf müsste die Höhe der Blutspuren abnehmen, da das Opfer sich abwendet, duckt oder zusammenkauert, um weiteren Schlägen zu entgehen. Dabei wird es versuchen, mit hochgehaltenen Händen seinen Kopf zu schützen, ehe es möglicherweise stürzt und ihm final weitere Hiebe zugefügt werden.

Bei der Obduktion wurde die Größe des Opfers mit 163 Zentimeter gemessen. Am Kopf der Toten wurden gut zwei Dutzend Kopfschwartendurchtrennungen an beiden Stirnbereichen, dem Scheitel, der rechten Ohrregion und am linken Hinterhauptshöcker festgestellt. Obwohl ich nicht weiß, in welcher Reihenfolge die verschiedenen Kopfpartien verletzt wurden, müsste jede Wunde sofort stark geblutet haben, wobei Blutstropfen auf dem Boden zu finden sein müssten, zumal Charlotte B. in der Tür verharrt haben soll. Doch meine Suche nach Blutspuren in den Tatortfotos bleibt erfolglos; ich finde keine einzige derartige Spur.

Folgerichtig zur These, dass der Angriff im Türbereich stattfand, werden im Urteil erste Blutspuren in Form von drei Blutspritzzentren an der rechten Flurwand beschrieben. Die Entfernung zur Tür soll ungefähr bei 170 Zentimeter gelegen haben, ihre Höhe etwa 120 bis 150 Zentimeter über dem Bodenniveau. All das, so das Gericht weiter, weise darauf hin, dass das Blutspurenbild einer aufrecht oder in gering gebückter Haltung stehenden Person entsprochen habe.

Mich wundert dieser Rückschluss. Schließlich war Charlotte B. über 160 Zentimeter groß. Weshalb lag keine einzige Blutspur oberhalb ihrer Scheitelhöhe? Schließlich zerstäuben Blutspritzer sich nach oben.

Bei der anschließenden Untersuchung des Tatortes werden weitere Blutspuren an beiden Längsseiten des Flures sowie an der Wand der Stirnseite festgestellt. Aufgrund der Intensität und mehrerer fächerförmig angeordneter Blutspuren an der Wand dürfte dort der Großteil der Schläge gegen das auf dem Boden liegende, sterbende Opfer geführt worden sein.

Ich suche auf den Fotos nach den drei Blutspritzerzentren nahe der Tür. Vergeblich. Alles, was ich entdecke, ist ein handtellergroßer Bezirk mit einer Ansammlung von sehr wenigen feinen und nahezu kreisrunden Blutspuren. Zudem lassen nach rechts auslaufende, an Spermienschwänze erinnernde Blutspritzer den Schluss zu, dass ihre Bewegungsenergie in Richtung der Tür ging. Das spricht dafür, dass der Täter bei den Schlägen weiter von der Tür entfernt stand als das Opfer.

Die Begehung des Tatortes für eine *Blutspurenverteilungsanalyse* fand im Beisein von Beamten der Mordkommission und der Spurensicherung bereits zwei Tage nach Tatentdeckung am 19. Mai statt. Anders als im Urteil sind im daraus resultierenden Gutachten die Blutspuren korrekt beschrieben. Doch wo sind die drei Blutspritzerzentren? Das Zeugnis verrät, dass sich diese Blutspuren am Ende des Flurs in Höhe des Tischchens angesammelt haben. Damit liegt diese Spurengruppe etwa einen Meter weiter von der Tür entfernt am Ende des Flures.

Die Sachverständigen stellen fest, dass es sich hierbei um »eine Zone mit Blutanhaftungen in zunehmender Dichte in einer Höhe von gut 130 bis 160 cm« oberhalb des Bodens handelt. Auf einem der Fotos hält ein Spurensucher einen ausgeklappten Zollstock neben das Blutmuster. Doch die Spritzer erreichen Höhen zwischen 120 und 180 Zentimeter über dem Boden und sind somit um 20 Zentimeter höher.

Wieder stelle ich eine Abweichung zwischen den in Berichten und den im Urteil getroffenen Aussagen und der Realität fest. Ich frage mich, woran das liegen mag. Sollten die Richter den Ausführungen des Gutachters in der Verhandlung so unaufmerksam gefolgt sein?

Die Spurenlage ist aus meiner Sicht eindeutig: Aufgrund der Blutspritzerhöhen spricht alles dafür, dass hier die Tat mit mehreren Schlägen auf den Kopf der noch aufrecht stehenden Charlotte B. ihren Anfang hatte.

In der Flurecke, zwischen goldfarbenem Tisch und der Wand

mit den Bildern und Blutspuren, erkenne ich auf den Bodenfliesen mehrere eng aneinander liegende Blutstropfen, die anzeigen, dass dort das verletzte Opfer längere Zeit verharrte. Einer der Tropfen ist durch zwei entgegengesetzte Bewegungen verwischt. Diese Veränderung scheint erst nach einiger Zeit geschehen zu sein, wie ich an dem Trocknungsring der Spur erkennen kann.

Nicht auszuschließen, dass Charlotte B. im weiteren Tatverlauf gegen das Tischchen gedrückt wurde, worauf blutige Abklatschspuren an der Tischplatte und der verschobenen Statue des *Denkers* schließen lassen, die ich auf diversen Fotos erkennen kann.

Im Gutachten hat der Sachverständige an der gegenüberliegenden Wand eine weitere blutige Zone mit streifigen Wischern beschrieben. Die Wischer erreichen eine Höhe von gut einem Meter; ihr Ursprung ist wegen eines fehlenden Musters nicht erkennbar.

Doch der Experte überrascht mit der Feststellung, dass aufgrund fehlender *Papillarreliefe* (also fehlender Fingerabdrücke) daran zu denken sei, dass die Blutwischer durch einen Handschuhkontakt entstanden. Diese kühne These hat Konsequenzen, denn sie unterstellt, dass der Täter während der Tötung Handschuhe trug und demzufolge das Verbrechen geplant ausführte.

Ich überlege, welche unterschiedlichen Möglichkeiten es während des Tatgeschehens gab, dass dieses verwischte Spurenbild ohne Papillarleistenmuster entstand. Die Kleidung von Täter und Opfer während der Auseinandersetzung gehört sicherlich allemal dazu.

Neben der Treppe lag die Tote, ihr Kopf dicht zur Wand. Rechts neben ihrem Körper leuchtet auf hellem Marmor eine blutrote etwa anderthalb Meter lange und bis zu 40 Zentimeter breite angetrocknete Lache. Die Fugen zwischen den Bodenfliesen haben wie Kanäle den Blutstrom weit fließen lassen. Offensichtlich stammt er von den Schlägen auf den Kopf und scheint eine Vielzahl von Blutspritzern unter und vor dem Tisch zu überlagern, die sich dort zuvor angesammelt hatten.

Über dem Kopf des Leichnams kann ich an der Tapete einige sehr kräftig ausgebildete Spritzzentren und Kontaktmuster erkennen. Ich schätze, dass es deutlich mehr als fünf sind. An dieser Stelle kam es zum finalen Akt; der Täter hat weiter mit großer Wucht auf das schwerverletzte Opfer eingeschlagen. Aus dem Obduktionsbericht weiß ich, dass die 25 Verletzungen vornehmlich an der Stirn, dem Scheitel sowie an der rechten Kopfseite zu finden waren.

Was muss mit einem Menschen passiert sein, der derart in Rage gerät, dass er die Kontrolle verliert und einen solchen Gewaltexzess verübt? Was war der Auslöser?

Für ein solches überbordendes Verhalten hat die Kriminalpsychologie einen Namen: *Übertötung* oder *overkill*. Die dabei gezeigte Gewalt geht über das »normale Maß« einer Tötung hinaus. Sie *personifiziert* den Täter und weist auf eine besondere Gefühlslage wie Wut, Hass, Aggressionen hin. Die Formen dieser überbordenden Gewalt können mannigfaltig sein, eine starre Definition existiert nicht. Jedoch erfüllen mehr als zehn wuchtige Schläge, vornehmlich auf den Kopf, multiple Stiche in die Herzregion oder die Kombination verschiedener Tötungsarten diese Kategorie.

Ich muss an die Menschen denken, mit denen ich es bei der Bearbeitung solcher Tötungsdelikte zu tun hatte. Meist bestand eine nähere und emotionale Beziehung zwischen den Protagonisten der Tat, die diese ungezügelte Gewalt erst zuließ; immer wieder als Affekttat in eskalierenden Situationen mit plötzlichen Kontrollverlusten nach (vermeintlichen) Demütigungen oder Verlustängsten, die vom Täter als eine existenzielle Bedrohung empfunden wurden.

Allerdings kann ich mich auch an unerfahrene jugendliche Täter erinnern, die, nachdem ihnen die Kontrolle über das Tatgeschehen entglitt, ihre Gewalt exzessiv erhöhten und töteten. Häufig, um wegen eines ursprünglich anderen Tatmotivs nicht identifiziert und bestraft zu werden. Ein ähnliches Vorgehen zeigten aber auch durch Alkohol oder Betäubungsmittel beeinflusste Personen, die in ihrem Rausch keine Grenzen in ihrem Handeln fanden, oder ein Exempel statuierende Täter aus dem Bereich der organisierten Kriminalität.

Besonders eindrücklich ist mir ein Verbrechen in Erinnerung geblieben, das sich im Umfeld der organisierten Kriminalität ereignet hatte. Das Opfer, ein osteuropäischer Autohändler, der Gebrauchtwagen in die baltischen Staaten verschiffte, war in seiner Werkstatt tot aufgefunden worden. Sein Mörder war mit einer derartigen Gewalt vorgegangen, wie ich sie selten an einem Tatort erlebt hatte. Auch wenn der Täter nicht identifiziert werden konnte, sprach aufgrund der Ermittlungen vieles für einen Auftragsmord.

Eine Antwort darauf, in welchem Kreis der Mörder von Charlotte B. anzusiedeln ist, hoffe ich nach einer Rekonstruktion des Tatgeschehens finden zu können. Schließlich können die Lebensweise und der gesellschaftliche Umgang eines Opfers auch Aufschluss geben über den Täter und sein Motiv.

Als ich auf einer Übersichtsaufnahme des Flures die tatrelevanten Areale mit den Blutspuren einkreise, zeigt sich durch die unterschiedlichen Höhen der Blutspuren und deren Intensität die Dynamik bei den Angriffshandlungen besonders deutlich. Lediglich im hinteren Bereich des Raumes sind an zwei Orten heftige Aktivitäten des Täters zu erkennen, an denen die Tat ihren Beginn nahm und wo sie endete. All das geschah auf engstem Raum, auf einer Fläche von zirka 120 x 120 Zentimeter.

Außerhalb dieses Areals nehmen die Höhen und die Intensität der Blutantragungen in Richtung der Wohnungstür deutlich ab, sodass ich davon ausgehe, dass das Blut aus der Distanz dorthin geschleudert wurde, sei es als Spritzer nach den Schlägen oder als Abschleuderspuren von der Tatwaffe.

Der Ablauf der Tat stellt sich somit für mich wie folgt dar: Erste Schläge in Höhe des goldfarbenen Tisches auf das zunächst aufrecht stehende und dann einknickende Opfer. Danach sinkt es nach weiteren Schlägen zusammen und stürzt zwischen der Treppe und dem Tischchen in eine Bauchlage, während der Täter erneut zuschlägt.

Je länger ich die Fotos betrachte, umso mehr wundere ich mich über die fehlenden sekundären Veränderungen der Blutspuren. Hätte es auf den Treppenstufen oder vor dem Tischchen nicht Verwischungen im frischen Blut geben müssen, wenn der Täter eilig in die oberen Räume stürzte, um – wie vom Gericht unterstellt – nach dem Testament zu suchen?

Ich beginne die Fotos auf nachträgliche Blutverwischungen abzusuchen. Leider gibt es nur wenige Ausschnittsaufnahmen, aus denen sich nur mühsam eine Übersicht der blutigen Antragungen auf den Treppenstufen zusammensetzen lässt. Am Fuße der Treppe liegt eine blutdurchtränkte Brücke, auf der auch der Oberkörper der Toten ruht. In einer spitz zulaufenden Aussparung erkenne ich auf den Marmorfliesen eine Vielzahl dicht beieinanderliegender Tropfspuren und Spritzer unterschiedlicher Größe. Sie dürften von den finalen Schlägen auf das am Boden liegende Opfer herrühren. Weitere Spritzer unterschiedlicher Größen und Abrinnspuren sind auch an den Stirnseiten und Trittflächen der ersten beiden Stufen zu finden. Keine dieser Blutspuren wirkt nachträglich zertreten oder verwischt.

Zwei während der Tat sekundär veränderte Tropfspuren auf dem linken Ende der Trittstufe und ein verwischter blutiger Fleck wecken meine Aufmerksamkeit. Nachdem das Blut angetrocknet war, fand hier ein späterer nach rechts gehender Druckkontakt statt, der einen sogenannten Trocknungsring in der ursprünglichen Spur zurückließ. Doch wie viel Zeit musste vergangen sein, um ein solches Bild zu zeichnen?

Angaben zu dieser Zeitspanne sind für die Einschätzung der Tatzeit deshalb so bedeutsam, da sich nach Auffassung der Richter das Verbrechen innerhalb von fünf bis sieben Minuten zugetragen haben soll.

Ein längeres Verweilen am Tatort wäre Benedikt Toth wegen des knappen Zeitfensters nicht möglich gewesen. Um 19:09 Uhr, als sein Bruder versuchte, das Opfer, also seine Tante, zu erreichen, soll er die Tat gerade verübt oder beendet haben, um 19:34 Uhr aber schon wieder zu Hause gewesen sein.

Wegen der Bedeutsamkeit dieser Frage wende ich mich an eine Hochschulfakultät für angewandte Wissenschaften. Von dort erhoffe ich mir Antworten auf meine Fragen zur Trocknungszeit und Verteilung des Blutes am Tatort und eine 3D-Animation der Fundsituation der Toten.

Bald darauf treffe ich mich mit dem Leiter des Lehrstuhls und zwei seiner Mitarbeiter im Penthouse. Es beginnt eine akribische zweitägige Vermessung des früheren Tatorts. Ein sehr aufwendiges Unterfangen, schließlich müssen alle auf den Tatortbildern erkennbaren Blutspuren detailgetreu in die Animation eingearbeitet werden. Und so sollte es auch Monate dauern, bis ich die Ergebnisse der Versuchsreihe zu den Trocknungszeiten und die visuelle Rekonstruktion in Händen hielt.

Ich überlege mir ein Experiment, um die Frage zu klären, weshalb die Blutantragungen auf den unteren Treppenstufen nicht verwischt sind: Ich muss einen maßstabsgerechten Schuh der Größe 43 auf die beiden unteren Treppenstufen projizieren, um zu prüfen, ob Benedikt Toth in blutfreie Bereiche beim Betreten oder Verlassen der oberen Etage hätte treten können, um Veränderungen an den Blutspuren zu vermeiden. Doch wie sehr ich mich auch bemühe, es gelingt mir nicht, einen spurenfreien Raum zu finden, in welchen die Schuhsohle passt.

Wie auch sollte ein Täter, der gerade einen Menschen erschlagen hat und sich somit in einer psychischen Ausnahmesituation befindet, im nächsten Moment peinlich darauf achten, nicht in einen der zahlreichen Blutspritzer zu treten, während er in großer Eile in die obere Etage der Wohnung stürmt?

Ließe sich das Fehlen der Blutverwischungen nicht besser dadurch erklären, dass sowohl die Suche nach dem Testament als auch das Verursachen der Unordnung im Büro bereits vor der Tat geschah?

Andererseits sind einige Blutspuren tatsächlich sekundär verwischt. Das wiederum spricht für einen längeren Aufenthalt des Täters am Tatort.

Und noch einen Schluss lässt die Interpretation der Blutspurenmuster an den Wänden zu: Die Tat begann in der Nähe des goldenen Tischchens und nicht an der Wohnungstür.

Lage der Toten

Nach dieser ersten Tatrekonstruktion muss ich mich mit der Fundsituation der Toten und den sonstigen Spuren auseinandersetzen und klären, welche Entscheidungen der Täter am Tatort noch getroffen hat.

Charlotte B.s Leichnam liegt lang ausgestreckt auf dem Bauch am Ende des dreieinhalb Meter langen und gut einen Meter breiten Flures zwischen den Stufen der Treppe und dem goldfarbenen Tischchen. Ich nehme meinen Zollstock, lokalisiere anhand der Bodenfliesen die Position der Füße und messe von diesen einen Abstand bis zur Haustür von rund 170 Zentimeter. Die Tote ist mit einem beigefarbenen Blazer, einer schwarzen Leinenhose und – wie sich bei der Obduktion zeigt – mit einem kurzärmeligen schwarzen Top, BH und Slip bekleidet. Der Sitz der Kleidung scheint geordnet. Am linken Fuß sitzt ein schwarzer hochhackiger Damenschuh. Der rechte Fuß ist nackt; der fehlende Schuh wird später in dem verschobenen Teppich gefunden, ohne dass dieser Umstand fotografisch oder im Spurensicherungsbericht besonderes erwähnt wird.

Ebenso finden sich an dieser Stelle zwei goldene Ohrringe, von denen einer durch Schlageinwirkung aus dem rechten Ohrläppchen gerissen wurde, der zweite sich geöffnet hatte.

Nach Auffassung des damaligen Spurensuchers war Charlotte B. »ausgehfertig« angezogen, um ihrer Verabredung zum Stammtisch nachzukommen. Eine bloße Vermutung – der das Gericht folgte –, denn der Beamte wird das Opfer ebenso wenig gekannt haben wie dessen Kleidungsgewohnheiten. Doch ist das tatsächlich die einzig mögliche Erklärung für Charlotte B.s Outfit? Könnte sie nicht so auch den Besucher empfangen haben wollen, von dem die Freundin gesprochen hatte? Oder war sie gerade nach Hause gekommen?

Ich suche in den Vernehmungen nach Angaben, wie das Opfer normalerweise in der Wohnung bekleidet war. Doch die fehlen. Lediglich ihre Freundin als letzte Besucherin hatte hierzu angemerkt, dass sich ihre Gastgeberin umgezogen haben müsse. Zuvor sei sie mit einer schwarzen Jeans und einer Hemdbluse mit seitlichen Schlitzen bekleidet gewesen. Als ich die Schwester und die beiden Neffen dazu befrage, erklären sie, dass Charlotte B. stets sehr auf ihr Äußeres geachtet habe.

Der unter den Unterschenkeln der Toten liegende Teppich ist – vom Eingang aus gesehen – von links oben nach rechts unten stark in Richtung der Wohnungstür verschoben und hat mehrere unterschiedlich hohe Falten gebildet. Dies spricht für eine Bewegungsdynamik aus Richtung des goldfarbenen Tischchens zur Eingangstür und nicht umgekehrt.

In einer Falte erkenne ich ein blau-silberfarbenes Nokia Handy. Es liegt auf dem Display und weist auf der nach oben liegenden Rückseite flächig verschmierte Blutspuren auf, die sich an der unteren linken Kante konzentrieren. In der unmittelbaren Umgebung des Handys scheint es keine Blutspuren zu geben.

Um den Kopf und Oberkörper der Toten hat sich der bereits von mir erwähnte lang ausgezogene große Blutsee gebildet, der aus den Kopfverletzungen ausgetreten war. Unter den zahlreichen Platzwunden war mir eine rechteckig geformte Verletzung an der Stirn der Toten aufgefallen. Sie könnte möglicherweise von der schmalen Seite eines herkömmlichen Schlosserhammers, der sogenannten Finne, herrühren und hatte die Kopfschwarte der Toten bis auf den Schädelknochen gestanzt.

An anderer Stelle waren bei der Obduktion ihres Schädels an den Bruchrändern eines rechteckigen *Impressionsbruches* (Eindellungsbruch, bei dem ein Knochenstück in die Tiefe gedrückt wird) schwärzliche Fremdmaterialreste für kriminaltechnische Untersuchungen entdeckt worden. Ähnliche Antragungen hatten Spurensucher an der Tapete des Tatortes gesichert. Sie schienen durch Wandkontakte des Tatwerkzeuges beim Zuschlagen entstanden zu sein. Bei diesen Resten dürfte es sich meiner Meinung nach um schwarzen Werkzeuglack handeln; eine gängige Farbe auch für Hammerköpfe.

Auch bei der Untersuchung der blutigen Innenseite von Charlotte B.s rechter Hand waren die Obduzenten auf Fremdantragungen gestoßen. Dabei handelte es sich um plättchenartige Strukturen einer Kupfer-Zink-Legierung. Bei späteren Vergleichsuntersuchungen mit Materialproben aus der Wohnung stellten Chemiker des Landeskriminalamtes Übereinstimmungen mit der goldenen Farbe des Tischchens und dem ebenfalls goldfarbenen Spiegel fest.

Ich schaue mir die Fotos von der Fundsituation der Leiche neben dem Tischchen an. Rodins *Denker* ist nach hinten zur Wand verschoben, wie goldfarbene Abplatzungen des verzierten Tischrahmens verraten. An der Statue selbst zeigen sich mehrere blutige Kontaktbereiche. All das ist ein Hinweis auf die bei der Tat herrschende Dynamik. Für mich bedeuten diese Veränderungen aber auch, dass Charlotte B. zeitweilig mit dem Gesicht zum Spiegel gestanden haben dürfte, sich an Tisch und Statue abstützte und diese nach hinten verschob. Die Anhaftungen an ihren Händen und die Abplatzungen des Rahmens stellen eine logische Folge des Geschehens dar.

Aber nicht nur an der Statue gibt es Hinweise auf den blutigen Kontakt, sondern auch im vorderen Bereich der Tischplatte. An verschiedenen Stellen erkenne ich bei Vergrößerungen der Fotos Blutantragungen. Eines zeigt ein gleichförmiges punktähnliches Muster. Als ich das Foto auf meinem Rechner weiter vergrößere, entdecke ich neben dem Abdruck zwei Mikrofasern, die wahrscheinlich von dem spurengebenden Textilgewebe herrühren dürften.

Auch auf der Rückenpartie von Charlotte B.s Blazer sind Spritzer, tropfenähnliche, aber auch flächig verwischte Bereiche zu erkennen. Die Wucht der Schläge muss so groß gewesen sein, dass sich auf den unteren Treppenstufen und im Bereich des Tischchens ein dichtes Spritzmuster bilden konnte. Die Bewegungsdynamik der Blutspuren zeigt weg vom Körper, wie ich an den i-förmig gestalteten Enden der Spritzer erkennen kann. Der ausgestreckte linke Arm der Toten ruht unter ihrem Oberkörper. Ihre Hand ist von der Wand und dem linken hinteren Tischbein eingeklemmt. Der Tisch ist hier mehrere Zentimeter weit von der Wand abgerückt und nach vorne geschoben.

Am Handgelenk trägt die Tote eine offenbar unbeschädigte goldene Uhr mit schwarzem Armband. Die Uhr geht etwas vor, zeigt aber die korrekte Zeit. Das Zifferblatt befindet sich auf der Innenseite des Handgelenks. Das Armband ist lose. Ich lese im Obduktionsprotokoll: »die Verschlussschnalle offen, die Uhr locker anliegend«. Das ist ungewöhnlich. Hat der Täter etwa versucht, ihr die Uhr abzunehmen?

Die offene Handinnenfläche ist blutverschmiert, aber auch mit einem feinen Spritzmuster versehen, das sich auf dem hellen Marmor des Bodens fortsetzt. Die Kuppe des Ringfingers ist zertrümmert, der Fingernagel abgefallen. Diese Verletzung spricht für Charlotte B.s defensives Verteidigungsverhalten während des Angriffs, bei dem sie die Hand schützend über ihren Kopf hielt und diese bei den Schlägen getroffen wurde.

Nur wenige Zentimeter von der Hand entfernt liegt unter dem goldenen Tisch, nahe der Wand und inmitten der Blutlache ein silberfarbener Schlüsselbund mit sieben Schlüsseln und einem goldenen Anhänger. Auf den ersten Blick scheint es, als seien Charlotte B. in dieser Position die Wohnungsschlüssel aus der Hand gefallen.

Der Eindruck trügt. Und viel schlimmer, er kann zu einer völlig falschen Annahme führen: dass nämlich der Angriff geschah, als Charlotte B. gerade im Begriff war, die Wohnung zu verlassen, und den Schlüsselbund in der Hand hielt, um die Tür abzuschließen.

Ein prüfender Blick zeigt aber, dass es so nicht gewesen sein kann. Denn die Schlüssel weisen – bis auf einzelne Mikrospuren – keine Blutantragungen auf. Inmitten der roten Blutlache und zahlreicher Blutspritzer wirkt der glitzernde Schlüsselbund wie ein Fremdkörper.

Dieser Eindruck wird durch eine weitere Überlegung verstärkt: Hätte es nicht durch die blutverschmierten Hände des Opfers zu einem Bluttransfer auf die Schlüssel kommen müssen, wenn Charlotte B. diese in ihrer verletzten Hand gehalten hätte?

Spontan fallen mir zwei Möglichkeiten ein: Entweder fiel der Schlüsselbund nach letzten Schlägen im finalen Stadium der Tat, ehe sich der Blutsee ausbilden konnte, durch den Spalt zwischen Wand und Tischchen, oder es liegt eine Inszenierung vor. Der Täter deponierte Charlotte B.s Schlüsselbund nach dem Tod des Opfers an dieser Stelle, um den Eindruck vorzutäuschen, sie sei im Begriff gewesen, ihre Wohnung zu verlassen.

Ist dies ein weiteres Indiz dafür, dass das Verbrechen seinen Beginn genau an dieser Stelle hatte und nicht an der Wohnungstür? Ich denke schon.

Charlotte B.s rechter Arm führt nach oben zum Kopf und liegt eng am Körper an. Die Hand ist auf der linken Ellenbeuge abgelegt. Zwischen dem Leichnam und dem Treppenabsatz liegt eine Brücke. Sie ist bis auf einen kleinen Bereich an der vorderen rechten Seite völlig blutdurchtränkt.

Pulsmessen bei der Toten

Als Benedikt Toth, alarmiert von seinem Bruder, in das Penthouse seiner Tante kam, muss er gekniet haben, als er an einem der Handgelenke nach ihrem Puls tastete. So hat es auch das Gericht gesehen, als es erkannte, dass er mit dem linken Knie auf dem blutdurchtränkten Teil des kleinen Teppichs kniete.

In der Fotomappe der Spurensucher sind Aufnahmen seiner Kleidung. Am linken Knie seiner Jeans ist ein ca. 7 x 9 Zentimeter großer Blutfleck zu sehen, ansonsten ist seine Hose sauber. Das bedeutet, dass er nur das linke Knie auf dem Boden absetzte oder mit dem anderen Bein im blutfreien Bereich neben der Leiche kniete.

Ich stelle die Situation nach und lege eine Foto-Vergrößerung der Fundsituation der Leiche auf dem Rücken der Puppe ab. Mit meinem linken Knie berühre ich nun die linke Flanke der Figur. Die Stelle mit den DNA-Spuren von Benedikt Toth am Blazer seiner Tante ist von mir rund 30 Zentimeter entfernt. In dieser Position muss er dem Geschäftsführer zugerufen haben, dass seine Tante »ganz kalt« sei.

Ich verstehe die Feststellung im Urteil nicht, wonach die Handgelenke der Toten bei der Fundsituation »relativ weit entfernt« von dem spurenrelevanten Bereich an dem Kleidungsstück gewesen sein sollen. Letztendlich sind es doch nur wenige Zentimeter. Zudem ist diese Feststellung auch völlig irrelevant für den tatsächlichen Ablauf des Pulsmessens, wie ich bei meinem Versuch schnell feststellen kann. Ich beuge mich vor und versuche das linke Handgelenk der Puppe zu ergreifen, doch der Körper der Figur wirkt dabei wie eine Barriere. Beinahe verliere ich das Gleichgewicht.

Da Benedikt Toth Linkshänder ist, ahme ich diesen Umstand nach und stütze mich mit der rechten Hand auf dem Puppenkörper ab. So geht es viel einfacher. Ohne Probleme kann ich nun mit meiner linken Hand über den Körper der Puppe greifen und das Handgelenk der Puppe tasten.

In Gedanken vergleiche ich das Ergebnis meines Versuches mit Benedikt Toths Angaben zur Prüfung der Vitalreaktionen. Der Kreis schließt sich. Auch er musste über das mit seiner DNA kontaminierte Areal des Blazers greifen. Zudem war er noch mit einem kurzärmeligen Poloshirt bekleidet, sodass die ihm angelasteten tatrelevanten DNA-Antragungen nicht nur mit dem Abstützen auf dem Rücken der Toten, sondern auch mit dem Herunterfallen von Hautzellen seines nackten Armes zu erklären sind. Eine Version, die vom Gericht abermals als »wenig wahrscheinlich« bezeichnet wurde, da der »Angeklagte nur ganz kurz beim Pulsmessen über die Leiche gebeugt war« […] »Gerade in diesem kurzen Zeitraum«, so die Interpretation des Gerichts, »hätte sich eine Hautschuppe lösen und auch die Leiche treffen müssen.«

Zur Unterstützung ihrer These hatten die Richter einen Dermatologen um Auskunft gebeten, ob der Angeklagte zur Tatzeit an einer Krankheit mit erhöhter Schuppenbildung gelitten habe. Doch dies war verneint worden, sodass auch diese Möglichkeit des DNA-Transfers zu Ungunsten von Benedikt Toth entfiel.

Für mich werden die Begründungen, weshalb die Dinge nur so gewesen sein können und nicht anders, immer durchsichtiger: Sie entsprechen dem Bild des Anklägers und des Gerichts; beide sind von Benedikt Toths Schuld überzeugt, er soll verurteilt werden.

Dabei hätte die einfache Frage nach der Anzahl täglich verlorener Hautzellen bei einem gesunden Menschen eine beeindruckende Antwort geliefert. Schließlich gehen Schätzungen davon aus, dass ein Mensch aufgrund der ständig ablaufenden physiologischen Regeneration der Haut pro Minute etwa 40 000 Hautschuppen abschilfert, ohne dass dieser natürliche Vorgang einer pathophysiologischen Komponente bedarf.

Zur Überprüfung meiner Überlegungen setze ich mich später mit einem renommierten Institut für die Analyse von biologischen Spuren in Verbindung. Dort möchte ich die verschiedenen Möglichkeiten des Transfers von Benedikt Toths Körperzellen auf dem Kleidungsstück seiner Tante bewerten lassen; sei es durch Vortat-Kontakte beim In-die-Jacke-Helfen oder zum Zeitpunkt der Fundsituation beim Sprechen und dem Prüfen der Vitalreaktionen am Puls der Getöteten.

Das Gutachten bestätigt meine Zweifel an der laut Gericht einzig plausiblen Tatversion. Die Wissenschaftler erklären, dass der von den Spurensuchern mit einem einzigen Klebeband gerasterte Bereich des Blazers der Toten keine Rückschlüsse auf die Art und Weise der Übertragung der Körperzellen und deren Herkunft erlaube.

Schließlich sei auch eine Bestimmung des Übertragungszeitpunktes nicht möglich, da DNA-Spuren unter Umständen eine hohe *Persistenz* (Fortbestehen) besäßen und längere Zeit nach einer *Deposition* (Hinterlegung) nachweisbar seien. Da also weder Zeitpunkt noch Ursprung von Benedikt Toths DNA auf dem Textil bestimmbar seien, dürfe nicht ausgeschlossen werden, dass seine Hautzellen bei einem früheren Kontakt mit seiner Tante oder durch die Umstände der Fundsituation übertragen wurden.

Während ich das Gutachten durcharbeite, kommt mir der Zufall zu Hilfe. Im Internet sehe ich ein Video der *Bauhaus-Universität Weimar* über die Verteilung von Corona-Viren in der Atemluft in Räumen. Den dortigen Ingenieuren ist es gelungen, beim Ausatmen, Sprechen und Husten entstehende Luftströme mithilfe eines *Schlierenspiegels* zu visualisieren. In dem Kurzfilm ist in sechs Sequenzen die Silhouette eines Mannes zu sehen, der vor einer großen, runden hellgrauen Scheibe sitzt. Er atmet zunächst normal, ehe er später heftig hustet: einmal mit vorgehaltener Hand, dann in die Armbeuge und schließlich mit verschiedenen Atemschutzmasken. Besonders beim Atmen und Husten ohne Schutz vor dem Mund wird deutlich, wie weit sich seine Atemluft, ausgeblasenem Zigarettenrauch gleich, vor ihm im Raum ausbreitet – sogar mehrere Meter weit.

Ich muss an die Umstände denken, unter denen Benedikt Toth seine tote Tante fand, neben ihrem Leichnam kniete, den Puls fühlte und dem Geschäftsführer etwas zurief.

Ich habe eine Idee, denn das Weimarer Verfahren bietet die Gelegenheit, unter wissenschaftlichen Bedingungen die Fundsituation zu simulieren. Ich setze mich mit dem Leiter der Professur Bauphysik in Verbindung, schildere ihm meinen Ansatz und bekomme die Zusage für ein entsprechendes Experiment. Wenige Tage später bin ich in der Goethe- und Schiller-Stadt Weimar eingetroffen, deren klassischer Teil sowie die Bauhausstätten 1998 von der UNESCO zum Weltkulturerbe erklärt wurden. Im Gepäck habe ich einen hellen Blazer und eine Hose im Modestil des Opfers, die ich bei der Rekonstruktion dem *Manikin*, einem lebensgroßen Menschmodell, anziehen werde.

Aufmerksam lausche ich einen Tag später den Ausführungen meines Gastgebers, als er mir die Funktion des Schlierenspiegels vorstellt, von dem es weltweit lediglich vier Großschlieren-Systeme für unterschiedliche Forschungsbereiche gebe. In Weimar liege der Fokus auf bauphysikalischen Messreihen, um zu erforschen, welchen Einfluss das Raumklima auf den menschlichen Körper hat.

Während wir zu dem Herzstück des Messgeräts, einem konkaven und extrem fein geschliffenen Spiegel mit rund einem Meter Durchmesser gehen, vergleicht der Professor das Prinzip der Visualisierung von Luftströmungen in Räumen mit einer überhitzten Straße im Sommer, bei der die Luft über dem Asphalt flimmert. Ebenso weise auch warme, feuchte Atemluft eine andere Dichte auf als die sie umgebende kühlere Raumluft. Diese Dichteunterschiede führten zu einer Ablenkung des Lichts, die auf einem Foto oder im Videobild als dunkle Flecken zu erkennen sei – allerdings nur mithilfe des fast eine Million Euro teuren Schlierenspiegels und nicht mit dem bloßen Auge.

Nach diesen Erläuterungen beginnen wir mit dem Versuch. Der Spiegel steht vor einem Tisch, auf dem bereits das Manikin in

Bauchlage liegt. Angesichts seines Preises und der Fertigungszeit von über einem Jahr wage ich kaum, dem Spiegel zu nahe zu kommen. Nun knie ich neben der Puppe und nehme in etwa die Position von Benedikt Toth am Tatort ein.

Für das Nachahmen verschiedener Szenarien beuge ich mich anschließend über die inzwischen angezogene Puppe, atme durch die Nase, durch den Mund und spreche – wie Benedikt Toth einst am Tatort – die Worte: »Die ist ja ganz kalt, die ist ja ganz kalt.«

Ich bin auf die Auswertung des Versuchs gespannt. Die angefertigten Fotos und das Video zeigen meinen Kopf und Oberkörper im Profil; ähnlich einem Scherenschnitt auf schwarzem Karton vor der Scheibe eines riesigen Vollmonds. Deutlich ist die beim Ausatmen und Sprechen entstandene turbulente Luftströmung zu verfolgen, die über die Oberfläche des Manikins strömt. Je nach Intensität meines Atems, Sprechens oder der Kopfhaltung, breitet sich meine ausgeatmete Luft bis zu mehreren Metern im Raum aus und strömt in allen Szenarien über den Puppenkörper.

Der Versuch im Schlierenlabor hat eindrücklich aufgezeigt, dass auch Benedikt Toths Atemluft über den Oberkörper der Toten geströmt sein muss, als er neben ihm kniete und ihn untersuchte.

Zurück an meinem Schreibtisch im Landschaftsschutzgebiet setze ich mich mit einem forensischen Genetiker aus dem hohen Norden Deutschlands in Verbindung und bitte ihn um eine Stellungnahme zur Einschätzung der Versprühung DNA-haltiger Aerosole und deren Nachweisbarkeit. So erfahre ich, dass dies von verschiedenen Faktoren abhängt, eine Verteilung beim Ausatemprozess aber möglich erscheint.

Mittlerweile habe ich von der Fakultät für angewandte Wissenschaften das Video mit der 3D-Animation zur Nachahmung der Fundsituation erhalten. Eine Benedikt Toth nachempfundene Puppe schreitet zur Toten. Sie kniet sich hin, stützt sich mit rechts auf dem Körper der Toten ab, streckt ihren linken Arm über den Rücken der am Boden liegenden Toten und tastet nach ihrem Handgelenk.

Auch diese Projektion beweist zweifelsfrei, dass diese Aktivität über den DNA-kontaminierten Bereich des Textils führt. Dabei können sehr wohl Hautschüppchen herabgefallen sein, die die nachgewiesenen Körperzellen am Blazer seiner Tante erklären, während andere Interpretationen – um die Wortwahl des Gerichts aufzugreifen – »als fern liegend« angesehen werden müssen.

Auf den Fotos vom Tatort erkenne ich auf Bodenfliesen rechts neben der Toten Aktivitäten. Vermutlich ist es der ausgeschüttete Inhalt einer schwarzen Damenhandtasche, die mit ihrem Boden an dem vorderen rechten Bein des barocken Tischchens liegt. Beide Handtaschenhenkel liegen auf einem aufgeschlagenen schwarzen Ledermäppchen und weiterem Inhalt.

In der Nähe liegen weitere Mäppchen mit Scheckkarten und Fotos, eine Zigarettenschachtel, zwei Schachteln Streichhölzer, Feuerzeuge und Kosmetika.

Ich kehre zurück in die Gedankenwelt der Ermittler und des Gerichts, wonach Charlotte B. unerwartet an der Wohnungstür angegriffen worden sein soll. Folgt man diesem Ansatz, so ist zwingend davon auszugehen, dass sie ihre Handtasche und den Schlüsselbund in den Händen hielt. Ein Überhängen der Tasche über die Schulter war aufgrund der kurzen Griffe nicht möglich.

Obwohl Benedikt Toth sie sofort im Eingangsbereich mit einer Schlagserie auf den Kopf attackiert haben soll, ließ seine Tante weder Tasche noch Schlüssel auf den Boden fallen. Wie die massiven Verletzungen der Toten zeigen, versuchte sie sich mit ihren über dem Kopf erhobenen Händen vor weiteren Schlägen zu schützen. Wäre da nicht zu erwarten gewesen, dass sie beide Gegenstände sofort fallen lässt? Stattdessen werden Handtasche und Schlüsselbund gut drei Meter von der Tür entfernt aufgefunden. Beides, bis auf geringe Antragungen, ohne Blut.

Die Handtasche und der frühere Inhalt müssen nach der Tötung dort hingekommen sein. Das ist leicht daran zu erkennen, dass einige dieser Gegenstände die finalen Blutspritzer abdecken, jedoch an ihnen – abgesehen von einem sogenannten Mercedes-Mäppchen – keine Blutantragungen nachgewiesen werden konnten.

Ähnlich verhält es sich mit der Handtasche. Es fehlt auch hier eine detaillierte Dokumentation der Blutspuren, sodass eine Interpretation der Blutantragungen an beiden Griffen sowie der Innenseite der Tasche nicht möglich ist. An den Außenseiten der Tasche fehlen Blutantragungen gänzlich. Aber hätten diese dort nicht vorhanden sein müssen, wenn das Opfer tatsächlich beim Verlassen der Wohnung angegriffen worden wäre? Auch zu dieser Frage hatte die Freundin der Toten Stellung bezogen und erklärt, dass Charlotte B. nie ohne ihre Handtasche ausgegangen sei.

Ich gehe der Frage nach, wann Blut trocknet. Schließlich ist das für die Einschätzung der Aufenthaltsdauer des Täters am Tatort bedeutend. Das Gericht war von einer maximalen Zeitspanne von fünf bis sieben Minuten ausgegangen, in denen es zu sämtlichen Tathandlungen gekommen sein musste.

Zwar hatte die Verteidigung die Bedeutung der Trocknungszeit von Blut bereits in die Hauptverhandlung eingebracht, allerdings hatten Sachverständige erklärt, dass es nur in einem einzigen Fall zu einer nachträglichen Veränderung einer frischen und somit noch flüssigen Blutspur gekommen sei.

Ein Gutachter hatte zudem darauf hingewiesen, dass es ihm nicht möglich sei, durch experimentelle Versuchsreihen die Bluttrocknungszeit festzustellen. Diese hänge von verschiedenen Parametern wie dem Volumen des Blutstropfens, der Oberfläche des Untergrunds, der Luftfeuchtigkeit als auch der Temperatur ab. Als Richtwert sei jedoch festzuhalten, dass ein sogenannter Standardtropfen mit 0,05 Milliliter Blut bei kontrollierten Raum- und Bodentemperaturen von 19,6-19,8 Grad und einer Fallhöhe von 60 Zentimetern auf helle Kacheln nach 60–75 Minuten komplett getrocknet sei. Ein Verwischen der Blutspuren sei dann nicht mehr möglich.

Allerdings dürften die am Tatort vorgefundenen Blutspuren deutlich kleiner sein und somit auch eher antrocknen. Aus diesen Gründen könne auch zu einer verwischten Blutspur unter dem sogenannten Mercedes-Mäppchen keine Angabe zur Trocknungszeit getroffen werden.

Für alle anderen auf dem Boden liegenden Gegenstände schlossen die Gutachter einen Kontakt mit den Blutspuren auf dem Boden aus, auch wenn dieser Eindruck beim Betrachten der Tatortfotos durchaus entstanden sein könnte.

Diese Aussage ist zu akzeptieren. Allerdings wundert es mich, dass nur eine einzige Blutspur durch einen sekundären Kontakt verwischt worden sein soll. Bereits mit dem bloßen Auge kann ich auf den Tatortbildern erkennen, dass sich zwei weitere veränderte Blutantragungen in der Nähe des Teppichs auf den Fliesen befinden.

Ich benötige wieder die Nähe zum Tatort und statte der Wohnung von Charlotte B. einen weiteren Besuch ab. Dort angekommen, gehe ich mit meinen Unterlagen in das Esszimmer, wo sich am Tattag auch Charlotte B. und ihre Freundin aufgehalten hatten.

Ich brauche Platz. Der große Gründerzeittisch mit den verzierten Beinen und den acht Sesseln mit Löwenkopfschmuck an den Lehnen ist dafür gut geeignet. Hier finde ich zudem Muße für meine Fotovergleiche und weitere Arbeiten.

In diesen Momenten bin ich dem Tatgeschehen auf dem Flur sehr nahe, trennen mich doch nur wenige Schritte vom Tatort, wenngleich auch einige Jahre von der Tat selbst.

Beim Betrachten weiterer Aufnahmen von der Lage des Tascheninhalts fällt mir auf, dass sich etwa 45 Zentimeter von der im Gutachten erwähnten Mercedes-Mäppchen-Spur eine weitere streifige und sekundär verwischte Blutspur auf einer Bodenfliese befindet. Jedoch sind diese veränderten Spuren weder in den Gutachten noch im Urteil thematisiert worden. Auch die Aufnahmen des Kriminaldauerdienstes beweisen, dass die Lage einiger auf dem Boden liegender Gegenstände verändert wurde.

Nun steht für mich fest, dass ich diese Abweichungen ebenfalls durch ein weiteres Spurengutachten belegen lassen muss – was gleichzeitig eine weitere Dokumentation der Unzulänglichkeiten in diesem Fall darstellt.

Und so trete ich erneut in Kontakt mit der Hochschule für angewandte Wissenschaften. Bei diesem Telefonat erfahre ich, dass inzwischen die Animation zum Blutspurenverteilungsmuster fertiggestellt ist. Und die habe eindeutig ergeben, dass die Tat ihren Ausgang neben dem goldfarbenen Tischchen und nicht im Türeingang genommen habe. Auch liegen die Ergebnisse der Versuchsreihe zu den Bluttrocknungszeiten vor.

Als Menschenblutersatz sei Schweineblut verwendet worden, da es ähnliche physiologische Eigenschaften aufweise. In einer Klimakammer erfolgte anschließend bei Temperaturen von 16–22 Grad die Trocknung einzelner Blutstropfen. Dabei zeigte sich, dass die am Tatort sekundär veränderten Blutspuren mit an Sicherheit grenzender Wahrscheinlichkeit erst nach einem Zeitraum von mindestens 15 Minuten mechanisch verändert wurden.

Als ich einen zweiten forensischen Sachverständigen und Blutspurenspezialisten zur Spurenlage befrage, bestätigt er den Zeitrahmen und hält sogar Aktivitäten am Tatort bis zu einer halben Stunde nach Austritt des Blutes für wahrscheinlich.

Diese Zeiteingrenzung stellt die Argumentation des Gerichts auf den Kopf. Sie verdoppelt beziehungsweise vervierfacht den Zeitrahmen, in dem der Täter laut Spurenlage am Tatort gewesen sein muss.

Ich frage mich, wie die neuen Erkenntnisse zur These der Richter passen, dass Benedikt Toth die Tötung seiner Tante und die

Durchsuchung ihrer Wohnung in Windeseile realisierte. Tatsächlich war der Täter länger geblieben. Weshalb aber sollte sich Benedikt Toth nach dem ihm unterstellten Mord noch so lange im Penthouse seiner Tante aufhalten? Ich muss an die DNA-Spur des unbekannten Mannes an der Kommodenschublade im Salon denken, der auch aus einem Glas getrunken hatte, das sich in der Spülmaschine fand.

Nach diesen Feststellungen kehre ich zum vom Gericht festgestellten Sachverhalt zurück. Ich möchte die Annahme, Charlotte B. sei auf dem Weg zum Stammtisch gewesen, auf Plausibilität prüfen. Die Grundlage für diese Annahme liegt in der Aussage ihres Hausarztes, er habe sich nachmittags mit ihr in einem kurzen Telefonat für den Zeitraum zwischen 19:00 und 19:30 Uhr verabredet.

Allerdings wird beim Lesen der Aussage deutlich, dass Benedikt Toth nicht davon ausgehen konnte, dass seine Tante am 15. Mai 2006 tatsächlich zum gewohnten Treffen ins Wirtshaus gehen würde. Zwar sei der Stammtisch an jedem Montag angesetzt, so der Arzt. Er falle aber häufig aus.

Auch das Verhalten des Hausarztes an jenem Abend passt nicht in das Bild einer festen Verabredung. Laut Stempelbeleg auf seiner Saunakarte verließ der Mann erst um 19:18 Uhr ein zirka sechs Kilometer vom Gasthof entferntes Bad. Für seinen Weg zum Treffpunkt mit dem Pkw bzw. mit öffentlichen Verkehrsmitteln – je nach Verkehrslage – benötigte er mindestens 20 Minuten oder mehr, sodass er den vereinbarten Termin niemals pünktlich hätte einhalten können.

Zudem unterließ er es, Charlotte B. seine Verspätung telefonisch anzukündigen bzw. diese überhaupt anzurufen. Stattdessen rief er gegen 19:15 Uhr im Paulaner im Tal an. Dabei erfuhr er, dass weder Charlotte B. noch andere Mitglieder des Stammtisches anwesend seien. Wegen des schönen Wetters habe er sich daraufhin entschieden, nicht zum Paulaner zu fahren, sondern den Biergarten eines anderen Lokals aufzusuchen.

Der Entschluss des Mediziners verwundert mich umso mehr, als die Verabredung mit Charlotte B. bis um halb acht stattfinden sollte und der Paulaner ebenfalls einen großen Biergarten besitzt, wie ich von einem früheren Besuch weiß. Genauso auffällig, dass Charlotte B. weder der Freundin noch ihrer Schwester berichtete, sie würde am Abend zum Stammtisch gehen.

Neben der Interpretation der Aussage des Hausarztes zeigte sich das Gericht bei der weiteren Begründung davon überzeugt, dass Benedikt Toth ausgerüstet mit Schlagwerkzeug und mit Handschuhen an den Händen vor der geschlossenen Wohnungstür auf seine Tante wartete. Als Beweis für diese Theorie wurden feine punktförmige oder quadratische Markierungen auf der Außenseite der Wohnungstür neben dem Türspion angesehen.

Als ich auch die Spurensicherungsberichte auf im Parkhaus an Türen gesicherte Spuren prüfe, komme ich mir schon fast wie ein Kontrollfreak vor. Doch tatsächlich – ich mag es kaum glauben: Die im Urteil angeführten Untersuchungsergebnisse treffen einfach nicht zu. Ich zähle insgesamt 32 daktyloskopische Spuren – also Fingerabdrücke im weitesten Sinne. Allein acht von ihnen lassen sich an der Außenseite von Charlotte B.s Wohnungstür erkennen. Nur eine einzige Spur soll zu einem Handschuh gehören. Es ist ein ca. 0,6 x 3,0 Zentimeter großer Abdruck neben dem Türspion mit der Spurenkennung 2.1.0.31. Darüber hinaus sind mehrere Abdrücke von Ohrmuscheln bzw. einer Stirnpartie mit Rußpulver als Kontrastmittel sichtbar gemacht worden.

Diese Spurenlage deutet darauf hin, dass jemand an der Tür stand und lauschte. Erklärungen für dieses Verhalten gibt es mehrere: Folgt man der unausgesprochenen Theorie des Gerichts, so könnten diese Abdrücke vom Täter stammen, der an der Tür lauschte. Andererseits aber auch von Personen, die sich am 16. Mai um Charlotte B. sorgten, auf Geräusche in ihrer Wohnung achteten und dazu ihr Ohr an die Tür pressten.

Doch niemand hat sich die Mühe gemacht, die Ohrabdrücke zu klassifizieren und Vergleichsabdrücke von Benedikt Toth oder von sogenannten berechtigten Personen zu nehmen, wie zum Beispiel den Mitarbeitern aus der Parkgarage. Dieser anatomische Vergleich kann, auch wenn es sich um ein selten in der Praxis angewandtes Verfahren handelt, ähnlich wie bei einem Fingerabdruck aufgrund der individuellen Form der Ohrmuschel die Identifizierung einer Person ermöglichen. Zudem kann aus der gemessenen Höhe der Spur die wahrscheinliche Größe des Spurenverursachers annähernd abgeleitet werden.

Wie ist diese vermeintliche Handschuhspur zu bewerten? Ich suche in meinen Unterlagen nach den Fotos. Das leuchtende Gelb der Wohnungstür ist unter einer schwarzen Schicht Rußpulver verschwunden, an manchen Stellen hauchdünn, an anderen intensiv. Selbstklebende Maßbänder mit Millimeter-Einteilung markieren mehrere Bereiche, an denen die Spurentechniker beispielsweise Abbilder von Papillarleisten der Finger oder Hände oder sogenannte Formspuren des Handschuhs feststellten und mit transparentem Klebeband sicherten.

Ich schaue mir die Spur mit der Nummer 2.1.0.31 an. Vor mir liegt die Fotografie einer Spurenkarte mit einem etwa 5 x 6 Zentimeter großen Abriss einer Klebefolie. Auf dem weißen Grund des Kartons ist, ähnlich einer Straßenkarte mit verschlungenen schmalen Gassen, ein Gewirr von hellen Linien zu erkennen, die teils parallel verlaufen, aneinanderstoßen oder sich teilen und wieder vereinen. In dieses Straßengeflecht sind in unregelmäßigen Abständen und Formen – häusergleich – schwarze Punkte eingebunden. Ein Muster oder eine besondere Systematik erschließt sich mir nicht.

Auch der zuständige Sachverständige für Formspuren hatte offensichtlich mit derselben Problematik zu kämpfen, als er den

Abdruck in seinem Gutachten als »zwei fragmentarische Abdruckspuren, unterschiedlich strukturiert« und »unregelmäßige Linien, punktartig unterbrochen« beschrieb. Eine Vermessung der Spur unterblieb. Sie wird lediglich mit »flächenmäßig geringe Ausdehnung« beschrieben.

Die Begutachtung dieser und weiterer am Tatort gesicherter Spuren erfolgte mit »lupenvisuellen Hilfsmitteln«. Und so fiel die Aussage des Sachverständigen zu »Möglicher Spurenverursacher« auch vage aus: »Strickhandschuh, Haushaltshandschuh mit punktförmigen oder quadratischen Noppen an den Greifflächen, Lederhandschuh«. Ein Hinweis auf eine daktyloskopische Spur (Fingerabdrücke, Handflächen) entfiel.

Als ich mir das Datum des Gutachtens vom 23.08.2006 ansehe, fällt mir auf, dass der Untersuchungsantrag erst eine Woche vorher gestellt wurde. Das ist ungewöhnlich, denn normalerweise werden Anträge an die Kriminaltechnik unmittelbar nach der Spurensicherung formuliert und in Auftrag gegeben. War die Spur zuvor vielleicht in einer anderen kriminaltechnischen Abteilung untersucht worden? Als Untersuchungsmaterial lagen dem Sachverständigen Aufnahmen von »fragmentarischen Abdruckspuren« vor. Ein Umstand, der sich später als sehr bedeutsam herausstellen sollte.

Auch wenn ich kein Spurensachverständiger bin, so erinnert mich das Erscheinungsbild an einzelne Merkmale eines Handabdrucks. Das muss ich überprüfen. Bei meiner Suche nach einem Experten stoße ich auf einen kürzlich pensionierten Gutachter und Lehrbeauftragten für Daktyloskopie eines Landeskriminalamts. Ich übersende ihm die Fotografien der Spur an der Tür sowie die weiteren Spurenbilder. Nach kurzer Zeit halte ich seine Antwort in den Händen: »Bei der Spur 2.1.0.31, die an der Wohnungstür außen gesichert wurde, sind Papillarlinien vorhanden, deren Verlauf durch Poren unterbrochen sind. Der abgebildete Bereich ist nicht sehr groß und weist nur wenige *Linien* und *Minutien* (feine Merkmale des Fingerabdrucks) auf. Die Spur ist für eine Identifizierung des Verursachers nicht geeignet. Es handelt sich somit nicht um eine Handschutzspur.«

Diese nur wenige Sätze umfassende Aussage zerstört von einer zur anderen Sekunde das sowieso auf tönernen Füßen stehende Konstrukt der Benedikt Toth unterstellten Heimtücke, die sich auf der Unterstellung begründet, der Angriff sei direkt an der Tür erfolgt. Nicht der Abdruck eines wie auch immer gestalteten Handschuhs, sondern das individuelle Abbild einer Handkante wurde neben dem Türspion gesichert.

Vermutlich hatte jemand beim Blick durch den Türspion das Tageslicht mit seiner leicht gekrümmten rechten Hand abgeschirmt. Doch im Prozess wurde daraus fälschlicherweise der Abdruck eines Handschuhs konstruiert. Für Benedikt Toth besonders tragisch, denn darauf stützte das Gericht das zweite festgestellte Mordmerkmal, Habgier, das wiederum eine besondere Schwere der Schuld begründete.

Als ich zu meiner Absicherung einem anderen Experten die Spur überlasse, mag auch er eine daktyloskopische Spur nicht ausschließen. Allerdings wagt er keine offizielle Stellungnahme. Wegen einer möglichen Dienstverletzung fürchtet er Sanktionen durch seine Behörde.

Ich frage mich, was man von einem solchen System der unterschwelligen Einschüchterung qualifizierter Experten halten soll, wenn sie sich aus Angst vor Repressalien nicht einmal trauen, offensichtlich falsche Gutachten zu korrigieren. Wie leicht kommt dadurch der Grundsatz der Unschuldsvermutung und der Fairness im Strafverfahren unter die Räder?

Während ich diese Zeilen schreibe, muss ich an ein länger zurückliegendes Gespräch mit dem früheren Leiter eines gerichtsmedizinischen Instituts denken. Als wir uns über unsere Aufträge im (vermeintlichen) Ruhestand unterhielten, berichtete er von ähnlichen Erfahrungen: »Als meine Auftraggeber nur Gerichte und Staatsanwaltschaften waren, war ich als angesehener und qualifizierter Rechtsmediziner geschätzt. Nach meiner Emeritierung als Professor und dem Beginn der Gutachtenerstellung auch für andere Auftraggeber, verkam ich zur ›Anwaltshure‹. Meine ansonsten begehrten Gutachten sollten auf einmal unseriös sein und nichts mehr taugen.«

Ich merke, dass ich eine Pause brauche, denn die unterschiedlichen Bewertungen der Spuren irritieren mich. Wie kann es angehen, dass wieder einmal offizielle Sachverständige zu völlig unterschiedlichen Aussagen kommen? Ist es nur eine Frage fehlender Sachkunde oder können auch andere Interessen eine Rolle gespielt haben? Doch das mag ich mir gar nicht vorstellen.

In der Strafanstalt

Bei diesen Gedanken setze ich mich ins Auto und mache mich auf den Weg in die fast 150 Kilometer vom Parkhaus entfernte Justizvollzugsanstalt, in der Benedikt Toth seit fast einem Jahrzehnt einsitzt. Mein Gesuch, ihn dort besuchen und sprechen zu dürfen, war schnell und unbürokratisch beschieden worden.

Benedikt Toth stehen, wie jedem anderen Inhaftierten, monatlich fünf Besuchsstunden zu. Ich weiß, dass seine Familie und einige Freunde seit seiner Festnahme kaum ein Wochenende verpasst haben, um ihn zu sehen und ihre Verbundenheit auszudrücken. Aktuell ist diese Regelung aufgrund der Corona-Pandemie allerdings stark eingeschränkt. Nur einmal im Monat ist es nahen Angehörigen erlaubt, ihn für eine Stunde zu besuchen; sofern es im Gefängnis keine Quarantänebeschränkungen gibt. Ich darf heute für zwei Stunden zu ihm.

Ich parke meinen Wagen vor dem mehrere Meter hohen grauen

Mauerring aus Fertigbetonteilen, der die unter Denkmalschutz stehende Haftanstalt im neobarocken Stil umschließt. Ich weiß, dass sich hinter diesem Bollwerk ein zweiter, unüberwindbarer Wall aus Stahlelementen und NATO-Draht-Rollen (eine Abwandlung des Stacheldrahts) auf der Mauerkrone befindet. Ein Gefangener grüßt mich aus der Ferne. Er harkt die Wege der gepflegten Gartenanlage vor dem Gefängnistor.

Unter einem mächtigen Wappen öffnet sich automatisch die hohe Glastür der Torwache für mich. Am Empfang ziehe ich eine Besuchernummer und warte, bis sie aufgerufen wird.

Ich gebe meinen Ausweis ab, nenne den Namen des Gefangenen Benedikt Toth. Ein aufmerksamer Beamter im dunkelblauen Uniformhemd mit bayerischem Landeswappen am Ärmel, die Hose mit hellblauen Zierstreifen an den Außennähten, prüft, ob ich mich für einen Besuch angemeldet habe. Es scheint alles in Ordnung zu sein, denn im Gegenzug erhalte ich einen Schlüssel. Der ist für einen Holzspind im Warteraum, in dem ich meine Sachen verstauen kann: Geld, Handy, Gürtel, alles, was ich bei mir habe – außer passend abgezählter € 4,20. Davon kann ich im Besucherzentrum zwei Getränke aus dem Automaten ziehen und Geld für zwei Tafeln Schokolade hinterlegen, von denen jedem Gefangenen bei Besuchen maximal fünf Stück im Monat zustehen.

Ich nehme im Warteraum Platz. Neben mir unterhalten sich mit gedämpfter Stimme zwei Frauen. Sie sind von weither angereist, denn in der Haftanstalt sind Gefangene aus ganz Bayern untergebracht. Kurze Zeit später wird meine Besuchernummer angezeigt. Ein Justizvollzugsbeamter nimmt mich in Empfang und fordert mich mit einem freundlichen »Griaß God« mit rollendem R auf, die Sicherheitsschleuse zu passieren. Das ist Routine hier und soll verhindern, dass verbotene Gegenstände eingeschmuggelt werden.

Vor meinem Eintritt in den abgeschotteten Mikrokosmos der Häftlinge liegen jetzt nur noch eine imaginäre Trennlinie, das Treppenhaus mit seinem schleichend verfallenden Mauerwerk und jene 23 Stufen, die den Weg in Gefangenschaft oder Freiheit weisen.

Wieder hallen meine Schritte, als ich mich zögernd dem Besucherraum nähere. Obwohl ich viele Male in Strafanstalten ermittelt habe, um Gefangene zu vernehmen oder Todesfälle von Häftlingen zu untersuchen, verspüre ich ein Gefühl der Beklommenheit, das mich wie ein dunkler Schatten begleitet.

Mit zwei Flaschen Limonade betrete ich einen weiteren Warteraum. Die Wände sind in warmen Pastelltönen schachbrettartig gestrichen, die hellen Buchenholzstühle mit den blau bezogenen Sitzen sind unbesetzt. Ein Hinweisschild an der Wand untersagt »Kaugummikauen« und das »Lutschen von Bonbons«.

In einer Ecke des Raumes steht verloren eine Vitrine. Darin ein Schachbrett. Ein Gefängnisdirektor aus dem sibirischen Krasnojarsk hat es einst dem Chef der hiesigen Anstalt bei einem Besuch geschenkt. Die bemalten Spielfiguren sind aus Salzteig und wurden von dortigen Insassen geformt: Aufseher und Häftlinge sind die Protagonisten des aus Persien stammenden Strategiespiels. Die Ausstrahlung der Figuren auf dem Brett wirkt bedrohlich. Die Häftlinge haben ihre Fäuste geballt, tragen weiß-schwarz-gestreifte Sträflingsjacken; weiße Kappen bedecken ihre Köpfe. Das Aufsichtspersonal in grünen Uniformen und schwarzen Schirmmützen hält Funkgeräte und Schlagstöcke in den Händen.

Nach wenigen Minuten werden Benedikt Toth und weitere Gefangene von zwei Beamten in den Besucherraum geführt. Ein heller freundlicher Raum mit sechs Tischen und je vier Stühlen. Die schwere Panzertür öffnet sich für mich.

Ein Wachtmeister weist uns einen Tisch mit einer durchsichtigen Glasplatte in der Nähe des Wachtresens zu. Gemeinsam mit anderen Beamten sitzt er vor Monitoren der Überwachungskameras. Ich gebe ihm das Geld für die Schokolade und erbitte Papier und Bleistift, da ich nichts davon mitbringen durfte.

Benedikt Toth begrüßt mich. Er freut sich, dass es mit dem Besuch geklappt hat. Ich bin gespannt, wie er sich mir in dieser persönlichen Begegnung zeigen wird. Bisher kenne ich ihn nur aus Briefen, Zeitungsartikeln oder Fernsehdokumentationen.

Besonders gut ist mir ein TV-Beitrag in Erinnerung geblieben, der Benedikt Toth im Gerichtssaal als Angeklagten zeigt: ein großer, schlanker Mann mit langen braunen Haaren, sorgsam zum Scheitel gekämmt, die Koteletten bis zu den Ohrläppchen gewachsen. Hinter einer schmalen Hornbrille schauen schüchtern braune Augen hervor; sein in die Runde schweifender Blick spiegelt Unsicherheit wider. Der graue Anzug ist zu weit geschnitten und legt nahe, dass er in der Untersuchungshaft stark abgenommen hat.

Mir fallen seine Worte aus einem Interview ein: »Auf sieben Quadratmeter vegetiere ich dahin. Auf zwei Meter eine Lichtquelle. Seit mittlerweile zwei Jahren. Für eine Tat, die ich nicht begangen habe.«

Seit diesem Interview sind rund acht Jahre vergangen, und noch immer sitzt er als Gefangener ein; »in bayerischer Haft«, wie er es später formulieren wird.

Seine Zelle ist mit knapp zehn Quadratmetern nun ein wenig größer. Der Tag ist mit der *Lebendkontrolle* am frühen Morgen und seiner Arbeit in der Bibliothek bis zum Einschluss am Abend auf die Minute genau streng reglementiert. Ein äußeres Korsett, das den Delinquenten dabei helfen soll, an Struktur zu gewinnen, lautet die Maxime der Anstalt. »Äußere Routine, die vieles vergiftet, was von Bedeutung ist, um Mensch zu sein«, wie es Benedikt Toth empfindet.

In der Freizeit stehen bei ihm Sport, Schwimmen, eine Theatergruppe, ein Fernstudium und das Lernen ostasiatischer Sprachen an.

Schnell wird mir bewusst, dass vor mir nicht mehr der Benedikt Toth aus dem Gerichtssaal steht. Er hat sich verändert, nicht nur äußerlich. Die Haft scheint ihn hart gemacht zu haben. Doch er ist nicht gebrochen. Ein Mann mit einem eigenen Willen.

Das hatte mir bereits einer seiner Freunde in einem Telefonat beschrieben. Er schilderte Bence als äußerst höflichen und intelligenten Menschen. Allerdings sei seine Handlungs- und Kommunikationsweise manchmal missverständlich. Bei ihrem ersten Zusammentreffen habe er, der Freund, sich gefragt: »Was ist das denn für einer?« Bald sei ihm jedoch bewusst geworden, dass sehr viel Ironie, Witz und Humor dahinterstecke. »Kein Wunder, dass die Polizisten in der Vernehmung nichts mit ihm anfangen konnten.« Er sei ein guter Typ, der mit Gewalt in jeglicher Form nichts am Hut habe.

Ähnlich geäußert hatten sich öffentlich auch andere Freunde, die ihn aus Schule, Skilagern oder Urlauben kannten und viel Zeit mit ihm verbracht hatten. Sie gehören zu einem Unterstützerkreis, der Benedikt Toth seit über einem Jahrzehnt mit einem Internetblog unterstützt.

Die Haare meines Gegenübers sind kurz geschnitten und zeigen erste grauen Strähnen. Sein Teint ist fahl und irgendwie stumpf. Doch sein Körper wirkt muskulös. Der zu weite graue Anzug aus dem Gerichtssaal ist einer blauen Arbeitshose und einem dunklen Rundhalspullover gewichen. Er bemerkt meinen Blick und drückt sein Bedauern aus, dass er mich nur in dieser Kleidung empfangen dürfe. Der Verlust der Individualität sei hier Programm.

Benedikt Toth ist freundlich, aufmerksam, abwartend, nachdenklich. Auf mich wirkt er klar strukturiert. Offenbar legt er Wert darauf, seine Individualität im Denken und in der Sprache zu bewahren und nicht dem simplen Gefängnisjargon zu erliegen.

Wie häufig wird er schon Gespräche wie unseres geführt haben, in denen es – letztlich vergeblich – darum ging, ihn mit neuen Ideen und Beweisen bei seiner Rehabilitation zu unterstützen?

Bestimmt beobachtet er meine Reaktionen, kann sich vielleicht nicht vorstellen, dass ich als früherer Mordermittler für ihn Partei ergreifen könnte, sollte ich die im Urteil angeführten Indizien für unzutreffend halten.

Ich spreche meine Gedanken aus, und ich frage ihn nach den Erwartungen, die er an mich hat, und nach seinen Hoffnungen. Seine Antwort ist ernüchternd, jedoch verständlich: »Hoffnung grenzt an Selbstbetrug. Ich freue mich, wenn es gut läuft, kann mir deswegen jedoch nicht zu viel Gedanken machen. Meine Familie, meine Freunde, meine Anwälte und ich haben für meine Freiheit gekämpft, doch alle Eingaben wurden mit fadenscheinigen Begründungen abgelehnt. Ich bin ein Gefangener in bayerischer Haft, der zu der höchstmöglichen Strafe verurteilt wurde«, fügt er resigniert hinzu und wählt dieselben Worte wie im Fernsehinterview: »Für einen Mord, den ich nicht begangen habe.« Trotzdem werde er, »solange ich schnaufe«, dieses Urteil bekämpfen.

Ohne dass ich danach frage, erwähnt Benedikt Toth plötzlich eine tiefe Scham, die er gegenüber seiner früheren Verlobten, seinen Eltern, seinem Bruder und seinen Freunden empfinde, dass er sie damals über sein angeblich erfolgreich absolviertes Studiums belogen habe. »Das hängt mir nach, wird mir immer nachhängen, zu Recht.« Es habe nicht zugeben können, dass er das Studium »nicht auf die Reihe gebracht« habe.

Ich skizziere meine Herangehensweise, erkläre, dass ich bereits auf Widersprüche und eindeutige Fehler in den ihn belastenden Gutachten gestoßen bin. Auf diesem Weg wolle ich weiter vorgehen. Zwar könne ich nicht versprechen, dass meine Recherchen zu seiner Freilassung führten, aber sie sollten zumindest helfen, die Tatsachen in der Öffentlichkeit zurechtzurücken.

Er sieht das ein, weiß selbst am besten, dass ich ihm keine Hoffnung machen kann. Gerechtigkeit könne er ohnehin nicht mehr erfahren. »Dazu ist es sowieso zu spät.«

Wie denn das Verhältnis zu seiner Tante gewesen sei, möchte ich von ihm wissen. Schließlich galt er doch als ihr Lieblingsneffe.

Der Mann in der schlichten Gefängniskluft wird noch nachdenklicher, ehe er antwortet: »Ja, das mag stimmen, doch die Beziehung zu ihr war komplex.« Man habe viel Zeit miteinander verbracht, sowohl geschäftlich als auch privat. Eine Trennung der beiden Ebenen habe nicht stattgefunden, doch das sei für kleinere Familienunternehmen auch wohl nichts Außergewöhnliches.

Ich versuche mir die Verquickung dieser beiden Ströme vorzustellen und frage nach, ob dies nicht auch belastend gewesen sei. Eine in gewisser Weise allmächtige Tante? Toth nickt zustimmend, als er sagt: »Außergewöhnlich war vielleicht der ungefilterte Informationsaustausch zwischen einer Cholerikerin und einem Sanguiniker ohne Auslaufzone. Da konnte es auch mal krachen. Waren wir uns uneinig, ging es schon hoch her.«

Wieder frage ich nach und möchte wissen, wie ich mir das konkret vorzustellen habe. Schließlich sei ein heftiger Streit zwischen ihm und seiner Tante in den Augen der Ermittler der Tatauslöser gewesen.

Bence Toth will zur Antwort ansetzen, doch ich bitte ihn um eine Sekunde Geduld, denn meine beiden Notizzettel sind schon vollgeschrieben. Eine Justizbeamtin ist so freundlich und versorgt mich mit zwei weiteren Blättern. Ich muss ganz klein schreiben, um seine Aussage auf dem wenigen Papier aufnehmen zu können. Schließlich möchte ich ihn authentisch zitieren. »Mittelmaß war meiner Tante verhasst.« Allerdings habe sie ihre hohen Maßstäbe auch bei sich selbst angelegt, doch »so schnell, wie sie sich erregen konnte, wenn ihr etwas missfiel, war sie auch wieder ruhig, wenn sie mich überzeugen konnte«.

Ich muss bei seinen nächsten Worten schmunzeln, als er fortfährt: »Wenn es mal zu keiner Einigung kam, dann galt ihre Auffassung.« Er habe sie als eine Frau erlebt, die viel gegeben, aber auch viel gefordert habe, materiell wie ideell. »Sie war großzügig, liebte und hasste leidenschaftlich. Sie gab stets Vollgas und ließ sich durch nichts aufhalten.«

Ich erinnere mich an die ähnlich klingenden Worte des Bruders, der gesagt hatte, seine Tante sei zu Lebzeiten ihres Mannes eine viel besser gelaunte Frau gewesen als in den letzten Jahren. »Das Erbe und der Betrieb haben sie überfordert. Sie hat es nicht leiden können, auf andere Menschen angewiesen zu sein, die nur schwer zu kontrollieren waren. Ihre Skepsis wurde zu Misstrauen. Und das wuchs immer mehr.«

Benedikt Toth muss jetzt auch schmunzeln, als er erwähnt, dass er sich durchaus erlaubt habe, »Bremsklötze zu platzieren«. Das habe häufiger zu Reibungen geführt, die sich in einer Lautstärkenmodulation äußerten, die andere Menschen wohl als Streit interpretiert haben dürften. Für alle indes, die sie kannten, »war klar, dass es nur eine unkonventionelle Art der Kommunikation war«.

Alles sei sofort auf den Tisch gekommen. »Und dann wurden wir auch laut«, doch nach fünf Minuten sei der Frieden stabiler als vorher gewesen. »Wir sprechen von meiner Tante. Mit ihr bin ich aufgewachsen; sie war wie eine eigene Mutter. Ich liebte diese Frau. Für mich ist es das Schlimmste, was es gibt, als ihr Mörder zu gelten.«

Nach zwei Stunden und zusätzlichen geschenkten 15 Minuten beendet ein Beamter unser Gespräch. Wir verabschieden uns, und ich verspreche, ihn mit weiteren Ergebnissen auf dem Laufenden zu halten.

So gerne ich mich noch länger mit diesem feingeistigen Menschen ausgetauscht hätte, so erleichtert bin ich doch, dass mich nur noch 23 Stufen und die unsichtbare Trennlinie von meiner Welt in Freiheit trennen.

Benedikt Toth hingegen wird gleich wieder in den abgeschotteten Mikrokosmos seiner Welt zurückkehren und einer von etwa 200 gesichtslosen Mördern sein, die hier in dem Gefängnis zur Strafverbüßung einsitzen. In Gedanken sehe ich ihn in Begleitung eines Beamten gehen, durch den lang gestreckten offenen Gefangenentrakt mit dem roten Boden, den grünen Brüstungen und gläsernen Zwischendecken, die Häftlinge von suizidalen Sprüngen in die Tiefe abhalten sollen. Sein Gang führt ihn bis zu einer gelb gestrichenen Zellentür mit grauer Zarge, die sich für einen kurzen Moment öffnet, ehe sie mit einem lauten Knall und Schlüsselklirren hinter ihm zufällt. »Ein Lebend-Toter« sei er hier.

Was mag in diesen Momenten wohl in ihm vorgehen, und welche vor mir geheim gehaltenen Hoffnungen werden ihn auf dem Weg in seine zehn Quadratmeter große Zelle begleiten? Nachdenklich setze ich mich in mein Auto. In der Ferne steht ein Wachturm. Sicherlich werden hinter den verspiegelten Scheiben aufmerksame Augen meine Abfahrt verfolgen.

Ich kehre zurück in das Parkhaus und lese erneut das Gutachten des Daktyloskopen (Experte für Fingerabdrücke). Kategorisch schließt er darin den Abdruck eines Handschuhs an der Wohnungstür aus.

Ich beginne nun mit dem visuellen Vergleich der anderen relevanten Abstreifmuster auf den Tatort-Fotos vom barocken Tischchen, der Designerschachtel, der Ablage am Bad und vor allem am Blazer. Schon bei erster Betrachtung der Vergrößerungen entdecke ich deutliche Unterschiede in der Oberflächenstruktur der Spuren. Während mich der angebliche Handschuhabdruck an der Wohnungstür an einen Stadtplan mit verschlungenen Straßenverläufen erinnert hatte, sind die Kontaktspuren in der Wohnung mal gleichförmig und parallel verlaufend mit Karo- oder Rautenmuster, mal eine blutige quadratische Antragung auf dem Kleidungsstück, mal eine unregelmäßige wisch- und pünktchenartige Struktur auf einer Ablage im Badezimmer.

Ich wundere mich immer mehr, dass der Sachverständige des Kriminaltechnischen Instituts es für möglich hielt, dass alle Muster von ein und demselben Handschuh stammen könnten. Doch ich bin kein Experte. Und für ein Wiederaufnahmeverfahren benötigen die Anwälte von Benedikt Toth Novitäten, also entweder neue Tatsachen oder ein neues Beweismittel.

Andererseits habe ich es mir im Laufe der Jahre zur Aufgabe gemacht, die Inhalte von Gutachten oder anderen Expertisen zu hinterfragen, ehe ich diese in meine fallanalytischen Bewertungen einbeziehe. Schließlich gibt es im Bereich der visuellen Bewertung von Spurenträgern immer wieder unterschiedliche Deutungsmöglichkeiten, wenn ein Mangel individueller Merkmale eine klare Einordnung nicht zulässt. Eine solche Ausgangslage gab es auch hier, bei der es dem Sachverständigen nicht möglich gewesen war, eine eindeutige Feststellung zur Spurenquelle zu treffen.

Und so mache ich mich nach meiner Rückkehr an meinem Schreibtisch im Landschaftsschutzgebiet auf die Suche nach einem geeigneten Institut, das insbesondere die drei auf dem Blazer des Opfers festgestellten blutigen Abklatschspuren bewerten soll.

In einer kleinen thüringischen Stadt an der Saale werde ich fündig. Die Stadt, die sich selbst als »Schillers heimliche Geliebte« bezeichnet, wird von einem früheren fürstlichen Residenzschloss überragt. Das barocke Gebäude mit dem alles überragenden Schlossturm hat mir schon aus der Ferne den Weg zum von mir ausgewählten Institut für Textil- und Kunststoffforschung gewiesen. Der Betrieb hat sich nach der Wiedervereinigung beider deutscher Staaten in Kooperation mit der Universität Ilmenau zu einem modernen und weltweit anerkannten Institut mit über 200 Mitarbeitern entwickelt. Ein lang gestreckter renovierter roter Ziegelbau im Stil der 1950er-Jahre am Rande der Stadt erwartet mich.

Dort treffe ich die Leiterin der Forschungsabteilung. Die promovierte Ingenieurin sichert eine rasche Bewertung der Spurenbilder zu. Und so übergebe ich die Aufnahmen des Tatortes und einige Vergrößerungen von Charlotte B.s beigefarbenem Blazer.

Auf ihnen sind am Kleidungsstück der Getöteten an vielen Stellen blutige Antragungen zu erkennen; seien es kleinere Spritzer, Tropfen, Wischer oder großflächige Rotfärbungen.

Dabei kommt dem Areal unter dem rechten Ärmel eine besondere Bedeutung zu. Hier haben die staatlichen Forensiker neben mehreren blutigen Kontaktspuren eines Handschuhs auch die DNA von Benedikt Toth festgestellt. Das hatte sich das Gericht nach einer aufwendig geführten Beweisaufnahme und nach Gesamtwürdigung aller Umstände nur so erklären können, dass sich die DNA des Angeklagten an der Außenseite des Handschuhs befunden haben müsse. Von dort sei sie im Verlauf des Tatgeschehens per Sekundärtransfer auf den Blazer des Opfers abgestreift worden.

Wenige Wochen später liegt mir ein Untersuchungsergebnis des Instituts vor. Die Textilingenieure haben eine Neubewertung aller relevanten Spuren durchgeführt. Das Ergebnis ist eine einzige Blamage für alle bisherigen Untersucher.

In der Materialkritik lese ich, dass es sich bei dem Blazer um ein Kleidungsstück mit einer flachen *Schuss-Köperbindung* handelt. Charakteristisch für solche Gewebeoberseiten sei das musterbedingte Kreuzen der beiden Fadensysteme *Kette* und *Schuss*. Hierbei entstünden »Hoch«- und »Tiefstellen« des Gewebes. An ihnen könnten sich eindringende Flüssigkeiten, wie zum Beispiel Blut, unterschiedlich stark markieren. Je nach Blutmenge würden sich diese »visuell auf der Gewebeoberseite unterschiedlich stark oder leicht verwischt« als eine Art Rautenstruktur abbilden.

Zusammenfassend zeige sich, dass es sich bei den untersuchten fragmentarischen Abdruckspuren auf dem Blazer keinesfalls »um blutige Kontaktspuren eines Haushaltshandschuhs handelt«, sondern ausschließlich um unterschiedlich stark mit Blut in Berührung gekommenes Gewebe. Somit sei davon auszugehen, dass die verwischten Bereiche des Blazers durch blutige Gewebefalten während des »Kampfgeschehens« oder danach entstanden, als sich beispielsweise das sterbende Opfer noch auf dem Boden bewegte oder während der *palpatorischen* (tastenden) notärztlichen Untersuchung des Leichnams bei der Todesfeststellung.

Auch zu der Frage, ob es Hinweise gebe, dass die anderen Kontaktspuren aus der Wohnung »von ein und demselben Handschuh« herrühren könnten, nehmen die Textilgutachter kritisch und jeden Zweifel ausschließend mit den Worten Stellung: »Diese Behauptung ist falsch und trifft nicht zu.«

Ich überlege, wie ich diesem Befund zu weiterem Gewicht verhelfen kann. Bisher sind nur die Fotos ausgewertet worden, die auch dem Gutachter des Kriminaltechnischen Instituts zur Verfügung standen. Hier könnte das Wiederaufnahmegericht argumentieren, dass eine gleichartige Untersuchung vorläge – also keine *Novität* –, da in beiden Fällen lediglich eine visuelle Überprüfung erfolgte. Die Untersuchung des Original-Blazers wäre insofern sicherlich eine deutlich überlegene Methode.

Die Anfrage für eine solche Untersuchung müsste über Benedikt Toths Verteidiger an die Staatsanwaltschaft gerichtet werden. Ich bin aber optimistisch, dass dieser Antrag positiv beschieden wird, da die Behörde ja bereits zugestimmt hatte, die nach der Obduktion in der Rechtsmedizin verbliebenen Körperflüssigkeiten, das Gewebe und den knöchernen Schädel von Charlotte B. für weitergehende Untersuchungen und die anschließende Bestattung freizugeben.

Meine Erwartungen erfüllen sich. Die Staatsanwaltschaft stimmt dem Antrag zu, und es dauert gar nicht lange, bis das Asservat im Textilkundeinstitut eintrifft.

Wenig später erreiche auch ich das Institut, da die Untersucher die Postsendung nur in meinem Beisein öffnen wollen. Wir treffen uns im Labor, wo die gut verpackte Sendung steht. Aus dem in braunem Packpapier eingewickelten Paket entweicht schon jetzt der für Blut charakteristische metallische Geruch. Die Wissenschaftlerin öffnet die Sendung, während ich von den Asservaten

Fotos mache und sich der Geruch verstärkt. In durchsichtigen Folien sind die beiden am Tatort vor fast 14 Jahren zerschnittenen Blazerhälften verwahrt. Ein weißer Aufkleber verrät das Aktenzeichen »Az.833-000546-06/03«. Die Tat ist als »Tötungsdelikt z. N. d. B. Charlotte, 1947« bezeichnet, die Frage nach dem Ort der Sicherung mit »Leiche« beantwortet. Eine Folie mit einer Jackenhälfte ist mit der schwarzen Aufschrift: »re. Jackenteil – Schuhspur« eines Permanentstiftes markiert. Diese Einschätzung irritiert mich, denn von einer Schuhspur am Blazer war im Spurensicherungsprotokoll nie die Rede.

Ich versuche mir die Position der Leiche vor Augen zu führen. Die Tote hatte auf dem Bauch gelegen, wobei der fragliche Bereich unter der rechten Achsel nach oben zeigte. Der Täter könnte also durchaus nach letzten Schlägen gegen den Kopf des Opfers mit dem Schuh darauf getreten sein. Als weiteres Zeichen seiner Wut und gleichzeitiger Degradierung des Opfers. Doch wie und wann kam es zu dem Sinneswandel der Ermittler, aus den Schuhabdrücken die eines sogenannten Handschutzes zu konstruieren?

Der Geruch des Blutes wird noch intensiver. Schwedische Wissenschaftler haben herausgefunden, dass es lediglich ein einzelnes *Aldehyd* (chemische Verbindung) ist – die einzige flüchtige Komponente im Blut – das diesen typischen Geruch erzeugt, der auf uns Menschen so verstörend wirkt, auf Raubtiere hingegen äußerst anziehend.

Zwei Einnäher im Blazer verraten, dass es sich bei dem Kleidungsstück um den Prêt-à-porter-Artikel eines deutschen Modeunternehmens handelt, das Damenoberbekleidung im Luxus-Segment herstellt. Das Material ist allerdings weniger hochwertig. Es besteht zu 90 Prozent aus Polyester und 10 Prozent Elasthan; chemische Kunststoffe, wie sie auch in dem von mir gewählten Institut entwickelt werden. Mehr Fachkompetenz für die Untersuchung des Blazers dürfte schwerlich zu finden sein.

Wir betrachten die vermeintlich tatrelevanten Areale unterhalb des rechten Ärmels der Jacke – leicht erkennbar an dem immer noch vorhandenen selbstklebenden Maßstäben – und vergleichen diese mit den anderen Blutspuren am Blazer. Ich kann bei den überall vorhandenen blutigen Tropfen, Spritzern und Verwischungen kaum Unterschiede feststellen, wobei einige Bereiche des Gewebes stark blutdurchtränkt sind, andere hingegen nur oberflächliche Verwischungen aufweisen.

Die Wissenschaftlerin mag weiterhin nicht ausschließen, dass es sich um blutige Verstärkungen der Gewebestruktur handeln dürfte und nicht um Markierungen von Handschuhen. Doch ihre endgültige Expertise will sie erst nach der mikroskopischen Untersuchung abgeben.

Als ich die relevanten Stellen des Blazers später auf Fotos betrachte, verstehe ich, was sie damit meinte: Das Blut hat manche Bereiche der rautenförmigen Anordnung der Fäden ungleichmäßig stark markiert. So ist das Muster entstanden. Eine Abklatschspur eines Schuhs mit Sohlenmuster oder eines – wie auch immer gearteten – Handschuhs gibt es nicht.

Diese eindeutige Positionierung bei der Spurenbewertung findet sich auch im späteren Gutachten des Instituts. Eindrücklich wider legt es die bisherige Einschätzung der Ermittlungsbehörden und des Gerichts über die Herkunft der Spuren.

Wieder einmal hält eine Benedikt Toth belastende Spur der objektiven Überprüfung durch einen unabhängigen externen Sachverständigen nicht stand.

Und erneut staune ich darüber, wie die Richter dennoch zu dem Ergebnis kommen konnten, es sei nicht auszuschließen, dass alle Spuren von ein und demselben Handschuh herrührten. Wenn aber etwas nicht ausgeschlossen werden kann, gilt automatisch auch das Gegenteil: Es ist möglich, dass die Spuren gar nichts mit einem Handschuh zu tun haben. Welche Aussagekraft hat eine solche Formulierung überhaupt?

Bei meinen Recherchen stoße ich auf eine Publikation des Bundeskriminalamts aus dem Jahr 2004. Bei dem Titel »Probabilistische Schlussfolgerungen im Schriftgutachten« geht es im weitesten Sinne um die Begründung und die Vereinheitlichung von *Wahrscheinlichkeitsaussagen* in Sachverständigengutachten. Die Verfasser der Schrift setzen bei der Einschätzung von Wahrscheinlichkeiten eine Skala von, grob gesagt, 0 bis 100 an. Dabei wird die Tendenzaussage »nicht auszuschließen« im Sinne von *non liquet* (es ist nicht klar, also nicht beweisbar) mit einer Wahrscheinlichkeit von 50:50 Prozent definiert. Beide Möglichkeiten einer Streitfrage sind somit gleich wahrscheinlich. Die Empfehlung der Autoren lautet, dass in solchen Fällen der Sachverständige in seiner Einschätzung beispielsweise die Formulierung: »die Untersuchungsfrage musste offenbleiben«, wählen sollte. Sicherlich aus gutem Grund und um Missdeutungen zu vermeiden.

Im Verfahren von Benedikt Toth wird die Aussage »nicht auszuschließen« allerdings als belastend für den Angeklagten gewertet, was sie objektiv nicht ist.

Ein Makel, der in meinen Augen die fachlichen Fehler des Gutachtens zusätzlich verstärkt. Kaum vorstellbar, dass erfahrene Juristen die wahre Bedeutung der Einschätzung des Beweiswertes im Gutachten nicht erkannt haben wollen.

Doch was ist von der Bewertung der anderen im Flur, im Büro und an der Ablage in Charlotte B.s Badezimmer gesicherten Formspuren zu halten? Eine erste Aussage hatten die Gutachter des Textilkundeinstituts bereits getroffen, als sie darauf hinwiesen, dass die Spuren durch unterschiedliche Materialien entstanden.

Zur Erinnerung: Vorne am barocken Tisch neben der Leiche hatten die Spurensucher die blutige Kontaktspur eines Karo- oder Rautenmusters ausgemacht, die dem Abdruck auf einer im Büro vorgefundenen Designerschachtel ähnelte. Allerdings mit dem Unterschied, dass die eine blutig war, die an der Schachtel hingegen blutfrei erschien.

Erneut werde ich auf meiner Suche nach ausgewiesenen Experten für die Beurteilung von Blut- und Kontaktspuren fündig. Und auch dieses Mal müssten die in mehreren Gutachten manifestierten Untersuchungsergebnisse den Ermittlern im Fall Charlotte B. zu denken geben: In keiner einzigen Expertise wird die alleinige Annahme, es handele sich um Handschuhspuren, bestätigt.

Stattdessen heißt es übereinstimmend, dass es sich bei der Spur auf dem goldenen Tisch um das Abstreifmuster eines *textilen Spurengebers* handelt, das aufgrund nicht vorhandener Vergleichsproben und der geringen Größe von nur wenigen Quadratzentimetern zu klein sei, um das verursachende Objekt näher bestimmen zu können.

Als ich die von mir beauftragte Gutachterin zu dieser Aussage bei einem persönlichen Treffen in ihrem Blutspureninstitut im Taunus befrage, erläutert sie dazu kurz und treffend: »Herr Petermann, es gibt Abermillionen unterschiedlicher Spurenträger, die bei Kontakten solche Formen abbilden können. Wie soll es bei dieser Vielzahl möglich sein, eine Spur ohne individuelle Merkmale einem bestimmten Gegenstand zuzuordnen oder gar zu behaupten, dass alle von demselben Spurenträger herrühren?«

Prägnanter und einleuchtender hätte sie dieses Problem nicht formulieren können.

Doch welche Erklärung kann es für diese gravierenden Abweichungen bei der Bewertung der Spuren geben? Das Gericht hatte die Ausführungen des Experten im Urteil mit »überzeugend« beschrieben. Und schließlich war der Sachverständige bei einem Kriminalwissenschaftlichen Institut angestellt, dessen Mitarbeiter vom Bundeskriminalamt zu Sachverständigen ausgebildet werden. Einhergehend mit Fachkompetenz sind sie zur Unabhängigkeit und Objektivität verpflichtet; auch wenn Sachverständige und Ermittler denselben Arbeitgeber haben.

Ein mögliches Problem der Nähe, das ich aus eigener Erfahrung als Mordermittler kenne. Gerade bei Indizienprozessen mit unklaren Beweissituationen, kann es durchaus Situationen geben, bei denen Nähe genutzt wird, um über Formulierungen in Gutachten zu diskutieren, die der eigenen Vorstellung vom Ablauf eines Verbrechens oder der Bedeutung eines Beweises entgegenkommen.

Natürlich weiß ich nicht, welche Gründe der Sachverständige vor fast 15 Jahren für die Formulierung hatte, ein und derselbe Handschuh als Spurengeber sei nicht auszuschließen. Allerdings muss man eines erwarten dürfen: Ein Gutachter ist kein verlängerter Arm der Ermittlungsbehörden, der mit seiner Expertise dabei hilft, ansonsten unhaltbare Theorien über einen Tatablauf zu stützen. Von ihm sind eine neutrale und unabhängige Beurteilung des zugrunde liegenden Sachverhalts und Fachkompetenz gefordert.

Dies wirft eine weitere Frage auf: Wie sah es 2006, also zwischen der Tat und dem zwei Jahre später ergangenen Urteil, mit der generellen Fachkompetenz von Sachverständigen aus, die Handschuhspuren untersuchten? Und in wie vielen Fällen mag es Beweisführungen bei Massenprodukten, wie Haushaltshandschuhen, gegeben haben, wenn individuelle Merkmale zur einwandfreien Identifizierung fehlten? Ich weiß es nicht, aber bei meiner Suche auf Antworten stoße ich auf einen Fachbeitrag in einer Gewerkschaftszeitung der Polizei aus dem Jahr 2016.

Der Artikel beschäftigt sich konkret mit dem Thema der Untersuchung von Handschuhspuren beziehungsweise deren Unzulänglichkeiten. Der Autor und Sachverständige für Technische Formspuren verrät, dass er und seine Kollegen sich bis 2012 nur anlassbezogen mit Handschuhspuren beschäftigt haben.

Zudem habe es in den polizeilichen kriminaltechnischen Instituten bis dahin keine Ausbildung für forensische Untersuchungsmöglichkeiten von Handschuhoberflächenmustern gegeben. Erst 2012 sei damit begonnen worden, diesem Mangel mit einer Sachverständigenausbildung für die Bewertung von Handschuhspuren beim Bundeskriminalamt zu begegnen.

Diese Aussage des Autors ist bemerkenswert, denn sie untermauert meine Zweifel an der fachkompetenten Bewertung der Tatortspuren in Benedikt Toths Fall. Demnach erhielten erst 2015 auch einige Alt-Sachverständige eine Ausbildung über Arten, Materialien, Oberflächen sowie die Herstellung von Handschuhen und wurden in Möglichkeiten von Vergleichsuntersuchungen geschult.

Mit anderen Worten: Der in diesem Fall involvierte Gutachter erhielt erst rund zehn Jahre nach seiner Expertise eine spezielle Ausbildung für die Analyse von Handschuhspuren.

Trotzdem traf er diese weitreichenden und mit verfahrensentscheidenden Aussagen. Damit unterstützte er indirekt das Tatkonstrukt der Heimtücke. Wie bereits erwähnt, das zweite Mordmerkmal, das im Fall Toth erst zur strafverschärfenden Feststellung der Schwere der Schuld führte.

Werkzeugspuren und Tatwaffe

Mir lassen die Funde der schwärzlichen Fremdmaterialreste am Schädelknochen von Charlotte B. und an zwei Stellen der Flurtapete keine Ruhe. Auf Antrag der Ermittler angestellte chemische Untersuchungen hatten ergeben, dass die schwarzen Spuren materialgleich waren und es sich hierbei um einen einschichtigen schwarzen Fremdlackabrieb handelte, dessen Infrarotspektrum auf einen »Werkzeuglack« hinwies.

Doch damit nicht genug. Eine weitere Untersuchung zeigte auf, dass sich in der Kopfwunde der Toten noch weitere Substanzen befunden hatten; winzige Partikel von Knochen und Gewebe, an denen lichtoptisch Fremdmaterial in Form von dunklen Antragungen erkennbar war. Den Wissenschaftlern gelang es, neben Kohlenstoff und Silizium auch eisenhaltige Kügelchen festzustellen, die in das kohlenstoffhaltige Material eingebettet waren.

Dieser Aspekt ist interessant, denn er bedeutet, dass diese

Fremdkörper von dem Tatwerkzeug stammen müssen und bei den Schlägen an den Bruchkanten der Knochen abgestreift wurden bzw. als Werkzeuglack an den Wänden zurückblieben.

Doch wo ist eine solche Kombination chemischer Stoffe zu finden? Das Gutachten gibt eine Antwort darauf, als es heißt: »Bei den eisenhaltigen Kügelchen handelt es sich um Partikel, wie sie bei Schweißarbeiten entstehen.«

Eine bemerkenswerte Aussage, denn dieses Untersuchungsergebnis lässt die offene Frage nach dem verwendeten Tatwerkzeug in einem anderen Licht erscheinen.

Wieder einmal schalte ich renommierte Gutachter ein und lasse ihnen das *mazerierte* (vom Gewebe befreite) Schädeldach des Opfers mit den knöchernen Bruchstücken zukommen. Sterbliche Überreste, die sich nach der Obduktion immer noch in amtlicher Verwahrung befanden.

Doch die Frage nach der Reihenfolge der Verletzungen sowie nach dem Tatwerkzeug lässt sich bei der Untersuchung der Kopfhaut und der knöchernen Schädelteile selbst mittels modernster bildgebender, computergesteuerter Verfahren nicht exakt beantworten.

Es bleibt bei der ursprünglichen Aussage, wonach sich die Traumen am ehesten mit Schlägen eines »rechteckigen flächigen Werkzeuges, wie etwa einem Hammer mit verschiedenen Oberseiten« erklären lassen.

Auch wenn die Schädeluntersuchungen keinen konkreten Hinweis auf das Tatwerkzeug ergeben haben, so lassen sich dennoch Rückschlüsse ziehen. Ein Ansatz, der im Urteil nicht berücksichtigt wurde, aber dennoch einiges zur Tatwaffe und über den Täter aussagen dürfte:

1. Die Tatwaffe ist nicht »neu« im Sinne von »ungebraucht«.
2. Die Tatwaffe dürfte auch bei Schweißarbeiten benutzt worden

sein, z. B. zum Abschlagen/Entfernen der bei diesem Verfahren entstehenden Schlacke. Dabei blieben die in Kohlenstoff eingebetteten Eisenkügelchen an der Schlagfläche des Werkzeuges haften.
3. Bei dem Täter könnte/dürfte es sich um einen Handwerker handeln,
   - der mit Hämmern oder ähnlichen Werkzeugen hantiert, Schweißarbeiten durchführt oder als Hobbyhandwerker aktiv ist;
   - der auf ein solches Tatwerkzeug zugreifen kann;
   - der das Opfer Charlotte B. kannte.

Doch was trifft davon auf Benedikt Toth zu? Ich nehme Kontakt zu seiner früheren Verlobten auf. Vor rund zwei Jahren hat sie die Beziehung zu »Bence«, wie sie ihn im Telefongespräch nennt, beendet. Über die Gründe möchte sie keine Auskunft geben, was ich respektiere. Dennoch ist sie zu einem Treffen bereit.

Zwei Tage später sitze ich der Anfang 40-jährigen Frau gegenüber. Sie hat ihre dunklen Haare straff nach hinten gebunden. Ihre großen braunen Augen mustern mich interessiert, als ich ihr vom Grund unseres Treffens und von meinen Bemühungen erzähle, Ansätze für eine Wiederaufnahme des Verfahrens zu finden.

Ich berichte ihr von Ungereimtheiten bei der Todeszeitbestimmung, den vermeintlichen Handschuhspuren am Blazer des Opfers und an der Wohnungstür, die keine sind, und von dem falsch interpretierten Blutspurenverteilungsbild. Still hört sie sich die Informationen an und nickt immer wieder zustimmend.

Doch je länger ich spreche, umso bewusster wird mir, dass unser Treffen um Jahre zu spät kommt. Sie lebt mittlerweile ein neues Leben mit eigener Familie. Sie ist nicht mehr die Verlobte eines rechtskräftig verurteilten Mörders. Nach fast zehn Haftjahren hat sie die Beziehung beendet. Doch sie ist nach wie vor von Benedikt Toths Unschuld überzeugt.

Ich lausche ihren Worten, als sie erwähnt, dass Bence nie gewollt habe, dass sein Schicksal das ihre wird. Trotzdem habe sie über Jahre zu ihm gehalten und immer gehofft, dass er bald wieder freikomme und das Fehlurteil korrigiert werde. Doch jetzt gebe es zwischen ihnen keinen Kontakt mehr. Das sei seine Entscheidung gewesen.

Ich möchte von ihr wissen, wie es um Bence' handwerklichen Fähigkeiten bestellt gewesen sei. Sie erklärt, dass er diesbezüglich wenig begabt gewesen sei und demzufolge auch keine entsprechenden Arbeiten erledigt habe. Werkzeuge seien allerdings in einem Werkzeugkasten gewesen, den ihnen ihr Vater geschenkt habe. Der darin befindliche Hammer sei sehr klein gewesen und von den Beamten der Mordkommission bei einer Wohnungsdurchsuchung als Tatwerkzeug ausgeschlossen worden. Ähnliche Werkzeuge hätten sie nicht besessen.

Ich mag Benedikt Toths früherer Partnerin keine weiteren Fragen zu längst vergangenen Zeiten stellen. Antworten habe ich jedoch bekommen: Sie und Benedikt Toth besaßen keinen Hammer, der sich als Tatwerkzeug eignete, und er verfügte über kein handwerkliches Geschick.

Ich frage mich, ob sich die damaligen Ermittler von ähnlichen Gedanken leiten ließen. Vermutlich nicht, denn die Festnahme erfolgte ja bereits 48 Stunden nach Tatentdeckung. Und als zwei Monate später das Gutachten über die Antragungen der Kügelchen vorlag, das den Verdacht in eine andere Richtung lenkte, dürfte niemandem die Bedeutung der Schweißpartikel am Schädelknochen des Opfers bewusst geworden sein. Ansonsten hätten sich die Ermittler mit dem Geschehen in den anderen Räumen der Parkgarage zum Zeitpunkt der Tötung auseinandergesetzt haben müssen, wofür es aber keinen Anhaltspunkt gibt.

Mir fallen die Worte des Heizungsmonteurs ein, der am Nachmittag des 15. Mai die Fußbodenheizung in Charlotte B.s Wohnung einstellte und anschließend einen Boiler im Heizungsraum repariert haben will. Ich nehme Kontakt mit Benedikt Toths Bruder auf und erfahre, dass zur Tatzeit umfangreiche Sanierungsarbeiten an der Heizungsanlage erfolgten und der Kessel ausgetauscht wurde.

Ich besorge mir die Rechnung von der beauftragten Firma und stelle fest, dass in der Parkgarage zur Tatzeit die Heizungsanlage saniert, das heißt, die alte Anlage demontiert und gegen eine neue ausgetauscht wurde. Bei solchen Arbeiten fallen zwangsläufig Schweißarbeiten an. Diese Annahme wird durch die mir vorliegende Rechnung bestätigt, wonach *»Aufwendungen für Gas und Sauerstoff, Schweiß- und Dichtungsmaterial« berechnet* worden waren. Ich weiß, es ist nur eine Idee, doch könnte die Tatwaffe nicht einer der Hämmer sein, mit denen bei der Heizungssanierung die an den Überständen der Schweißnähte entstandene kohlenstoffhaltige Schlacke abgeschlagen wurde?

Rekonstruktion/Dauer der Tat

Langsam nähere ich mich dem Ende meiner Recherchen. Wieder einmal hat sich gezeigt, wie essenziell die Überprüfung vermeintlich unumstößlicher Tatsachen ist, um den Ablauf eines Ereignisses realitätsnah zu ergründen. Der Fall Benedikt Toth hat gezeigt, dass nur die wenigsten vom Gericht als »wahr« bewerteten Fakten diesem Anspruch tatsächlich gerecht wurden. Zudem hat sich ein Hinweis auf die Tatwaffe ergeben, der bisher noch nicht berücksichtigt wurde. Danach ist Charlotte B. mit einem gebrauchten Werkzeug erschlagen worden, das zuvor in Zusammenhang mit Schweißarbeiten benutzt worden sein dürfte.

Allerdings steht noch die Überprüfung der Tatdauer an, die das Gericht mit einer Maximalzeit von fünf bis sieben Minuten angab. Im Widerspruch dazu stehen von mir in Auftrag gegebenen Untersuchungen zur Trocknungszeit des Blutes. Diese hatten verdeutlicht, dass die Blutspuren noch 15 bis 30 Minuten nach der Tat sekundär verändert worden waren.

Ich entschließe mich zur Durchführung einer *Sequenzanalyse*, bei der ich das Tatgeschehen in einzelne Abschnitte zerlege, um so die Dauer der Tat zu bestimmen. Ich bin gespannt, ob sich dabei die Behauptung des Gerichts bestätigen wird, das Geschehen sei nicht sehr zeitaufwendig und innerhalb weniger Minuten zu realisieren gewesen. Schließlich war dieses kleine Zeitfenster auch als ein Indiz für Benedikt Toths Täterschaft herangezogen worden. Doch was soll nach Auffassung der Richter alles in diesen Minuten geschehen sein, nachdem Charlotte B. die Wohnungstür geöffnet hatte?

Dabei fallen mir spontan zwei Szenarien ein, die das Gericht gar nicht in Erwägung gezogen haben dürfte:

Und so notiere ich die im Urteil gemachten Feststellungen zur Tat:

1. kein zeitaufwendiger Vorgang
2. Ca. 24 Schläge auf den Kopf des Opfers können sehr schnell gesetzt werden.
3. Der Täter begab sich im Anschluss nur noch ins Büro.
4. Er riss vor und in dem Büro ein paar Schubläden heraus.
5. Er kippte einen Stuhl um.
6. Er überprüfte das Vorhandensein und den Inhalt des kurz gefassten Testaments.
7. Er steckte vier 500-Euro-Scheine ein.
8. Er verließ die Wohnung.

All dies sei innerhalb weniger Minuten durchführbar, so das Gericht in seiner Begründung, um sich dann festzulegen: »5–7 Minuten sind dafür allemal ausreichend.«

Folgt man dem Urteilstext, so muss es sich um einen stringenten Tatablauf gehandelt haben. Doch entspricht diese Einschätzung wirklich dem Geschehen, oder gab es nicht doch weitere Täterentscheidungen, die im Urteil unberücksichtigt geblieben sind?

Bei einem meiner nächsten Besuche in der Wohnung richte ich den tatrelevanten Bereich im Büro wieder so her, wie er nach Charlotte B.s Tod aussah. Zusammen mit der auf den Tatortfotos dokumentierten Situation bin ich mir sicher, dass ich mich auf diese Weise dem sekundären Tatgeschehen in hohem Maße nähern dürfte.

Erste Antworten auf meine Fragen finde ich bereits im Urteil selbst. So heißt es dort beispielsweise, dass Charlotte B. nach ersten Schlägen im Eingangsbereich ihrer Wohnung verharrte, ehe sie zurückwich.

Auch wenn ich diese Rekonstruktion des Tatablaufs vonseiten des Gerichts aufgrund meiner bisherigen Recherchen als widerlegt ansehe, muss die als resolut bekannte Charlotte B. zumindest *defensiven Widerstand* geleistet haben. Das beweisen ihre stark verletzten Hände mit der fast kompletten Durchtrennung des linken Ringfingerendgliedes. Dabei fixierte der Täter das Opfer, hielt es fest, worauf Hämatome am rechten Oberarm und den Schultern hinweisen. Auch wenn Charlotte B. spätestens nach einigen Schlägen auf den Kopf stark bewusstseinsgestört und dann bewusstlos war, dürfte sich das Szenario im Bereich des goldfarbenen Tischchens mit der verschobenen Statue – je nach Intensität der Gegenwehr – über einige Minuten erstreckt haben.

Anschließend kam es zu einer Aktion mit der Handtasche des Opfers vor dem Tischchen, bei der trotz der unklaren Spurenlage auch eine Durchsuchung des Inhalts nicht auszuschließen ist. Folgt man den Ausführungen des Gerichts, so muss sich Benedikt Toth in die oberen Räume der Wohnung begeben haben. Ich frage mich immer noch, wie er diesen Weg zweimal zurückgelegt haben soll, ohne Spuren im Blut zu hinterlassen. War es bereits angetrocknet, als die Veränderungen in der oberen Etage erfolgten? Oder war die Tat da vielleicht noch gar nicht geschehen?

Am oberen Ende der Treppe betrat der Täter folglich das Foyer, an dessen Stirnseite das Büro liegt. Auf dem Weg dorthin kam er an einem Abstellraum vorbei. Die Tür zu dem Raum steht, wie ich den Fotos entnehmen kann, sperrangelweit offen.

Ich stelle die Situation nach und fühle mich auf meinem Weg ins Büro wegen der einander gegenüberliegenden Dachschrägen eingeengt. Ich kann mir nicht vorstellen, dass die für ihre Ordnungsliebe bekannte Charlotte B. ihre Wohnung verlassen hat, ohne vor die Tür zum Abstellraum zu schließen. Vermutlich wird der Täter also beim Verlassen der Ebene auch im Abstellraum gewesen sein und die Tür nicht wieder geschlossen haben. Ich frage mich, was Benedikt Toth dort gewollt haben sollte? Er wird doch gewusst haben, dass sich hinter der Tür nur eine Abstellkammer verbirgt.

Im Abstellraum steht der mit einem Tuch abgedeckte verschlossene Tresor. Der Schlüssel steckt im Schloss. Nichts deutet darauf hin, dass der Safe manipuliert wurde. Aber wäre das nicht eine gute Möglichkeit gewesen, einen vermeintlichen Raubmord zu inszenieren? An dem Sicherungskasten finden die Spurensucher oberhalb des Griffs einen Textilabdruck. Doch der wird nicht weiter untersucht; es habe sich nicht um die Spur eines Handschuhs gehandelt. Wie konnte der Spurensucher diese Entscheidung treffen? Schließlich hatte der Sachverständige bei dem Abdruck neben dem Türspion auch einen Strickhandschuh nicht ausschließen können. Wäre es nicht wichtig gewesen zu wissen, wer diese Spur hinterließ?

Gegenüber dem Abstellraum steht ein Etageren-Tisch im barocken Stil. Die Schublade ist herausgezogen und vor dem Möbel auf dem Boden umgedreht abgelegt. Der Inhalt liegt geordnet unterhalb der Lade auf dem Fliesenboden. Die Situation sieht nicht nach einer hastigen Aktivität des Täters aus. Herausgerissen wurde die Schublade nicht. Das Ablegen geschah vielmehr mit Bedacht.

Vom Foyer aus kann ich den Salon und einen schmalen Gang betreten, der mich zur Küche, einem Gäste-WC, dem Esszimmer, dem Schlafzimmer sowie dem Bad und Fitnessbereich des Opfers führt. Auch hier muss sich der Täter laut Logik des Gerichts aufgehalten haben, da im Badezimmer an einer Ablage zwischen den beiden Waschbecken der Abdruck eines Handschuhs gesichert wurde, der mit den anderen Spuren, unter anderem an der Wohnungstür und dem Blazer, identisch gewesen sein soll.

Ich wende mich den Spuren im Büro zu. Der alte Schreibtisch, ein danebenstehender Rollschrank und ein Stuhl befinden sich noch an ihren ursprünglichen Plätzen. Aus dem Salon sind schnell die beiden Kommoden mit dem auffälligen Mäanderband an den Schubladen geholt, wohin Benedikts Bruder sie gestellt hatte, um sie irgendwann zu verkaufen. Und auch der PC-Tisch für den früheren PC-Tower, Bildschirm und Drucker ist bald wieder an die alte Stelle gerückt.

Im Bereich des Schreibtischs will das Gericht bedeutende Spuren für Benedikt Toths Täterschaft gefunden haben: den Abdruck seines linken Zeigefingers an einer Klarsichtfolie, seine DNA an einem Portemonnaie und der sich darin befindlichen Kreditkarte, aber auch an einem auf dem Schreitisch stehenden weißen Briefkuvert mit dem Testament; deutlich an den beiden Namenszügen »Bence Toth« und »Benedikt Toth« zu erkennen und von anderen Papieren zu unterscheiden. Allerdings findet sich bei der Spurensuche Charlotte B.s letzter Wille zwischen anderen Papieren in einem Briefständer. Der Täter muss das Testament nach dem Lesen wieder dort deponiert haben, sollte die Vermutung des Gerichtes zutreffen.

Wieder einmal habe ich mehr Fragen als Antworten.

Ist es nicht viel plausibler, dass Benedikt Toth das mit seinem Namen versehene Schriftstück bereits bei einem früheren Besuch im Büro aufgefallen war, dass er es sich ansah und so seine DNA und Fingerabdrücke hinterließ? Wer wäre in einer solche Situation nicht neugierig geworden?

Weshalb sollte sich Benedikt Toth unmittelbar vor oder nach der Tat die Handschuhe zur Überprüfung des Testaments ausziehen? Nach Auffassung des Gerichts trug er sie doch gerade, um keine verräterischen Spuren zu hinterlassen. Und war nicht auch ein Handschuhmuster an der unmittelbar neben dem Testament befindlichen Designerschachtel auf dem Schreibtisch nachgewiesen worden?

Wie muss ich mir Benedikt Toths Verhalten vorstellen? Läuft er tatsächlich zunächst in das Badezimmer und hinterlässt dort den Handschuhprint? Was hatte er dort überhaupt zu suchen, bei der wenigen Zeit, die ihm vom Gericht für die Tatbegehung zugestanden wurde? Und warum ließ sich an der Spur im Bad kein Blut nachweisen, wo er doch zuvor das Profil seiner Handschuhe im Blut hinterlassen haben sollte?

Im Büro setzt sich das nur schwerlich nachvollziehbare Verhalten fort: Anfassen der Designerschachtel mit einem sogenannten Pinzettengriff, woraufhin das Wabenmuster des Handschuhs zurückbleibt. Doch der Abdruck und die Schachtel sind frei von Blut, wie ich aus dem Ergebnis einer von mir veranlassten serologischen Untersuchung in einem DNA-Labor weiß.

Was hat der Täter mit den Handschuhen gemacht? Sie irgendwo abgelegt? Im Büro offensichtlich nicht, denn dort gibt es keinen einzigen Blutnachweis.

Ohne Handschuhe beginnt die anschließende Suche nach dem Testament, das Herausziehen und Zurückschieben einer American-Express-Karte aus dem Portemonnaie und der Kontakt mit weiteren Spurenträgern. Allerdings bleiben 1560 Schweizer Franken in der Geldbörse zurück. Weshalb ließ Benedikt Toth die Scheine zurück, wenn er seine finanzielle Situation verbessern wollte und doch offensichtlich nach Geld suchte?

Welchen Sinn ergibt diese so entgegengesetzte Spurenlage? Der Täter trägt Handschuhe, um seine Identität zu verbergen, streift sie dann aber ab, wohlwissend, dass er dadurch im übertragenen Sinne

überall seine »Visitenkarte« mit Fingerabdrücken und DNA-Profil hinterlässt?

Ich schaue ins Urteil und suche nach einer Begründung. Doch außer der lapidaren Erklärung des Gerichts: »Aus der Gesamtheit dieser Umstände schließt die Kammer, dass der Täter zumindest zeitweise während der Tatausführung Handschuhe getragen hat«, finde ich keine erklärenden Worte.

Benedikts Toths Aussage, er habe im Büro für seine Tante gearbeitet und auch immer wieder für sie mit der Scheckkarte bezahlt, was die Spurenlage erkläre, verwarf das Gericht mit dem Argument, dass es zwar »die theoretische Denkmöglichkeit« gebe. Allerdings sei »diese Art der Spurensetzung im Wege einer Gesamtschau als fern liegend auszuschließen«.

Die weitere Feststellung, dass Spuren von Benedikt Toth zudem »nur an Gegenständen mit einem Bezug zur Tat und sonst nirgendwo« gefunden wurden, wirkt auf mich konstruiert.

Ich lese im Spurensicherungsbericht nach. Danach waren im Büro an rund 75 Einrichtungsgegenständen und anderen Spurenträgern Abriebe für eine DNA-Typisierung bzw. für Fingerabdrücke gesichert worden. Allerdings erwiesen sich nahezu 90 Prozent dieser Spuren wegen ungenügender DNA-Mengen oder fehlender anatomischer Merkmale als ungeeignet, um sie einer Person zuzuordnen. Lediglich in sieben Fällen gelang das: dreimal mit Spuren von Charlotte B., zweimal mit denen ihres Geschäftsführers und ebenfalls zweimal mit denen von Benedikt Toth. Aber hätte es im Büro nicht von Spuren des Opfers wimmeln müssen?

Obwohl am Tatort an mehreren Gegenständen weitere Handschuh- und Textilspuren gesichert werden können, erscheint nach Einschätzung der Spurensucher lediglich an der Schachtel auf dem Schreibtisch »eine Zusammenführung« mit den anderen tatrelevanten Handschuhspuren »denkbar«.

Die weiteren Täteraktivitäten im Büro sind eher überschaubar.

Eine graue Dokumentenmappe liegt geöffnet neben der Designerschachtel auf dem Schreibtisch, doch an ihr befinden sich lediglich die Spuren des Opfers. Eine Schublade des Rollschranks ist herausgezogen, die Flügeltüren eines Büroschrankes stehen offen. Ich kann rekonstruieren, dass der Täter im hinteren Teil des Büros vor dem PC-Tisch stand und die Kommoden mit den Schubladen links vor sich hatte. Er ergriff mit beiden Händen die linke Schublade und legte diese auf den Boden. Anschließend zog er im Vorbeigehen die rechte Schublade heraus und stellte diese, seiner Dynamik entsprechend, auf der unteren Schublade ab. Um die Laden sind einige Papiere verteilt.

Anschließend wurde der vor dem PC-Tisch stehende Stuhl umgekippt, sodass seine Lehne auf den Schubladen am Boden aufliegt. All das wirkt überlegt und nicht chaotisch; der Täter hat sich dabei offensichtlich Zeit gelassen. Die im Spurensicherungsbericht verwendete Formulierung »herausgerissen« trifft nicht zu und unterstreicht fälschlicherweise eine Dynamik, die nicht gegeben war. Ich habe große Schwierigkeiten zu glauben, dass alle Tathandlungen innerhalb der vom Gericht definierten wenigen Minuten erledigt gewesen sein können, unabhängig von den Versuchsergebnissen der Bluttrocknungszeiten, die für einen Mindestaufenthalt des Täters von 15 Minuten in der Wohnung sprechen.

Doch was bedeutet dieses Verhalten im Büro aus fallanalytischer Sicht? Hat sich der Täter damit ein zweites Mal personifiziert und ein Verhalten gezeigt, das für die Tötung nicht notwendig war? Handelt es sich um eine Inszenierung, mit der er sein ursprüngliches Tatmotiv kaschieren wollte, indem er eine Durchsuchung des Büros vortäuschte, um von sich als möglichem logischen Täter abzulenken?

Doch welchen Sinn macht ein solcher Verschleierungsversuch für Benedikt Toth, wenn er doch unmittelbar zuvor durch das Ablegen der Handschuhe das Risiko seiner Identifizierung eingegangen war? Mir fällt keine logische Erklärung ein.

Meine Recherchen enden hier. In all dieser Zeit habe ich mich immer wieder gefragt, ob Benedikt Toth seine Tante trotz gegenteiliger Beteuerungen doch ermordet haben könnte, ob ich einer Täuschung aufgesessen bin. Eine klare Antwort habe ich darauf nicht. Ich war bei der Tat nicht anwesend und kann weder in seinen Kopf schauen noch seine Gedanken während unserer Treffen lesen.

Ganz allgemein gilt, dass manche Menschen in Extremsituationen die Kontrolle verlieren und in einen tödlichen Exzess geraten. Eine Tötung im Affekt, für die es auch in diesem Fall durchaus Hinweise gibt, wie ich finde. Wer tatsächlich Charlotte B. tötete, weiß ich nicht, obwohl es aus meiner Sicht weitere Verdächtige gab und auch Erfolg versprechende Spuren wie das Tatwerkzeug mit den Rückständen vom Schweißen.

Besonders gut ist mir auch der Anruf eines Mannes in Erinnerung geblieben, der früher als leitender Kriminalbeamter in München gearbeitet hatte und jetzt in Südostasien lebt. Er berichtete, dass sein Chef sein Büro in der Baaderstraße unmittelbar neben dem Parkhaus von Charlotte B. und vier Stellplätze in der obersten Etage des Parkhauses angemietet hatte. »Natürlich waren auch wir über den Mordfall erschüttert. Wir hatten auf Grund unserer Beziehung zum Parkhaus unsere eigene These zum Geschehen, die sich in keiner Weise mit den Ermittlungen der Mordkommission – die uns nie befragte – deckte. Als wir vom Mord an Charlotte B. erfuhren, haben mein Chef und ich uns die Frage gestellt: Hat er sie jetzt umgebracht? Wir brauchten nicht einmal den Namen unseres Verdächtigen zu nennen; so einig waren wir uns.« Auf meine Frage, wer das denn sei, erhielt ich die Antwort: »Ein Mitarbeiter und nicht der später von der Polizei ermittelte Benny, wie wir ihn nannten. Wir waren uns einig wegen seines aufbrausenden Charakters.«

Außerdem sei er Zeuge eines Disputs zwischen dem Mitarbeiter und einem Handwerker geworden, bei dem es um die Lagerung des Werkzeugs für die Renovierungsarbeiten in der Tankstelle ging.

Er habe einem früheren Kollegen aus der Mordkommission von

seinem Verdacht berichtet, doch der habe nur abgewunken und gemeint, dass der Mitarbeiter ein Alibi habe.

Mag der ehemalige Kriminalbeamte nun mit seinem Verdacht recht haben oder nicht, in einem bin ich mir absolut sicher: Mit den vom Gericht herangezogenen Indizien hätte Benedikt Toth niemals verurteilt werden dürfen. Den häufig zitierten *Indizienring*, der seine Bedeutung erst in der *Gesamtschau* erlangt, kann ich nicht erkennen. Meine Recherchen haben die im Urteil vorgetragenen Annahmen vielmehr eindeutig widerlegt, wie beispielsweise:

1. Tatzeit
2. Tatdauer
3. Ort des ersten Angriffs
4. DNA-Transfer auf den Blazer des Opfers
5. Verwendung von Handschuhen
6. Übereinstimmung vermeintlicher Handschuhspuren

Das Gericht aber hat daraus eine Realität konstruiert, die es so nicht gegeben haben kann. Das darauf basierende Urteil ist für mich folgerichtig ein eindeutiges Fehlurteil. Manch einer würde sicherlich den Begriff *Justizskandal* in der Gesamtschau der falschen Untersuchungsergebnisse und richterlichen Schlussfolgerungen für angemessen halten. Ich merke, dass der Begriff *Gesamtschau* für mich auf einmal eine ganz andere Bedeutung erfährt.

Noch ein Wort zu den Anklägern. Sie waren innerhalb weniger Stunden überzeugt, in Benedikt Toth den wahren Täter gefunden zu haben. Wie viel Energie haben sie da noch für die Überprüfung anderer Verdächtiger aufgewendet? Und kann es tatsächlich sein, dass die Ergebnisse der Beweisaufnahme durch das Gericht ausschließlich subjektiv interpretiert wurden, nur um Benedikt Toth schuldig sprechen zu können?

Ich mag mir nicht vorstellen, dass persönliche Gründe die freie Beweiswürdigung des Gerichts so beeinflusst haben könnten. Aber vielleicht unterliege ich in dieser Frage selbst einem Irrtum, was ein Hintergrundgespräch zum Fall mit einem renommierten Gutachter nahelegt. Der Mann ist mit der elitären Gedankenwelt der Gerichte sehr vertraut, sodass mich seine Frage, womit Benedikt Toth die Richter denn so verärgert habe, dass sie bei ihm die besondere Schwere der Schuld feststellten, sehr irritierte.

Ich bitte Benedikt Toth, mir die Gefühle zu beschreiben, die er bei der Urteilsverkündung empfand. Seine Worte berühren:

»Die Zahl derer, die schon einmal zu einer lebenslangen Freiheitsstrafe verurteilt wurden, lässt eine breite Diskussion über Gefühle, die einen während des Urteilspruchs durchfluten, nicht zu. Sie werden mir einfach glauben müssen, dass der Tag, an dem Sie erfahren, dass Sie im Gefängnis sterben werden, der Beginn einer anderen, tieferen Erkenntnis ist. Sie beginnt mit der Einsicht, dass du nicht sterben musst, um dein Leben zu verlieren. Der Trost kommt dann zäh und tröpfchenweise – aber von da an geht's nur noch bergauf.«

Nachtrag

Am 1. Februar 2019 wurde aufgrund meiner Recherchen von Benedikt Toths Anwälten ein zweiter Wiederaufnahmeantrag gestellt, zumal eine erneute Bewertung der DNA-Merkmale an Charlotte B.s Blazer ergeben hatte, dass neben Benedikt Toth auch seine Mutter und sein Bruder Spurenleger gewesen sein könnten. Er wurde im Mai 2020 wegen angeblich fehlender Novitäten vom Landgericht Augsburg als zuständiger Entscheidungsinstanz zurückgewiesen. Über die *sofortige Beschwerde* gegen die Ablehnung hat das zuständige Oberlandesgerichts München im Juni 2021 noch nicht entschieden.

Wieder einmal eine unendlich lange Zeit des Wartens und Hoffens für Benedikt Toth, seine Familie und Freunde – aber auch für mich.

Es sind nur 23 Stufen. Doch sie ziehen weiterhin eine nahezu unüberwindbare Trennlinie zwischen Gefangenschaft und Freiheit, Schuld und Unschuld, abgeschottetem Mikrokosmos und schrankenloser Außenwelt.

Epilog – Ein Blick zurück

Von der ersten Recherche bis zum Schreiben dieser Zeilen sind bei der Arbeit an diesem Buch mittlerweile fünf Jahre vergangen. Eine bewegte Zeit mit vielen Eindrücken und Erinnerungen; nicht nur für die Menschen, über deren Schicksale ich hier berichte, sondern auch für mein familiäres Umfeld und mich.

Verdichtet habe ich diese ebenso lebhaften wie anspruchsvollen Jahre auf wenige Hundert Seiten. Dabei hätte ich noch weitaus mehr menschliche Tragödien zu Papier bringen können, denn was ich hier beschreibe, sind bei Weitem keine Einzelfälle. Erinnern Sie sich zum Beispiel an den Toten im Treppenhaus mit der Schussverletzung, den ich kurz im Prolog erwähnt habe. Mein Verdacht, dass der amtlich festgestellte Suizid lediglich inszeniert gewesen sein könnte, hat sich inzwischen erhärtet: Ein Rechtsmediziner, dem ich den Fall zur Einschätzung vorgelegt habe, bestätigte kürzlich, dass auffällige Spuren am Hals der Leiche auf ein Tötungsdelikt hinwiesen.

Nun gibt es unzulängliche oder gar falsche Untersuchungsergebnisse leider schon ebenso lange, wie es Verbrechen gibt. Dennoch haben mich die Umstände, die zur Verurteilung des sogenannten Parkhausmörders geführt haben, besonders nachdenklich gestimmt. Ermittler wie Ankläger waren offenbar frühzeitig dem unterstellten Tatmotiv erlegen und hatten mit wackeligen Indizien und falsch bewerteten Tatortspuren einen Prozess angestrebt – und das Gericht war ihnen mit erschreckender Ignoranz gefolgt.

Für mich verkörpert dieser seit anderthalb Jahrzehnten in Wiederaufnahmeverfahren schwelende Fall eine kollektive Verweigerungshaltung von Strafverfolgung und Justiz, Fehler einzugestehen und falsche Entscheidungen zu revidieren. Und so verbüßt ein

mittels unzureichender Indizien verurteilter Mann seit nunmehr 15 Jahren eine lebenslange Freiheitsstrafe bei besonderer Schwere der Schuld.

Mir ist durchaus bewusst, dass ich mit der Neuausrichtung meines Lebens als privater Profiler einen ungewöhnlichen und riskanten Weg eingeschlagen habe, der von früheren Kollegen durchaus argwöhnisch beobachtet wird. Bei einer Lesung äußerte eine Besucherin unlängst die Vermutung, ich sähe es nun wohl als meine Aufgabe an, »Fälle von Kollegen auf Fehler« zu untersuchen. Aber das trifft nicht zu. Ich habe kein Interesse daran, zum selbst ernannten *Saubermann* zu werden. Vielmehr will ich verzweifelte Menschen, die sich keinen Rat mehr wissen, bei ihrer Suche nach der Wahrheit unterstützen.

Selbstverständlich muss ich dafür auch die amtlichen Akten mit ihren Rechercheergebnissen prüfen. Und natürlich entdecke ich bei meiner Reise in die Vergangenheit auch immer wieder Fehler und Unterlassungen oder stoße auf irrige Annahmen, die den Fall in einem ganz falschen Licht erscheinen lassen. Aber das ist wahrlich nicht die Regel. Meist sind die offiziellen Ermittlungsergebnisse schlüssig und nachvollziehbar.

Das lasse ich die Hinterbliebenen dann auch wissen, obwohl mir dabei manchmal enttäuschte Reaktionen und sogar persönliche Anfeindungen entgegenschlagen. Aber es ist eben auch nicht richtig, immer gleich schlampige Recherchearbeit oder Voreingenommenheit der Ermittler zu unterstellen. Tatsächlich funktioniert unser Rechtsstaat. Und ich bin froh, dass das System Ihre und meine Belange – unabhängig vom sozialen Status des Einzelnen – grundsätzlich schützt.

Allerdings dürfen wir im Vertrauen auf staatliche Hilfe nicht bequem, obrigkeitshörig oder unkritisch werden. Letztlich bedeutet recht zu haben nicht automatisch auch, recht zu bekommen. Die

Wege zur Gerechtigkeit können sehr mühselig und verschlungen sein, viel Geld kosten und ohne kompetente Begleitung in einer Sackgasse enden.

Deshalb werden mir auch künftig mögliche Fehlurteile, ungeklärte Todesfälle oder die Sorgen Betroffener und deren Angehöriger keine Ruhe lassen. Und so werde ich weiterhin als *Anwalt der Toten* im Licht meiner alten Kommissarslampe staubige Akten studieren und – wo ich es für angemessen halte und wo es gewünscht ist – meine Unterstützung anbieten.

Danksagung

Dafür, dass dieses Buch entstehen konnte, habe ich vielen zu danken, besonders aber Heike Plauert, Friederike Achter, Angelika Lieke, Michael Pundt, Thomas Benz sowie Julian und Claudio Petermann. Wenn ich von meinen Söhnen nicht immer wieder zum Weiterschreiben ermuntert worden wäre, würde es dieses Buch jetzt so nicht geben.